高等职业教育"十二五"规划教材

旅游类专业教材系列

现代酒店管理概论

（第二版）

陆　慧　主编

石　斌　牟　坤　副主编

科学出版社

北　京

内 容 简 介

酒店管理概论课程主要讲授酒店管理的基本知识，通过教学使学生了解、熟悉并掌握酒店的地位与作用，酒店的发展史，酒店的种类与等级，酒店的组织机构与职能，中国酒店业的发展，酒店经营与营销管理，酒店服务质量管理与人力资源管理，世界著名的酒店管理集团等，为学生今后学习其他课程奠定基础。通过酒店管理的基础理论和基本方法的讲授，培养学生运用管理学知识分析问题、解决问题的能力。

本书的特点是：结构合理、内容全面、资料新颖，特别是实践性较强。适合作为大专院校饭店管理专业学生的教材，也可作为大中型饭店管理人员的学习参考书、旅游饭店经理人员的培训教材。

图书在版编目（CIP）数据

现代酒店管理概论/陆慧主编．—2版．—北京：科学出版社，2013.8
（高等职业教育“十二五”规划教材·旅游类专业教材系列）
ISBN 978-7-03-038513-0

Ⅰ.①现… Ⅱ.①陆… Ⅲ.①饭店-经营管理-高等职业教育-教材
Ⅳ.①F719.2

中国版本图书馆CIP数据核字（2013）第204325号

责任编辑：王彦刚 / 责任校对：刘玉靖
责任印制：吕春珉 / 封面设计：子时文化

科学出版社 出版
北京东黄城根北街16号
邮政编码：100717
http://www.sciencep.com
三河市中晟雅豪印务有限公司印刷
科学出版社发行　各地新华书店经销
*
2005年8月第 一 版　开本：787×1092 1/16
2013年8月第 二 版　印张：18 1/4
2021年12月第 十 次印刷　字数：413000

定价：52.00元

（如有印装质量问题，我社负责调换〈中晟雅豪〉）
销售部电话 010-62136131　编辑部电话 010-62135763-2052（VF22）

第二版前言

“现代酒店管理”是一门涉及内容广泛、理论性与实践性较强的专业课程。该课程要求所用教材理论深浅适度，特别注重实用性和操作性，使学生既能学到系统的理论知识与方法，又能了解现代酒店管理的实践运作。

此次，对2005年第一版教材的修订，基本保持了第一版的特点和结构体系，在此基础上进行了部分知识的更新，使之与时代紧密结合，以确保准确性和先进性。在内容的结构上力争给学生提供一个全面的、系统的、适应现代酒店管理发展趋势的比较科学的教学用书。

《现代酒店管理概论（第二版）》讲授约为40～60学时，共计10章，内容包括酒店和酒店管理、酒店组织计划管理、酒店经营理念与战略、酒店营销管理、酒店服务质量管理、酒店人力资源管理、酒店接待部门管理、酒店财物管理、酒店后勤保障管理、酒店的企业文化和现代技术的应用。

本书有如下特点：

1）编写体系合理。本书在有限的学时内，既给学生一个全面系统的酒店管理知识，又对现代酒店管理的基本问题作了深入细致的阐述。

2）编写内容全面。本书既涵盖了酒店管理的传统内容，又增加了现代酒店管理的新的知识，较全面、系统的介绍了现代酒店管理的基本原理、方法及在实际中的运用。

3）编写体例务实。本书以方便开展教学活动为宗旨，在编写体例上采用新形式，突出了务实性。每章除基本内部外，还设计有：①本章导读；②本章小结；③案例分析；④课堂讨论题；⑤课后思考题；⑥实训题。

4）注重实践。酒店管理是一门实践性较强的专业课程，为适应高等职业教育中酒店管理专业的教学特点，本书在编写中注重了教学的实践性，注重培养学生的实践技能和管理能力，除每章课后附有多种形式的课后练习外，在全书最后，还附有酒店管理课程实习指导。

本书的配套课件可在www.abook.cn网站免费下载。

全书由陆慧（辽宁科技学院）组织修订，其中陆慧负责第1、4、5、8章酒店管理的“课程实习指导”的修订。石斌（西安思源学院）、牟坤（沈阳大学）修订了第2、3章；赵辉（杨凌职业技术学院）修订了第6章；黄志刚（常州轻工职业技术学院）修订了第7章；于雪（辽宁科技学院）修订了第9、10章及为本书编写了10套考试题及答案，在此诚表谢意！

由于时间仓促，加之水平有限，书中如有偏颇、疏漏之处，恳请广大读者批评指正，将不胜感激。

第一版前言

“现代饭店管理”是一门涉及内容广泛、理论性与实践性较强的专业课程。该课程要求所用教材理论深浅适度特别注重实用性和操作性，使学生既能学到系统的理论知识与方法，又能了解现代饭店管理实践运作的实际。为此，我们结合多年的理论教学经验和饭店管理的实际情况，在进行市场调研的基础上，对本书进行了科学的构思。在教材内容的结构上我们力争给学生一个全面的、系统的现代饭店管理知识，因而除了对饭店管理的基本问题作了深入细致的阐述外，还介绍了饭店管理的传统内容和一些新的知识内容。

《现代饭店管理概论》讲授约为40～60学时，共计10章，内容包括饭店和饭店管理、饭店组织计划管理、饭店经营理念与战略、饭店营销管理、饭店服务质量管理、饭店人力资源管理、饭店接待部门管理、饭店后勤保障管理、饭店的企业文化和现代技术的应用。主要适用于高职高专饭店管理专业的学生、大中型饭店管理人员的培训以及在职饭店管理专业人员自学使用。

本书的特点是

1）编写体系合理。本书在有限的学时内，既给学生一个全面系统的饭店管理知识，又对饭店管理的基本问题作了深入细致的阐述。

2）编写内容全面。本书既涵盖了饭店管理的传统内容，又增加了当代饭店管理的新的知识，较全面、系统的介绍了现代饭店管理的基本原理、方法及在实际中的运用。

3）编写体例务实。本教材以方便开展教学活动为根本宗旨，在编写体例上采用新形式，突出了教材编写体例的务实性。每章教材主要分为七大模块：①本章导读；②基本内容；③本章小结；④案例分析；⑤课堂讨论题；⑥课后思考题；⑦实训练习。

4）注重实践。饭店管理是一门实践性较强的专业课程，为适应高等职业教育中饭店管理专业的教学特点，本书在编写中注重了教学的实践性，注重培养学生的实践技能和管理能力，除每章课后附有案例练习、实训练习外，在全书最后，还附有饭店管理课程实习指导。

本书的配套课件可在科学出版社的网站免费下载（www.abook.cn）。

全书由陆慧（辽宁科技学院）主编，厉承玉（沈阳大学）主审。其中陆慧编写了第1章、第3章、第4章、第5章、第9章、第10章和饭店管理的“课程实习指导”。王林峰（鞍山科技大学职业技术学院）、佟吉富（渤海大学职业技术学院）任副主编并编写了第2章；赵辉（杨凌职业技术学院）编写了第6章；黄志刚（常州轻工职业技术学院）编写了第7章；孙熙妹（辽宁科技学院）编写了第8章。

辽宁科技学院栾雪芳、汪娣、刘芳等为本书做了大量的文字校对工作，在此诚表谢意！

由于时间仓促，加之水平有限，书中如有偏颇、疏漏之处，恳请广大读者批评指正，将不胜感激。

目　录

第1章

酒店和酒店管理

学习目的

通过本章的学习，学生对酒店有一个初步的认识：了解酒店的基本概念；熟悉酒店的类型及酒店产品的特点；掌握酒店管理的内容、原则及经营模式；了解中外酒店业的发展历史；知晓酒店业的发展趋势和酒店集团。

学习内容

- 酒店和酒店管理概述
- 酒店的历史沿革
- 现代酒店的发展趋势
- 酒店集团

要管理好酒店，先要认识酒店，了解酒店，从而掌握酒店的运营规律，提出酒店管理的理念和方法。本章是本书的开篇，也是全书内容的基础，从这里走进酒店的殿堂，了解它、认识它，进而去管理它。

1.1 酒店和酒店管理概述

酒店是伴随着人类旅行生活的开始而出现的，并随着人类社会的不断发展变化而变化。酒店管理是指对酒店的经营和管理，是以管理学的一般原理为基础的一门独特的综合性管理学科。

1.1.1 酒店的概念及功能

1. 酒店的概念和性质

酒店（hotel）一词源于法语，原指贵族在乡间招待贵宾的别墅。后来，英、美等国也沿用了这一名称来泛指所有商业性的住宿设施。这里的别墅指人们的“第二个家”，所以，酒店是客人的“家外之家”。酒店经营管理者和服务人员要积极为客人营造一个“家外之家”，使客人到了酒店有一种回家的感受。

酒店是以大厦或其他建筑设施为凭借，为旅游者提供住宿、饮食、娱乐、购物或其他服务的企业，是为满足社会需要并使得自身盈利而进行独立经营、独立核算、具有法人资格的基本经济组织。它是度假旅游者的安适之家和康乐中心，是商务旅游者和商业集团的商务活动场所，是城市中的“城中之城”和旅游者的“家外之家”。

其性质既有企业性，又有服务性。酒店作为独立的经济组织，在社会上，具备“法人”地位；经营上具有独立性；组织上具有完整性；对生产资料和劳动工具有自主支配使用权；财务上独立核算、自负盈亏。与此同时，由于酒店以服务产品为主，又使其具有服务产品的无形性、生产和消费的同时性、不可贮存性、差异性和不可转移性。

2. 酒店的功能

酒店的功能与要求有一个逐步发展的过程，它的产生和发展均以客人的需求为基础，按照它出现时间的久远，我们可将酒店的功能分为酒店的传统功能和酒店的现代功能。

酒店的传统功能是指酒店出现之初就已具有的功能，主要包括住宿功能、饮食功能和集会功能。

酒店的现代功能是随着社会的变化和客人的需要，逐步建立和完善起来的，以期招来更多的客人。包括家居功能、度假功能、文化娱乐功能、商业服务功能、购物服务功能和交通服务功能。

1.1.2 酒店的类型与等级

现代酒店业是由各种不同的酒店所组成的行业，不同的酒店是针对不同的消费者设计的。由于历史的演变，传统的沿袭，地理位置与气候条件的差异，世界各地存在着多种多样的酒店类型，从而对酒店等级的划分也不同。

1. 酒店的类型

（1）按照酒店的服务对象分类

按照酒店的服务对象分类，可将酒店分为以下七种：

1）商务型酒店（commercial hotel）。又称暂住型酒店（transient hotel），此类酒店多位于城市的中心地区，接待商务客人、旅游客人以及因各种原因而作短暂逗留的其他客人。这类酒店的客人在酒店平均逗留期较短、流动量较大，酒店的服务及设施配备的适应性较广，在酒店业中所占的比例最大。为方便商务客人开展各种商务活动，酒店往往设有商务中心（business centre），为客人提供打字、复印、传真、秘书、翻译等服务，并提供各类会议室供商务洽谈之用。有的酒店还在客房内提供办公用品、传真机、宽带上网设施等。高档酒店还设置“行政楼层”（executive floor），专门为高级行政人员服务，并在行政楼层上配有商务套房和商务中心。

2）度假型酒店（resort hotel）。传统上以接待休闲度假的宾客为主。此类酒店多位于海滨、山区、温泉、海岛、森林等旅游胜地，开设各种娱乐、体育项目，如滑雪、骑马、狩猎、垂钓、划船、潜水、冲浪、高尔夫球、网球等，以吸引游客，因此这些度假地区及其活动的吸引力是一个度假型酒店成功的关键。疗养型酒店亦属此类。度假型酒店因易受淡旺季节的影响而采取较为灵活的经营方式，如实行淡季、旺季价，拉大价格差距。不少度假型酒店增设了会议设施，来吸引各种会议客人。近年来，不少旅游胜地也出现了分时度假型酒店。

3）长住型酒店（resident hotel）。长住型酒店也称为公寓型酒店（apartment hotel）。此类酒店一般采用公寓式建筑的造型，适合住宿期较长、在当地短期工作或休假的客人或家庭居住。长住型酒店的设施及管理较其他类型的酒店简单，酒店一般只提供住宿服务，并根据客人的需要提供餐饮及其他辅助性服务。酒店与客人之间通过签订租约的形式，确定租赁的法律关系。长住型酒店的建筑布局与公寓相似，客房多采用家庭式布局；以套房为主，配备适合宾客长住的家具和电器设备，通常都有厨房设备供宾客自理饮食。在服务上讲究家庭式氛围，特点是亲切、周到、针对性强，酒店的组织机构、管理和服务较其他类型的酒店简单。

从发展趋势看，长住型酒店一是向豪华型发展。服务设施和服务项目日趋完备，如我国不少大城市中出现的高档酒店式公寓；二是分单元向客人出售产权，成为提供酒店服务的共管式公寓（condominium），不少酒店还实行定时分享制（time-sharing-system），与其他地方的相同类型设施的所有者交换使用。

4）会议型酒店（conference hotel）。此类酒店的主要接待对象是各种会议团体。会议客人平均每天消费额一般高于度假客人。会议型酒店通常设在大都市和政治、经济中心，或交通便利的旅游胜地，酒店设置足够数量、多种规格的会议厅或多功能厅。其中多功能厅可根据客人需要作为会议厅或宴会厅，有的酒店还设展厅。会议型酒店除了应具备相应的住宿和餐饮设施以外，还必须具备会议设备，如投影仪、录放像设备、扩音设备、通信设备、试听设备，接待国际会议型的酒店还需要具备同声传译装置。会议酒店一般都配备工作人员帮助会议组织者协调和组织会议各项事务，提供高效率的接待服务。

5）公寓式酒店（apartment hotel）。此类酒店兼具传统酒店和公寓的长处，采用“酒店式服务，公寓式管理”，既具有酒店品质，又低于酒店价格，能满足商务、投资和高层人员居家需要。公寓式酒店的特点是自由方便，价格相对较低，随时可以得到酒店式的各种服务，如洗衣服务、更换床上用品。

6）观光型酒店（tourist hotel）。主要为观光旅游者服务，多建造在旅游点，经营特点不仅要满足旅游者食住的需要，还要求有公共服务设施，以满足旅游者休息、娱乐、购物的综合需要，使旅游生活丰富多彩、得到精神上和物质上的享受。

7）经济型酒店（economic hotel）。经济型酒店多为旅游出差者预备，其价格低廉，服务方便快捷。特点可以说是快来快去，总体节奏较快，实现住宿者和商家互利的模式。

（2）按照酒店的规模分类

按照酒店的规模分类，可将酒店分为

1）大型酒店。主要指拥有500间以上标准客房的酒店。一般酒店内的设施和服务项目较齐全，较豪华舒适。因而有很多大型酒店都是豪华型酒店。

2）中型酒店。主要指拥有300～500间标准客房的酒店。一般酒店内的设施完备，较优雅舒适，服务项目齐全、价格适中，是多数旅游者愿意接受并喜欢选择的酒店。

3）小型酒店。主要指拥有300间以下标准客房数量的酒店。一般酒店内的设施和服务能基本满足旅游酒店的标准和要求，价格便宜，属于经济型酒店。

（3）按照酒店的地理位置分类

按照酒店的地理位置，可将酒店分为：

1）中心城市酒店。一般位于城市中心或商业区等繁华地带，地理位置优越，适宜于发展以商务游客为主的旅游酒店。

2）风景区酒店。一般位于旅游风景区、海滨、湖滨、森林等地，环境优美，空气质量较高，适宜于发展以度假游客为主的旅游酒店。

3）汽车酒店。一般位于公路沿线，为适应汽车旅游需要而设置的各种经济、方便的酒店，适宜于发展以汽车旅游为主的旅游酒店。

4）机场酒店。一般位于机场附近，为乘坐飞机的旅客提供住宿、餐饮及其他所需服务的旅游酒店，以便利、安全为主。

5）郊区酒店。一般位于城市郊区或交通便利之地，包括建在市郊的车站、码头等地，适宜于发展以汽车旅游方式为主及经济型游客为主的旅游酒店。

（4）按照酒店的经营方式分类

按照酒店的经营方式，可将酒店分为

1）集团经营酒店。一般是由旅游酒店集团以各种不同方式经营的酒店。此种经营方式可使集团公司在统一品牌下打开市场、树立形象、统一管理；但也由于这种统一管理的束缚，使得旗下各家酒店在其控制下难以突出自己的特色。

2）独立经营酒店。一般是由投资者独立经营的单个酒店。在目前酒店业界，绝大多数中小型酒店都属于独立经营酒店。

3）联合经营酒店。一般是由多家单个酒店联合而成的酒店企业，借联合的力量来对抗集团经营酒店的竞争。此种经营方式在保持各酒店独立产权、自主经营基础上，实行联合统一的对外经营方式，如建立统一的订房协议系统、统一对外的质量标准、统一的公众标志等，并可开展联合对外的促销、宣传和内部互送客源等，形成规模经济。

（5）按照拥有权分类

按照拥有权分类，可将酒店分为：

1）全民所有制酒店。这类酒店生产资料归国家所有。

2）集体所有制酒店。这类酒店属于公有制企业，但生产资料和它的产品归有关劳动集体所有。

3）合资酒店。合资酒店是指由两个或两个以上的投资者合作兴建并联合经营的酒店。投资双方可以是全民所有制之间、全民与集体、全民与外资或集体与外资等。

4）独资酒店。独资酒店多指外国（或华侨）投资者独自在我国境内开设的酒店。

5）个体酒店。个体酒店由个人投资经营，目前在我国酒店中尚属极少数，且规模较小。

6）辅助旅游住宿设施，包括露宿营地、共管公寓、活动预制住宅等，其中有些在我国已经使用，有的尚待开发，主要是为了适应广大宾客的需要。

2. 酒店的等级划分

全世界有近100种等级评定系统，不同的国家和地区采用的等级标准不同，用以表示级别的标志与名称也不一样。目前，世界上通用的酒店等级制定与表示方法大致有以下几种：星级制、字母表示法和数字表示法。

1）星级制。把酒店根据一定的标准分成的等级分别用星号“★”表示出来，以区别其等级的制度。比较流行的是五星，星级越高，设施和服务越好。这种星级制在世界上，尤其是欧洲，采用最为广泛。我国的国家旅游局也采用此种分级方法。一星级酒店：设备简单，具备食、宿两个基本功能，能满足客人最简单的旅行需要，提供基本的服务。属于经济等级，符合经济能力较差的旅游者。二星级酒店：设施一般，除具备客房餐厅外，还设有购物、邮电、美容等综合服务设施，服务质量好。属于一般旅行等级，符合经济能力中下等的旅游者。三星级酒店：设备齐全，除提供优良的食宿外，还有会议室、游艺厅、酒吧、咖啡厅、美容室等综合服务设施。属于中等经济水平旅游者的等级，目前最受旅游者的欢迎。因此，此类酒店数量最多。四星级酒店：设备豪华，各种服务齐全，设施完善，服务质量优秀，室内环境高雅。顾客可以在此得到物质、精神的高级享受。属于上层旅游者和公务旅行者的等级。五星级（或四星级超豪华）酒店：酒店的最高等级。设备十分豪华，服务设施十分齐全，服务质量高级。标准间设施华贵、高雅，各种设施齐全。五星级酒店的客源主要是政府高级官员、社会名流、跨国公司商务人员、企业老板、上层管理人员、高级技术人员、著名学者等。

2）字母表示法。许多国家将酒店的等级用英文字母表示，即A、B、C、D、E五级，A为最高级，E为最低级。有的国家虽是采取五级制，但用A、B、C、D四个字母表示，最高级用A来表示。

3）数字表示法。用数字表示酒店等级的方法，一般采用最高级用豪华表示，继豪华之后由高到低依次为1、2、3、4，数字越大，档次越低。

我国目前采用与国际接轨的五星等级制。酒店星级的划分与评定主要以2003年6月国家质量监督检疫总局颁布的《旅游饭店星级的划分与评定》（GB/T 14308—2003）为标准。1993年9月，国家技术监督局发布了《旅游涉外饭店星级的划分与评定》（GB/T 14308—93）；1997年10月，经过首次修改，国家技术监督局发布了《旅游涉外饭店星级的划分与评定》（GB/T 14308—1997）；2003年6月，国家质量监督检疫总局再次对评定标准作出修订，颁布了《旅游饭店星级的划分与评定》（GB/T 14308—2003），新的酒店星级的划分与评定标准增加了更多的自由选择项目，各酒店可以根据自己的特色和侧重点进行选择，以保证酒店具有更多的个性和特色。

1.1.3 酒店管理的概念及内容

1. 酒店管理的概念

酒店管理，实际上是酒店经营管理的简称，包括经营和管理两个方面，指酒店管理者在了解市场需求的前提下，为了有效实现酒店的规定目标，遵循一定的原则，运用各种管理方法，对酒店所拥有的人力、财力、物力、时间、信息等资源进行计划、组织、指挥、协调和控制等一系列活动的总和。

酒店经营是在国家政策指导下，根据市场经济的客观规律，对酒店的经营方向、目标、内容、形式等做出决策。经营的侧重面在于市场，是根据市场需求的变化，努力使酒店经营的内容适应宾客的需求，积极面对竞争，从而使酒店得到更大的发展。

酒店管理的侧重面在于酒店内部，针对酒店具体的业务活动，即酒店管理者通过计划、组织、督导、沟通、协调、控制、预算、激励等管理手段使酒店的人、财、物等投入最小，但又能完成酒店的预定目标。

酒店管理的目标就是实现酒店的预定目标——取得一定的社会效益和经济效益。

2. 酒店管理的内容

现代酒店是由多种业务、多个部门综合而成的一个整体组织。各部门的业务各不相同，这就形成了酒店庞杂的业务和繁复的事务。在经营管理中，管理者必须抓住酒店管理的基本内容管理好酒店。现代酒店管理的基本内容包括以下几个方面。

1）酒店系统管理。现代酒店是一个独立的经济实体，是一个具有综合性和整体性的系统，包括了酒店组织管理系统、酒店计划管理系统和酒店管理控制系统等管理内容。

2）酒店资源管理。现代酒店资源管理涵盖面广，涉及内容丰富，它包括现代酒店人力资源管理、财力资源管理、物力资源管理、信息资源管理和现代酒店形象与口碑管理等方面，既有对内的管理资源，又有对外的经营资源，共同构成现代酒店经营管理的资源基础。

3）酒店经营战略的管理。任何酒店经营战略都包括酒店经营目标以及实现该目标的重要措施。作为酒店管理者，应该以环境分析与酒店内部条件分析得到的结论为依据，确定企业经营的短期与长期经营目标，本着扬长避短的原则，拟定企业经营计划与实施步骤。

4）酒店服务质量管理。酒店服务质量是酒店的生命线，是酒店的中心工作。酒店服务质量管理的主要内容有：服务质量的认知；服务质量衡量标准的制定；服务规程的制定；服务质量的控制。

5）酒店业务管理。酒店业务管理的目的是为了保证酒店业务的正常开展。酒店业务是由每个部门所承担的业务组成的。因此，酒店每一个部门、每一个管理人员都有所属的业务管理范围。

6）酒店安全管理。酒店的安全包括酒店本身的安全和宾客的安全两部分。酒店的本身安全主要指酒店的财产安全和酒店员工的人身安全两个方面。

1.1.4 酒店管理的特征与职能

1. 酒店管理的特征

酒店是生产和销售服务的企业，其管理既具有一般企业管理的共性，又有自身的特征，这些特征的形成来源于酒店产品的特点，主要表现为以下几点：

1）生产流程管理的分散性。酒店企业既是最现代化的企业又是生产方法最传统的企业，先进的设施设备供客人使用，服务员则必须靠手工劳动来提供服务，往往是一对一进行服务，不像实物产品生产企业那样进行规模化大生产。酒店客人的需求及消费随机性很强，在酒店的活动轨迹是不固定的，致使酒店生产流程显现出非线性特点，每一个服务岗位和环节都是酒店产品的一道生产工序，但各工序之间的上下关系却很难固定，每一个环节都可能成为酒店产品的关键点，一个点出现问题，就意味着整个产品的报废。因此，酒店生产流程的管理是散点式进行的，这一特点决定了酒店管理必须注重目标管理，使各个岗位明确工作方向和预期目标，管理是否成功，只能以完成目标的程度来衡量。

2）管理对象的复杂性。管理活动中人员的管理是最复杂的管理，一般企业人员的管理只是针对员工而言，但酒店业是“人”的行业，对人员的管理既包括员工又包括宾客，二者必须同时兼顾。服务人员既是酒店产品的生产者，又是酒店产品的组成元素，管理的成功往往在于管理者能否激励和鼓动下属人员。酒店对顾客的管理通过酒店的服务活动和各种行业惯例和规则实现，但客人也是千差万别的，这种差异增加了服务的难度。这一特点要求酒店管理者采取个性化管理方法，以提高酒店管理的水平和效率。

3）管理协调的高难性。酒店产品是通过组合形成的整体性产品，不仅包括设施设备等硬件服务，还包括人员的劳务、信息等软件服务，是一个复杂的活动体系，需要各部门、各岗位紧密配合、协同连续地完成，而每一具体服务行为过程又表现为员工分散的个体单干形式，有着相对的独立性和自身的规律，要使酒店每项具体业务过程既按自身规律运动，又能服从整体目标，就需要大量的协调工作，因此，酒店管理对协调的要求很高。由于顾客需求五花八门，并且不断变化，随机性很强，酒店的管理制度、服务规范常常与客人消费需求产生矛盾，员工的服务就往往受客人需求的支配，这也增加了协调的频率和难度。这一特点要求酒店必须善于发现顾客的个性需求，以个性服务对规范进行补充，对有效接待方式方法进行研究和总结，将顾客需求转换为酒店有准备的或服务者比较容易应对的服务形式，从而提高协调的效率，化被动为主动，提高顾客的满意度。

2. 酒店管理的职能

酒店管理工作的过程是由一系列相互关联、连续进行的活动所构成的。这些活动包括计划、组织、领导、控制等，它们成为酒店管理的基本职能。

1）计划是指工作或行动之前预先拟定的具体内容和步骤。

2）组织管理的组织职能决定企业要开展的活动是什么，这些活动如何分类组合，由哪些职位和部门来承担这些工作活动，谁向谁汇报工作以及各种决策应放在哪一层次上制定或执行等。

3）管理的领导职能包括激励下属，指导和指挥他们的活动，选择最有效的沟通渠道，以及营造良好的组织氛围等。

4）控制是为了确保企业目标以及为此制定的行动方案的顺利实现，管理者必须自始至终根据计划目标派生出来的控制标准对企业各项活动的进展情况进行检查，发现或预见偏差后及时采取措施予以纠正，这是管理工作中的狭义的控制职能。广义的控制职能还包括根据企业内外环境的变化，对计划目标和控制标准进行修改或重新制订。

另外，企业的管理者，无论从事广泛意义上的决策和创新活动，还是开展计划、组织、领导和控制等各项基本职能活动，其目的都是为了更好地取得协调。所谓协调，就是指企业的一切要素、工作或活动都要和谐地配合，以便于企业整体目标得到顺利实现。协调是管理活动力图实现的根本要旨。酒店管理者的任务，说到底就是协调企业的各个部分以及企业与环境的关系，以便更好地实现企业的目标。协调包括企业内部各方面的协调，企业与外部环境的协调，以及现时需要与未来需要之间的协调等。因此，协调被称为“管理中的管理”。

1.1.5　酒店管理的原则及模式

1. 酒店管理的原则

1）单一指挥原则。单一指挥原则是指在酒店管理体制和各级人员的职权分配上要坚持做到一个下级只有一个直接上级领导，而不能同时有一个以上的上级来指挥同一个下级。这样，上下级之间的领导隶属关系是单一的，可以防止多头领导使下级无所适从、职权与管理工作混乱的现象发生。

2）分工负责原则。在酒店管理中要坚持各级、各部门的各项工作分工明确，职权清楚，责任明确，防止职权不清、互相扯皮的现象出现。

3）命令服从原则。命令服从原则是指在现代酒店管理中要采用“准军事化”管理，形成下级无条件服从上级指挥、无条件接受上级命令的风气。即使当时有些想不通或有意见，也要先执行，然后再通过其他渠道和办法处理。

4）特殊授权原则。特殊授权是指酒店管理中对协同工作或项目管理所建立的矩阵组织——即对临时性机构所进行的授权，特殊授权的矩阵组织的工作大多是特有的，受时间限制的或个人及个别部门所不能解决的问题。

5）责任连带原则。责任连带原则又称关联责任制，是指在酒店管理中，一个下级犯有严重过失或重大失误，造成重大不良影响或严重经济损失，必须查明原因。如果原因是上级领导用人不当、决策失误、指挥错误或其他领导方面的明显责任，在处理其下级的同时，必须追究其犯有领导过失的上级领导者的连带责任。

6）友好协作原则。友好协作原则是指在酒店管理过程中，各级、各部门、各岗位的员工要在分工负责的同时，互相配合，互相支持，友好协作，从而保持各级、各部门、各项工作的衔接和协调，以便提供优质服务。

7）民主参与原则。在酒店管理过程中要发扬民主，贯彻参与管理的原则和制度。要鼓励员工对涉及酒店管理服务质量、经济效益的各种问题，多提合理化建议。

8）全员监督原则。在酒店管理中要明确规定全体员工都有监督企业管理、业务经营、财务开支、经济效益的权利和义务。由此提高企业管理的透明度，减少重大失误和不必要的差错并防止腐败现象发生。

9）奖优罚劣原则。指在酒店管理过程中要制定鼓励先进、鞭策后进的制度。

10）强化管理原则。指在酒店管理过程中，各级、各部门的工作都要高标准、严要求，强化管理制度，强化工作程序，强化工作标准和质量标准，同时又要加强联系、沟通、协调和感情交流，使上述各项原则都能得到正确的贯彻落实，从而使酒店形成人人关心企业管理、人人关心服务质量、人人关心经济效益的良好气氛。

2. 酒店的经营模式

随着酒店业竞争的加剧，传统的经营模式已不能适应现代酒店的发展，新的经营模式正在逐渐形成。

（1）新产品模式

酒店业新产品推出的范围和速度足以说明酒店业的生机与活力。其中发展比较迅速的有：

1）经济型酒店（economy hotel）。近十年来，经济型酒店在欧美地区发展较为迅速。除了希尔顿、凯悦和最佳西方等少数主要经营高档酒店的联号以外，世界上规模最大的酒店公司基本上在其品牌系列中都包括了一个甚至多个经济型酒店品牌。近几年，在我国也有了很大发展，以“锦江之星”为代表的一大批经济型酒店日益受到国内旅游者的青睐。根据《2008中国经济型酒店调查报告》统计数据的计算，2007年国内经济型酒店的平均房价为190元间，可以被相当部分的国内旅游者接受。随着国内旅游的进一步发展，经济型酒店市场有着极其广阔的发展空间。

2）全套房酒店（all suites hotel）。全套房酒店在近十年中成为投资者的宠儿。罗伯特·伍利创建了第一家全套房连锁企业——格兰那达·罗伊艾尔家庭旅馆（hometel），后被假日酒店兼并，并重新命名，成为美国最大的全套房连锁企业。全套房酒店已成为投资者的宠儿，分开的起居室和卧室、配套的小厨房，是全套房酒店的魅力所在，吸引着需要更多私人空间的客人和寻求经济膳宿的夫妇和家庭旅游者。与其他类别的酒店一样，全套房酒店也分为经济型、中档与高档酒店，有的全套房酒店实行品牌特许经销。

3）会议型酒店（convention hotel）。会议型酒店是用于接待参加各种会议的客人，专门为举行各种商业、贸易展览及科学讲座会议服务的。一般设在大都市、政治经济文化中心或交通便利的游览胜地。它要求酒店有较大的公共场所及会议设施、展览厅或多功能厅等。会议酒店除具备相应的住宿和餐饮设施外，还必须配备会议设备，如投影仪、录放像设备、扩音设备、先进的通讯、视听设备，接待国际会议的酒店还要求具备同声传译装置。同时，会议酒店必须配备能够协助会议组织者组织会议事务的高效率的接待人员。随着中国经济的发展、对外交流的日益频繁，会议型酒店在国内也开始有了较大发展。曾经成功地承接了 APEC 会议的上海国际会议中心，将宜人的环境与高科技的会议设施融为一体，体现了会议型酒店区别于传统酒店的鲜明特色。

4）博彩型酒店（casino hotel）。在国外，随着合法化博彩娱乐的蔓延，有迹象表明这种特殊酒店会成为国外酒店业最重要的角色。博彩型酒店的营业情况与传统的酒店不同，它的主要收入来源是博彩业收入，而不是客房销售额。因此，对于博彩型酒店出租客房比出租客房的价格更重要。为了扩大博彩人数的规模，国外博彩型酒店的房价较低；单人或双人同住一间房价格相同，食品和饮料经常是为吸引顾客而亏本出售的商品。

（2）酒店新型管理模式

近十年来，世界酒店业管理模式的创新非常活跃，比较成功的方法有以下几种：

1）特许经营（franchising）。现代特许经营始于 20 世纪 50 年代，是指联号酒店公司授予成员酒店在某特定的时间、特定的地点、按照规定的方式经营业务的权利与特权。

2）管理合同（management contract）。管理合同的雏形是 20 世纪 60 年代希尔顿集团同波多黎各合作经营时使用的利润共享租赁（profit-sharing lease）。后来希尔顿公司把这种租赁逐步转变为现代的管理合同，要求股东承担全部的经营风险，并要求股东按照非盈利原则支付预订费、市场促销费、广告费及业务指导费。从近几年的发展趋势分析，管理合同形式出现四个变化：一是管理费减少，合同期限缩短；二是管理公司的股权参与；三是股东也参与酒店管理决策；四是股东的义务与权利的灵活性增大。

3）时权经营（timesharing）。时权是指购买某一特定度假资产在每年某一特定时期的使用权，且这种使用权在交易系统内可流通、交换。一般的时权度假产品是指：在特定的一周内对一套指定公寓的使用权；在任意一周内对指定的公寓的使用权；在任意一周内对任意的某公寓的使用权。使用权的期限一般为 25～80 年，也可能是一种永久的权益。时限经营的发展十分迅速，它主要是一种预售方式，开发商可提前收回成本与赚取利润，而不必像传统经营方法那样通过长期的经营来获取利润。而且，时权经营能分解投资者的风险，促进资源的优化配置，缩小经营的季节性差异，减少产品的促销费用。

1.2 酒店的历史沿革

酒店的产生和发展过程源远流长，已有几千年的历史。现代的酒店，就是从中国的驿馆、中东的商队客店、古罗马的棚舍、欧洲的路边旅馆及美国的马车客栈演变而来。

1.2.1 世界酒店业的发展

现代的酒店（hotel）是在传统的饮食和住宿产业基础上发展起来的，它的发展进程大体上可以分为四个时期。

1. 古代客栈时期（12～18世纪）

客栈是随着商品生产和商品交换的发展而逐步发展起来的。最早期的客栈，可以追溯到人类原始社会末期和奴隶社会初期，是为适应古代国家的外交交往、宗教和商业旅行、帝王和贵族巡游等活动的要求而产生的。

在西方，客栈作为一种住宿设施虽然早已存在，但真正流行却是在15～18世纪。当时，虽然欧洲许多国家如法国、瑞士、意大利和奥地利等国的客栈已相当普遍，但以英国的客栈最为著名。

客栈的特点：一般规模都很小，建筑简单，设备简易，价格低廉；仅提供简单食宿、休息场所或车马等交通工具；服务上，客人在客栈往往挤在一起睡觉，吃的也是和主人吃的差不多的家常饭。当时的这些住所，只是个歇脚之处，无其他服务而言；管理上，以官办为主，也有部分民间经营的小店：即独立的家庭生意，是家庭住宅的一部分，家庭是客栈的拥有者和经营者，没有其他专门从事客栈管理的人员。后来，随着社会的发展，旅游活动种类的增加，客栈的规模也日益扩大，种类不断增多。

后期的英国客栈有了很大的改善。到了15世纪，有些客栈已拥有20～30间客房，当时比较好的客栈通常拥有了酒窖、食品室和厨房，还有供店主及管马人用的房间。许多古老客栈还都有花园草坪、以及带有壁炉的宴会厅和舞厅。此时的英国客栈已是人们聚会并相互交往、交流信息的地方。实际上，在18世纪，世界许多地方的客栈不仅仅是过路人寄宿的地方，还是当地的社会、政治与商业活动的中心。

可以说这些简单的住宿设施不是完整意义上的饭店，而是饭店的雏形。

2. 豪华饭店时期（18世纪末～19世纪中叶）

随着资本主义经济和旅游业的产生和发展，旅游开始成为一种经济活动，专为上层统治阶级服务的豪华饭店应运而生。

在欧洲大陆上出现了许多以“饭店”命名的住宿设施。无论是豪华的建筑外形，还是高雅的内部装修；无论是奢华的设备、精美的餐具，还是服务和用餐的各种规定形式，都是前王公贵族生活方式商业化的结果。饭店与其说是为了向旅游者提供食宿，不如说是为了向他们提供奢侈的享受。所以人们称这段时期为“豪华饭店时期”（又叫大饭店时期）。

一般认为，欧洲第一个真正可称之为酒店的住宿设施是在德国的巴登建起的巴典国别墅（der badische Hof），随后，欧洲许多国家大兴土木，争相修造豪华酒店。当时颇有代表性的酒店有1850年在巴黎建成的巴黎大酒店（Crand Hotel）；1874年在柏林开业的恺撒大酒店（Kaizehof）；1876年在法兰克福开业的法兰克福大酒店和1889年开业的伦敦萨沃伊酒店等。

19世纪末20世纪初，美国也出现了一些豪华酒店，其中在这些酒店中，瑞士籍酒店业主塞萨·里兹（Cesar Ritz）开办的酒店，可以说是豪华酒店时代最具有代表性的酒店。他建造与经营的酒店以及他本人的名字变成了最豪华、最高级、最时髦的代名词。里兹在酒店服务方面所做出的创新和努力、酒店经营法则和实际经验，在今天被世界各国高级酒店继承和沿用，其著名的经营格言："客人永远不会错"（The guest is never wrong）被许多酒店企业家当作遗训而代代相传。

豪华酒店的特点是：规模宏大，建筑与设施豪华，装饰讲究；供应最精美的食物，布置最高档的家具摆设，许多豪华酒店还成为当代乃至世界建筑艺术的珍品；酒店内部分工协作明确，对服务工作和服务人员要求十分严格，讲究服务质量；酒店内部出现了专门管理机构，促进了酒店管理及其理论的发展。豪华酒店是新的富裕阶级生活方式和社交活动商业化的结果。

3. 商业饭店时期（19世纪末～20世纪50年代）

商业酒店时期，是世界各国酒店最为活跃的时代，是酒店业发展的重要阶段，它使酒店业最终成为以一般平民为服务对象的产业，它从各个方面奠定了现代酒店业的基础。

20世纪初，世界上最大的酒店业主出现在美国，他就是埃尔斯沃思·米尔顿·斯塔特勒（Ellsworth Milton Statler）。1908年斯塔特勒在美国巴法罗建造了第一个由他亲自设计并用他的名字命名的斯塔特勒酒店，该酒店是专为旅行者设计的，适应了市场的需求，创造了以一般平民所能负担的价格条件，但确提供世界上最佳服务为目标的新型酒店，开创了酒店业发展的新时代。

斯塔特勒在酒店经营中有许多革新和措施：他按统一标准来管理他的酒店，不论你到波士顿、克利夫兰，还是纽约、布法罗，只要住进斯塔特勒的酒店，标准化的服务都可以保证；他的酒店里设有通宵洗衣、自动冰水供应、消毒马桶坐圈、送报上门等服务项目；讲究经营艺术，注重提高服务水平，亲自制定《斯塔特勒服务手册》，开创了现代酒店的先河。斯塔特勒的酒店经营思想和既科学合理又简练适宜的经营管理方法，如"酒店经营第一是地点，第二是地点，第三还是地点"等，至今对酒店业仍大有启迪，对现代酒店的经营具有重要的影响。

商业酒店的基本特点是：第一，商业酒店的服务对象是一般的平民，主要以接待商务客人为主，规模较大，设施设备完善，服务项目齐全，讲求舒适、清洁、安全和实用，不追求豪华与奢侈；第二，实行低价格政策，使顾客感到收费合理，钱花所值；第三，饭店经营者与拥有者逐渐分离，酒店经营活动完全商品化，讲究经济效益，以盈利为目的；第四，酒店管理逐步科学化和效率化，注重市场调研和市场目标选择，注意训练员工和提高工作效率。

4. 现代新型饭店时期（20世纪50年代以后）

第二次世界大战后，随着世界范围内的经济恢复和繁荣，人口的迅速增长，世界上出现了国际性的大众化旅游。科学技术的进步，使交通条件大为改善，为外出旅游创造了条件；劳动生产率的提高，人们可支配收入的增加，对外出旅游和享受酒店服务的需求迅速扩大，加快了旅游活动的普及化和世界各国政治、经济、文化等方面交往的频繁化。这种社会需求的变化，促使酒店业由此进入到了现代酒店时期。

20世纪60年代，大型汽车酒店开始在各地出现，并逐渐向城市发展，建筑物也越造越高，使汽车酒店与普通酒店变得很难区分，其奢华程度大大超过原先的同类酒店。鲜艳夺目的店内装饰，用来招徕顾客。花砖浴室、地毯、空调、游泳池等皆为每家酒店必备的标准设施。至20世纪60年代中期，汽车酒店联营和特许经营得到迅速发展，一家酒店生意好坏，在很大程度上就靠联营网络中酒店之间的互荐客源。

在现代新型酒店时期，酒店业发达的地区并不仅仅局限于欧美，而是遍布全世界。亚洲地区的酒店业从20世纪60年代起步发展到如今，其规模、等级、服务水准、管理水平等方面毫不逊色于欧美的酒店业。在美国《机构投资者》杂志（*Institutional lnvestor*）每年组织的颇具权威性的世界十大最佳酒店评选中，亚洲地区的酒店往往占有半数以上，并名列前茅。由香港东方文华饭店集团管理的泰国曼谷东方大饭店，十多年来一直在世界十大最佳饭店排行榜上名列榜首。在亚洲地区的酒店业中，已涌现出较大规模的酒店集团公司，如日本的大仓酒店集团（Okura Hotels）、日本的新大谷酒店集团（New Otani Hotels）、中国香港东方文华酒店集团（Oriental Mandarin）、中国香港丽晶酒店集团（Regent Hotels）、新加坡香格里拉酒店集团（Shangrila Hotels）、新加坡文华酒店集团（Mandarin Singapore）等，这些酒店集团公司不仅在亚洲地区投资或管理酒店，并已扩展到欧美地区。

现代酒店的主要特点：旅游市场结构的多元化促使酒店类型多样化（如度假酒店、观光酒店、商务酒店、会员制俱乐部酒店）；市场需求的多样化引起酒店设施的不断变化，经营方式更加灵活；酒店产业的高利润加剧了市场竞争，使酒店与其他行业联合或走向连锁经营、集团化经营的道路；现代科学技术革命和科学管理理论的发展，使现代酒店管理日益科学化和现代化。

1.2.2 我国酒店业的发展

中国是文明古国，也是世界上最早出现酒店的国家之一。在中国古代，远在3000多年前的殷商就出现了官办的“驿站”，它是中国历史上最古老的官办住宿设施。

1. 中国古代的酒店业

周代，为了便于71个诸侯国向王家纳贡和朝见，在交通要道处，修筑了供客人投宿的“客舍”。这些驿站或客舍是中国历史上最古老的住宿设施，主要是为了满足办理各种公务、商务和外交、军事人员的基本生存需要——食宿而设立的。

战国时期，由于农业和手工业的进步，商业的发展，民间的客店业初步形成并不断发展和完善。两汉中期，对外贸易的日益发展，长安城内建造起180多所“群郗”供外国使者和商人食宿。南北朝时期出现了“邸店”，供客商食宿、存货和交易。宋朝出现了众多的“同文馆”、“大同馆”、“来宾馆”等旅馆，这些住宿设施不但提供客房，还提供酒菜饭食，晚上还有热水洗身，可以说这些民间的客店和旅馆，是现代意义上的酒店的雏形。

2. 中国近代的酒店业

中国近代由于受到外国帝国主义的侵人，沦为半殖民地半封建社会。当时的酒店业除有传统的旅馆之外，还出现了西式酒店和中西式酒店。

西式酒店是19世纪初由外国资本建造和经营的酒店的统称。这类酒店规模宏大，装饰华丽，设备先进，经理人员皆来自英、法、德等国，接待对象主要以来华外国人为主，也包括当时中国上层社会人物及达官贵人。代表有：北京的六国饭店、北京饭店，天津的利顺德饭店和上海的理查德饭店等。这些饭店除了提供基本的食宿外，还具备游艺室、浴室、理发室等，是中国近代酒店业中的外来部分，是帝国主义列强入侵中国的产物，为帝国主义的政治、经济、文化服务。但另一方面，西式酒店的出现对中国近代酒店业的发展起了一定的促进作用，把西式酒店的建筑风格、设备配置、服务方式、经营管理的理论和方法带到了中国。

中西式酒店是在西式酒店带动下，由中国的民族资本投资兴建的一大批中西风格结合的新式酒店。这类酒店在建筑式样、店内设备、服务项目和经营方式上都接受了西式酒店的影响，而且在经营体制方面也仿效西式酒店的模式，实行酒店与银行、交通等行业联营。至20世纪30年代，中西式酒店的发展达到了鼎盛时期，在当时的各大城市中，均可看到这类酒店。中西式酒店将输入中国的欧美酒店业经营观念和方法与中国酒店经营环境的实际相融合，成为中国近代酒店业中引人注目的部分，为中国酒店业进入现代酒店时期奠定了良好的基础。

3. 中国现代的酒店业

我国现代酒店业的发展历史不长，但速度惊人。解放后，我国的各省会、直辖市和风景区通过改建老酒店，建立了一批宾馆、招待所，其功能主要是干部休养、接待公事访问。盈利并不是这些酒店的主要经营目的。自1978年我国开始实行对外开放政策以来，大力发展旅游业，这为我国现代酒店业的兴起和发展创造了前所未有的良好机遇。

在行业规模扩大、设施质量提升的同时，我国酒店业的经营观念也发生了质的变化，经营管理水平得到了迅速的提高。从1978年至今，我国酒店业大体经历了四个发展阶段：

第一阶段（1978～1983），由事业单位招待型管理走向企业单位经营型管理。这一时期的饭店，很大部分是从以前政府的高级招待所转变而来的，在财政上实行统收统支，实报实销的制度，基本没有上缴利润，没有任何风险，服务上只提供简单的食宿，谈不上满足客人要求的各种服务项目；经营上既没有指标，也没有计划，因此，作为一个饭店也就既没有压力，又缺乏活力，与满足国际旅游业发展和为国家增加创汇的要求极不相称。

第二阶段（1984～1987），由经验型管理走向科学管理。1984年，我国酒店业在全行业推广北京建国饭店的科学管理方法，走上了与国际接轨的科学管理的轨道，这是我国酒店业在发展中迈出的第二步。企业化管理进程开始加快，科学管理体系开始形成，经营方式灵活，管理队伍活力增强，服务质量明显上升，经济效益和社会效益提高了。

第三阶段（1988～1994），吸纳国际上通行做法，推行星级评定制度，使我国酒店业进入到国际现代化管理新阶段。为使我国迅速发展的酒店业能规范有序地发展并与国际酒店业的标准接轨，1988年9月，经国务院批准，国家旅游局颁布了饭店星级标准，并开始对旅游涉外饭店进行星级评定。我国的饭店星级标准，是在对国内外酒店业进行大量调查研究的基础上，参照国际通行标准并结合我国实际情况，在世界旅游组织派来的专家指导下制定出来的。1993年经国家技术监督局批准，定为国家标准。饭店星级是国际酒店业的通用语言。我国饭店业实行星级制度，可以促使酒店的服务和管理符合国际惯例和国际标准。评定星级既是客观形势发展的需要，也是使我国酒店业进入规范化、国际化、现代化管理的新阶段的需要。

第四阶段（1994年至今），我国酒店业逐步向专业化、集团化、集约化经营管理迈进。20世纪80年代以来，国际上许多知名饭店管理集团纷纷进入中国饭店市场，向我国酒店业展示了专业化、集团化管理的优越性以及现代酒店发展的趋势。1994年，我国的酒店业已形成了一定的产业规模。经国家旅游局批准，我国成立了第一批自己的酒店管理公司，这为迅速崛起的中国酒店业注入了新的活力，引导我国酒店业向专业化、集团化管理的方向发展。另外，90年代中后期，我国酒店业的总量急骤增加。由于受到国际国内经济环境变化的影响，酒店业的经营效益出现滑坡，“走集约型发展之路”越来越成为酒店业的共识，要求酒店业应从单纯追求总量扩张、注重外延型发展向追求质量效益、强化内涵型发展转变。

这个时期酒店业的特点是：①实行多种形式联合：出于经营上的需要，为了提高预订和推销效果，许多酒店实行了多种形式的联合；②投资形式多样化：为了满足不断发展的旅游业和对外开放的经济发展需要，酒店业采取多种渠道的集资形式，建造了一批具有现代化设施和服务的酒店；③设施和服务日趋现代化：为了适应现代旅游多元化的发展，满足多类别的国外旅游者的需要，我国参照国外先进酒店的硬件标准，结合中国民族建筑的特色，建造了一批建筑新颖别致，设施齐全的酒店。它们不仅具有基本的食宿设施，高级的娱乐，健身、购物等设施，而且提供接待外宾应具备的各种服务项目，并且不断地充实和改善；④经营管理日趋先进：新时期的酒店管理引进国外先进的酒店管理理论和经验，结合我国酒店经营的实际情况，吸收我国其他行业企业管理的先进经验，探索和创造了先进的酒店管理体制和方法，并不断改进和完善。

1.3 现代酒店的发展趋势

随着现代经济和科技的发展，酒店业的竞争日益激烈，呈现出新的发展态势。

1.3.1 世界酒店业的五大发展趋势

1. 服务个性化

21世纪酒店业将从标准化服务向个性化服务发展，但并不是说酒店业将要放弃标准化。标准化是酒店优质服务必不可少的基础，但标准化服务不是优质服务的最高境界；真正的优质服务是在标准化服务基础上的个性化服务，这才是完全意义上的优质服务。

而且，随着社会的进步，技术的发展，人们对富有人情味的服务的需要越来越高。

满足人们受尊重与个人特殊需求的个性化服务，是符合现代化酒店发展趋势的最高境界的服务。在这方面，崇尚以提供专业个性化服务，创造高附加值为宗旨的“金钥匙”服务，有其得天独厚的潜力，这也是20世纪酒店业发展的新趋势。

2. 顾客多元化

21世纪酒店业面对的顾客将呈现更加多元化趋势。包括顾客构成多元化；顾客地域多元化和顾客需求多元化。

3. 经营管理集团化

20世纪，世界上先后出现了诸多跨国酒店集团，如假日、雅高、马里奥特、希尔顿等。200家最大的酒店集团基本上垄断了酒店市场或说是主导了酒店市场。在酒店业竞争中，酒店集团比独立经营的酒店有明显的优势。

4. 广泛应用高新技术

过去20年以现代信息技术为代表的高新技术的持续发展对酒店业产生了深远影响，酒店业的繁荣发展和竞争力的提高，将更大程度地依赖于高新技术的应用，21世纪高新技术将在酒店业的管理、服务、营销等方面发挥更大的作用。

5. 创建“绿色酒店”

目前，酒店业作为第三产业的重要组成部分，在全球性的绿色浪潮推动下，酒店经营中的环保意识逐渐成为广大从业人员和消费者的共识。创建“绿色酒店”，走可持续发展之路已成为20世纪酒店业发展的必然选择。以环境保护和节约资源为核心的“绿色管理”也成为全球酒店业共同关注的大事。

创建“绿色酒店”，推行“绿色管理”的基本内容可概括为“5R”原则：研究（research）；减少（reduce）；循环（recycle）；替代（replacing）；保护（reserve）。可以预见：今后将会出现大量的“绿色酒店”。倡导绿色消费，提供绿色服务将成为酒店的主要服务产品。

综上所述，服务个性化、宾客多元化、经营集团化、新技术的广泛应用和绿色酒店将是21世纪酒店业发展的五大趋势。

1.3.2 我国酒店业的发展

进入21世纪，随着市场竞争的加剧，我国酒店业将会呈现出以下趋势：

1. 经营理念的变化

经营理念的变化包括更加尊重消费者；人文关怀精神；经营管理细分化，以适应市场需求。

2. 酒店产品的变化

为了更大程度地满足不同客人的需要，酒店产品发生了很大的变化，主要表现在以下两个方面：

1）从统一化转向多元化：20 世纪 80 年代初，酒店产品十分统一、相似，随着酒店市场上日趋激烈的竞争以及消费者需求的不断提高，酒店业应不断推出新的产品以满足人们不断增加的个性化需求的需要。

2）从标准化转向个性化、定制化：许多酒店为了满足常客或者较为成熟的消费者的需要，注重针对客人需求提供个性化产品，使客人感受到酒店对宾客的尊重。

3. 表现形式的变化

所谓形式，就是市场的需求和供给的产品，在市场上结合到一起的具体表现形式。现在可以看到的有以下几种趋势：一是大而全；二是小而专；三是极端性产品的出现；四是建筑形式的多样化。

4. 酒店服务的变化

酒店服务发展的总体趋势表现为四个层次的发展，即标准化和规范化服务、个性化服务、超值服务、金钥匙服务，最后形成一个综合性的服务体系。

5. 营销方式的变化

酒店营销的发展趋势是多样化的，主要表现为四个普遍化：营销网络的普遍化、消费档案的普遍化、弹性供给的普遍化、酒店品牌的普遍化。

6. 技术手段的变化

未来酒店可能出现两种极端，一种就是电子信息技术无所不在；真正体现技术化浪潮和数字化生存的客观实在；另一种极端就是酒店里没有任何电子技术（包括电话），让客人充分体验无技术的乐趣。

7. 文化竞争的变化

从酒店经营的角度来看，酒店文化的含量要胜过技术的含量，所以在酒店经营的过程中，应该遵循的不是技术至上主义而是文化至上主义。从世界范围来看，美国的酒店制度是最好的；欧洲的酒店所长在于文化；亚洲的酒店所长在于有人情味，在于人与人、面对面的一种服务。所以，制度、文化、人情的全面结合是未来酒店竞争的一种趋势。

8. 产业结构的变化

从产业组织政策角度来说，酒店产业结构的发展趋势也是两个极端：一个是大集团的出现，到一定程度就是超集团的发展；再一个趋势就是产业结构的细分化和专业化的发展。在这个过程中，那些既没有进入集团网络，又没有任何个性特点的中型酒店，将无法经受市场的激烈竞争。严格地讲，我国大部分酒店都是这种酒店，所以在这一点上，要有危机感。

9. 酒店竞争的变化

我国酒店业的未来竞争具有三个特点：一是从大众化的低价位产品转向文化性的中价位产品，再进一步转向个性化的特价产品；二是从现在的利润基本上是直接经营所得，转变为房地产升值、品牌、文化性经营和个性化经营等系统经营所得，这种利润源的根本变化必将促使经营思路以至管理模式发生根本性的变化；三是从单一酒店之间的战术性竞争，发展到酒店集团之间的战略性竞争。

10. 发展模式的变化

从客人、酒店、政府的主要要求来看，酒店业未来的发展必须选择可持续发展模式。这种模式的两个基本点，一是开发绿色产品，二是开展绿色经营。酒店的可持续发展，开发绿色产品，开展绿色经营，建设生态酒店，将成为21世纪酒店业真正长远的发展潮流。

1.4 酒 店 集 团

酒店集团化在20世纪90年代已经发展为酒店经营的主导现象，进入21世纪后，由于集团化经营所具有的酒店形象策划、占有市场份额以及规模经营的优势，迎合了产业竞争的国际化，经济全球化、商业活动的信息化以及随之而来的大规模的兼并、重组等发展趋势，使得集团化经营的趋势进一步加强。

1.4.1 酒店集团的经营形式和优势

酒店集团又称酒店联号，是以酒店企业为主体，以经营酒店资产为主要内容，通过产权交易、资产融合、管理合同、人员派遣以及技术和市场网络等形式而相互关联的企业集团。一般至少拥有、经营两个以上的酒店，使用统一的名称、标志，并实行统一的经营管理规范与服务标准联合经营。

1. 酒店集团经营的形式

1）直接经营。酒店集团所采用的最基本和最通常的做法，是酒店集团直接投资建造酒店或购买、兼并酒店，然后由酒店集团直接经营管理的形式。在这种形式下，酒店集团既是各酒店的经营者，又是拥有者。

一般来说，酒店集团通常都会拥有若干酒店的所有权并直接经营，作为集团扩张的后盾，并在此基础上采取其他各种经营形式，逐步扩大集团的规模。

2）合同经营。也称委托经营，是酒店集团或酒店管理公司与酒店所有者签订合同，接受业主委托，根据酒店集团的经营管理规范和标准经营管理酒店，并获取管理酬金。

采取合同经营的方式，酒店集团可以以最小的成本和风险扩大集团的规模，可以依靠人力、信息、网络等资源优势增加收入。而业主则可以利用酒店集团的品牌、声誉等无形资产筹措资金、迅速占领市场，并容易取得理想的经济效益。

3）租赁经营。酒店集团通过签订租约、交纳固定租金的形式，租赁业主的酒店，然后由酒店集团作为法人对其进行经营管理。

采用租赁经营形式，酒店集团作为酒店的经营者，通常在支付固定租金和经营成本以后，可以获得一定的剩余利润。另外，还可以使酒店集团节省巨额的固定资产投资，有利于酒店集团规模的迅速扩大，酒店业主则可以利用酒店集团的品牌和声誉筹集资金，通过对酒店的投资获得理想的收益。

4）特许经营。酒店业最为常见的一种酒店集团扩张的形式。指酒店集团向拥有酒店的业主让渡特许经营权，允许受让者的酒店使用酒店集团的名称、标志，加入集团的营销和预订网络，成为集团的成员。与此同时，特许经营权的让渡者在该酒店的可行性研究、地点选择、建筑设计、资金筹措、宣传营销、人员培训、管理方法、操作规程和服务质量等方面给予指导和帮助。

一般受让者向让渡的酒店集团支付特许权让渡费、特许权使用费及广告推销费作为报酬，但在酒店所有权和财政上保持独立，不受酒店集团控制采用特许经营权的形式，酒店集团可以利用极少投资迅速占领市场，实现集团快速扩大规模、占有市场的效果，并能稳定地获取收益。采取特许经营要求拥有特许经营权的酒店集团必须拥有强大的品牌、市场声誉以及完善的服务和管理的支持。目前，世界上许多酒店集团都是利用转让特许经营权而发展起来的。最成功的是假日集团，假日联号公司让成员酒店参与共同采购计划，从而享受采购数量折扣。

5）酒店组织。是独立的酒店业主之间通过契约的形式组织起来的酒店联合体。它们之间的联系一般是使用共同的预定系统和为组织成员提供有限的营销服务。酒店组织内的各成员酒店所有权与经营权独立，通常只需支付给酒店组织使用预定系统和相关服务的费用。

2. 酒店集团经营的优势

随着经济全球化，在酒店业竞争日趋激烈的形势下，酒店集团的优势显得格外引人注目，主要表现在以下几个方面：

1）品牌优势。品牌是酒店集团对自己的产品和服务规定的有利于识别的名称和标志。酒店集团品牌的一致性、辨认度、可识别性通常比较高，特别是作为一个群体，它有着统一的名称、标志、相类似的设施和统一的服务标准，通过宣传便于在公众中留下深刻的印象。另外，酒店品牌实际上是对顾客的一个关于服务质量标准的承诺，这对于集团的市场宣传、引导顾客对酒店产品的品牌联想、形成对产品的质量预期和感知、全面培养顾客的品牌忠诚感非常有利。

为了使集团的品牌和标志更加容易识别，各酒店集团已经形成了具有自身特色的企业形象识别系统（CIS），并以视觉识别系统（VIS）为其传达形式。这个视觉识别系统通常包括酒店集团的名称、标志，产品品牌名称、标志等，一般都采用简单而易于识别和记忆的名称和图形标志。

2）资本优势。酒店集团因发展某项目需要大量资金时，一方面可以在本集团成员酒店间聚集和调动资金，另一方面又可凭借其集团的资产实力作担保，比较容易地从银行及有关机构获得贷款。这使得酒店集团在根据市场需求变化增添和更新酒店设施设备方面始终走在酒店业的前列。更重要的是使酒店集团有更大的能力进行收购、合并、转让、调整等的资产重组，使整个酒店集团不断激发出新的活力。

3）市场营销优势。表现在：①酒店集团有统一的管理模式，在市场上形成了统一的标准，形成了消费者的高度信任感；②酒店集团有统一的品牌，这种统一的品牌遍及世界，使消费者感到非常方便；③酒店集团有统一的销售和组织网络。大的酒店集团内部彼此之间流动的客源一般可以占到30%以上，上述三方面的优势，使酒店集团在酒店市场的客源竞争中处于有利地位。

4）物资采购优势。酒店集团可以为各成员酒店集中采购物资，通过大批量订购，获得价格和条件的优惠，从而降低成本。

5）管理方面优势。酒店的管理费用同营业量之间并不是完全成正比例。酒店集团成员酒店的平均管理费比相同营业量的独立酒店一般要低。此外，酒店集团在人员培训、人员调配等人力资源的合理使用以及在财务、采购和市场营销等业务工作中，可以聘用有专长、有经验的高级专业人员为成员酒店提供巡回服务，帮助各成员酒店解决这些方面遇到的问题。而多数独立自营的酒店企业无力聘用这类高级人才。

6）风险扩散优势。酒店集团能够通过成员酒店针对不同市场份额的多元经营和成员酒店在地域方面的分散特点，减少整个集团的经营因某地季节和市场需求量等因素的不利变化而产生的风险。

酒店集团还能凭借其强大的经营管理优势，通过“特许经营”和“委托管理”的方式，用较少的风险和投入，进一步扩大自己的规模，提高市场占有率。

7）人力资源优势。进入21世纪，从某种意义上说，酒店之间的竞争也是人才的竞争。而酒店集团则充分显示出其人力资源的优势。

在员工的教育培训上，许多酒店集团已经在集团总部或地区中心建立自己的培训基地和培训系统，用于轮训集团成员酒店的管理人员和培训新生力量。另外，集团统一的人力资源管理和安排也是其人力资源优势的表现。同时，酒店集团也比较注意培养使用本地的员工和管理人员，使他们既具有国际管理的意识和标准，又能够结合当地的文化背景和风俗习惯，开展科学的管理和营销活动。

由于酒店集团具有上述优势，随着酒店业的进一步发展，酒店集团经营将成为一种大趋势，呈现出更为迅猛的发展态势。

1.4.2 我国的酒店集团

近年来，国际上很多大酒店集团已经以各种形式打入我国，并在我国酒店业市场上占据越来越大的优势。建立我国自己的酒店集团（公司），提高我国酒店的管理水平，防止外汇流失，形成我国酒店的管理特色，参与国际酒店业市场的竞争并争取竞争优势已非常迫切。

我国第一家酒店集团（公司）——上海锦江酒店集团，成立于1984年3月。目前国内知名的酒店集团有北京兆龙、北京六合兴、北京九州、北京燕都、北京鑫喜、北京金汇、中旅饭店总公司、广州白天鹅、广州东方、上海华亭、上海锦江、上海新亚、上海衡山、四川锦江、南京金陵、厦门悦华、桂林桂山、汕头金海湾等。

除了上述酒店管理公司（集团）以外，我国许多酒店也在国内组成一些跨省市的协作集团式的松散型联合体，以适应市场竞争的需要。例如，由大连宾馆、天津利顺德饭店、南京金陵饭店、上海锦江饭店、广州东方宾馆等十几家酒店组成的“中国饭店协作集团”就是一个松散型跨省市的酒店集团。又如由北京饭店、福州西湖大饭店，厦门悦华饭店等18家饭店组成的“中国名饭店VIP俱乐部”也是一个松散型跨省市的酒店联合体。

我国的酒店集团（公司）还处于初步发育阶段。在管理的实践经验与管理模式上还处在摸索、总结经验的过程中，还需要大力培育、扶植和引导。

1.4.3 世界著名酒店集团集锦

任何酒店集团如果只是单纯追求规模而没有自己的经营哲学和管理体系是无法取得成功的。因此，世界著名的酒店管理集团都拥有自己的经营思想和管理特色，并成为酒店管理理论的最好的实践者、运用者和创新者。

1. 巴斯饭店公司（Bass Hotel & Resorts）

1990年英国的巴斯集团购买了假日饭店集团，成为世界最大的饭店集团之一。假日集团的创始人凯蒙斯·威尔逊于1952年建立了第一家假日饭店，并在以后的30多年时间里，将一个仅拥有几家汽车旅馆的假日公司发展成为世界上最大的饭店集团。其成功主要得益于以下几个方面：

1）标准化管理。标准化管理是假日饭店集团、成功的首要因素。为使所属饭店可以达到标准，业主能够经营成功，假日饭店集团专门编写了《假日饭店标准手册》，每家饭店都有一册。标准对所属饭店的建造、室内设备、服务规程都做了详细的规定，任何规定非经总部批准不得更改。为确保所属饭店切实执行标准，并达到集团规定的服务质量要求，假日饭店集团建立了严格的检查和奖惩制度。

2）出售特许经营权。通过出售特许经营权的方式扩张饭店的规模，降低了饭店集团经营的风险。目前，假日集团自己拥有的饭店数目仅占集团饭店总数的15%，而其余85%都是特许经营的饭店。

3）严格控制各类成本。严格控制成本是威尔逊先生的经营哲学，在集团经营中表现在各个方面。首先，假日饭店集团充分利用规模经济的作用，能够筹集巨资在世界范围内进行科学的市场调研，制定完善的促销计划，进行统一促销，并长期保持饭店品牌在公众中的特色形象。其次，在建设装修过程中，注重采用当地的建筑材料，不求豪华，但求舒适，很少建地下室，水暖设备一般安装在建筑顶部。另外，大力降低采购成本，充分利用集团购买的优势，由总部集中采购各种物资设备，而且大量选择和使用节能设备。

4）注重产品的层次化开发。针对客源市场的商务、休闲、旅游度假的不同需求，以及消费水平上的豪华、经济、大众化需求，假日集团开发了针对不同层次顾客的不同的饭店品牌，使饭店品牌多样化，并成立了针对不同客源市场的子集团。

5）培养假日集团精神。假日集团特别注重员工、特别是管理人员的培养和教育。在1968年，假日集团在总部所在地孟菲斯建立了“假日旅馆大学”，为特许经营权的购买者、集团内的饭店经理、部门经理以及有发展前途的员工提供短期进修、学习的机会。培训学员的“假日集团精神”。这种文化和精神包括朴实无华、诚实可靠、坚持不懈、乐观大度、热情洋溢等，是假日饭店集团长期竞争优势的保证。

2. 精品国际饭店公司（Choice Hotels International）

精品国际饭店公司（以下简称精品）是世界排名第二的饭店特许经营公司，最早起源于信誉良好的品质客栈（Quality Inn）连锁集团。1981年后开始快速发展。精品作为一家世界级的饭店特许经营公司，能够在激烈的国际饭店竞争中脱颖而出，原因在于它拥有自己的经营特色，主要包括以下几个方面：

1）建立合理的经营模式。精品利用经营模式的特许经营，向受让者提供全方位的服务，其中最关键的要素是营销策略和计划、操作指南以及统一的经营理念。此外在其主要特许经营模式以外又引入了全新的战略联盟模式。1998年精品与欧洲的友好组织合作，在英国和欧洲购买了250家饭店；1999年，精品与澳大利亚的旗帜国际有限公司结成战略联盟关系，开设了旗帜精品饭店。战略联盟使得饭店集团得以双赢，达到利益共享、保持集团独立和强劲的竞争力的目的。

2）网络的充分利用。精品对于网络在现代饭店运营中的作用给予了充分的重视，不仅在其主页上向用户提供了直接订房功能，同时还向网络用户提供10%的折扣优惠。精品最有特色的是他的电话预订系统——精品2001预订系统，完全体现了精品关于竞争核心内容的观念——永远站在高科技的前沿。它能够根据顾客所在地与各饭店的地理位置，从超过16000个预先设定的相关地点中定位到一个有适当房间的饭店。

3）明确的市场定位。精品的七个品牌各有自己的市场定位，并具有鲜明的特色。精品面向不同的顾客群的特征提供不同品牌的设施和服务，就是其明确的市场定位的结果。这使得精品的饭店产品更加能够满足顾客的需求。

4）众多的特殊服务项目。除了传统的周到的服务和良好的住宿环境以外，精品还经常推出一些特殊的优惠项目，培养忠诚客人，使客人能够享受到物有所值的服务。

一个饭店集团的成功，并不仅仅靠其短期的成功管理，关键在于能够保持长期的高水平服务质量和为客人提供物超所值的饭店产品。精品的经营核心就是为顾客、受许人、合伙人、零售商、股东等创造最大的价值。所以精品已经成为许许多多的饭店加盟的选择。

3. 希尔顿饭店公司与希尔顿国际饭店公司（Hilton Hotels corp. Hilton International）

希尔顿饭店王国的建立开始于1919年康拉德·希尔顿先生投资5000美元买下的一幢小旅馆。经过80余年的经营与发展，希尔顿饭店集团以全面而优质的服务，严格而高效的管理和超群的经济效益在同行中享有盛名。

希尔顿国际饭店公司成立于1948年，当时是希尔顿饭店公司的一个独立的子公司，1964 年，从希尔顿饭店公司中独立出来。目前，希尔顿饭店公司和希尔顿国际饭店公司已经是两家独立的酒店联号，但它们共同享有希尔顿这一世界驰名的商标和希尔顿预订系统。另外，目前饭店集团经营的一个主要形式——管理合同的雏形来自于希尔顿集团同波多黎各合作经营时使用的利润共享租赁。后来，希尔顿集团把这种租赁转变为现代的管理合同形式。希尔顿饭店集团的成功得益于其不断创新的管理模式，主要体现在以下几个方面：

1）细分目标市场，提供多样化的产品。在对顾客做细致分类的基础上，希尔顿采用品牌延伸的方式把联号集团的饭店分成不同质量和档次的饭店，以满足不同顾客的需求。除此以外，希尔顿还在产品的开发上越来越多地采取亲近客人的策略，并推出各种特色服务项目。

2）实行质量监控，提供高标准的服务。为适应饭店客人的活动规律，希尔顿先生强调饭店的高效率，要求所提供的一切服务都要快捷准确。为此，他制定了三项基本措施来控制服务质量。其一是规定服务时间和服务方式。其二是进行明确的工作分析，清晰规定每一岗位的工作职责和服务规程。其三是制定具体的工作标准，包括数量标准和质量标准。另外，希尔顿饭店公司有一套严格的连锁经营评审计划，通过不断淘汰不符合希尔顿标准的饭店，从而保证希尔顿品牌始终保持在较高的水平之上。

3）采取有效措施，严格控制成本费用。严格控制成本费用是希尔顿先生经营管理饭店的一大特点。希尔顿饭店的每一寸空间都要产生最大效益。希尔顿先生强调，成本费用、财会审批手续要绝对集中，权限不能下放，一切费用大的项目都要经过总部或地区分部的审批方能采购，他认为控制成本费用本身就是要降低成本消耗，增加利润。

4）坚持“以人为本”，进行人力资源管理。希尔顿饭店集团所经营的饭店多是坐落在世界名城的高级饭店。因此，他们非常重视人力资源管理，始终贯彻以人为本的员工管理战略。首先，希尔顿集团拥有自己的培训机构，对饭店高级管理人员进行培训；其次，集团拥有庞大的人才库，掌握着分属 60 多个国家的 3000 多关键人物的名单，作为希尔顿最宝贵的财产和发展的基础；再次，希尔顿坚持业务监督，总部和区域管理人员通过不断的巡视检查，了解各饭店高级管理人员的工作水平和能力。

5）进行市场调研，开展市场营销活动。希尔顿饭店非常重视市场调研和进行各种营销活动。新饭店从建造开始，营销部就会针对饭店的具体情况，制定一个世界性的营销计划，作为开业后销售的原则，当然，这项计划还要根据市场条件的变化每年进行修订和更新。这些有效的促销活动大大提高了饭店集团的经营业绩。

6）用新技术，提高饭店的科技含量。希尔顿饭店公司对各种最新技术的发展保持相当的敏感性。当他们认为新的技术有利于给宾客提供更优质的服务，或能够提高饭店的工作效率的时候，就会非常积极地把这种技术运用到饭店或集团的日常经营管理之中。

希尔顿饭店集团的成功经营有赖于其具有特色的经营哲学和管理理念，正如希尔顿饭店的使命书中所述，希尔顿饭店的使命就是：被确认为世界最好的第一流饭店组织，持续不断地改进工作，使为宾客、员工、股东利益服务的事业繁荣昌盛。

4. 喜来登（Sheraton）

在美国大萧条时期，两个波士顿企业家恩尼斯特·亨德森和罗伯特·莫尔，通过抵押拖欠和小额现金支付的方法，经营了几家荒废的新格兰饭店。由于在他们购买的建筑屋顶上原先悬挂着的电子招牌上写着“喜来登”，这个名字也就被采用。在1949年，喜来登收购了两家加拿大饭店联号，使之成为一个国际性联号集团。1961年，爱维斯喜来登饭店（Tel Aviv）的建立，标志着该公司首次跨大陆经营的开始。

改革与扩张成为了喜来登成功的印证。1958年开创的饭店产业第一个自动电子预订系统，使喜来登成为第一家拥有中央和计算机预订系统的联号饭店集团。

1968年，当喜来登成为美国电话电报公司（LTF）的全资子公司后，其发展步伐迅速加快，而且全球化远景已经成为了喜来登发展方向的基础：在中国、非洲和东欧集团（Eastern Bloc）等地区的机会被纳入了喜来登的发展蓝图中。如今，喜来登从事经营活动的范围遍及61个国家，它通过拥有、租赁、管理和特许经营的方式控制着饭店、旅馆、度假饭店和全套房饭店等领域。

1985年，喜来登在中国成立了第一家饭店并沿用了自己的名字——北京长城喜来登饭店。喜来登也是第一个与前苏联签约，到莫斯科开办合资企业的西方饭店公司。

5. 马里奥特集团（Marriott International）

马里奥特国际股份公司是一家国际性饭店公司，主要经营管理直属的饭店和特许经营的饭店，其创始人是美国的约翰·威拉德·马里奥特。他起初经营菜根汽水店，1957年进入酒店业。第一家马里奥特旅馆是位于华盛顿市的双桥汽车旅馆，之后开始迅速扩张，1969年正式成立马里奥特旅馆公司，到20世纪70年代初，马里奥特公司已经发展成为一个大型的多行业的集团公司。马里奥特能够成为一家赫赫有名的国际性饭店与食品联号集团，在经营管理上有其独到之处，包括强调制度和标准化管理，一直坚持集权领导，坚持开展多种经营的方针，以竞争、跳跃、探测市场需求以及有效的组织机构实现目标管理，注重创新的传统，重视宣传促销，认为地理位置是饭店与餐馆成功的关键。马里奥特还十分重视人力资源管理，通过建立公平的竞争机制、尊重员工的个人价值、重视感情投资、给予员工丰厚的待遇等措施发挥员工的工作积极性，留住优秀人才。

目前，马里奥特的核心产品包括已经进入中国的著名品牌有万豪、万丽、万怡、丽嘉、华美达、新世界和行政公寓等。

除了上述管理集团以外，世界著名饭店管理集团还有凯悦饭店/凯悦国际（Hyan Hotels/Hyatt International）、总部设在巴黎的雅高集团（Accor），全球最大的饭店联合体最佳西方国际饭店集团（Best Western International），经济型饭店集团的典型、总部在美国新泽西州的天天饭店集团，以及加拿大的四季饭店集团、英国的福特饭店集团、德国的凯宾斯基集团、香港的半岛饭店集团和总部在香港的香格里拉饭店集团等。

本章小结

本章是全书的开篇。从一般意义上阐述了酒店的概念及酒店的产生和发展；揭示了酒店作为特殊企业所具有的特征及功能；介绍了酒店管理的内容、理念及原则；探讨了酒店未来的发展趋势，介绍了酒店集团，为以后章节的学习奠定了基础。

课后练习

一、案例分析

国内外的主题酒店

1. 中国著名的主题酒店

1）四川都江堰市鹤翔山庄是一家以道家为主题的特色四星级酒店，酒店以独到的经营战略，立足自身深厚的地理、历史优势，深入挖掘道家文化资源，被誉为“中国道家文化第一庄”，成为国内第一家四星级特色酒店，荣获了“中国商业服务名牌”、“首批中国旅游知名品牌饭店”、“四川省十佳星级饭店”、“中国最佳创意主题饭店”等光荣称号。

2）广东森波拉饭店是一座按五星级标准兴建的主题度假酒店，以羊角山原始优美的自然风光和森波拉独特璀璨的人文景观为背景，在业界有“品味无极限，文化超五星”之美誉。

3）拉萨雅鲁藏布江大饭店坐落于圣地拉萨城东的阳城广场，是西藏首家以藏文化为主题并集民俗文化博物馆为一体的涉外五星级酒店，拥有西式藏式豪华客房和普通客房185间，风格独特。

4）香港迪士尼乐园饭店坐落于海旁及香港迪士尼乐园之间，酒店以迪士尼浪漫梦幻为主题，在客房设计上，包含迪士尼旗下卡通人物的元素。酒店提供400间不同类型的客房以供选择，包括：海景及园林景观客房、海景阳台客房、梦幻客房、国宾厅客房以及国宾套房。其中最上层的贵宾客层更设有独立私人露台眺望迪士尼乐园的睡公主城堡。

5）内蒙古饭店是全国首家以草原为主题的五星级酒店。酒店的设计理念包含了草原文化的开放、诚信、坚韧、淳朴、包含、给予、进取、快乐、崇尚自然、永不言败等核心因素，把餐饮文化与民族歌舞文化、民俗文化等传统文化有机结合起来，使客人在体验中不断升华对“草原文化”的理解与热爱。

2. 全球著名主题酒店

1）柏列吉欧酒店模仿意大利北部同名小镇的景观建成，有3000个房间。店前有一个30000多平方米的人工湖，喷泉高达72米，水池舞台纵深8米，经常表演水中舞蹈和特技魔术。

2）金字塔酒店以埃及金字塔为主题，外形是人面狮身像，有4407个客房，是世界上第三大度假酒店，第四大金字塔。

3）米高梅酒店有5005个客房，是世界上第二大酒店，完全以影城好莱坞为主题。世界最大16家酒店，拉斯维加斯占了15家。拉斯维加斯的主题酒店具有规模大、层次多、变化快的特点，它们充分利用空间和高科技的手段，配以大型的演出，使酒店增色不小。拉斯维加斯是酒店之都，更是主题酒店之都，以上是拉斯维加斯3家具有代表性的主题酒店。

4）雅典的卫城酒店以雅典卫城为主题，到处可见雅典卫城的照片、绘画、模型、雕塑、纪念品，开窗就可以看到雅典卫城。

5）维也纳的公园酒店以历史音乐为主题，随处可见音乐家的照片、绘画、雕塑、历史场景，宴会厅有乐池、舞台，背景音乐都是名曲。

6）印尼巴厘岛的摇滚音乐主题酒店以摇滚音乐为主题，占地3公顷，有418间客房。所有房间，都提供互动式影音娱乐系统；酒店内展出音乐文物、音乐家手稿、老唱片封面、歌唱家用过的服饰。

7）柏林的怪异酒店以怪异为主题，浴缸和马桶有如啤酒桶，床铺利用倾斜的地板、不规则的墙角设计成会飘荡的摇篮；房间的墙壁黄色和棕色相间，犹如监狱之门，那儿有一个被撞开的大洞，足够一个人猫腰爬进爬出。

【问题】

1. 主题酒店代表了酒店发展的哪些趋势？
2. 在开发主题酒店时，应该考虑哪些关键因素？

二、课堂讨论题

通过对你所了解的地区酒店的调查，谈谈它们是怎样适应未来酒店业的发展的？

三、课后思考题

1. 酒店的发展经历了哪几个时期？各时期有何特点？
2. 酒店企业与一般企业相比有哪些特点？
3. 酒店的等级是怎样划分的？
4. 现代酒店管理应遵循哪些原则？
5. 请你谈一谈我国酒店业的发展趋势。

四、实训题

组织学生参观本地一家高星级酒店、一家三星级酒店和一家经济型酒店，试比较他们之间的不同和各自的特点。

目的：了解酒店的基本知识，增强对酒店产品的感性认识，为以后的理论学习奠定基础。

要求：通过调查，写出对酒店产品的认识。

第2章

酒店组织计划管理

学习目的

通过本章的学习，了解酒店组织设置的原则和要求，熟悉酒店组织机构设置的方法和模式，掌握酒店计划的内容和相关的组织制度。

学习内容

- 酒店组织机构的设置原则和要求
- 酒店组织机构的设置
- 酒店组织管理制度
- 酒店计划概述
- 酒店计划的编制与实施

酒店是劳动密集型企业，人员众多，工种各异，管理过程精细复杂，加上产品中的服务含量又大，要实现管理目标，必须建立一个严密、科学、合理的机构设置。

2.1 酒店组织机构的设置原则和要求

酒店组织机构是酒店管理体制的核心。酒店管理体制中的领导管理体制是以组织机构的存在为前提条件的。怎样才能建立一个行之有效的组织机构，下文将会有具体介绍。

2.1.1 酒店组织机构的概念和特点

现代酒店组织机构，就是为实现酒店经营管理目标，由许多相互联系、彼此合作的部门和人员，共同形成的一个有机的整体。它是一个集体力量，是在人员分工、职能分化的基础上的一种组织形式，其特点为：

1. 职权分离，互相制衡

组织机构的作用是运用权利来协调酒店管理中的各种关系。而组织权力因组织机构的等级层次不同，权利大小亦不同。同样，管理人员在组织机构中的职位高低和工作岗位不同，其权力大小也不一样。组织机构是一种群体活动，因此，在酒店管理中，“职权分离，互相制衡”是组织机构的显著特点。

2. 一体三面，协调配合

所谓“一体”是指酒店的组织机构和组织管理都是一个整体。它要求机构设计要从整体利益出发形成系统，各级机构及其各岗主管经理的职权分工也要从整体利益出发，形成一个分工明确、职权清楚、互相制衡又互相协调的整体。所谓“三面”是指酒店组织机构同时具有三个层面：一是具有清晰的职位，各级、各岗的层次、顺序、岗位职责规范十分清楚；二是具有流畅的信息沟通渠道，组织机构中的信息系统、信息管理制度健全；三是具有协调与配合精神，组织气氛要和谐，能够用组织手段来保证组织目标的实现。

3. 目的明确，适应环境

酒店设置组织机构的目的就是为完成经营管理任务。在这一总目标下，各级组织机构的等级不同，其具体目的和管理任务也不同。因此，酒店组织机构的设置、各级组织和各岗人员的安排，都要以目标、任务为基础，日常的组织管理工作也要以组织目的为基本出发点，保证目的明确，任务清楚。与此同时，酒店组织机构又要适应环境。它包括两个方面：一是组织机构设计时，要充分考虑国家和地方政府的有关政策和要求、酒店所处的市场环境、市场竞争状况、酒店性质和投资结构等，以保证组织机构设置及其人员安排、岗位职责规范等与客观外界环境相适应；二是当酒店外界环境，包括国家和地方的经济环境、市场环境、酒店性质和投资结构等变化时，酒店的组织机构设计、人员安排、岗位职责等也要随之变化。

2.1.2 酒店组织机构的设置依据和原则

1. 酒店组织机构设置的依据

1）投资结构。投资结构是酒店经济性质和产权关系的本质体现，它常常决定酒店组织管理模式和组织机构的形式。特别是投资结构不同，反映投资主体意识和要求的酒店高层管理的人员结构也必然不同，他们必然决定和影响酒店组织机构设置及其管理工作。所以，投资结构是酒店管理组织机构设置的主要依据之一。

2）酒店规模。酒店规模是由客房数量、餐厅类型和座位多少、商场分割面积和经营种类、康娱服务项目的多少和同一时段的接待能力等多种因素决定的。酒店规模直接决定酒店组织管理的层次多少、管理幅度、机构大小和部门设置、用人多少等各个方面，是酒店组织机构设置的又一重要依据。

3）星级高低。酒店星级越高，设备越豪华，经营管理和服务质量的要求越高、越细致，用人也就相对越多，必然加大酒店组织机构规模。所以，规模相同的酒店，星级高低、豪华程度不同，其组织机构的形式、岗位设置和组织管理都有较大区别。

4）服务项目的多少。酒店服务项目的多少直接影响其综合性程度的高低。两家建筑面积相同的酒店，服务项目越多的其综合性越强，其所设置的领班或主管人员必然增加，从而扩大组织规模，增加员工数量和经营管理的难度。

2. 酒店组织机构设置的原则

（1）组织形式要适合经营的需要

组织形式要为酒店的经营服务，就需从酒店的业务特点出发，根据酒店业务运转的需要确定酒店的管理机构和组织结构。

（2）组织形式要服从效益目标

为了达到效益目标，酒店的组织形式要以能产生最佳效益为原则。为了酒店的效益，酒店在组织管理上，首先要根据跨度原则和实际需要确定酒店的组织层次；其次要按需设岗；最后要精兵简政、精简人员。

（3）组织形式要适合业务运转的需要

根据市场、决策目标、酒店业务情况，把酒店业务合理分成几大类，把内容、性质相同的业务划为一类，并根据经营需要，妥善地确定部门的归属。部门的形成构成组织管理中酒店的横向结构，此外还有纵向结构。纵向结构一是要按酒店的规模来确定各部门层次的划分；二是要确立各个层次的组织跨度。通过酒店横向结构和纵向结构的合理组合，从形式上形成酒店的组织结构，保证组织的高效率。

（4）酒店的组织路线要为目标服务

就酒店来说，用人就是酒店的组织路线，即“德才兼备，以德为重”。酒店处在激烈的市场竞争环境中，现有的酒店不仅仅有效益好坏的问题，而且还有生存问题，它要靠人去营造生存空间，然后再由人去创造效益。为了酒店的经营目标，必须选拔那些经过考验的德才兼备的人员到管理岗位上来。酒店在管理人员时应坚持的标准是“本质好、会管理、懂业务、自身素质好”。要克服裙带用人、划线用人、关系用人、亲情用人、酒肉用人、媚我用人等坏风气，以酒店利益为重，克服自我，选拔人才。酒店要有一套用人的竞争机制，有一套人才选拔的方法，使优秀人才都能脱颖而出。“有德有才要重用；有德无才可小用；无德无才自食其力；无德有才坚决不用”曾是一位成功的企业家的用人准则，也许会给我们一定的启发。

（5）等级链和指挥统一原则

酒店作为一个组织系统从上到下形成了各管理层次，从最高层次的管理者到最低层次的管理者之间组成了一条链条系统结构等级链。这个链条系统结构反映的组织特点是：第一，它是有层次有等级的；第二，每一条链上的各环是垂直而相互联系的，所有的链都连接于最高一环——总经理。这个链条结构是一条权力线，是发布命令、指挥控制、信息反馈的途径。从等级链的原则出发，也引出了组织管理中的一些基本原则。包括：

1）权力和责任原则。等级链是一条权力线，每一环的层次上都有相应的权力。在一条链上，上一环摆动，下连的各环都要跟着摆动，每一环的摆动都受上一环的牵制。这就形象的表明一个组织中的各部分和个人应服从统一意志才能做到组织运行的有序。要使组织服从统一意志，必须建立管理者的权力和树立管理者的权威。管理者的权力应由组织给予明确规定。各级管理者拥有权力也应担负相应的责任。酒店组织的要求是把责任明确地落实到人，什么责任该谁负，谁该负什么责任都应该很清楚。

2）服从命令原则。等级链是传达命令的通道，命令顺畅则链条系统和谐。如果命令不被服从，链条结构在某一环上会发生断裂而殃及以下各环和整个系统。由此，酒店强调在组织上必须服从命令。由于酒店业务的机动性和随机性比较大，个人行为的机动性和随机性也比较大，因此服从命令的要求比其他行业更高些。

3）命令统一原则。第一，从最高管理层到最低管理层的命令的精神应保持一致，命令不能是简单的复述，而应该由执行者根据自身环境的具体情况给予发挥和具体化。第二，从等级链看，链环是垂直且一环扣一环，没有脱节，也没有三角扣。所以酒店的命令要层层下达，而且应该是指挥者向直接下属下达而不是越级指挥，也就是管理者在下达命令时也不得“串岗”。第三，现代组织要求酒店每个员工只有一个顶头上司，他只应听命于这位顶头上司。

（6）管理跨度与授权原则

管理跨度是指一个管理者能够直接而有效地管理的下属人数。在酒店组织设计中，必须根据各项工作的性质，管理人员的知识、能力和精力，以及下属人员的素质确定合理的跨度。根据国内外的实践，管理跨度的最佳人数为 6/8 人。授权原则是酒店组织根据组织宽度而分成多个管理层次，每个层次的管理者要对目标、对上司、对下级负责。他要管理在他管理宽度范围内的事务，所以管理者就要拥有权力。当组织在确定了各管理职位后，也应当同时确定该职位所拥有的权限。授权，是正式组织的授权，一部分是由制度给予明确规定的，一部分则由上司在职权范围内以一定的形式授予。权力和职位应相称，授权过大或过小都是对权力的误解。

授权是为了管理，为了酒店的目标。权力绝不应成为牟取私利的凭借。对管理者的权力应该有制约手段和制约机制。对酒店最高管理层可由监事会、董事会、党组织、职代会等来制约，同时在酒店最高管理层中各成员相互之间有监督制约机制。各部门经理的权力一方面受上级的检查监督和制约，另一方面应受到相关职能部门的监督和制约，同时，部门经理的权力应受到本部门员工的监督和制约。所有对权力的监督和制约都应有相关的制度给予规定，真正做到权力不可无限膨胀。如果酒店管理者在他管辖的范围内权力不受到约束而可以为所欲为时，就为腐败和堕落提供了温床。

（7）酒店组织的系统原则

系统理论认为一个系统最本质的要素是它的“组织联系”，组织联系形式的不同就形成这个组织系统和那个组织系统之间的区别。酒店是以宾客的旅居生活为纽带形成系统内的组织联系。从这个特点出发确定了酒店组织的系统原则。

1）强调组织目标。组织是为目标而存在的，一个组织应有一个统一目标。酒店的统一目标是酒店的整体效益，即整体的社会效益和经济效益。为了整体目标，酒店各部分的局部利益要服从整体利益，必要时，采取牺牲某些局部的最优方案以保证整个系统的最优方案。

2）各部分的目标和责任。根据组织对任务分配的功能，酒店要把总目标进行分解，成为各子系统各部分的分目标。分目标要明确，分目标和总目标的关系同样要明确。酒店的组织系统、目标系统要和经济责任制挂起钩来。目标—责任—利益分配应一致。

3）组织的均衡性。酒店的“稳定状态”在于组织结构的均衡、工作量和任务的均衡、服务质量的均衡、效益的均衡。组织的均衡性在于组织设计和业务设计要有均衡性，信息系统的设计要有联系性和合理性，员工的业务素质和定编要有均衡性，业务的运转要有管理者实施组织职能，使业务运转和谐协调。均衡不是平均，而是指相互间的协调一致。当然，均衡是有时间性的，它不可能是永久性的。因此酒店在组织管理中要根据业务量的变化和决策的变化，合理地调配和组合酒店的各种资源及生产要素，使组织始终处于较佳的均衡状态之中。

（8）团结一致的原则

酒店目标的实现要靠酒店全体员工的团结一致和万众一心。酒店是依靠上下团结而形成的合力把组织推向目标。组织是一个系统，酒店组织要把系统中的各部分、各种资源拧成一股力量指向目标，成为一种和谐的矢力，减少摩擦力，消除反作用力和其他方向的力。因此，酒店内部要搞好团结。但团结是有原则的，要以目标为准则，以正气为前提。酒店在处理不团结问题时要分清是非，坚持真理，批评错误，纠正错误，使酒店的团结成为一种风气。

要使酒店组织能真正团结一致，做到长治久安，一方面要加强企业文化的建设；另一方面要有组织保证：第一，从制度上道德观念上确定每位员工的人格尊严观，以人格力量建立起人与人之间的正确关系，互相尊重互相关心，并以此来规范和自我约束个人的言论和行动。第二，以制度形式界定破坏团结的言论行为，并有相关的处罚手段。第三，各级管理人员在组织团结一致方面起模范表率作用，同时做好工作消除不团结的隐患，对发生的不团结现象则应以高度的责任感及时处理纠正。

2.2 酒店组织机构的设置

现代酒店组织的机构设置和职权分配，由于各酒店的规模和性质不同，不必强求统一，但基本上的要求是一致的。一般说来，酒店部门机构设置的特点是根据酒店为宾客提供的各种酒店产品和服务来设置的。

2.2.1 酒店组织机构的设置

按照酒店各部门的性质，可将酒店划分为营业部门、职能部门和其他组织。

1. 酒店营业部门

（1）前厅部（Front Office）

也称总台服务部，是酒店经营活动的中心。前厅部的工作始终贯穿于宾客与酒店接触、交流的全过程。其通过预订客房、办理登记手续、安排住宿房间、分发行包、代客储存物品、办理邮电业务、外币兑换、结账等，为宾客提供全面的服务。因此，前厅部人员是“酒店的代表”。前厅部运行和管理的水平不仅反映了整个酒店的工作效率和服务水平，而且直接影响着酒店的经营收益。此外，前厅部还担负着联系和协调酒店各部门工作，并为酒店最高决策层提供决策信息和数据的重任，所以前厅部是酒店组织管理的关键部门和中心环节。

前厅部的主要机构有：预订处（Reservation Desk）、接待处（Reception Desk）、问讯处（Information Desk）、行李处（Bell Service Desk）、电话总机（Telephone Switchboard）、收银处（Cash Desk）等。

（2）客房部（Housekeeping Department）

客房是宾客住宿和休息的场所，也是酒店设施的主体部分。随着现代化旅游业的发展，宾客对客房环境、住宿设施、清洁卫生设备及服务质量等都提出了很高的要求。因此，为宾客提供一个整洁、舒适、安全的房间，是客房部的主要任务。客房服务质量和管理水平的好坏，不仅关系到整个酒店的声誉和经营效果，而且直接影响到酒店的经营收入和效益高低，因而必须妥善地搞好客房部管理，不断提高酒店的经营管理水平。

客房部包括：客房主管部、楼层服务组、公共区域服务组、棉织品组、洗涤组。

（3）餐饮部（Food & Beverage Department）

餐饮部是酒店又一个主要创收部门，虽然其创收能力通常小于客房出租的总收入，但该部门所获得的经营收入仍然是相当可观的。酒店餐饮服务的规模不论大小，一般均包括食品原料采购供应、厨房加工烹调、餐厅酒吧三部分业务活动，因而相应设置的业务部门有以下几种：原料采购供应部、厨房、餐厅、酒吧。

此外，酒店为了竞争和发展的需要，日益重视向客人提供更加完善和更加新型的业务项目，以满足宾客多方面的需求。

（4）康乐部（Recreation Department）

在许多酒店中，特别是度假型酒店都设有专门的部门为旅游团体和旅游者个人提供康乐活动。其中包括高尔夫球、网球、保龄球、健身、游泳等活动。这些活动均由康乐部组织安排，并设专门人员负责组织和指导工作。

康乐部还通过向客人提供娱乐设施，保证酒店娱乐活动的正常进行并获得相应的经营收入。康乐部的主管和其他专职人员，一般都具备组织娱乐活动的能力和专长。他们经常为酒店组织一些别开生面和富有吸引力的娱乐活动，满足客人的娱乐要求。

（5）商品部（Shopping Arcade）

现在几乎所有的酒店都设有商品部或商品销售点等，大型酒店的商品部和市区内零售商场的经营相类似。但酒店商品部装饰豪华，商品价格通常高于酒店外的同类商品的价格。酒店商场和商品部出售的商品，一般以当地特有的旅游商品为主，同时也经营一些日常生活用品。在有些大型酒店中，商品部属于业务部门，其经营收入在酒店营业总收入中占有一定的比例。

（6）旅游部（Tourism Department）

现在许多酒店均设有自己组织旅游的专业部门。它一方面为酒店组织客源，另一方面为酒店的客人提供游览观光和继续旅行的各种便利条件。旅行社设有专门的人员负责提供交通工具（车船）、导游、订票等各种专门的业务。

2. 酒店职能部门

酒店职能部门不直接从事酒店接待和供应业务，而是为业务部门服务，执行自身某种管理职能的部门。酒店的人事部、安全部、销售部、财务部和工程部均属于酒店的职能部门。

（1）人事部（Personnel Department）

人事部的主要职责是为了满足酒店经营管理的需要，协助其他部门负责酒店管理人员和服务人员的选聘、培训及具体的管理工作。人事部是酒店中的一个非常重要的部门，一般直接受总经理的领导和指挥。人事部除设有经理和副经理外，还有专职人员负责人员调配、职工培训、工资管理等。有些酒店的人事部还设有专门的培训机构。

（2）销售部（Sales Department）

销售部的主要职责和工作目标是为酒店组织客源。为了保证酒店有充足的客源，销售部的人员要进行市场调研，了解市场需求，掌握客源流向并负责推销酒店产品。

酒店销售部的大小规模是有差异的。一般是从1人到15人或20人。销售部设经理和主管销售业务的专职人员。有些大型酒店的销售部还设分管旅游销售、会议销售、宴会销售的经理以及公共关系等专职工作人员。为了搞好销售工作，酒店总经理也要分出一部分时间来处理销售部的有关事宜。

（3）工程部（Engineering Department）

工程部的主要职责是负责酒店房屋及设备的维修工作，使酒店的外部及内部装修等保持在完好和较高的水平上，并经常对酒店的各项设备、设施进行修理、保养和更新。工程部还需要按计划对酒店的能源进行有效的管理。

工程部的组织机构包括：工程部办公室（由工程部经理、助理调度员等组成）；锅炉冷冻组（由锅炉房和冷冻机房组成）；电工组（由交配电组与强弱电组组成）；维修组（由综合维修人员组成）；电梯组（由电梯操作、维修人员组成）；土建维修组（由土建、木工、油漆工组成）。也有的酒店只设锅炉、冷冻、水电、土建四组。

（4）安全部（Security Department）

安全保卫部是酒店非常重要的职能部门之一，宾客在酒店中不仅需要良好的食宿服务条件，同时需要一个安全、舒适、宁静的环境。安全部对酒店的各种设施、财产的安全以及宾客的人身和财产安全负有重要的责任。

酒店设有安全部经理和专职的安全保卫工作人员，对全酒店进行二十四小时的安全保卫和巡视。虽然安全部的人员可以负责酒店整体的安全保卫工作，但是酒店的所有工作人员和服务人员都应当关心安全工作，并积极参加安全保卫措施的具体实施工作。

（5）财务部（Financial Department）

财务部门负责处理酒店经营活动中的财务管理和会计核算工作。财务部人员的数量取决于酒店的经营规模。一般来说，酒店财务工作直接由一位酒店的副总经理领导，财务部门内部设有经理、副经理、主管会计、会计员、出纳员若干名。

3. 其他机构设置

根据我国国情、法律、政治经济体制，酒店还要设置其他机构：一是党组织的领导机构。它要对酒店的经营决策、正常运行、实现组织目标起监督保证作用。二是工会、共青团、妇女组织机构。工会是职工代表大会的常设机构，通过职工代表大会的形式使职工行使民主管理的权利，并维护广大职工的利益。共青团、妇女组织是酒店的群众组织。根据该组织章程，它们一方面要从该组织成员的特点出发，引导他们在酒店中发挥积极作用，另一方面要保护该组织成员的权益。

2.2.2　酒店组织的结构类型

现代酒店组织的类型，按照酒店的经营特点及组织设计原则，主要有直线制组织结构、直线职能制组织结构、事业部制组织结构和矩阵式组织结构四种基本形式。

1. 直线制组织结构（line system）

直线制组织结构，是最早、最简单的一种组织结构形式。其特点是酒店内各种机构和部门按照纵向系统直线排列，形成自上而下的指挥系统，每个下属只接受一个上级的直接领导。这种形式一般适用于产品单一、生产技术简单、客源范围小，不需按职能实行专业化管理的小型酒店企业。如图2.1所示。

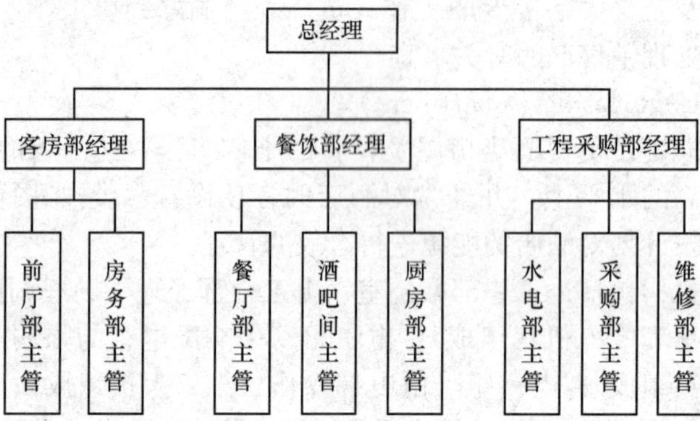

图2.1　直线制组织结构图

直线制组织结构形式的优点：第一，机构简单，决策迅速；第二，职责清楚，权限明确，责任心强；第三，权力集中，上下联系简捷。有利于统一指挥，提高组织效率。

直线制组织结构形式的缺点：一是要求酒店经营管理人员具有全面的经营管理知识和业务能力，并具有较强的综合协调能力和指挥能力；二是由于集权过多，缺乏横向的协调和配合，一旦酒店经营规模扩大或产生复杂问题，就会出现不适应状况。因此，这种形式一般只适用于规模较小、员工人数不多的小型酒店。

2. 直线职能制组织结构（line-functional system）

直线职能制，也称为直线参谋制组织结构。它是在“直线制”和“职能制”的组织结构基础上发展而来的，以纵向统一指挥为主，职能参谋为辅。其主要特点是既保持了纵向系统的统一指挥优点，又充分发挥职能参谋部门的作用。从而提高了现代酒店的经营管理效率和水平。如今，我国大多数酒店企业采取这种组织结构形式。如图2.2所示。

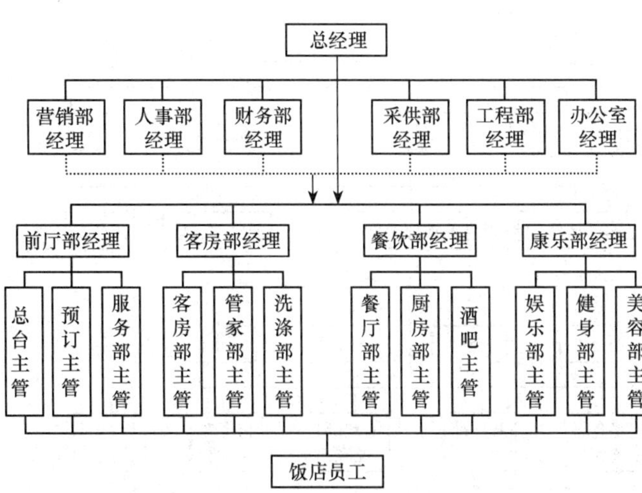

图 2.2 直线职能制组织结构图

直线职能制组织结构的优点：第一，既有利于整个酒店的统一指挥，又能充分发挥职能部门专业化管理的作用，从而提高经营管理水平；第二，有利于加强直线行政领导的权威，提高酒店经营活动的有效性和高效性；第三，有利于突出酒店经营管理的主次，发挥专业管理人员的作用，提高酒店专业管理水平；第四，有利于培养有较强行政指挥能力的综合管理人员，特别是酒店总经理、部门经理层的管理人员。

直线职能制组织结构的缺点：一是行政领导容易包揽一切事务，而职能管理部门的作用发挥不够，各职能部门之间横向沟通和协调性差；二是在业务指导上直线领导与职能部门会出现一定的矛盾冲突。特别是当酒店经营规模进一步扩大，市场竞争剧烈，经营情况复杂时，直线—参谋制也明显地不适应酒店经营发展的需要。

3. 事业部制组织结构（federal system）

事业部制组织结构，又称为部门化组织形式，其特点是在酒店总经理统一领导下，把酒店各经营部门划分成若干相对独立的经营单位，授予相应的权利，独立从事经营活动，是一种实行集中决策、分散经营的分权组织机构。目前，国外的大型企业普遍采用这种组织结构形式，我国的一些酒店或酒店集团也有采取这种组织结构形式，如图 2.3 所示。

事业部制组织结构的优点：第一，有利于酒店高层管理人员摆脱日常行政事物，集中精力抓好酒店的经营发展战略和重大经营决策；第二，有利于面向市场、分散经营，提高酒店经营管理效率，增强酒店的应变能力，提高服务质量和水平；第三，有利于考核各事业部的经营业绩，促进各事业部之间进行比较和竞争，调动各方面的积极性和主动性；第四，有利于培养独立的、全面的主持酒店经营管理工作的高级经营管理人才。

事业部制组织结构的缺点：一是表现在各事业部之间容易形成部门狭隘观念，而忽略酒店整体利益；二是部门之间横向协调差，不利于人才的流动；三是机构重叠而

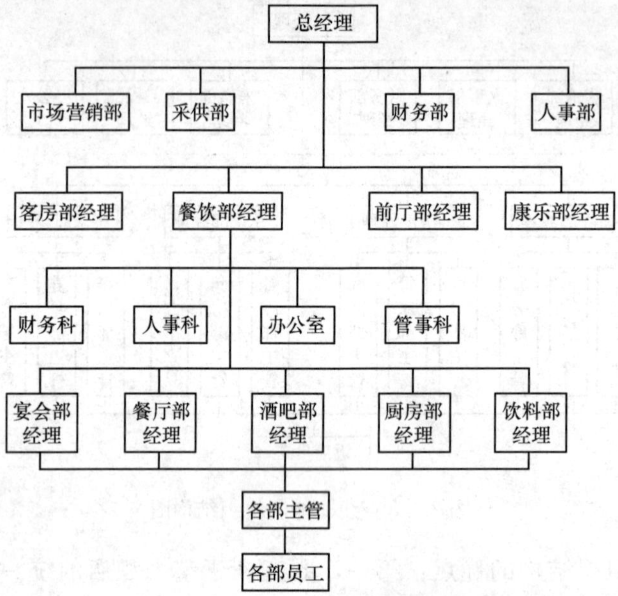

图 2.3　事业部制组织结构图

导致管理费用增加、利益协调困难等。因此，应根据酒店实际情况灵活采用相应的组织形式。

4. 矩阵式组织结构（matrix system）

矩阵式组织结构有纵横两套管理系统，把酒店的管理部门分为传统的职能部门和为完成某项专门任务而由各职能部门派人参加联合组成的，并指派组长负责领导的专门小组，任务完成之后，小组成员各自回到原来单位，这样，若干职能部门所形成的垂直领导系统和为完成专门任务而形成的若干任务小组的临时系统，就组成了一个矩阵式的组织系统结构。目前酒店采用矩阵式组织结构的主要是一些酒店集团公司或输出管理的一些大型酒店，如图 2.4 所示。

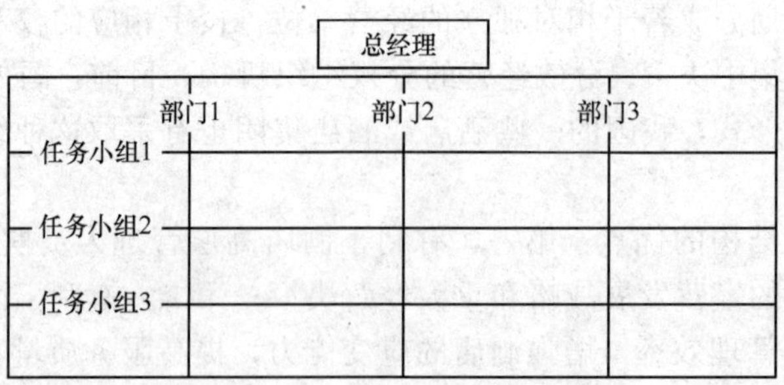

图 2.4　矩阵式组织结构图

矩阵式组织结构的优点：第一，既能保证完成任务，又能充分发挥各职能部门的作用；第二，能集中各部门专业人员的智慧，互相学习，协调促进，加强组织的整体性；第三，加快工作进度；第四，避免各部门的重复劳动，因而可以缩减成本开支；

第五，管理方法和管理技术更专业化；第六，打破酒店内部的部门界限，便于内部不同部门之间的协调。

矩阵式组织结构的缺点：一是任务负责人的责任大于权力。因为参加任务的每个人都来自不同的部门，隶属关系仍在原部门，由于临时参加该任务，故没有打破等级制，这种双重领导的状况容易延误决策时机。二是矩阵结构需要酒店内部一种合作的文化来支持，这是矩阵结构比较难于有效实施的原因。

酒店的组织结构类型比较多，采取何种组织结构要根据酒店经营的需要，从自身的实际出发。

2.3　酒店组织管理制度

2.3.1　酒店组织管理的要求

1. 产权清晰，组织管理系统化

所谓“产权清晰”，就是组织机构的最高层要由投资主体、投资人代表组成，主要起重大问题的决策领导和经济监督作用。他们不宜直接从事具体的酒店接待服务和经营管理工作，这些具体的经营管理工作要聘请以总经理为首的职业经理来承担。这样，产权人只维护产权利益，不参与具体经营管理；经营者只关心经营好坏，不拥有企业财产所有权，并根据他们的能力和经营绩效来获得必要报酬；产权关系十分清楚。

所谓“组织管理系统化”，就是要从系统观念出发，从整体利益出发，做好酒店组织机构的设计、人员安排、职权分配，制定酒店管理制度、议事规则、各岗人员的职责规范等，使整个酒店的各项管理和服务工作成为一个系统。从而产生系统效应，获得优良效益。

2. 职权分离，职责规范制度化

现代企业管理的科学性和先进性的突出表现之一就是破除了传统的以“人治”为主的企业管理的随意性。因此，酒店宾馆要运用组织机构，做好组织管理工作，必须坚持做到职权分离，职责规范制度化。具体包括三个方面：第一，职责规范的制定制度化。即从上到下，每一个岗位都要制定职责规范，以此来规范从总经理、副总经理到各部门经理、各岗位员工的行为规范，并由此形成制度。第二，职责规范的内容标准化。即每个岗位的职责规范的内容都应包括四个方面：一是职位描述——用表格简单介绍职务要求；二是职责规范——明确规定每个岗位的职责、权限和工作规范；三是任职条件——简单列出一个岗位需要的能力和条件；四是考核标准——简单列出完成岗位职责的考核内容，尽可能量化，由此形成标准化管理。第三，职责规范的贯彻实施制度化。即各级各岗位的职责规范一经制定，必须长期贯彻实施。从总经理到各级各岗的人员都可以换，但岗位职责的内容不能随意改变，以此来保证酒店管理及其领导工作的连续性和稳定性。

3. 等级清楚，管理幅度合理化

酒店要运用组织手段做好管理工作需要注意四个问题：一是酒店组织机构的等级多少要根据企业规模来确定；二是不同等级和同一等级的各岗管理人员的职权划分要清楚明确，不能出现权力不清、职权交叉、互相冲突；三是一个下级只能有一个上级领导，不能出现多头领导、下级无所适从现象；四是管理幅度要根据实际需要确定。

4. 机构精简，管理工作效率化

精简和效率是现代企业组织管理的基本要求。酒店宾馆运用组织机构做好管理工作时，一要坚持因事设立机构和人员，保证各岗人员工作量饱满，防止人浮于事，影响工作效率；二要建立健全组织管理的信息系统，保证信息畅通，防止中间梗阻，影响领导决策的制定和贯彻落实，造成工作损失；三是对重要工作和信息传递要规定明确的完成时限。各级管理人员只有树立强烈的时间观念，才能提高管理工作效率。

2.3.2 酒店组织管理的内容

酒店组织管理是“先框架、后实体，规章制度为管理”。确定酒店组织结构的框架后，就要建设组织的实体，即确定酒店组织管理的具体内容。

1. 业务的分工与协作

酒店组织管理对实体的建设先要按照分工的原则对业务作专业化划分，同时又要使专业化的组织活动和业务活动保持高度的协调一致性。酒店业务内容差别较大又自成体系，各业务是在一定的区域空间进行，因此，酒店业务的分工通常把业务和区域合在一起进行。

（1）制作酒店组织图

酒店组织图是全面反映酒店业务内容、部门组成、业务区域划分、组织结构、权责关系、岗位分工、人员安排的综合图解。例如图 2.4 是我国某酒店的组织结构图。组织图的要素有：在明确业务分工的情况下进行一个层次的部门设置；按直线制的形式对部门下属业务单元和班组进行设置；对酒店组织作层次的划分，包括酒店的基本层次和各部门的层次；对职位的规定。对组织图的每一个层次、每一个结点都可以作职位的规定。

（2）业务分工及界面划分

业务分工就是把酒店所有的业务按性质不同进行分解，并把分解后的业务划归各部门各层次。酒店业务从大处着眼是泾渭分明、范围明确，但从小处着眼则纵横交错、互相牵扯。为了分清职责，在业务分工后，还要对牵涉两个部门的业务作界面划分。

（3）建立岗位责任制

业务最终要人去完成。什么人、去完成什么工作、达到什么标准，由岗位责任制来规定。

（4）业务的组织联系

包括酒店的业务设计、连接点衔接和业务信息系统设计。

2. 管理人员的配备和使用

（1）用人理念

管理人员的配备就是组织用人。用人就有用人理念。酒店用人理念应是“德才兼备以德为重”。德的重要方面是符合管理人员的道德标准，要与酒店同心同德。坚决克服裙带关系等坏风气，选人用人必须克服自我，超越自我。

（2）确定用人标准

酒店选拔管理人员既要考虑具有共性的标准，又要考虑个体的特性，要把这两者最佳地结合起来。从这点出发，酒店用人的标准包括三个方面：

1）基本素质，包括基本品质、道德意识、学历阅历、个性气质、思想观念等。

2）管理能力，包括管理理论、管理思想、管理知识、管理方法，还有心理成熟程度和应变能力。

3）业务知识和业务能力，包括本专业知识的深度和广度、酒店各方面的业务知识、与酒店相关的各种业务知识。

（3）管理人员配备程序

管理人员配备应有一套规范的程序，力戒按个人意志任命管理人员。具体程序为：

1）由该岗位的直接上司提出候选人名单，候选人可以有几个。如是对外或对内公开招聘，则由招聘领导机构提出名单。

2）由人事部门和酒店相应层次的管理层对候选人进行考察考核。

3）根据管辖层次，由相应的管理层通过集体决策的方式确定该管理岗位的管理人员。

（4）使用和授权

配备酒店管理人员是为了使用，要使用就要对他们授权。使用和授权是组织管理的重要内容。

1）管理人员进入角色。组织是一种权责角色结构，组织配备了管理人员，就要让他们进入角色，处于最佳角色状态。管理人员的角色状态越好，管理活动就越有成效。

2）授权。权力是有效管理的必要条件。根据权力和职责相一致的原则，当管理人员确定后，由正式组织以制度明文规定的形式授予管理人员相应的权力。

3）用人不疑和制约机制。“用人不疑，疑人不用”是组织的基本理念。组织应通过行政的、制度的、信息的形式形成对权力的制约机制。

4）爱护培养，能上能下用人就是对人才的使用。任何物质有使用就有维护保养。对管理人员更要爱护培养。酒店要制定人才培养计划，有计划、有步骤地培养和造就管理人员。对管理人员要建立能上能下的机制，一方面是为了保证管理的质量和人员的质量，另一方面也是对管理人员的一种激励机制。

5）严格考核。对管理人员既要关心爱护，也要严格要求、认真考核，即“爱之深，律之严”。

3. 任务的分配

组织管理中任务的分配，简单地说就是把组织目标的具体任务分解落实到各部门。任务分配和业务分工有着密切的联系，组织管理是把这两者联系在一起做整体性安排。

1）确定组织目标。酒店是以决策后制定计划的形式确定酒店目标的。酒店计划的主干是计划指标，它是酒店目标的核心。酒店计划还要确定各部门各阶段的目标和业务活动，由此组成酒店的计划目标体系。

2）分解指标和分配任务。酒店的计划指标和目标是由各部门在进行实际业务过程中完成的。酒店组织管理要在综合平衡的基础上酒店把计划指标进行分解，分解后把具体指标落实到各部门；根据分解的计划指标、酒店的业务决策、业务设计，把与指标配套的各部门业务任务分配到各部门；各部门根据指标和业务任务制定本部门的部门计划；在对计划任务进行分配后，还要对临时任务作分配。计划任务是常规性的、定时的（如年、季、月），临时任务是随机的、不定时的。

3）目标考核。有了任务的分配，必定有对目标和任务的考核。考核是按部门和阶段进行。阶段的确定可以是月、季、半年、全年。考核按各部门不同的考核项目进行。

4. 编制定员

编制定员是核定并配备各岗位、各班组、各部门及全酒店管理人员和服务员的数量。编制定员工作从业务上来说是属于人力资源部门的，从管理职能上来说属于组织管理职能范围。

1）编制定员核定。包括以班组为基础进行人员核定；定量分析；分析相关因素，确定定员。

2）用工类型。用工类型是指酒店所有员工因与酒店的关系性质不同而形成几种不同类型。酒店用工类型的不同决定了员工与酒店的所属关系、契约关系、经济关系、劳动关系的不同。酒店用工类型主要有正式工、合同工、聘用工、临时合同工、临时工、管理公司派驻工等。酒店采用何种用工类型要注意以下几点：用工类型要根据酒店的业务特点和业务量来确定其结构；不论何种用工，对员工都应依法给以应有的地位，维护他们的合法权益；编制定员是个定数，酒店实际用工是个变数，它是围绕编制定员上下浮动的。

5. 劳动组织

劳动组织是通过一定的形式和方法使人和设施合理结合，组成岗位劳动，再使岗位劳动联系成业务流程，再使流程相互联系和协作以和谐地完成宾客接待的过程。

（1）业务流程和协作

酒店的业务流程是把前后有联系的相关岗位按一定的程序连贯起来完成一个过程。酒店业务流程的特点是对业务做时空上的组织。

1）业务流程时序上的设计。其思路是按宾客活动的时间的先后，排列有前后时序关系的相关作业岗位的作业程序，使之成为一个连贯的过程，形成时间上的业务流程。

时间上的业务流程形成了劳动组织的纵向联系。

2）业务流程空间上的联系。宾客的活动有空间上的运动，酒店岗位协作也要有空间上的横向联系。业务流程设计要把有空间作业联系的岗位和业务联系起来。把同一空间的业务作业联系起来形成流程。

3）业务流程的时空结合。业务流程不可能是一单纯的时间流程或空间流程，它是时空的结合。业务流程要强调时序性，同样要强调协作性。

4）业务流程是实体，与流程相配套的有服务规程和信息流。因此，服务流程的设计应把服务规程、信息流一起设计。

（2）排班

排班就是排定班次，是根据各岗位及由岗位组成的班组的业务规律，规定它们的工作时间和时间段，规定它们的作业内容。排班有两种形式：一是按作业时间区分，排成早、中、晚等时间班；二是按业务内容排成业务班，如客房的卫生班和值台班，前厅的总台班和总机班等。时间班和业务班不是截然分开的，它们是交错在一起的。

酒店业务内容较多，各业务内容又不相同，酒店各部门的排班也有多种多样。排班只能从实际出发，因事因时而定。排班主要是基层管理者的职责，小区域部门由部门经理排班。排班最后的核定和认可由部门经理负责。

2.3.3　酒店组织管理制度

1. 总经理负责制

总经理负责制是酒店组织管理中实行的领导制度，是酒店内部实行的最高管理组织形式。

总经理负责制是指总经理是酒店的法人代表，酒店建立以总经理为首的经营管理系统，总经理在酒店中处于中心地位，根据董事会或投资者的决策，全面负责酒店的经营和业务，并对酒店的发展负有全面责任的一种管理制度。

总经理负责制是适应酒店现代化管理，适应酒店市场经营，适应按酒店规律管理酒店和以法治店的一种管理制度。总经理负责制是酒店管理体制的最基本方面。

2. 酒店经济责任制

酒店经济责任制是酒店组织管理中的又一项重要的基本制度。是酒店各部门以酒店经济效益为目标，对自身的经营业务活动负责，实行责、权、利相结合，把酒店的经济责任以合同的形式固定下来的一种经营管理制度。酒店经济责任制是社会化大生产和社会主义客观经济规律的体现，是调动酒店、部门、员工积极性，实现酒店自我激励的重要手段。

酒店的经济责任制包括酒店对国家（主要表现为酒店对上级主管部门）的经济责任制、酒店内部的经济责任制两个方面。

3. 酒店岗位责任制

酒店岗位责任制是以岗位为单位，具体规定了每个岗位及该岗位人员的职责、工作内容、工作范围、作业标准、工作权限、工作量等责任制度。岗位责任制使每个员工都明白自己所在的岗位要完成哪些工作。

酒店岗位责任制是一个完整的体系，它包括酒店领导人的责任制——总经理责任制；各部门主管和技术人员的岗位责任制；各生产、服务人员的岗位责任制。酒店服务人员的岗位责任制是酒店其他责任制的基础，也是岗位责任制的主要形式。

酒店岗位责任制的表现形式是“岗位责任说明书”或“职务说明书”。岗位责任制的内容主要有：明确岗位和岗位名称，该岗位的直接上级（即对谁负责），该岗位的直接下级（即领导谁），岗位的职责和工作内容、工作量、工作质量标准、岗位权限。对有些岗位还要确定人员上岗的标准。

4. 员工手册

员工手册是酒店的又一个基本制度。是规定全酒店员工共同拥有的权利和义务以及共同遵守的行为规范的条文文件。员工手册对每个酒店来说都是必备文件，人手一册，是酒店发放面最广的文件。员工手册与每个员工都休戚相关，因而它是酒店带有普遍意义、运用最广泛的制度条文。

一般来说，员工手册的制定有三方面的依据：第一是依据我国政府有关的人事劳动法规；第二是依据酒店工作的特点；第三是依据国际酒店业的惯例。员工手册的内容非常丰富，包罗万象。条文规定简单明确，便于操作。

5. 酒店作业规程

作业程序是指每做一项工作所要遵循的标准化的工作步骤、要求和所要达到的质量目标，即具体的服务程序和质量标准。这些标准与酒店的星级档次必须符合，只能提高而不能降低。制定这些标准必须详细而具体，即这些标准必须是可以操作的而不是抽象的。制定服务规程都是针对某一特定的服务对象和过程，但是制定服务程序时，又必须考虑服务过程的系统化。

2.4 酒店计划概述

随着酒店经营管理水平的逐渐提高，酒店计划的重要性日益突出。制定好酒店的各种计划，是酒店管理者首先和最重要的工作。

2.4.1 酒店计划的概念、类型和特点

1. 酒店计划管理的概念

酒店计划管理是酒店根据内外环境条件，采用目标管理的方法，通过对计划的编制、执行、控制和确定酒店的经营目标，来指导酒店的经营业务活动，保证酒店取得双重效益。包括从计划制定到计划目标实现的全过程管理，有两个方面的含义：一是指对计划编制本身的管理。即从收集信息、做出决策到形成计划全过程的管理。这个过程还延伸到今后对计划指标的修改、调整，以及对部门计划内容的调整等。二是指

实施计划，即用计划指导并管理酒店。

2. 酒店计划的类型和特点

酒店计划的种类很多，用途各异。为了便于管理，并能使计划真正发挥作用，可根据不同的要求和特点，制定不同类型的酒店计划。

（1）酒店的长期计划和短期计划

按照计划期的长短，酒店计划可分为长期计划和短期计划。长期计划又称作战略计划，它是酒店在较长时间如三年、五年、七年内，有关发展方向、规模、设备、人员、经济、技术等方面的建设发展的长远纲领计划。短期计划就是年度计划，它具体规定计划期全年度和年度各时期酒店以经营为中心在各方面的目标和任务的计划。

酒店长期计划是酒店计划的基础，短期计划是长期计划的实现形式。从指导企业日常经营管理活动的方面来谈，短期计划是酒店最重要的计划。许多管理学家把长期计划称做“战略计划”因为它是战略性的、总体性的、全面的；把短期计划称做“战术计划”。因为它是战术性的、分散性的、具体的。

（2）酒店的总体计划和部门计划

按计划的范围来分，酒店计划也可分为酒店总体计划和部门计划。总体计划主要是围绕着整体酒店或酒店的几个重要部门而展开的，包括酒店总体目标、策略和执行方案等。部门计划是指酒店各个部门制定的计划，包括部门要实现的目标及各种策略等。部门计划与酒店总体计划是相互联系的，部门计划的目标，是以酒店总体计划为依据而制定的，并有助于酒店总体目标的实现。

酒店总体计划是粗略的计划，它为各部门的计划提供一个基本的构架，它能否完成要依靠酒店的各部门的计划。因此，部门计划的好坏将直接影响酒店总体计划的完成。

酒店的长期计划对整个酒店有指导意义、有广泛而深远的影响，关系到企业存亡与营利与否。酒店的高层管理人员，应对长期计划予以充分重视，采取认真负责的态度，花大量的时间和精力，进行“战略上的部署”，制定出切实可行的长期计划。由于所涉及到的外部环境，包括法律变动、社会潮流、政府政策、经济发展、国际关系和客源需求数量与特点是很难预测的，因此这类战略性计划具有不确定性，需要不断调整。具体可采用滚动式计划的制定方式，在每一次重新制定时，要根据最新情况对原计划进行适当调整。

酒店的中层管理人员，应在长期计划的范围内，以上层管理者提供的酒店总目标和政策为指导，制定出本部门的行之有效的业务行动计划——短期计划，使短期计划和长期计划保持一致，一般需要花费其50％的时间。中层的计划主要与内部事务相关，因而计划的不确定性就大大减少了。

低层管理者即主管可能要花费相当于10％的时间去做计划。他们的计划期更短、内容更专门化和具体化。这一层的计划往往是在客源或任务既定情况下的作业计划，这包括员工工作时间安排和员工分工与工作要求等。低层管理者至少要制定为期一周的计划。

不同管理层的计划类型及特点如表2.1所示。

表 2.1　不同管理层的计划类型及特点

管理层	花费时间	计划类型	不确定性	计划期
上层：公司总裁、酒店总经理	75%	战略性：酒店发展的全面的、长期的目标、政策	具有很大的不确定性	1～5年滚动计划
中层：部门经理	少于50%	战术性：部门业务的行动计划	有一定的不确定性	1个月～3年滚动计划
低层：主管	10%	作业性：每周、每天的作业安排	不确定性最少	低于3个月的滚动计划

2.4.2　酒店计划指标体系和酒店计划体系

1. *酒店主要计划指标*

酒店实行计划管理首先要有计划，酒店计划的框架是计划指标。计划指标、指标说明、完成指标的途径构成酒店计划的主要内容。

计划指标是反映酒店在一定时期内经营管理所要达到的目标和水平的各种数值。它包括指标名称、指标数值、指标计量单位、指标时间和空间界限五部分。酒店计划中的每一个指标仅反映了酒店某一方面的目标和情况，而要综合反映酒店经营管理的情况，则需要借助一系列相互联系、相互制约、相互补充的计划指标体系来揭示。

当然，酒店计划中的计划指标不可能也没有必要包括酒店经营管理的所有内容。但计划必须切实关系到酒店管理全局的主要计划指标。根据我国酒店管理的实际需要，共有12个反映酒店计划的主要指标。

（1）客房或床位数

客房或床位数是表示酒店接待能力的最基本的指标，是其他各项指标的基础。客房或床位数指标对酒店来说，往往只取其中一项，或客房数，或床位数。这是根据不同酒店的销售方式而定的。同时，酒店还根据客房的不同等级，分别核定不同等级的客房或床位数。

（2）接待人数

酒店经营的直接成果是酒店的接待人数。接待人数可以通过两个指标来反映。一个是住宿人数，又称到店数，它实际上是一定时期内到酒店住宿登记的人数，即通常所说的人次数。一位客人不管在酒店连续住宿几天，都只算一个人次数；另一个是人天数，也称人过夜数，一个客人在酒店住宿一天称一个人天数。酒店要考核的是人天总数。

（3）客房或床位出租率

客房或床位出租率是已出租的客房间数或床位数与酒店可以提供出租的房间与床位总数的百分比。

客房或床位出租率是表示酒店接待能力和利用状况的基本指标。它反映了酒店客源市场的充足程度、经营管理成功的程度。客房收入约占酒店营业收入的50%～60%，因此，客房出租率是一个非常重要的数据，是酒店经营管理中所追求的主要经济指标。一般而言，合理的客房出租率要控制在70%～85%。

（4）客房双开率

客房双开率又称双倍客房出租率，是一个标准间两位客人租用，即双开房间的数量占已出租房间数的百分比。

另外一种表示方法是以每一房间为单位，客房双开率表示每一间已租用的房间所住的客人数，客房双开率的计算，主要适用于那些将一个标准间划出两种价格的酒店，即一个单人标准间住两位客人，其房间价格要比单人住的房价增加 1/3。

扩大客房双开率是酒店扩大经营收入的重要手段，这可以使每个标准间比原来多收入 1/3。而对客人来讲，一个单人标准间住两位客人，每位客人又可节省 1/3 的房租费。所以，国内外许多酒店都十分注重客房双开率的经济作用。

（5）盈亏百分线

在酒店经营管理中，酒店盈亏百分线（也称为收支平衡点）是以客房出租率达到一定指数来显示的。一般来讲，客房出租率达到 52%，酒店的收支刚好平衡，即酒店所获得的盈利刚好能抵消固定成本费用和其他有关费用。在此盈亏百分线上，酒店既不产生盈利也没有发生亏损。客房出租率一旦高于 52%，酒店就开始盈利；反之，酒店就开始出现亏损。酒店盈亏百分线是酒店经营管理中的一个很重要的显示指数。我国旅游涉外酒店的盈亏百分线为 42%～45%。

（6）平均客房价格

平均客房价格是酒店每天出租客房的实际收入和当天已出租的客房数量的比例。它是仅次于客房出租率的另外一个重要指标。

平均房间价格受房间等级和客房出租率的影响。所以，既制定合理的客房价格，又保持较高的客房出租率，对酒店管理有重要的影响，它可以保证酒店获得较为理想的盈利水平。

（7）酒店营业收入

营业收入是以货币表现的酒店在营业中提供的服务和商品交换价值的总和。酒店营业收入是反映一定时期内酒店经营效果的最基本的价值指标。因此，作为酒店的经营管理者，最主要的任务和职责是确定酒店的营业收入指标。这一指标要求用两方面的测算来确定：一是以报告年的指标为基础，计划年增长若干百分点的办法测定；二是由酒店各种营业收入汇合而成，即先测算出各部门各种营业收入，再把这些营业收入汇总，测定酒店营业收入。

（8）酒店营业成本和费用

酒店的成本和费用是酒店在经营管理过程中各种支出和耗费的总和。在实际工作中，成本和费用常常互相混用。在实际核算上，酒店的成本和费用是分开计算的。酒店在营业收入确定的前提下，必须确定营业成本和费用指标。它可以从两个方面测定：一是以报告年度的营业成本率和费用率为基础，根据计划年度的相关因素测算出计划年度的营业成本和费用；二是先测算出各部门的营业成本和费用，把各部门的成本和费用汇总后，形成酒店总的营业成本和费用。

（9）利润和税金

利润是考核酒店经营活动质量的一个综合性指标，它较集中地反映了酒店的经济效益。税金是酒店劳动者创造的提供给社会支配的那部分劳动的价值。税金表现了酒店对国家贡献的大小和所承担的社会经济责任。

酒店核定利润指标，主要是核定各经营部门的部门利润指标，各部门经营利润的汇总形成酒店利润指标。在核定各部门利润指标时，还要核定各部门的毛利率、毛利额、利润率、利润额。企业利润的大小，一方面反映了市场销售情况，另一方面反映了成本与费用的控制情况。

酒店核定税金指标，要根据国家规定酒店应交的税种税率，根据酒店其他与税金有关的各项经济指标进行测算。只有在核定税金指标以后，才能确定酒店的利润和税后利润指标。

（10）职工人数、工资总额、劳动生产率

酒店职工人数指标是计划期酒店应支付工资的人员总数，它包括固定工、合同工、临时工、计划外用工等。职工人数的多少对酒店的服务质量、劳动效率和经济效益均有重要影响。

工资总额是酒店在一定时期内以货币支付给全体职工的劳动报酬总额，它包括计时工资、计件工资、基本工资、职务工资、奖金、津贴和加班工资等。工资总额反映了酒店各部门活劳动消耗的水平。

酒店的劳动生产率是指全员劳动生产率，它反映酒店劳动效率状况。一般用劳动生产率和人均实现利税两个指标反映。

（11）设备完好率

设备完好率是指报告期酒店完好的设备之和除以报告期酒店拥有的全部设备之和。酒店提供给客人使用的设备应力争达到百分之百的完好率。

（12）宾客满意率和投诉率

宾客满意率是被调查的宾客中满意的人数与被调查的总人数之间的比率。宾客投诉率是投诉客人之和与酒店实际住宿宾客人数之和的比率。

2. 酒店计划指标体系

（1）长期计划

酒店长期计划是经营目标的具体化，长期计划必须依据经营目标来编制。酒店长期计划的制定是一个决策过程。酒店通过对旅游市场的全面了解，对国内外酒店业发展正确把握的情况下，对酒店资本规模的发展作出决策后，再把酒店在计划期内各方面发展的决策具体化为长期计划。长期计划的核心是酒店目标，这些目标不可能在短时间内达到，因此以长期计划的形式提出目标及达到目标的途径。

酒店长期计划的内容主要有：酒店目标；酒店建设与投资计划；酒店经营管理；职工培训。

（2）年度综合计划

酒店年度综合计划是具体规定计划期全年度和年度内各时期酒店各个方面的工作目标和任务的计划。年度综合计划是酒店在计划期内行动的纲领和依据，是酒店最重要的计划。从时间上说，年度综合计划要统驭全年。从内容上说，年度综合计划要包括全酒店及各部门各种业务的目标、任务、经营方式等。年度综合计划可分为两部分：第一部分是酒店综合部分，包括酒店的目标和任务，确定酒店所有计划指标和附加指标，并对指标分解作总括的说明。这一部分由于它的综合性，称为酒店经营业务总计划。第二部分是部门分类计划，包括各业务和职能部门为达到酒店目标，各自所应执行的目标和任务。

年度综合计划是酒店在计划年度内的总的决策及根据这一决策而产生各部门的决策，因而该计划带有权威性和严肃性。它对酒店经营业务活动的开展有重大的指导意义。因此计划制定要慎重，一经制定，就要抓落实，进行控制，以保证计划的顺利执行。

（3）酒店接待业务计划

酒店年度综合计划规定了酒店在计划年度内的目标和任务，这些目标和任务是在年度的各个不同时期，由各部门分阶段逐步完成的。为了保证年度综合计划的完成，作为年度综合计划的进一步具体和补充，一般情况下，酒店还要制定接待业务计划，包括月计划和重大任务接待计划。

酒店的长期计划、年度综合计划和接待业务计划，组成了酒店的计划体系。这些计划在或长或短的时间里，在各种业务方面指导和控制着酒店本身的发展和酒店业务的运转。

2.5　酒店计划的编制与实施

2.5.1　酒店计划的编制

1. 影响酒店计划编制的因素

计划不能建立在主观意愿的基础上，只有建立在科学的基础上，才能成为客观现实的计划。编制计划，首先要制定依据，要充分考虑影响计划编制的因素。

1）市场状况。酒店既然是为了满足宾客需要而存在的，那么酒店在作计划前，有必要对市场有一个全面、深入的了解。要了解市场，就要进行市场调查，内容有：环境调查；酒店状况调查；客源状况调查；客源渠道调查等。这些调查既要有明确的结论，也要有相关的统计数据。

2）经济合同签订情况。酒店对外的经济合同是酒店制定计划的又一依据。酒店对外的经济合同是酒店和有关单位签订的具有法律效力的契约。酒店的经济合同使得酒店同与之发生业务经济关系的单位，为了各自的和共同的利益，互相有法律约束，酒店对合同必须承诺和遵守。

3）酒店综合接待能力。主要指酒店各部门能够接待宾客、容纳市场、获取效益的能力总和。从对综合接待能力的组成分析看，各部门的接待能力都会因时而异。酒店要按各个部门的实际情况核定各部门的计划接待能力，以此作为编制酒店计划的依据。

4）管理水平和技术水平。酒店的管理水平和技术水平是实现酒店计划的基本保证，在制定酒店计划时必须考虑这一因素。管理水平主要指管理机构的完善、管理制度的健全、管理体制的正常运行、管理人员的素质、管理人员的协作程度、管理人员的积极性和创造性等。技术水平是酒店各岗位的操作技术、制作技术、服务技术等。酒店对管理水平和技术水平要作全面细致的分析和评价，并将它和国内先进水平及本地区酒店的一般水平进行比较。通过以上工作，确定管理水平和技术水平对计划的作用程度。

2. 酒店计划的编制

酒店的计划主要包括：长期计划、年度计划、接待业务计划。因其内容和要求各不相同，编制的方法和过程也有所不同。

（1）长期计划

长期计划的规划期较长，计划目标一般也较为长远。在编制长期计划时，通常采用远粗近细逐年滚动的办法。

1）确定长远规划。在确定长远规划前重要的是要对酒店内外环境进行周密的分析。在此基础上，探索—勾画—确定长远规划，编制长期计划初步方案。

2）拟订初步方案。长期计划的方案确定以前，应先排列长期计划的各项目标和指标。然后对这些规划的目标和指标进行仔细、科学的分析，列出实施的阶段和步骤，对目标指标要确定数量和递增比例。根据其内在联系，把规划目标、指标系统化而成为计划方案。

3）方案决策。有了几个方案以后，要选择一个较为合理而实际的方案，并要对方案精确化。即调整不合理部分、完善一些部分，对重点内容进行充实和强化。方案还需要注意留有充分余地，以对付内外环境中可能出现的不可测因素。

4）滚动式编制长期计划。长期计划为酒店的发展制定了纲领，但在执行过程中，往往因受内外环境制约和各种因素的影响，使计划和实际产生差距。因此，要对长期计划不断进行调整和充实，可采用滚动式编制方法，即在规定时间里对长期计划进行检查调整，并把计划顺序向前推进一段时间。如每年制定一次长期计划，就按顺序把长期计划向前推进一年。这样做的目的是使长期计划能比较切合实际，使其在规划期内真正起到指导作用。

（2）年度综合计划

年度综合计划是酒店的主要计划，既有酒店的综合部分，又有各部门计划。因而酒店在制定年度综合计划时采用集中—分散—集中的方法来制定。

1）提出计划设想。酒店最高层在审视和分析酒店上期计划的基础上，提出初步的经营决策，由酒店拟订一个初步的计划设想，划出一个主要内容的框架和轮廓，并把计划设想发放到各部门，由各部门进行研究讨论。

2）召集酒店店务会议拟定计划。通常在年底召集以拟定年度综合计划为中心内容的店务会议，主要任务是决策、确定计划指标、分解指标到部门。会议上由酒店总经理提出计划设想，并做详细的解释，特别是要说明一些主要计划指标的依据。参加店务会议的各部门经理根据总经理的说明和自己所掌握的材料，对酒店计划设想中的各项目标进行评议，通过这一过程，把酒店各项主要计划指标确定下来，构成酒店计划框架。

计划指标确定以后，要将指标分解到各部门。分解指标时，先由各部门根据本部门的情况提出本部门应完成的计划指标和承担的责任。各部门在提出承担责任时，要有详细的部门计划指标和依据，同时，总经理从酒店的角度出发提出计划指标分解的设想和要求，这两者之间会有一定的差距。要使两者达到统一，需在会上进行平衡。分解计划指标的过程也是落实计划年经济责任的过程。当酒店分解指标确定以后，计划年的经济责任制也基本确定。根据店务会议的决定，各部门在明确本部门计划年的责任后，按酒店规定的要求和时限具体制定出各部门计划。同时，酒店根据会议决定，制定出计划的综合部分。这一会议对计划的制定具有重要意义，可反复举行几次，但时间不宜拖得太长。

3）计划集中。在各部门充分酝酿并制定出部门计划草案的基础上，酒店汇总并审核部门计划，通常应把所有部门的计划集中进行审核。在审核过程中，对各项指标、达到指标的手段和途径、完成指标的困难等方面都要仔细核实。如果各部门计划和酒店计划会议的决定相一致，就审核通过。如果与计划会议决定出入较大，则要查明原因，进行修正。同时对酒店计划的综合部分作相应修正，以求和各部门计划的重新平衡。修正后的计划要重新提交店务会议讨论。

4）编制计划草案。酒店编制计划草案采用集中的方式。经过上述各种工作后，酒店基本上具备了编制年度综合计划的各种条件。具体编制部门在总经理的指导下，根据已掌握的材料开始编制年度综合计划草案。计划草案一般包括三方面内容：年度综合计划的综合部分；综合酒店部门计划；安排酒店计划的业务进度。

到此，酒店年度综合计划基本上拟定完成。计划拟定后，要交酒店职代会和全体职工讨论，根据讨论的意见对计划作出修正，最后形成正式文件。

(3) 接待业务计划

接待业务计划的编制通常采用自上而下的方法进行。基本程序为：

1）确定目标和任务。先由酒店统一确定下月的经营业务任务，提出该月要达到的目标。酒店提出任务和目标的依据是酒店年度综合计划的业务进度安排和酒店当时面临的市场状况。酒店要把这些目标和任务分解、归口到各部门，由各部门确认这些目标和任务。

2）部门编制接待业务计划。部门根据酒店提出的目标和任务具体编制本部门的接待业务计划。编制计划过程中要注意：第一，对各种数量指标要详细具体地落实；第二，落实完成指标应采取的措施和方法；第三，大型的重要任务要编入计划；第四，对部门一些比较重大的事宜，如大搞卫生、设备计划维修、服务方式改进、部分的经营决策、服装的季节更换、时令菜食等，都要列入计划。

3）计划审核。部门计划编制完成以后，要及时报酒店审核。酒店在汇集各部门计划后，逐一进行审核，其主要内容：第一，各部门计划是否按照年度综合计划规定的指标和业务进度安排制定；计划是否体现了酒店下达的目标和任务。第二，审核各计划之间的衔接和平衡。各部门计划是否协调一致，计划衔接要注意指标衔接和业务进程之间的衔接。酒店对各部门计划审核调整后，由总经理签署交部门执行。

4）重要接待任务计划的编制。其基本过程和月计划相似。由于重要接待任务计划的重点突出，独立性强，需紧紧围绕该计划的中心，全面安排各部门的业务。该计划制定时，要注意各个细节，要有明确表述。

2.5.2 酒店计划的实施

酒店计划实施的关键在于执行计划，而计划在实施过程中又必须加以控制，以便更好地达到计划目标。

1. 计划的执行

计划的作用在于指导酒店经营业务活动，编制计划的目的是为了实施计划。因此，酒店要认真抓好计划订执行工作。

（1）建立强有力的业务指挥系统

酒店以总经理为首的业务行政指挥系统是执行计划的根本保证。这一指挥系统有一整套机构、制度和方法，各层次都有明确的职责分工，都有一定的业务范围和权责关系。从总经理开始，按组织系统层层布置下达计划，各层负责人按照本身的职责和业务范围具体领导执行计划，按计划要求执行管理职能，开展业务活动。

（2）建立和健全经济责任制

执行计划要与经济责任制相结合。根据经济责任制的内容，计划落实到各部门、班组和个人。计划在执行过程中发生偏差，也能准确地追究原因。每个部门和个人在执行经济责任制的同时也就执行了计划。

（3）建立和健全检查制度

检查是执行计划的重要一环。检查就是按时间的顺序和进程，对计划执行情况，计划指标的完成情况进行分析、比较、评价，保证计划的执行。计划检查通常采用的形式有 3 种：店务会议的检查，经常性检查和突击性检查。

另外，执行计划和月考核要结合起来。由于管理人员要执行管理职能，因此酒店要检查每个月的业务状况、财务成果、制度执行情况，而月考核也是检查计划执行情况的一种形式。

2. 计划的控制

计划控制是在计划检查的基础上，发现计划的实际执行结果和计划本身的差异，分析其原因，采取相应的措施，保证计划顺利完成的酒店管理的方法。计划控制主要有以下几项工作。

（1）明确标准

在一定的时限内，必须有明确的指标标准。酒店各部门各岗位都要有相应的数量或质量标准。

（2）反馈、分析偏差

反馈和分析偏差工作是分级、分层次进行的。根据计划检查的结果，及时和计划标准相比较，以发现偏差。在对偏差进行分析时，对那些在允许范围内的偏差，只分析原因，不作纠正或采取措施。偏差值超过允许范围有两种情形：一种是正值偏差，则要分析原因是偶然的还是必然的。如果是偶然的，则对计划影响不大；如果是必然的，则要经过详细的分析，考虑对计划作必要的修正。另一种是负偏差，所谓负偏差是指实际指标低于计划指标。对负偏差的分析与对正偏差的分析相同。但如果负偏差产生的原因是必然的，还须考虑管理的其他方面。例如决策是否有失误，对计划的执行是否得力，是否有人为的影响因素等。

（3）计划调整

计划调整是一个十分严肃的决策。计划调整的内容是多方面的，或调整计划指标，或调整投入等。不管哪一种调整，都需经过店务会议的充分讨论和论证，由总经理做出最后的决策。

酒店计划控制主要由总经理或部门经理配合实施，并和管理的控制职能结合起来。为此，各级管理人员一方面对计划指标和计划进度要十分明了。另一方面，各级管理人员为了有效地控制计划的执行，应该经常深入到第一线去，及时掌握业务进行的情况，掌握经济和财务运行情况，把计划控制在正常的轨道上。

本章小结

本章中我们主要阐述了两个问题：一个是酒店组织机构的设立，一个是酒店计划的编制。其中介绍了现代酒店组织机构建立的原则和要求、现代酒店计划的类型和特征，着重阐述了现代酒店组织机构的设置、组织管理制度的建立；重点讨论了酒店长期计划、年度综合计划和酒店接待业务计划的主要内容及编制方法；详细说明了酒店的各项计划指标。

课后练习

一、案例分析

李新是酒店的保安员。一天，李新在大堂岗值夜班。午夜后，一位中年宾客很艰难地走到大堂。李新忙上前去扶住了他。据宾客说，他腹痛如绞、浑身疲软，快撑不住了，急着要叫辆出租车去医院。见此状，李新即用对讲机请总机急召 120 急救。很快 120 急救车到了，随车医生坚持要求有人陪同病人一起去医院。在李新的帮助下，经检查宾客得了急性阑尾炎，须马上手术。李新帮助宾客办完手续后把宾客交给了医院，急忙回酒店上班。李新因此离岗 1 小时 40 分钟。第二天，保安部经理了解了该事情全过程后，同时向人事部送交了两份材料：一份是保安部按制度对李新擅自离岗所开的处罚单，一份是保安部提请人事部对李新忘我助人的精神予以嘉奖的报告。

【问题】

1. 李新的行为是否得当？
2. 保安部经理的行为是否适当？

二、课堂讨论题

酒店在制定计划时是否要考虑当地的一些具体情况？

三、课后思考题

1. 现代酒店一般是按哪些原则来设计的？
2. 试画图说明酒店组织机构的类型。
3. 酒店组织管理的主要内容是什么？
4. 酒店的主要指标体系是什么？
5. 如何编制酒店计划？

四、实训练习

调查当地高、中、低档具有代表性的三家酒店，了解其管理体制和各职能部门及其组织机构与岗位设置。

目的：熟悉酒店组织机构的设置。

要求：1. 分别绘出其组织结构图。

2. 比较分析它们的组织管理具有哪些特点。

第3章

酒店经营理念与战略

学习目的

通过本章的学习，要求学生了解酒店经营理念的发展过程，熟悉CI、CS、CL、ES经营理念的基本含义；掌握“让客价值”理论、“消费者非常满意”理论和“内部营销”原理及其在酒店管理中的应用；了解酒店经营战略的含义，熟悉酒店经营战略的内容及制定过程，掌握酒店经营战略的模式及竞争战略的运用方法；学会酒店的风险管理。

学习内容

- 酒店的经营理念
- 酒店的经营战略
- 酒店的经营思想和方针

经营理念、经营战略、经营思想和方针都是现代酒店管理的关键性问题。它直接决定酒店管理的发展方向、战略目标和指导原则，也是在市场经济和市场竞争条件下，酒店企业求生存、求发展，保证经营成功的重要条件。

3.1 酒店的经营理念

现代酒店企业销售的最基本的要素是什么？不是那些看得见的产品，而是那些看不见的企业经营者的理念和思想。纵观世界著名的企业家，无不是以一种独创及全新的理念来引导企业适应市场发展，从而使企业迈上一个个更高台阶的。

3.1.1 从“CI”到“CS”的演变

今天，几乎所有的酒店经营者都认识到，只有使顾客满意，企业才能生存和发展。但这种顾客满意的理念，是在企业生存发展环境、社会消费习惯、产品概念以及企业经营战略等发生深刻变化的背景下逐步确立起来的。

1. 从注重企业形象到注重顾客满意的变化

（1）“CI”到“CS”

“CI”（corporate identity）即企业形象，指企业为了使自己的形象在众多的竞争对手中让顾客容易识别并留下良好的印象，通过对企业的形象进行设计，有计划地将企业自己的各种鲜明特征向社会公众展示和传播，从而在市场环境中形成企业的一种标准化、差异化的形象的活动。它是一种以塑造和传播企业形象为宗旨的经营战略，对酒店企业加强市场营销及公共关系发挥了非常直接的作用。它成型于 20 世纪 50 年代，70 年代风靡全球，80 年代中后期导入我国企业界，并被国内酒店业所接受。

但随着市场竞争的日益激烈和人们对市场经济规律认识的深化，“CI”逐渐暴露出它的局限性，其整个运作过程完全是按照企业的意志加以自我设计（包装），通过无数次重复性地向社会公众展示，“强迫”顾客去加以识别并接受企业自己的形象。因此，“CI”的经营战略依旧停留在“企业生产什么、顾客接受什么”的传统的经营理念上。当市场从推销时代进入营销时代，在“CI”的基础上产生了“CS”。

“CS”（customer satisfaction）即顾客满意理念，是指企业为了不断地满足顾客的要求，通过客观地、系统地测量顾客满意度，了解顾客的需求和期望，并针对测量结果采取措施，一体化地改进产品和服务质量，从而获得持续改进的业绩的一种企业经营理念。

“CS”理念及其在此基础上形成的“CS”战略，在 20 世纪 80 年代末超越了“CI”战略，在世界发达国家盛行，并于 90 年代中期，被我国企业界认识和接受。尽管构成顾客满意的主要思想和观念方法很早就有企业实践过，但是作为一种潮流，则出现于 20 世纪 90 年代。“CS”经营战略关注的焦点是顾客，核心是顾客满意，其主要方法是通过顾客满意度指数的测定来推进产品和服务，满足顾客的需求。目标是赢得顾客，从而赢得市场，赢得利润。实现了从“企业生产什么，顾客接受什么”转向“顾客需要什么，企业生产什么”的变革。

（2）“CS”的优势

“CS”战略比“CI”战略具有更多优势。主要体现在以下几点：

1）在企业理念方面。“CI”的目标是通过建立独特的企业识别系统来塑造和传播良好的企业形象，进而获取更多的利润，并未跳出以企业为中心的理念范畴；而“CS”则通过建立完善的顾客满意系统，来更好地为顾客服务，获得顾客的满意感，它体现了以顾客为中心的更高层次上的企业理念。

2）在操作和实施方面。“CI”是围绕着“识别”和“形象”来进行的，而“CS”则是以“服务”和“满意”为宗旨而运作的。

3）在理论的涵盖面与价值层次方面。“CI”所提出的“识别”与“形象”概念，其着眼点在于现有顾客和潜在顾客，它所突出的是企业的自身价值；而“CS”所提出的“服务”与“满意”的着眼点超出了前者的范畴，它将“社会满意度”作为最高目标，将“顾客满意”扩大到社会和全体公众的层面，更加突出企业的社会价值，它要求企业经营活动要朝着有助于维护社会稳定、推动道德进步和保持生态平衡等诸多方面协调发展。

4）在评价与度量标准方面。“CS”引入了顾客满意指标和顾客满意程度坐标系。与“CI”的企业形象评估方法相比，它可使企业更加具体而准确地把握顾客需要与追求的脉搏。

5）在与市场经济发展机制的关系方面。“CI”理论体现了企业由生产导向转变为市场导向的需要与水平，而“CS”理论则标志着企业由市场导向转变为顾客导向的需要和水平。

（3）顾客满意的内涵

在“CS”理念中，顾客满意具有某种特定的意义：在横向层面上，它包括企业的理念满意、行为满意、视听满意、产品满意和服务满意；在纵向层次上，包括物质满意层次、精神满意层次和社会满意层次。

2.“CS”理念在酒店中的运用

“CS”经营理念强调要从顾客视角出发来开展企业的一切经营活动，以实现顾客满意和企业目标实现的目的。那么，现代酒店企业如何吸引顾客呢?

（1）“让客价值”理论的提出

近年来，美国市场营销学家菲力普·科特勒提出了“让客价值”（customer delivered value，CDV）的新概念。它的主要含义是：顾客购买一种商品或服务，要付出的是一笔“顾客总成本”，获得的是一笔“顾客总价值”，而“顾客总价值”与“顾客总成本”的差值就是“让客价值”。即

$$让客价值 = 顾客总价值 - 顾客总成本$$

顾客在购买时，总希望把有关成本降到最低限度，而同时又希望从中获得更多的实际利益，以使自己的需要得到最大限度的满足。因此，顾客在选购商品时，往往在价值与成本两个方面进行比较分析，从中选择价值最高，成本最低，即“让客价值”最大的商品作为优先选购的对象。

酒店要在竞争中战胜竞争对手，吸引更多的顾客，就必须向顾客提供比竞争对手具有更多“让客价值”的产品，这样，才能使自己的产品进入消费者的“选择组合”之中，最后使顾客购买本企业的产品。为此，酒店可从两方面改进自己的工作：一是通过提高酒店的产品、服务、人员及形象的价值从而提高产品的总价值；二是通过降低生产和销售成本，减少顾客购买产品或服务的时间、精神和体力的耗费，从而降低顾客总成本。

（2）提高“让客价值”的途径

提高“让客价值”的途径包括以下几点：

1）确定目标顾客。酒店要十分清楚地掌握顾客的动态和特征，首先应区分哪些是对本酒店有重要影响的目标顾客。要将有限的资金和精力用在刀刃上，到处撒网只能枉费资源。同时，做到以真正的顾客为中心。

2）降低顾客成本。顾客成本是顾客在交易中的费用和付出，它表现为金钱、时间、精力和其他方面的损耗。企业经常忘了顾客的交易过程中同样有成本。酒店要吸

引顾客，首先要评估顾客的关键要求。然后，设法降低顾客的总成本，提高让客价值。因此，分析和控制成本，不能只站在酒店的立场上，还要从顾客的角度，进行全面、系统、综合的评价，才能得到正确的答案。

3）理顺服务流程。酒店要提高顾客总价值、降低顾客总成本而实现更多的让客价值，使自己的产品和服务满足并超出顾客的预期，就必须对酒店的组织和业务流程进行重新的设计。要实现这种业务流程重组，必须首先以顾客需求为出发点，来确定服务规范和工作流程；然后，以此为标准重新考虑各个相关部门的工作流程应该如何调整，以相互配合，达到预期的目标。让酒店所有经营活动都指向一个目标，就能为顾客获得更多的让客价值。

4）重视内部顾客。顾客的购买行为是一个在消费中寻求尊重的过程，而员工在经营中的参与程度和积极性，很大程度上影响着顾客满意度。据研究，当企业内部顾客的满意率提高到35%时，企业外部顾客满意度高达95%。

提高内部顾客满意度决不能仅仅依靠金钱，开放式交流、充分授权以及员工教育和培训也是好办法。特别注意要赋予一线员工现场决策权。高层管理人员应让中层管理人员承担新的角色，他们必须由原来的政策控制者和严格执行者变成政策执行的疏通者，使一线的行动更加便捷，冲破束缚，使顾客满意。

5）改进绩效考核。成功和领先的酒店都把顾客满意度作为最重要竞争要素，经营的唯一宗旨是让顾客满意。因此，他们评价各部门的绩效指标和对管理人员、营销人员的考核指标都是顾客满意度以及与顾客满意度有关的指标。如果管理人员和营销人员的目的只在于“成交”，成交又意味着顾客的付出，这使买卖双方站在了对立的立场。以顾客满意度作为考核的绩效指标，便使双方的关系发生了微妙的变化。他们的共同点都在于“满意”，而利益的一致性使双方变得亲近，服务也更发自内心，这样酒店的销售量自然也会不断提高。

3.1.2 从“CS”到“CL”的发展

随着商品经济的不断发育完善，市场竞争逐渐加剧升级，酒店企业的经营理念和管理理论也随之变化和升华。

1. 从顾客满意到顾客忠诚的延伸

20世纪90年代末，正当我国企业界在强调“CS”理念的时候，“CS”经营理念又开始向更高的境界拓展和延伸，这就是“CL”（customer loyal），即“顾客忠诚”。需要说明的是，企业经营理念的几次跨越的相互间的关系是一种包容而非排斥的关系，前者是后者的基础，即顾客满意需要良好的企业形象，顾客忠诚必须建立在顾客满意的基础之上，缺一不可。图3.1描绘了半个世纪来企业经营理念变革发展的轨迹。

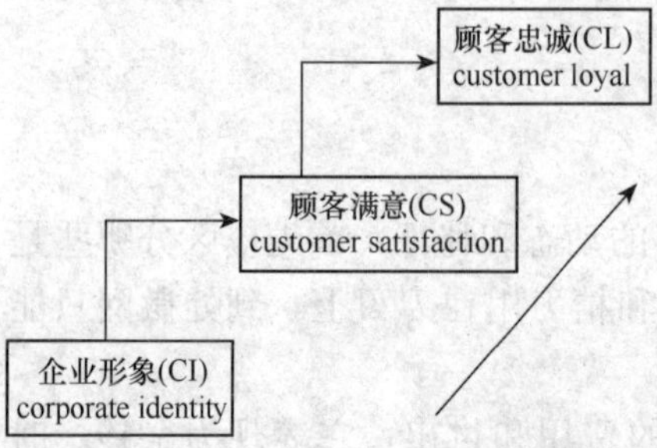

图3.1　企业经营理念变革发展的轨迹

(1)“CL”理念的基本含义

顾客忠诚的基本含义是：企业以满足顾客的需求和期望为目标，有效地消除和预防顾客的抱怨和投诉，不断提高顾客满意度，在企业与顾客之间建立起一种相互信任、相互依赖的“质量价值链”。

“CL”侧重于企业的长远利益，注重于将近期利益与长远利益相结合，着眼于营造一批忠诚顾客，并通过这个基本消费群去带动和影响更多的潜在消费者接受企业的产品与服务。以顾客忠诚度为标志的市场份额的质量取代了市场份额的规模，成为企业的首要目标。“顾客永远是对的”这一哲学被“顾客不全是忠诚的”思想所取代。

(2) 顾客忠诚度的衡量标准

顾客忠诚度的衡量标准主要有

1) 顾客重复购买的次数。在一定时期内，顾客对某一品牌产品重复购买的次数越多，说明顾客对这一品牌的忠诚度越高；反之则越低。由于酒店企业产品的特性等因素会影响顾客重复购买次数，因此在确定这一指标的合理界限时，需根据不同产品的性质区别对待，不可一概而论。

2) 顾客购买挑选的时间。消费心理研究者认为，顾客购买商品都要经过挑选这一过程。但由于依赖程度的差异，对不同产品顾客购买时的挑选时间不尽相同。一般来说，顾客挑选时间越短，说明他对这一品牌的忠诚度越高，反之则说明他对这一品牌的忠诚度就越低。

3) 顾客对价值的敏感程度。顾客对企业的产品价格都非常重视，但这并不意味着顾客对各种产品价格的敏感程度相同。事实表明，对于顾客喜爱和信赖的产品，顾客对其价格变动的承受能力强，即敏感度低；而对于他所不喜爱和不信赖的产品，顾客对其价格变动的承受能力弱，即敏感度高。

在运用这一标准时，要注意产品对于顾客的必需程度。产品的必需程度越高，人们对价格的敏感度越低；而必需程度越低，则对价格的敏感度越高。当某种产品供不应求时，人们对价格不敏感，价格的上涨往往不会导致需求的大幅度减少；当供过于求时，人们对价格变动就非常敏感，价格稍有上涨，就可能滞销。

产品的市场竞争程度也会影响人们对产品价格的敏感度。当某种产品市场上替代品种多了，竞争激烈，人们对其价格的敏感度高；如果某种产品在市场上还处于垄断地位，如果没有任何竞争对手，那么，人们对它的价格敏感度就低。在实际工作中，只有排除上面几个方面因素的干扰，才能通过价格敏感指标来科学地评价消费者对一个品牌的忠诚度。

4) 顾客对竞争产品的态度。人们对某一品牌的态度变化，在大多数情况下是通过与竞争产品的比较而产生的。根据顾客对竞争产品的态度，能够从反面判断其对某一品牌的忠诚度。如果顾客对某一品牌的竞争产品有好感，兴趣浓，那么就说明对某一品牌的忠诚度低，购买时很有可能以其取代前者；如果顾客对竞争产品没有好感，兴趣不大，则说明其对某一品牌的忠诚度高，购买指向比较稳定。

5) 顾客对产品质量问题的承受能力。任何一种产品都可能因某种原因出现质量问题，即使是品牌产品也很难幸免。若顾客对某一品牌的忠诚度高，则对出现的质量问题会以宽容和同情的态度对待，不会因此而拒绝购买这一产品。若顾客对某一品牌的忠诚度不高，产品出现质量问题（即使是偶然的质量问题），顾客也会非常反感，很有可能从此不买该产品。当然，运用这一标准衡量顾客对某一品牌的忠诚度时，要注意区别产品质量问题的性质，即是严重问题还是一般性问题，是经常发生的问题还是偶然发生的问题。

6）购买周期。我们用“购买周期”来描述两次购买产品间隔的时间。购买周期是一个非常关键的因素，因为如果购买周期较长，顾客就可能淡忘原有的消费经历，竞争对手就会趁虚而入。企业可以通过有效的方式，保持与老顾客的联系。

显然，顾客忠诚度的高低是由许多因素决定的，而且每一因素的重要性以及影响程度也都不同。因此，衡量顾客忠诚度必须综合考虑各种因素指标。

2. “CL”理论在酒店中的运用

“CL”理念侧重于企业的长远利益，注重于营造一批忠诚顾客。那么，现代酒店经营者如何营造忠诚顾客队伍呢？

（1）“消费者非常满意”理论的提出

美国营销大师菲力普·科特勒曾提出了“消费者非常满意”（cqustomer delight）的理论。该理论认为：顾客在购买一家企业的产品以后是否再次购买，取决于顾客对所购产品消费结果是否满意的判断。如果产品提供的实际利益低于顾客的期望，顾客就会不满意，就会不再购买这一产品；如果产品提供的实际利益等于顾客的期望，顾客就会感到满意，但是否继续购买这一产品，仍然具有很大的不确定性；如果产品提供的实际利益超过了顾客的期望，顾客就会非常满意，就会产生继续购买的行为。因此，顾客的购后行为取决于他的购买评价，而购买评价又源于购买结果。企业要创造出重复购买企业产品的忠诚顾客，就要使顾客感到非常满意。

一般来说，顾客对产品的期望来源于他们过去的购买经历、朋友和同事的介绍以及企业的广告承诺等。因此，要超越顾客期望值，关键在于酒店企业首先要将顾客的期望值调节到适当的水平，在调整好顾客期望值的同时，设法超越顾客期望值，给客人一份意外的惊喜。

1）做好顾客期望管理。酒店可以通过对所作承诺进行管理，可靠地执行所承诺的服务，并与顾客进行有效的沟通，来对期望进行有效的管理。

2）设法超越顾客期望。期望管理为超出期望铺垫了道路。期望管理失败的一个主要原因是无法超出期望。受到管理的期望为超出顾客的期望提供了坚实的基础，可利用服务传送和服务重现所提供的机会来超出顾客的期望。

（2）顾客关系管理的概念

在现代市场竞争中，酒店企业的生存不再是靠一成不变的产品来维持，而是要靠为顾客创造全新服务、全新价值，换取长期的顾客忠诚，形成竞争者难以取代的竞争力，并与顾客建立长期的互惠互存的关系，才能得以生存。在当今竞争激烈的市场环境中，越来越多的酒店企业开始通过“顾客关系管理”（customer relationship management，CRM）来赢得更多的顾客，并且提高顾客忠诚度。

1）顾客关系管理的概念。顾客关系管理是一个通过详细掌握顾客有关资料，对酒店企业与顾客之间关系实施有效的控制并不断加以改进，以实现顾客价值最大化的协调活动。顾客关系管理源于“以顾客为中心”的新型经营模式，它是一个不断加强与顾客交流，不断了解顾客需求，不断对产品及服务进行改进和提高，以满足顾客需求的变化过程。它要求向酒店的销售、服务等部门和人员提供全面的、个性化的顾客资料，并强化跟踪服务和信息分析能力，与顾客协同建立起一系列卓有成效的“一对一关系”，以使酒店企业得以提供更快捷和更周到的优质服务，提高顾客满意度，吸引和保持更多的顾客。

2）顾客关系管理的运作流程。要做好顾客关系管理，首先要形成完整的运作流程，主要包括：收集资料；对顾客进行分类；建立标准化分析与评价模型。各个环节必须环环相扣，形成一个不断循环的运作流程，从而以最适当的途径，在正确的时点上，传递最适当的产品和服务给真正有需求的顾客，创造企业与顾客双赢的局面。

3）顾客关系管理的重点。现代酒店企业为了提高顾客关系管理的水平，应重点抓好四个方面的工作：不断识别顾客，分析顾客的变化情况；识别不同顾客对酒店的影响，抓住重点顾客或“金牌顾客”；加强与顾客接触，分析联系通道的质量和接触效果；根据分析的结果，提出改善顾客关系的对策。

推行顾客关系管理，可以使现代酒店企业在培育顾客忠诚的同时，促进企业组织变革，适应新时代企业管理的需要。

3.1.3　从“CS”到“ES”的升华

20 世纪末，随着“服务利润链”理论研究的深入，企业的经营理念又开始向更深的层次演变，那就是“ES”战略（即“员工满意”战略）的实施。

1. 从顾客满意到员工满意的拓展

赢得顾客，最终赢得企业利润，是现代企业的经营目的。但越来越多的研究表明，员工满意与顾客满意有着不可分割的联系，满意的顾客源于满意的员工，企业只有赢得员工的满意，才能赢得顾客的满意，因此，企业从“CS”理念又向“ES”理念升华。

（1）“ES”理念的基本含义

“ES”（employee satisfaction）理念的基本含义是：现代企业只有赢得员工满意，才会赢得顾客满意。因为面向服务的员工是联系企业与顾客的纽带，他们的行为及行为结果是顾客评估服务质量的直接依据。服务企业必须有效地选择、培训和激励与顾客接触的员工，在他们满意的同时营造满意的顾客。

“ES”战略注重企业文化建设和员工忠诚感的培育，把人力资源管理作为企业竞争优势的最初源泉，把员工满意作为达到顾客满意这一企业目标的出发点。图 3.2 表示了“CI”、“CS”、“CL”及“ES”之间的联系。

（2）员工满意的内涵

世界最豪华酒店公司“四季集团”的主席夏奕斯有一句名言：“我们怎样地尊重自

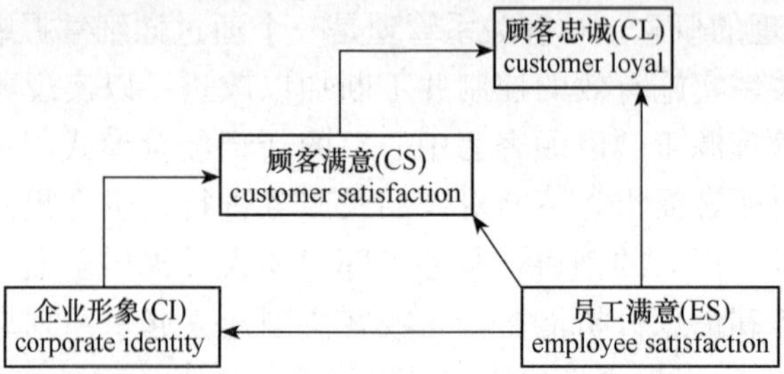

图 3.2 “CI”、“CS”、“CL” 及 “ES” 之间的联系

己的员工，他们就会以同样的尊重回报我们的客人。这始终是四季成功的驱动力!”现代酒店重视员工满意的理念，主要体现下面六个“两”字。

1）两个第一：对内员工第一，对外顾客第一。只有做到对内员工第一，才有可能做到对外顾客第一。

2）两个之家：酒店是“宾客之家”和“员工之家”。只有使酒店成为“员工之家”，才有可能使酒店成为“宾客之家”。

3）两个理解：员工理解顾客，管理者理解员工。只有做到管理者理解员工，才有可能使员工理解顾客。

4）两个微笑：员工对顾客露出真诚微笑；管理者对员工露出真诚微笑。只有管理者对员工露出真诚微笑，才会有员工对顾客的真诚微笑。

5）两个服务：员工服务于顾客；管理者服务于员工。要让员工对顾客提供好的服务，管理者首先要对员工提供好的服务。

6）两个满意：顾客满意；员工满意。只有赢得员工满意，才能最终赢得顾客的满意。

2. “ES” 理念在酒店中的运用

“ES”理念注意员工忠诚感的培育，把员工满意作为达到顾客满意目标的出发点。那么，现代酒店经营者应如何提高员工满意度呢?

(1) 内部营销理论的提出

“内部营销”（internal marketing）是指成功地选择、培训和尽可能激励员工很好地为顾客服务的工作，它包括二个要点：一是服务企业的员工是内部顾客，企业的部门是内部供应商。当企业员工在内部受到最好服务而向外部提供最好服务时，企业的运行可以达到最优。二是所有员工一致地认同机构的任务、战略和目标，并在对顾客的服务中成为企业的忠实代理人。

内部营销是一项管理战略，其核心是发展对员工的顾客意识，在把产品和服务通过营销活动推向外部市场之前，应将其对内部员工进行营销。任何一家企业都应认识到，企业中存在着一个内部员工市场，内部营销作为一种管理过程，能以两种方式将企业的各种功能结合起来。首先，内部营销能保证企业所有级别的员工，理解并体验企业的业务及各种活动；其次，它能保证所有员工得到足够的激励并准备以服务导向的方式进行工作。内部营销强调的是企业在成功实现与外部市场有关的目标之前，必须有效地完成组织与其员工之间的内部交换过程。

（2）内部营销的管理

内部营销的最终目标是鼓励高效的市场营销行为。建立这样一个营销组织，其成员能够而且愿意为企业创造“真正的顾客”。内部营销的最终策略是把员工培养成“真正的顾客”。

从管理角度看，内部营销功能主要是将目标设定在：争取到自发又具有顾客意识的员工。从策略层次上看，内部营销的目标是：创造一种内部环境，以促使员工之间维持顾客意识和销售关心度。从战术层次上看，内部营销的目标是：向员工推销服务、宣传并激励营销工作。内部营销意味着现代酒店管理者必须实施两种类型的管理（态度管理和沟通管理）。

1）态度管理。就是确立员工的正确态度。使员工树立顾客意识和服务观念。态度管理经常支配着酒店企业内部营销中为取得竞争优势而推行的服务战略。

2）沟通管理。就是在管理工作中，向员工提供大量的信息，这些信息可能包括工作计划、产品和服务的特征、对顾客的承诺等。员工也需要向上沟通，如他们的要求、改进工作的意见以及他们发现的顾客的需要等，这些就是内部营销的沟通管理。

酒店要想获得成功，这两种类型的管理都是必要的。但人们往往只认识到了沟通管理，并且通常在沟通中信息都是单向的。在这种情况下，内部营销通常以活动或行动的形式出现。向员工分发内部手册，在员工会议上向参加者提供书面的和口头的信息，而真正的相互沟通则很少。经理和主管对他们的下属不感兴趣，也没有认识到他们需要反馈的信息、双向的沟通和鼓励。员工只是接到大量的信息却没有精神上的鼓励，这当然会限制信息对接收者的影响。

3.2　酒店的经营战略

“战略（strategy）”一词源于军事活动的术语，指军事统帅指导战争全局的谋略。20 世纪 60 年代，由于《企业战略论》一书的出版，经营战略在企业管理中正式使用。

3.2.1　概述

酒店经营战略是指为谋求长期生存和发展，在外部环境调查和内部条件分析的基础上，对酒店发展方向、经营目标、重大方针、经营策略和实施步骤等作出的长远谋划。它们一般以酒店或酒店集团“战略规划”、“企划任务书”、“发展计划”等形式表现出来，是酒店或酒店集团长期发展的纲领性文件。

1. 酒店经营战略的特点

（1）全局性

酒店经营战略总是从全局出发，根据酒店或酒店集团的总体发展需要来制定的。它所研究的问题，确定的企业发展方向、战略方针、经营策略等都带有全局性、整体性。

（2）长远性

酒店经营战略是谋求企业的长期发展，而不是短期的或临时性的措施。因此，它是对酒店未来一个较长时期的生存和发展所做出的通盘考虑和规划。就其时间而言，至少在3～5年，甚至更长一些。

（3）挑战性

酒店经营战略必须面对市场环境。也必然要在激烈的市场竞争中去求生存、求发展。它实际上是针对未来各种压力、威胁、冲击而制定的行动纲领，也是如何与竞争对手抗衡的行动方案，因而必然具有挑战性。

（4）纲领性

酒店经营战略不研究日常经营中的一般性问题，它主要研究和确定涉及企业长远目标、发展方向、指导原则、行动方针、重大措施和基本步骤等重要问题，并据此做出概括性、原则性、明确性的规定，因而具有纲领性特点。在实际运用中，它必须经过分解、展开、分期制定计划，才能逐步落实，形成行动措施。

2. 酒店经营战略的主要内容

（1）战略方向

首先确定企业未来的发展方向。它要求酒店企业要在市场调查和预测的基础上，确定自己的客源市场和经营范围；其次确定酒店企业开拓市场的发展方向。确定企业开拓市场的发展方向，目标市场的确定是核心。它要求酒店企业要在客源市场需求分析的基础上，结合自己的特点，确定自己的服务对象、服务标准及基本的营业方针；再次确定企业未来的规模和发展水平。酒店企业的领导者，应当确定企业在一个相当长的时期里主要干些什么，达到什么样的规模以及协作和联合的程度，在国内外同行业中应居于什么地位，是争取世界一流，还是国内一流等。

（2）战略目标

企业的战略目标是以一个或两个目标为主导的一组相互联系和相互制约的目标体系，其核心是以销售额和利润额为主导的战略目标体系。它要求酒店在高效率、低成本、不断扩大市场的基础上，以销售额保证利润额，两者同步增长。因此，可以说酒店的战略目标是实现企业战略的一系列经济指标的总和。确定酒店企业的战略目标应当注意的问题有：研究考虑和预测未来的市场发展趋势。利用过去和现在的数据，来推断和预测未来的发展需要；分析酒店内部所具有的发展因素，其中包括可运用的发展资金、酒店员工的素质，同时也要估计酒店的设备情况，检查本酒店是否已经具备了实现酒店战略目标所应具有的条件；酒店的战略目标是一组相互联系和制约的目标系统。它是企业的总目标体系和部门的目标体系的结合，确定战略目标，要使部门目标同总目标系统保持一致，并使部门之间的目标得以协调。

（3）战略方针

企业的战略方针，一般是企业在经营战略上的重点，是围绕企业为实现战略目标所制定的行为规范和政策性的决策。它涉及酒店经营的目的和方法，酒店和顾客、员工合作的关系等。战略方针将随着企业内部环境的变化而变化，在不同的时期会采取不同的战略方针。

酒店经营的总方针，通常是由酒店的最高领导者来制定的。为了能把总方针落实到各项具体工作中去，酒店各个部门也都有自己的一套方针，称为局部方针。局部方针是以总体方针为基础形成的，是对总方针的扩大化和具体化。

（4）战略措施

企业的战略措施是企业为实现其战略目标，在战略方针的指导下，就企业发展中的中短期的、局部的经营问题所采取的各种对策与措施的总称。战略措施是企业经营战略的重要组成部分，是企业经营战略的具体体现和实际运用，是确保战略目标实现的有效手段。战略措施的制定，集中体现在一系列酒店的经营计划和经营决策的制定上。从这一意义上说，酒店的经营计划和经营决策是以酒店的经营战略为基础的，是经营战略的具体化。

3. 酒店经营战略的制定过程

酒店经营战略的制定过程，就是在正确的战略思想的指导下，在对酒店企业所面临的特定环境和内部条件进行分析的基础上，确定酒店的战略目标、明确企业的经营领域，以及酒店对所从事的经营领域采取的经营方针和策略的过程。它一般包括以下几个步骤：

（1）确定企业的使命

这一要素实际上是为了回答战略的核心定位问题，即“我们的酒店应该是什么样的酒店”。只有那些能够正确认识到自己使命的酒店，才能制定出行之有效的战略规划。

（2）研究经营环境和经营能力

在明确了现代酒店的企业使命之后，需要进行经营环境和经营能力的分析，分析其现状和未来趋势，以便为进一步确定企业的战略目标收集各种相关的经济信息，为确定经营战略提供必要的资料和依据。

（3）确定战略目标

确定企业的经营战略目标就是把企业的经营环境和经营能力结合起来，将企业的使命化为一系列具体的经营目标。酒店使命是内在的、永恒的、原则性的；而酒店目标则是外在的、阶段性的、具体化的，并且目标是在酒店使命的指导下设定的。

（4）确定战略行动

当企业的使命、战略目标确定以后，就要考虑如何来实现这些目标，使企业由小到大、由弱到强、不断成长发展。战略行动的确定，要依靠企业全体成员的共同努力。首先，要进行广泛讨论，让企业各级人员畅所欲言，提出自己的见解，使战略行动方案具有群众性、民主性。其次，由企业的智囊团，必要时外请一些专家，运用现代科学方法进行系统综合，经过科学论证，提出可行的战略行动方案。最后由企业领导抉择，确定企业的战略行动。

（5）经营战略的总结、评价与修正

经营战略是主观思维活动的产物，它在实践中会或多或少地与客观现实产生一些差距。因此，在经营战略的实施过程中，企业必须对经营战略进行总结、评价，并加以修正。酒店要密切掌握外部环境和内部条件变化的动向，及时地修正战略中不适应的部分，使经营战略始终保持适宜性，保证经营战略对酒店经营活动的指导作用。

3.2.2 经营战略的模式与选择

1. 酒店经营战略的基本模式

现代酒店在开展经营活动时，首先必须明确企业的战略，因为战略管理是酒店管理系统的指导方针，是酒店创新与发展的路标，也是酒店在复杂多变的环境中求得生存的保证。根据酒店战略行为的各自特点，可以将酒店经营战略划分为以下四种基本模式。

（1）发展型战略

发展型战略就是对企业经营范围从广度和深度上进行全面渗透和扩大的一种战略模式。具体来讲，有以下三种类型。

1）市场渗透战略。指企业利用自己在市场上的优势，扩大经营业务，向纵深发展，在竞争中，把更多的顾客吸引到自己这里来，以提高市场占有率。

2）产品发展战略。指企业通过扩大经营品种、保证产品质量，以适应市场变化和消费者需要，不断扩大产品销售。

3）市场开拓战略。酒店企业经营不断发展，而市场却受到很大的限制，必须选择和发展新市场，如建立连锁经营网点、拓展经营渠道等。

（2）稳定型战略

稳定型战略又可具体分为稳定防御战略和先稳定后发展型战略。所谓稳定防御战略，指企业在现有经营条件下，采取以守为攻，以安全经营为宗旨，不冒大风险的一种战略。先稳定后发展战略则是先采取措施扭转内部劣势，伺机而动，在改善内部经营管理基础上再向外发展。

（3）紧缩型战略

指酒店企业采取缩小经营规模，减少企业投入，以谋求摆脱困境的一种战略。酒店企业在经济不景气时期常采用这一战略，但在实行紧缩措施的同时，应加强预测，对经营业务作出调整，积极做好迎接新的增长的准备工作。

（4）多角化战略

多角化战略是指酒店企业利用现有资源和优势，向不同行业的其他业务发展的经营战略。这种战略的特点是：分散经营风险，具有东方不亮西方亮的特点；把多向开发新产品和多个目标市场有机地结合起来，多方面地长久地占领市场，提高了企业的应变能力。这种战略的产生是市场扩大化和竞争复杂化的结果，但在给企业创造新机会和提高资源利用率的同时，也给企业带来很大的经营风险。

2. 酒店经营战略的选择方法

酒店经营者可以采用“SWOT”分析法，来确定企业的经营战略。SWOT 分析是在西方广为应用的一种战略分析方法，也称经营环境分析，酒店经营者通过对经营环境进行系统的、有目的的诊断分析，在明确本酒店的优势（strengths）、劣势（weaknesses）、经营机会

（opportunities）和威胁（threats）的基础上，确定酒店的经营战略，如图 3.3 所示。

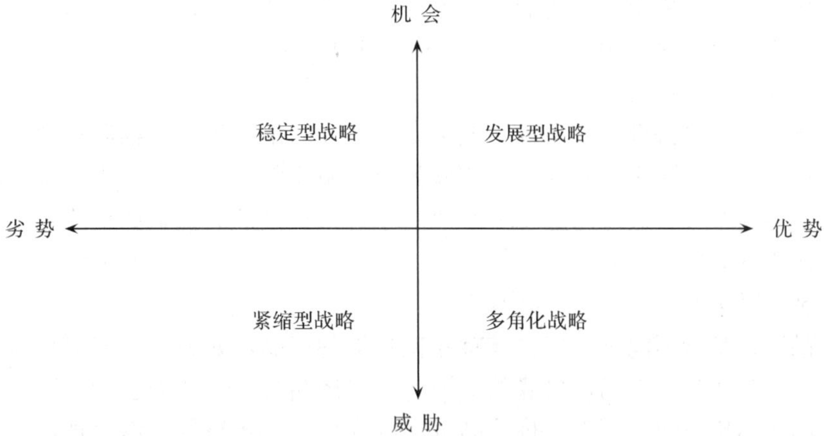

图 3.3 “SWOT”战略选择图

优势（S）：表示有利于酒店经营活动顺利而有成效开展的酒店内部因素，如酒店优良的组织机构及现代化经营思想、优秀的酒店文化及雄厚的酒店资源等。

劣势（W）：表示不利于酒店经营活动开展的酒店内部因素，如低劣的员工素质、紊乱的管理制度、不称职的管理人员、低品位的酒店文化等。

机会（O）：表示有利于酒店开拓市场、有效地开展经营活动的酒店外部环境因素，如良好的国家经济政策、高速度增长的市场等。

威胁（T）：表示不利于酒店开展经营活动的外部环境因素，如竞争对手越来越多、竞争对手实力增强、经营的目标市场萎缩等。

如果酒店企业外部有众多机会，内部又具有强大优势，可采用发展型战略；如果外部有机会，而内部条件不佳，宜采用稳定型战略；如外部有威胁，内部状况又不佳，应设法避开威胁，消除劣势，可采用紧缩型战略；而当企业拥有内部优势而外部存在威胁时，宜采用多角化战略分散风险，寻求新的机会。

3. 影响酒店战略选择的环境因素

对酒店企业而言，经营环境可以分为两种，一种是酒店经营的宏观环境，我们可以视其为酒店经营活动的外生变量，在一定时期内是一个不变的参数；另一种是微观环境，也称之为行业竞争环境，是酒店在作经营战略选择时，必须着重分析的因素。目前，企业在分析竞争环境时，普遍采用哈佛大学教授波特的结构分析法：即一个行业的激烈竞争不是事物的巧合，其根源在于其内在的行业结构。如图 3.4 所示。

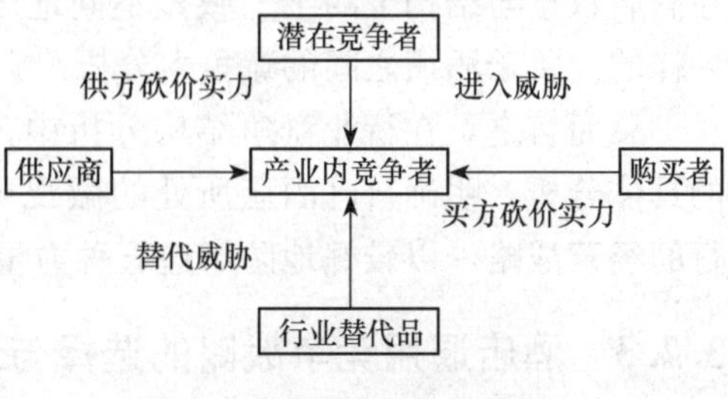

图 3.4 产业竞争结构模型

现代酒店企业，面临着五种基本力量的

挑战，它们分别是潜在加入者的进入威胁、代用品的替代威胁、酒店产品购买者的讨价还价压力、生产要素供应商的讨价还价压力以及现有酒店之间的抗衡。这五种基本力量的强弱及其组合决定了酒店业竞争的激烈程度，决定着每一家酒店盈利的最终潜力。其中，强度最大的作用力，将决定酒店企业战略的形成。

（1）新建酒店的威胁

在市场容量与经济资源有限的情况下，新酒店的出现势必加剧原有酒店之间的竞争激烈程度，原有的酒店必定要采取相应的对策阻止新酒店顺利进入市场，以保证自己既得利益不受损失。进入的威胁大小取决于进入壁垒的高低，如果酒店市场的进入壁垒高，进入的威胁就小。

（2）替代品威胁

替代品通常是指不同行业之间具有相似功能的产品，如酒店的客房与新兴的物业写字楼。如果替代品的市场价格降低，被替代的产品或服务的需求就会同步下降，除非被替代的产品价格同时下降。替代品可能因为技术进步与创新而出现，也可能因为其他行业的产品功能延伸而产生。因此，替代品的出现通常反映了时代的进步。

（3）购买者压力

在酒店业竞争结构的要素组合中，只有购买者愿意支付的价格水平才能形成酒店的收益。因此，购买者的压力直接决定着酒店的盈利水平。购买者的侃价能力主要取决于对市场信息了解的充分程度、购买者的收入水平、购买者的消费偏好以及购买产品的数量。在现实生活中，购买者并非就是服务或产品的消费者，购买者还可以是消费者的代理商或产品的中间商。它们的购买主要不是为了消费，而是为了转售或组成各种旅游产品向最终消费者出售，因此，他们更关心酒店产品的价格，具有不同于一般购买者的特点。

（4）供应商压力

供应商向酒店提供经营活动所需的一切资源，如能源、资金、原材料、食品饮料、易耗品等，其讨价还价能力的强弱直接影响着酒店经营成本的高低。一般而言，供应商竞争压力的大小，主要取决于资源的垄断程度、供应商的生产成本、资源的短缺程度、购买者购买数量等，酒店企业为了实现低成本的目的，也必须做好上述因素的分析。

（5）产业内的竞争

影响酒店经营环境的最重要因素是产业内竞争，即现有酒店间的抗衡。由于各地在酒店数量与结构上的不一致，不同地区、不同城市的酒店之间的竞争激烈程度是不一样的。关于酒店之间的竞争力分析，它是决定酒店经营战略形成的主要作用力。

总而言之，在行业竞争结构分析中，酒店经营者的任务，就是通过五种竞争力量的具体分析，明确自己酒店所处的微观环境，寻求自己酒店的有利地位，制定切实可行的经营战略，以较好地防御这五种力量的威胁。

3.2.3 酒店通用竞争战略的选择与运用

战略是一种基本观念，表明一个企业在考虑到风险、不确定性和环境的变化时，根据外部环境，特别是竞争对手的行为所确定的发展方向。而竞争战略关心的是相对于竞争者而言，企业在市场上的地位。

当选择竞争战略时，酒店企业通常从两个方面评估竞争优势：企业经营成本低于竞争对手；产品具有某种特殊性能，并且能够以高价出售而弥补成本。根据企业参与市场竞争的范围以及企业的竞争优势，战略管理大师迈克尔·波特在《竞争战略》一书中区分了三大通用竞争战略：成本领先战略、差异化战略和专一化战略，这些也是酒店企业在不同发展时期，面对不同竞争环境所选择与实施的三种竞争战略，如图 3.5 所示。

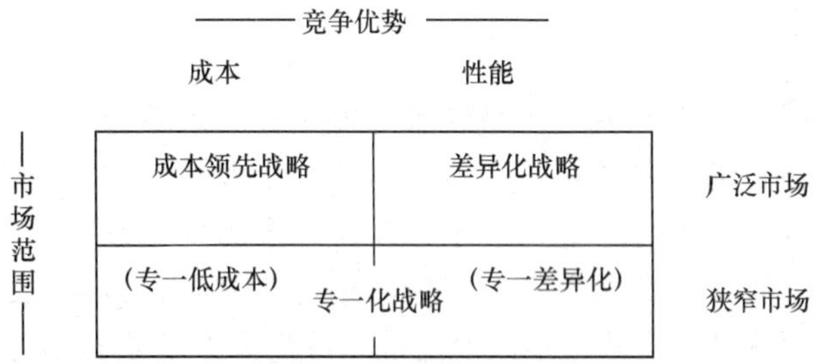

图 3.5　三大通用竞争战略

1. 成本领先战略的选择与运用

由于酒店产品价格的基础是经营成本，因而该战略的核心是努力降低自己产品的成本。要求企业建立起达到有效规模的生产与服务设施，抓紧成本与管理费用的控制，以及最大限度地减少研究开发、服务、推销、广告方面的成本费用。虽然创造性的设计、产品质量、售后服务及其他方面也不容忽视，但是战略的中心是使成本低于竞争对手。

（1）成本领先战略的竞争优势与风险

该战略的优势表现在：企业的低成本地位有利于在强大的买方威胁中保护自己，抵抗竞争对手的价格压力，并使效率居于其次的竞争对手逐渐退出市场，从而使企业处于市场垄断地位；较低的成本与价格水平也可以形成有效的市场壁垒，使新进入者举步维艰；在不断致力于将成本降至竞争对手之下的过程中，企业的管理效率也得到了提高。经营风险表现在：竞争对手易于效仿，且有时能够很成功地实施这种战略；竞争对手很可能凭借技术革新，获得更低的经营成本；由于企业集中精力研究如何降低成本，很有可能忽视消费者需求发生的变化。

（2）成本领先战略在酒店的运用

首先，在酒店经营中努力追求规模经济效益。包括各种原材料的采购、酒店产品的营销、酒店内部的管理等各个环节都存在着规模经济效益的潜力。而选择酒店最佳规模是降低酒店经营成本最为重要的问题；其次，在酒店经营中努力实现联合成本优势。由于酒店服务多为综合性服务，使得某些成本可以被更多服务项目分摊，从而降低单项服务的支出水平。但是，联合成本优势并非就是酒店服务项目越多越明显，这种优势还与相应设施设备的利用率高低有关；再次在酒店经营中注意充分积累管理经验。这是一种由经验转化而来的成本优势。专业技能娴熟的员工能够有效地降低酒店服务的成本。

低成本经营战略可以帮助酒店经营进入良性循环。当然，要成功实施这一经营战略，应注意其中暗含的许多条件：第一，酒店之间的产品是同质无差别的；第二，在客人心目中，价格比产品差别更重要；第三，酒店产品的需求弹性很大，降低价格能够有效刺激需求，从而导致酒店住房率明显地提高；第四，销售量的增加能够弥补因价格下降而给酒店带来的利润损失；第五，酒店规模的扩大，服务项目的增加能够有效提高酒店吸引力，降低产品平均成本。

2. 差异化战略的选择与运用

差异化战略是指将企业提供的产品或服务差别化，形成企业在产业范围中具有的独特品质。它主要是利用需求者对各品牌的信任，以及由此产生的对价格敏感度的下降，使企业避开竞争。企业的产品或服务可以在许多方面实现别具一格，如：品牌形象、客户服务、技术特点、产品更新、营销网络等。差异化战略实施的关键在于特色的选择必须有别于竞争对手，并且足以使溢价超过企业追求差异化的成本。

（1）差异化战略的竞争优势与风险

差异化战略的竞争优势主要体现在：产品的独特性能够带来较高的效益；顾客的忠诚度使企业避开了竞争；产品特性及顾客忠诚构成了进入壁垒。差异化战略的经营风险表现在：企业提供的产品特性并不符合顾客期望的价值；顾客不认可产品性能与价格之差；竞争者的模仿使差异减少。

（2）差异化战略在酒店的运用

酒店经营者可以依据酒店产品满足顾客三种利益的原理，营造企业产品区别于竞争对手的特性，主要有：

1）产品的核心利益。这是消费者购买的根本原因，也是消费者需求的中心内容。酒店的任务就是要发现人们的需求，创造满足需求的条件，把顾客所需的核心利益提供给客人。如五星酒店的核心利益是为客人提供豪华、舒适的享受；而经济型酒店的核心利益是清洁与合理的价格。

2）产品的展现利益。展现利益是从物质上展示出产品核心利益的各种因素，如酒店地理位置、建筑特色、周边环境、内部装饰、员工形象等。为了提高酒店产品在市场上的信誉与吸引力，塑造酒店区别于其竞争对手的鲜明形象，酒店经营者应设法通过酒店产品的包装，使核心利益具体化。

3）产品的附加利益。附加利益是指顾客购买产品所得到的额外利益。现代酒店竞争，也是企业在给予顾客额外价值方面的竞争。这种流行的超值服务，构成了现代酒店产品差别化的重要来源，对增加产品的吸引力产生一定的影响，对培育酒店的忠诚顾客起了很大的作用。

20 世纪 80～90 年代，旅游供给的迅速增长，导致竞争加剧。这种竞争压力迫使酒店经营战略从产品成本转向产品性能。质量管理、品牌营造是这个时期酒店业最普遍的竞争策略。通过质量管理，提升了酒店的竞争力；在质量管理基础上营造的酒店品牌，使企业与竞争对手的产品和服务相区别，培养造就了一大批对酒店产品具有忠诚心理的消费者，而客人的忠诚心理又为酒店带来了稳定的客源与收益，为酒店不断创新、提高服务质量水平创造了良好的条件。

3. 专一化战略的选择与运用

所谓专一化战略，是指企业将自己的经营目标集中在特定的细分市场，并且在这一细分市场上建立起自己的产品差别与价格优势。采用专一化战略的基础是企业能够以更高的效率、更好的效果为某一狭窄的顾客对象服务，从而超过在更广范围内的竞争对手。即企业选择一个或一组细分市场，实行成本专一化或差别专一化战略，向此细分市场提供与众不同的服务，目标是在该市场上有较大的占有率。当然，这种战略成败的关键是正确选择企业的目标市场。

（1）专一化战略的竞争优势与风险

专一化战略的竞争优势为专一化产品的经营成本低；在目标市场处于领先地位；产品的独特性使替代品的威胁降到最低程度。专一化战略的竞争风险为：市场范围比较狭窄；有吸引力的细分市场不易确定；目标市场的需求特性不明显。

（2）专一化战略在酒店的运用

当大多数酒店很难通过进一步降低成本、改进质量来赢得竞争优势时，“个人关注”（individual attention）成为酒店的核心战略。立基营销、服务定制化策略成为现代酒店业流行的竞争策略。

1）立基营销（niche marketing)。即把自己的长处与竞争对手短处的比较中，选择企业最有利的市场地位。市场已清楚地表明一种产品不能适应所有顾客，顾客也在寻找最适合自己的产品。立基营销要求酒店在确定自己强项与竞争者弱项的基础上，选择一个或一组细分市场，制定出一套有别于竞争对手的营销组合，集中力量争取在这些细分市场有较大的市场份额。即找出某一竞争者无法比拟的特征强项作为企业立基，宁可在一个或一组细分市场上享有较大的市场占有率，而不愿在整个市场占有较小的市场份额。

2）服务定制化。即酒店为迎合消费者日益变化的消费需求，营造出一种“特别的爱给特别的你”的“高尚”境界，以针对性、差异化、个性化、人性化的产品和服务来感动企业的诸多“上帝”的经营策略。这种经营策略的基本特征是：第一，酒店充分理解客人的需求，即以客人的需求作为服务的起点和终点，既要掌握客人共性的、基本的需求，又要分析研究不同客人的个性需求；既要注意客人的静态需求，又要在服务过程中随时注意观察客人的动态需求；既要把握客人的显性需求，又要努力发现客人的隐性需求；既要满足客人的当前需求，又要挖掘客人的潜在需求。第二，个性化，即酒店要强调一对一的针对性服务。第三，人性化，即强调用心服务，真正体现一种真诚的人文关怀精神。第四，极致化，即在服务结果上追求尽善尽美，要求做到尽心和精心。

实施产品或服务定制化策略，要求酒店企业细分客源，根据自身的经营条件选准客源市场中的一部分作为主攻对象；通过建立科学的客史档案，灵活提供各种“恰到好处”的服务；强化客源管理；并以独特的主题形象深入人心，在充分理解顾客需求、顾客心态的基础上，追求用心极致的服务，和顾客建立一种稳定的、亲近的关系，在顾客个性需求满足的同时，为酒店企业赢得一大批忠诚顾客。

21世纪，酒店企业所处的环境发生了巨大的变化，企业产品的生命周期在不断缩短，电子技术得到蓬勃发展，顾客追求个性化的欲望越来越强烈，以顾客为中心的竞争也变得越来越激烈，企业的竞争战略也有了全新的发展。一种把定制的产品和服务进行个别化的大规模生产的新模式，出现在21世纪酒店竞争的新前沿。"大规模定制"（Mass Custo Mization）战略，把大规模生产和定制化生产这两种模式的优势有机地结合起来，在不牺牲企业经济利益的前提下，以几乎每个人都能付得起的价格提供差异化的产品，满足顾客个性化的需求。在我国加入WTO的今天，大规模定制模式也给酒店业留下了极大的发展空间。

3.3 酒店的经营思想和方针

酒店管理的经营思想是开展经营活动的一些观念、认识和理念。它是指导酒店研制经营战略、经营方针、经营策略和开展经营活动的思想基础和指导原则。酒店经营方针是酒店企业经营思想的集中体现，是决定和指导企业前进的方向和指针。

3.3.1 酒店管理的经营思想

1. 酒店经营思想的内容

1）坚持市场经济法则和正确的经营方向，完善运行机制，促进生产力发展的思想。

2）不断改善服务态度、服务方式，提高服务质量，牢固树立酒店的一切活动都是为了满足广大消费者需要的思想。

3）坚持以提高经济效益为中心，正确处理国家、企业、职工和消费者相互关系的思想；正确开展市场竞争，讲信誉、讲质量，以优质服务在竞争中直接接受广大消费者的评判和检验的思想。

4）从长远利益出发，不断创新，以勇于进取、勇于开拓的精神促进企业和国民经济发展的思想。

2. 现代酒店管理的十大观念更新

（1）市场观念更新

1）在市场认识上要实现观念更新。要充分认识到市场是酒店的希望所在，随时关心市场变化，掌握客源市场的动向、特点和发展趋势，随时根据市场变化来调整自己的产品和服务，保证酒店经营方式、产品类型、服务项目、服务方式、产品质量和服务质量都能适应市场变化和客人需求。

2）在市场开发上要实现观念更新。酒店管理要十分重视市场开发，抓好酒店销售部、公关部、预订部的机构建设，正确处理这些部门的关系；要定期分析市场客源所在、酒店的主要客户和市场结构、客源构成，选好目标市场；要组织销售部、公关部认真做好市场宣传，广泛开展公关活动，搞好酒店和各类客户、新闻机构及社会各界的关系，树立酒店形象，提高酒店声誉；要组织销售部采用灵活多样的方式广泛开发市场，组织客源，包括走访客户、外出联系、人员推销、电话推销、信函邀请、广告推销、会议促销、活动推销、销售代理推销、海外预订推销和内部推销等。

3）在市场竞争上要实现观念更新。酒店要采用灵活多样的手段开展市场竞争，要通过人才竞争提高管理水平、服务质量和经济效益，形成酒店强劲的市场声誉。

（2）顾客观念更新

1）在对顾客的认识上要实现观念更新。酒店管理人员必须教育全体员工实现观念更新，将传统的以“创造产品”为主的观念转变为以“创造顾客”为主。这种观念的实质是将客人作为酒店的衣食父母，通过优质服务来创造顾客，因此，服务过程中，既要遵守服务程序和操作规程，又要针对客人的需求变化和消费心理超越程序，处处体现出主动、热情、细致，让客人在心理、情感上感到优质服务的喜悦，从而成为酒店的义务宣传员。

2）在对客人的态度上实现观念更新。酒店管理要狠抓服务态度，加强职业道德教育，牢固树立对客服务一视同仁、童叟无欺的思想，采取检查、监督、顾客评述等各种措施，切实提高服务质量。

3）在维护消费者的利益上实现观念更新。酒店管理要确保提供优质服务，关键在于保证酒店的服务设施、设备，消费环境和所提供的产品和服务同酒店所取得的星级标准相适应。

（3）质量观念更新

1）在质量管理程序上要实现观念更新。即要从传统的以事后质量检查为主转变成事前质量管理和事后质量检查相结合。

2）在质量管理范围上实现观念更新。即从抓服务态度、礼节礼貌、服务程序为主转变成同时抓设施质量、环境质量、产品质量和劳务质量，形成全过程、全方位的质量管理。

3）在质量管理量度上实现观念更新。即由传统的以定性管理为主转变为定性定量管理相结合的服务质量管理。

（4）人才观念更新

1）在对人才流动的认识上要实现观念更新。高层管理人员要尽量创造条件，留住并招聘到素质较高、专业技术能力较强的管理人才和技术人才。

2）在对人才的选用上要实现观念更新。酒店高层管理在人才选用上要逐步把着眼点转移到内部培养，造就自己的骨干队伍，更快、更多、更好地培养管理人才和专业技术人才上来。同时加强内部人力资源管理，形成向心力和凝聚力，克服挖墙脚、哄抬工资待遇的不利影响。

3）在对人才的管理上要实现观念更新。酒店管理要组织人事部及各部门制定和健全人力资源管理制度，合理用人，正确执行国家干部政策。既要做到任人唯贤、人尽其责，又要做到能上能下、能进能出。

（5）价值观念更新

1）对酒店价值投入的认识上要实现观念更新。酒店管理必须树立长期的战略观念。制定发展规划、经营策略，安排服务项目、产品销售，并根据市场需求变化不断调整自己的经营思想、经营方针，适应形势发展的需要，促进酒店管理的长期发展。

2）对酒店价值补偿的态度上要实现观念更新。酒店要建立健全信息报表制度，随时收集和分析价值量在各部门、各环节的消耗程度和价值补偿的实现程度，并分析其使用和回收的合理程度，发现问题分析原因，及时提出改进措施，以不断降低费用消耗，尽快获得价值补偿，提高资金使用效果。

3）在酒店经营的价值取向上要实现观念更新。酒店管理在价值取向上必须坚持取之有道、取之合理、取之适时。既不能急功近利，又不能掉以轻心，必须根据市场供求关系的变化和不同客人的消费需求，形成不同服务项目、不同产品类型、不同季节的价格体系，灵活经营，不断提高管理水平。

（6）成本观念更新

1）在对成本构成的认识上要实现观念更新。酒店管理的重点应放在销售上，加强销售方面的控制，提高销售水平，以弥补固定成本高对酒店管理带来的压力，才能获得良好经济效益。

2）在酒店各部门的成本表现及其由此带来的管理要求上要有新的认识。酒店应对部门的管理工作既要重视销售方面的控制，又要重视成本方面的控制。

3）在对成本管理的方法上要实现观念更新。酒店要组织各部门认真把好五关，即成本预算关、采购库存关、成本开支关、物资用品使用关和成本核算关。在这一过程中，观念更新的重点是每一关都要搞好成本核算，掌握各项成本预算额和实际发生额及各项比例关系，分析其合理程度，以便为酒店高层和各部门管理人员提供成本管理和成本控制的决策依据，降低消耗，获得优良经济效益。

（7）效益观念更新

1）在对经济效益的认识上要实现观念更新。酒店必须始终坚持以提高经济效益为中心来开展业务经营活动。

2）在对社会效益的态度上要实现观念更新。酒店业是国民经济的一部分，因此酒店管理既要重视经济效益，又要重视社会效益。

3）在环境效益上要实现观念更新。酒店管理必须重视环境效益，克服那种只顾赚钱而在酒店建设上影响风景名胜、损害周围环境的观念。同时，要加强污水、噪音治理，防止影响周围居民的正常生活。

（8）责任观念更新

1）在责任体系上要实现观念更新。酒店业是一个综合性服务行业，酒店管理人员必须在经营管理过程中建立完整的责任体系，将对国家、对企业、对员工、对客人、对酒店投资人应该承担的责任，通过目标管理和管理任务的形式具体落实到各级、各部门管理人员，特别是高层管理者，由此形成不同的责任中心和责任体系。

2）在责任承担上要实现观念更新。酒店上级主管部门或地方政府要做出明确规定，对犯有严重过失、造成企业重大经济损失、国有资产严重流失或长期亏损的企业领导，不许异地做官，应追究领导责任；其次，高层管理人员必须保证领导决策正确，勇于负责，出现问题应自觉承担领导责任。再次，高层管理人员要严格要求各级、各部门管理人员，坚持按领导决策办事，按目标管理和责任指标检查工作，保证完成管理责任和任务，发生严重问题或重大责任事故，同样应追究其领导责任。

（9）开发观念更新

1）在开发意识上要实现观念更新。酒店管理要克服守摊经营的观念，这种观念是与市场经济原则背道而驰的。须知：在市场经济条件下，资金必须投入市场，在流动中产生增值。

2）在开发项目上要实现观念更新。酒店管理要放开思路，随时分析市场变化，了解地区经济发展和服务行业发展新动向、新特点，善于选择那些符合酒店实际、社会急需的开发项目，逐步将酒店办成一业为主、服务项目众多、多种经营同时发展的新型企业，以克服酒店经营的风险性和波动性，提高综合经济效益。

3）在开发方法上要实现观念更新。酒店管理每选一个开发项目，必须组织有关人员认真搞好调查研究，广泛收集资料，拟定可行性方案，分析和预测投入和产出的关系，并通过项目方案讨论，然后拍板定案，进行正式开发。这样才能保证项目决策科学合理，防止开发失误。

（10）创新意识更新

1）要具有思想的敏感性。酒店高层管理人员必须破除因循守旧、墨守成规的传统观念和"经验式"、"运动式"管理的思想束缚，随时分析市场需求、市场竞争和客人消费心理的新动向、新特点、新趋势，树立应变思想，不断提高酒店的管理水平、服务质量和经济效益。

2）要善于选择需要创新的项目和时机。这一过程的关键是要随时分析客人需求变化，酒店管理中的竞争动态和新特点，发现自己哪些地方、哪些项目、哪些观念和管理方法需要创新，并据此分析原因，提出新思想、新观念、新方法，同时组织各级、各部门管理人员认真研究和贯彻实施，以使酒店管理及其所提供的产品、服务、消费环境不断适应客人求新、求奇的消费心理。

3）创新要形成一个不断发展的过程。酒店管理在管理观念、管理手段和管理方法以及产品供应和经营方式上，要做到人无我有、人有我创、人创我改、人改我新，不断追求新境界，达到新水平。

3.3.2 酒店管理的经营方针

酒店经营方针是由酒店的性质、特点、经营战略、经营思想、管理任务等共同决定的。它用简单明确的语言准确地指出酒店经营活动的方向、目标或标准，使酒店各级管理人员和广大员工有明确的奋斗目标，产生向心力和凝聚力。根据其范围、作用不同，酒店经营方针主要有三种类型：

1. 行业经营方针

行业经营方针是对全国酒店行业适用的，共同遵守的经营方针。这种方针是根据国家旅游业的发展、酒店行业管理的总体要求而提出的。进入21世纪前期的我国酒店行业的经营方针是："面向国际国内市场分级划类经营，执行行业管理，坚持宾客至上、服务第一，发扬优良传统特色和民族美德，适应各种类型的消费者日益增长的、多层次的物质和文化生活需要。"

2. 企业经营方针

企业经营方针是各酒店在国家行业经营方针指导下，以酒店经营战略或经营目标为宗旨而制定的经营方针。企业经营方针有四个特点：一是随酒店性质、特点、等级规格、规模大小、接待任务不同而变化，即一家酒店一个经营方针，互不相同；二是随时间推进和客观外界环境的变化而调整，即同一酒店在不同时期的经营方针可以各不相同，有的适用时间长，有的适用时间短一些；三是随各酒店不同时期业务经营活动的重点不同而变化，企业经营的重点改变了，经营方针的内容也会随之修定；四是经营方针的文字比较精练，高度概括，简明扼要，一看便懂，便于记忆。

3. 具体工作方针

具体工作方针又称专项方针，是在酒店经营方针指导下，适用于某项工作、某一部门的某项业务经营活动的工作方针。具体内容往往因酒店某项工作，某一部分的业务经营活动的内容不同而变化，如市场开发方针、产品销售方针、原料采购方针等。具体工作方针是为酒店经营方针服务的，它既不能背离企业方针的要求，又必须根据企业某项工作，某一部门的某项业务活动的具体内容和工作需要来确定。

3.3.3 酒店管理的经营目标

经营目标是酒店开展经营活动要达到的预期效果。经营目标与战略目标的关系是：前者以短期性、单项性、具体化目标为主，后者以中长期性、整体性、综合性目标为主；经营目标可以是战略目标的组成部分，战略目标对经营目标有一定指导作用；两者是互相联系，又有一定区别的。现代酒店管理在研制经营战略，确定经营思想、经营方针的基础上，还要确定具体的经营目标，才能保证经营战略落到实处，保证战略目标的实现。现代酒店经营目标的内容主要包括四个方面，可列表比较，如表3.1所示。

表3.1　酒店经营目标比较

分类	主要内容	主要指标
市场目标	1. 以市场战略为指导，形成市场经营目标 2. 主要内容包括市场占有目标、市场结构目标、客源开发和组织目标、市场销售目标、销售结构目标等	市场占有率、客房出租率、平均房租、餐饮接待人次、餐饮人均消费、销售收入、酒店部门销售份额等
管理目标	1. 以酒店经营管理为主，形成管理目标 2. 主要内容包括设施设备管理目标、消费环境管理目标、各部门业务管理、后勤保障管理目标等	设施设备完好率、有效性、环境质量、卫生质量优质率、业务开展的协调性、计划任务完成率等
质量目标	1. 以满足客人需求、提供优质服务为中心 2. 主要内容包括服务质量方针、管理体系目标、质量教育，标准化、程序化、制度化目标，质量检查、分析、投诉处理等	宾客满意程度达标率、优质服务达标率、合格率、客人投诉降低率，质量问题处理达标率等
效益目标	1. 以经济效益为主，兼顾社会效益、环境效益 2. 主要内容包括酒店收入结构目标、成本结构、经济效益、投资效益目标和社会知名度、美誉度等	计划营业收入、成本、费用、利润完成率、计划利润率、投资利润率、资本利润率、每股股利完成率、企业利税指标完成率等

酒店经营目标的具体内容很多，每一个方面的目标又有大量考核指标。酒店管理要合理制定管理目标，要注意三个问题：一是认真做好市场调查，收集信息资料，为制定经营目标提供可靠依据；二是立足现实，掌握酒店经营潜力，将市场信息和内部管理结合起来，防止所定经营目标过高或过低；三是经营目标必须与管理方案、措施结合起来，才能保证酒店经营目标的顺利完成。

3.3.4　现代酒店的风险管理

风险管理是酒店针对可能发生的潜在危险、突发事件而提前采取预防措施或紧急方案，以减少风险损失的一种管理方法。酒店要做好风险管理，重点要注意以下三个方面：

1. 酒店风险管理的原因

酒店业是一种风险性行业，投资大，投资回收期长。在这一较长时期中，国际政治、经济、外交关系的变动，地区政治经济形势的变化，各种自然灾害、突发事件等，都可能影响酒店经营，引起酒店风险。其原因主要来自三个方面：

（1）客源市场环境

一个国家、一个地区的酒店宾馆的发展都是以客源市场为基础的。目标市场的客源国家和地区的政治、经济、文化、科技、商贸、旅游状况直接影响酒店客源。这种客源市场环境是酒店宾馆难于决定和左右的，一旦发生突变，就必然影响接待国家和地区的酒店市场，产生市场风险。

（2）政治经济形势

酒店业的发展是以国家或地区的政治、经济形势、国民经济的稳定发展为前提的。如果出现政局不稳、政治动乱、军事管制、地区戒严、经济形势恶化、恐怖活动猖獗、市场疲软等，也必然严重影响酒店市场，引起酒店经营风险。

（3）突发事件的影响

在酒店经营和战略管理过程中，地区突发事件、自然灾害等是客观存在的。这些突发事件或灾害一旦发生，如地震、洪水、瘟疫、大范围疾病流行等，也必然严重影响酒店业务活动，带来经营风险。

2. 酒店风险管理方法

酒店风险管理是一种特殊专项管理方法，它只在特殊时期才会发生和使用。正确运用酒店风险管理方法，主要包括三个步骤：

（1）正确识别风险因素

酒店风险管理要以预防为主。识别风险因素是风险管理的首要环节。其方法重点要注意三个方面：①注意收集和留心观察主要客源国家或地区的政治、经济信息和市场变动情况，如果发现变动或潜在变化，则要找出可能给酒店带来风险的问题，观察其动向；②查阅酒店历史资料，发现主要目标市场客源变动情况及可能带来的风险，提前做出市场调整；③注意酒店日常管理动态，发现在消防、卫生、安全等方面可能存在的事故苗头，提前采取预防措施。这些风险因素的识别都主要取决于管理人员观察问题、分析问题的能力及思想的敏感性，洞察力和预见能力。

（2）认真做好风险分析

风险分析就是在识别和发现风险问题的同时，根据已经掌握的情况或进一步收集的信息，对风险问题进行认真分析。其分析内容：①可能出现的风险问题的性质，即是属于政治性、经济性风险还是突发事件引起的风险；②可能出现的风险问题的原因，即是外部原因还是内部原因，是自然原因还是人为原因，是政治动乱还是经济风险等；③风险因素的主要表现及其可能给酒店带来的影响，即风险程度，包括风险可能发生的时间、表现形式等。通过分析，提前做好准备，采取预防措施，以减少风险损失。

（3）正确处理风险事故

酒店经营风险只能预防，不能避免。酒店管理中，如果发生风险事故，必须及时、正确地处理。其处理方法分为四个步骤：①分析风险原因。即针对已经发生的风险问题，分析其表现形式，事故表现、具体原因，以便于提出处理意见。②明确风险责任。即根据风险事故发生的时间、地点、情节，找出风险责任。如果是外部原因引起的风险，则难于追究责任。③提出处理意见。处理意见分为两种：一种是针对重大政治、经济、突发自然灾害、不可抗力引起的经营风险，主要是制定风险管理方案，提出度过风险和难关的办法和措施；另一种是对人为原因引起的风险和损失，要对主要责任人提出处罚意见。若是火灾、重大食物中毒等，在查清原因的基础上，还应追究刑事责任。④采取防范措施。酒店风险在风险处理过程中要做到四不放过：风险原因不清不放过；风险事故未得到处理不放过；没有采取切实可行的预防措施不放过；事故责任人未得到处理不放过。只有总结经验教训，采取防范措施，才能提高风险管理水平。

（4）酒店风险管理的注意事项

酒店风险管理是一种特殊管理工作，它和日常经营管理是有区别的。在整个风险管理过程中，要特别注意四个问题：①领导重视，提高警惕；②群策群力，防患于未然；③从内部抓起，严格管理规章；④冷静从事，建立风险档案。将上述四个方面的工作结合起来，认真抓好做好，就能减少酒店风险，提高酒店管理水平。

3. 酒店管理风险的预防

酒店风险管理的重点在风险预防。预防方法很多，重点是做好三个方面的工作：

（1）市场风险预防

酒店市场风险主要是国际国内重大政治、经济事件引起的。其预防措施主要包括建立多元市场结构，防止目标市场过分单一；加强主要客户联系，保住老客户；调整、扩建服务项目，增强客源互补性；开展多种经营，弥补市场风险造成的经济损失等。

（2）突发事件风险预防

这种风险主要是由地区性的地震、洪水、重大疾病流行、飞机失事、火灾、食物中毒等重大突发事故引起的。酒店除内部管理好外，往往很难预防。但如果发生，也可采取必要措施来减少风险损失，如及时采取紧急措施救灾抢险、加强宣传、提供风险服务，及时消除风险影响等。

(3) 日常经营风险预防

这种风险预防主要是加强安全、卫生管理，防止内部可能存在的风险因素引起的火灾、食物中毒、车辆交通事故、重大疾病流行等事故发生。

本章小结

酒店经营理念是酒店经营战略的基础，经营战略是酒店经营思想的集中表现，本章研究和介绍了酒店经营理念的演变和发展，阐述了酒店经营战略的制定与选择、详细说明了经营方针和经营目标的制定，风险管理等有关原理和方法，以保证酒店管理能够始终朝着正确的方向和目标顺利发展，避免风险和损失。

课后练习

一、案例分析

香格里拉饭店集团成功的经营战略

总部设在香港的香格里拉国际饭店管理集团，是世界著名饭店集团。从 1971 年新加坡香格里拉饭店成立开始，30 多年来，集团飞速发展。目前，已拥有 40 多家酒店和度假村，近 2 万间客房，遍布亚洲各主要城市和旅游胜地。香格里拉一贯恪守为客人提供优质服务的承诺，把其经营哲学浓缩为“由体贴入微的员工提供的亚洲式接待”，并推出了“殷勤好客亚洲情”的行动计划。香格里拉的标准化管理和个性化服务赢得了国际社会的认同。

1. 香格里拉制定的远景目标

(1) 客人忠诚感

回头客比率

服务质量检测

竞争对手的服务质量检测

减少客人的不满意率

(2) 市场份额

每家酒店占据当地竞争市场的领先地位

(3) 奖励

主要为顾客服务奖励：在 50%的奖励中获得头奖

所在国家的优质服务奖：争取所在国颁发的奖励

(4) 员工忠诚感

留住优秀员工：85%

员工满意程度：亚洲最佳

领导得分情况：亚洲最佳

(5) 经营业绩

财务效益极佳：利润和收入在当地竞争市场上最高

2. 香格里拉的经营指导原则

香格里拉的经营理念是“由体贴入微的员工提供的亚洲式接待”，指为客人提供体贴入微，具有浓郁东方文化风格的优质服务。香格里拉在五个核心价值，即尊重备至、温良谦恭、真诚质朴、乐于助人、彬彬有礼的基础上，提供了8项指导原则：

1）在与所有人相处时要表现出真诚，关怀备至。

2）在每次与顾客的接触中尽可能多的为其提供服务。

3）保持服务的一致性。

4）确保服务过程方便客人和员工。

5）每一位高层管理人员尽可能与顾客接触。

6）在为客服务现场及时作出果断决定。

7）为员工创造一个能使他们的个人事业目标得以实现的环境。

8）客人的满意是我们事业的动力。

3. 建立客人忠诚感

为了达到亚洲第一的目标，香格里拉意识到，只有不断革新与提高。在为客人服务时，不局限于传统的客人满意原则，而是将由客人满意引申到使客人愉悦，直至建立客人忠诚感。忠诚的客人不仅给酒店带来持续的客人（香格里拉饭店曾经做过计算，每增长5%的回头客就能带来20%～25%的利润），而且可在没有任何成本的情况下带来新客人。另外，为老顾客服务的成本较新客人要小得多。因此，建立客人忠诚感为香格里拉的第一战略。建立客人忠诚感，使客人满意是远远不够的，只有使客人感到无比愉悦才能创造忠诚感。香格里拉主要通过认知客人的重要性、预见客人的需求、灵活处理客人要求并积极补救出现的问题使客人感到愉悦。

【问题】

1. 香格里拉取得成功靠的是什么？
2. 为什么老顾客服务成本较新客人小得多？

二、课堂讨论题

1. 酒店企业如何营造忠诚顾客？
2. 酒店的竞争战略应如何区分？

三、课后思考题

1. 什么是“CI”理念？什么是“CS”理念？二者有何区别？
2. 什么是“让客价值”？如何提高“让客价值”？
3. 什么是“CL”理念？什么是“ES”理念？
4. “消费者非常满意”理论的主要概念是什么？
5. 什么是“顾客关系管理”？其管理的主要环节有哪些？
6. 什么是“内部营销”理论？如何实施内部营销？
7. 什么是酒店经营战略？它具有什么特点？包括哪些基本内容？

8. 酒店经营中有哪几种战略模式？如何选择？
9. 什么是“SWOT”分析法？
10. 在产业竞争结构模型中，有哪五种竞争力量？各有哪些优缺点？
11. 酒店进行风险管理的基本方法有哪些？

四、实训题

请你制定一个本市三星级位于城市边缘酒店的经营战略。

目的：加深对酒店战略管理的认识。

要求：通过调查，写出对该酒店经营战略制定的过程。

第4章

酒店营销管理

学习目的

通过本章的学习，学生认识酒店营销的基本概念及特点，熟悉酒店的销售渠道和基本营销组合策略，掌握酒店最新的营销理念和模式，并能在酒店实际中加以运用和创新。

学习内容

- 酒店营销概述
- 酒店营销组合策略
- 酒店新型营销理念
- 酒店营销创新

酒店的生存依赖于客源市场，酒店的发展也有赖于客源市场。因此酒店管理的宗旨是如何满足市场的需求，只有在此前提下，酒店才能进一步树立社会形象并取得经济效益。酒店营销工作是沟通酒店和市场的桥梁，只有做好酒店的营销活动，获得大批客源，才能使酒店充满生机和活力，获得优良经济效益。为此，本章将着重介绍酒店营销的有关理论和方法。

4.1 酒店营销概述

酒店营销工作贯穿于酒店经营活动的始终，正确理解营销工作的内涵是酒店开展有效营销活动的前提。

4.1.1 营销及营销管理

1. 酒店营销的概念

酒店营销就是在适当的时间、地点，以适当的价格，通过适当的销售渠道，采取适当的促销策略，向目标客人销售一定的产品和服务的有计划、有组织的活动。其目的：一是让顾客称心满意；二是实现酒店的经营目标。

2. 酒店营销与推销、促销的区别

(1) 营销与推销

营销的出发点是酒店考虑如何通过产品的创新和适销对路，不断满足客人的需求，以实现酒店的收入和利润经营目标，即通过客人的满意来获得利润。推销是以酒店现有的产品为出发点，研究如何利用广告、宣传、公关、实物展销等手段来增加产品的销售量，是在提高销售数量的基础上实现酒店的目标，即通过销售来获得利润。推销仅仅是酒店营销活动的一个环节，而营销的内涵比推销要丰富得多，营销通过深入了解和认识客源市场，使酒店产品最大限度地满足客人的需要，形成产品的“自我销售”，从而使销售成为“多余”。其区别如表 4.1 所示。

表 4.1　营销和推销

区别项	推销	营销
活动的起点	现有的产品或服务	宾客的需求
使用的方式	广告、公关、实物展示等	整体营销组合策略
实现目标的基础	增加销售量	增加宾客的满意程度

(2) 营销与促销

促销是市场营销的一种外在形式，是酒店营销计划得以实施的“催化剂”。

1) 促销是从产品出发，考虑的是尽可能增加产品的出售。营销是从市场需求出发，考虑的是企业经营的决策、组织和管理。

2) 促销通常采用广告、宣传和公关等方式。营销则包括产品、价格、分配渠道、促销等策略。

3) 促销主要是传播信息，缺乏系统性和完整性。营销是整套经营管理的方针和策略。

4) 促销不提供反馈信息，而营销中反馈是不可缺少的组成部分。

5) 促销使用报刊、广播、电视等各种宣传工具，有计划地向客人传递信息，使客人了解并喜欢酒店产品。营销不仅包括促销的功能，还包括市场研究、沟通、反馈和控制等一套完整的功能。

总之，营销是动员酒店的一切力量制定切实可行的经营目标，形成一个完整的体系来保证这一目标的实现。促销仅限于利用宣传促销的方法达到售出既定产品的目的。

3. 酒店营销管理

1) 酒店营销管理的概念：指对酒店确定的理想经营项目、市场及对活动进行系统分析、执行和控制，以便创建和维持与目标市场的良好转换关系，实现酒店总体经营目标。

2) 酒店营销管理的内容。有效的酒店营销管理应包括明智的营销分析、营销计划的制定、营销活动的组合与执行以及控制管理等工作。

① 酒店营销分析方面的工作内容。酒店营销环境分析、消费者的心理及购买行为分析、酒店和客源市场分析、酒店产品分析、酒店竞争形势分析研究等。

② 酒店营销计划方面的工作内容。酒店营销总体计划的制定、酒店营销目标的制定、销售预测、经营趋势的评估、调整营销计划等。

③ 酒店营销组合与执行方面的工作内容。根据营销计划对酒店营销组合进行具体的设计和落实，包括酒店产品的设计、价格及其政策的制定、建立和调整营销渠道、促销活动的具体策划和开展等工作。

④ 酒店营销控制方面的工作内容。酒店营销控制工作的内容指各种营销活动的分析比较、营销部门及其人员的业绩评估、营销组织机构的评估与调整等工作。

4.1.2 酒店营销活动的特点及对策

酒店营销活动的特点明显地受其产品特点的影响。因此，我们要从酒店产品的特殊性出发，来研究酒店营销活动的特点和相应的对策。

1. 酒店产品的无形性使酒店的营销活动带上了相应的脆弱性

酒店提供的产品是以服务为主体的组合，酒店借助各种设施设备和物品原料，通过员工的劳动，向宾客提供各种旅居生活所需。而服务是无形的，这就给企业的营销活动尤其是推销活动带来了很大的难度。对此，酒店在营销“无形的服务”时，应巧妙地提供各种有形的证据来吸引宾客的心，如酒店的设施设备、人员形象、环境布置等。俗话说，宾客进店看门面，看了门面看脸面，进了餐厅看台面，入了客房看地面，还有墙面和表面。这“六面”是可见的、直观的，也是无形服务的有机体现。同时，酒店应借助于良好的品牌形象建立品牌认知、品牌偏爱和品牌忠诚，使品牌成为宾客购买的吸引物。

2. 酒店产品的不可储存性使酒店营销活动增添了艰巨性

酒店产品不像别的商品那样，卖不出去可以储存，并且在短时期内能保值出售，它是一种过期作废的产品，具有效用瞬时性的特点。当天的产品卖不出去，当天的效用也就失去了，并且在以后也无法再挽回。因此，酒店在提供产品时，要掌握恰当的时机，提高产品的时间效用，在恰当的时间里提供恰当的产品，以便尽量实现产品的使用价值，减少产品的损失率。

酒店在开展营销活动时，可以通过协调供给与需求关系来减少酒店产品的“报废率”。

1）采用量时销售的方式。将酒店产品化整为零，量时销售。如出售“钟点房”，以提高客房的利用率。

2）采用分时计价的方式。在不同的时间段采用不同的价格，增加酒店产品的价格弹性。如低谷价格、高峰价格等。

3）采用不同的计量单位。对计量单位化整为零以适应不同的消费需求。如菜肴的大盘和小盘、按时计价等。

4）增加酒店的服务方式。灵活调整酒店人手和场地的相对固定性。如需求旺盛时，可开辟宾客自助项目；设施设备饱和时，可开辟外卖服务、送餐服务等。

3. 酒店产品的不可运输性使营销活动丧失了一定的灵活性

酒店产品是固定在酒店内的，宾客消费酒店产品的方式是在酒店内就地进行。宾客离店时，带走的只能是一种无形的感受，而不能带走酒店具体的服务产品，这就使营销活动丧失了一定的灵活性。如某一酒店联号有过剩的客房、娱乐设施和服务能力，但不可能将它们运输到另一地供本联号的其他酒店成员使用，这就使得酒店失去了许多销售机会。

4. 酒店产品大规模生产和销售的限制性减少了酒店营销活动的规模效应

酒店产品不可储存性、不可运输性等特点，决定了它不能像别的产品那样可以集中生产、集中销售，或是淡季多生产、旺季多销售。

为此，酒店在营销时最好通过建立酒店联号、实行连锁经营、组建酒店联盟、进行团队促销等方式，统一服务标准、服务程序、服务风格，来达到酒店产品的规模生产和规模销售。目前，连锁经营、联合发展成为一种时尚，这种方式改变了我国酒店传统的“村自为战、店自为战、各自为政、各行其道”的散沙式经营方式，以联合销售为纽带，发挥各自设备、技术、资本、网络的最大优势，使酒店产品的规模经营有了一个良好的开端。

5. 酒店产品消费的随意性使营销活动必须着眼于刺激宾客的消费欲望

酒店的大部分宾客是旅游者，而旅游是人们生活水平提高后产生的一种休闲活动，具有很大的随意性。在消费能力许可的条件下，容易受到情感、兴趣、动机等心理因素的影响。这就要求酒店应掌握宾客的消费心理，进行针对性的促销，以激发宾客更多的消费行为。

6. 酒店产品的综合性使酒店应树立整体营销意识

酒店产品是一个复杂的构成体，它由酒店服务人员、设施设备以及宾客三要素共同组成，既包括有形产品，又包括无形产品，且宾客在消费过程中随时可能产生一些附加需求。为造就满意宾客，酒店尤其应注重整体营销意识及全员营销意识，前、后台工作人员应发挥团队精神，相互配合，部门之间应保持强烈的补位意识，提升酒店营销绩效。

7. 酒店产品的非专利性要求酒店营销讲究独特性和新颖性

酒店产品具有非专利性的特点，不能为自己的客房装饰、菜肴糕点、服务方式等申请专利，唯一能申请专利的是名称与标志。由此导致的直接后果是一旦酒店在菜式创新、客房布置等方面摸索出较成功的经验，就很容易被诸多竞争对手所模仿。追求

“人无我有”就成为酒店经营者苦心研究的永恒目标。因此，酒店营销要具有创新意识，在创新产品成为大众产品之前，及时做好产品的更新换代工作，使酒店产品永葆新意。

4.1.3 酒店营销活动的基础环节

一般来讲，凡是与市场有关的酒店行为都是广义上的市场营销活动。酒店企业在开展营销活动时，一般应注重以下基础环节：

1. 营销调研

酒店营销活动是以满足宾客的需要为前提的。因此，酒店营销活动的任务就是通过对市场进行周密的调查研究，了解宾客的各种需要和欲望，在此基础上设计适销对路的酒店产品来满足宾客的需要。

市场调研是酒店企业开展营销活动的起点。酒店企业要在市场上开展营销活动，就要了解并准确把握市场的“脉搏”，探测宏观环境与微观环境的基本特点，在此基础上，科学确定营销计划。

酒店业是一个脆弱的行业，首先受制于宏观环境。对宏观环境进行调查，目的是使酒店规避环境带来的风险，有效利用环境带来的机遇，使酒店成为趋势的追踪者、机会的追寻者和威胁的躲避者，因而酒店要了解人口环境、经济环境、自然环境、政治环境、道德环境等多种宏观环境。酒店业的发展也直接受各种微观环境的影响，相对于宏观环境，微观环境可控性较强，一般由酒店内部环境、酒店的供应商、酒店的中间商、宾客、竞争者及相关公众构成。

酒店应将调查的结果形成具体的市场调研报告，供决策者参考。

2. 市场细分

酒店面临的是一个庞大的异质市场，而且这种异质特色还将进一步强化。因此，任何酒店，不管规模多大，实力多强，都不可能同时满足所有宾客的千差万别的需求。酒店必须进行市场细分，对其所面临的市场进行科学的分析，根据宾客的爱好、需求、购买行为、地域分布等因素，寻找适合购买本酒店产品或服务的具体消费对象。找准对本酒店富有吸引力的某一或几个客源市场，集中自身优势，充分满足选定客源市场的特定需求，使得本酒店“在一定的市场上获得最大限度的市场占有率”，并以尽可能小的代价，追求尽可能高的收益。市场细分的本质是对不同宾客按需求特征的差异性与相似性进行分类，使得同一细分市场内部，宾客的需求特征相对一致，而在不同的细分市场之间，宾客的需求特征迥然不同。

酒店在进行市场细分时，应有效地选择不同的细分标准，以与宾客需求差异紧密相关的某一细分标准为主，在此基础上，选择其他与宾客需求差异相关的细分标准，将其按由粗到细、由大到小的顺序对市场进行多次划分，直到找到最满意的市场为止。一般而言，市场细分的标准包括地理环境因素、经济因素、人口因素、社会因素、购买行为因素等。

3. 市场选择

市场细分的结果是将整个市场划分为不同的细分市场（或子市场）。一般来说，酒店无力同时满足所有细分市场的需求，因此，必须对各个细分市场进行“可进入性”分析，评估酒店的营销机会，从中选择适当的细分市场作为酒店营销的目标市场。

目标市场是酒店决定要进入的市场。酒店可通过实施目标市场营销策略实现占领市场之目的。常用的目标市场营销策略有三种：

（1）整体目标市场营销策略

酒店把所有细分市场都视为其营销目标，根据这一市场上绝大多数人的需求，设计出一套单一的营销策略：单一的产品、单一的价格、单一的销售渠道和单一的促销方式。

这种策略的优势在于节约营销成本，适合于在供不应求的卖方市场条件下或酒店推出新产品时使用。但它忽略了宾客需求的差异性，因此，不适合于竞争激烈的市场。

（2）差异目标市场营销策略

酒店针对不同的细分市场制定出不同的营销组合策略，全方位地开展针对性的营销活动，同时占领所选定的几个目标市场。采用这一策略的关键在于酒店要找准细分市场上的差异性，并且使得这些细分市场之间能形成一种客源互补的结构。

这种策略有助于酒店在客源市场上有“度”地“全面”开花，有利于酒店规避风险。不足之处是营销成本比较大，要求酒店有强大的营销实力作支持。一般跨国酒店集团常用这类策略。

（3）集中目标市场营销策略

酒店将资源集中起来用于一个最具有潜力且最能适应酒店资源组合现状的细分市场，目的是在这一细分市场上取得绝对优势，实现“小市场、大份额”的目的。

采用这种策略，有助于酒店尤其是中小酒店开发市场，有助于挖掘市场深度。但它具有较高的风险性，意味着酒店将所有力量集中于单一的细分市场。为降低风险，酒店必须对这一细分市场的变化保持高度敏感。

以上三种策略各有不同的适应对象。酒店可根据自身资源状况、产品生命周期、宾客需求变化、竞争对手状况、市场供求趋势等因素灵活选择不同的目标市场营销策略。

4. 市场定位

准确的市场定位是酒店立足市场的重要前提。市场定位是以了解和分析宾客的需求心理为中心和出发点的，其本质是让酒店的产品或服务走进宾客心灵深处，设定本酒店独特的、与竞争者有显著差异的形象特征，引发宾客心灵上的共鸣，留下印象并形成记忆。酒店在进行市场定位时，应坚持宾客导向、形象差异、灵活调整、突出文化等原则。通过定位，一是把本酒店与竞争者区别开来，树立独特的形象；二是做好“攻心”战，使宾客购买这类产品时，能把本酒店作为第一选择。

市场定位成功与否，取决于酒店能否正确认清、选择并扩展自己的相对竞争优势。

竞争优势是市场经济中企业绩效的核心，也是企业活力的源泉。对于现代酒店营销活动而言，核心的任务就是在市场竞争中，在有效利用企业资源的基础上，在产品设计、生产、销售、价格、质量、服务和满足宾客需求等方面，为企业创造优势，促进企业的持续发展。

4.2 酒店营销组合策略

酒店营销策略是现代酒店在市场供求之间为实现产品和劳务交换而采取的各种措施和手段。它涉及酒店市场供给和市场需求两个方面，体现于酒店业务经营过程的始终。

4.2.1 酒店传统营销组合策略

对酒店而言，传统的营销组合策略主要为4Ps营销组合，即产品策略（product）、价格策略（price）、渠道策略（place）和促销策略（promotion）四种。

1. 产品策略

酒店企业是依靠适销对路的产品来获得生存发展的资本。如果产品质量低劣、落后，产品效用单一，则会被宾客无情地“拒之门外”。因此，产品策略关系到酒店的生死存亡，是酒店营销组合策略中最基本的策略，是酒店市场营销的前提和基础，主要有：

（1）产品组合

宾客消费的酒店产品并非酒店的单个部门或个人能够全部提供的。一方面，宾客需要的不仅仅是单个产品，而是多种产品的组合；另一方面，宾客的需求千差万别，要求酒店提供不同组合的产品以供选择。因而酒店要针对不同的宾客，开发不同的产品组合，形成不同的系列产品。

1）产品组合的广度。指酒店所拥有的产品线的数量，也就是酒店所拥有的分类产品数量，如客房服务、餐饮服务、娱乐服务等。产品线越多，说明产品组合的广度越宽。

2）产品组合的长度。指酒店的每一个分类产品中所包含的不同服务项目的数量。如娱乐服务是否包括KTV包厢、迪斯科舞厅、台球室、保龄球馆、桑拿中心、健身房、网球场等娱乐服务项目。

3）产品组合的深度。指一项服务包含多少相关的服务内容。如KTV包厢中能提供多少MTV作品，有无茶水服务、夜宵服务等。

4）产品组合的密度。指各类产品中各种服务项目之间在使用功能、生产条件、销售渠道或其他方面的关联程度。这并非一个固定概念，从不同角度对产品组合密度进行评价，结论是不一致的。如从生产条件来看客房产品和餐饮产品，它们并无多大相关度，但从销售渠道看，它们却有关联之处。

酒店可以通过扩充或缩减产品组合的广度、长度和深度，提高或降低产品组合的密度等情况出发，调整产品组合，使得酒店产品更具竞争力。

（2）整体产品设计

整体产品概念产生于现代营销观念，反映了酒店营销的重点在于向宾客提供具有完整效用的产品，给宾客带来全方位的消费满足。按照整体产品观念：酒店产品包括核心产品、形式产品和延伸产品三部分。

1）核心产品。酒店产品中最重要的构成部分，是酒店用以满足客人需求的中心。包括住、食、购、娱四个方面的服务。是宾客希望从产品中获得的最根本的利益。这种最根本的利益表现为：宾客希望在酒店获得的服务和满足的各种基本需求。酒店在设计产品时，应善于研究和发现不同宾客对酒店产品或服务的不同的核心需求，并通过具体的产品和服务及时加以满足。

2）形式产品。酒店产品的外在表现形式，既可表现为实体产品，又可表现为无形的服务。如酒店建筑、周围环境、店内气氛等。借助于形式产品，宾客可更直观、清晰地了解酒店产品的核心利益所在。因此，在一定程度上影响宾客购买的是形式产品。酒店营销应利用形式产品突出酒店产品的特色，创造一种独特的气氛，如圣诞期间，酒店可以通过圣诞老人、圣诞树、马车、白雪公主等“形式产品”突出圣诞节酒店服务产品的核心利益，吸引顾客的注意。

3）延伸产品。延伸产品指酒店为宾客提供的各种附加价值与利益。在附加值竞争时代，宾客的消费选择在很大程度上取决于酒店产品所提供的附加价值和利益。因此，酒店产品的市场竞争力取决于延伸产品的设计与提供，酒店可从物质、价格、心理等方面适时向宾客追加附加利益与价值。

酒店在开发设计各种产品时，应根据“先核心，后形式，再延伸”的思路进行全面设计，使产品的科学性和适用性不断增加。

（3）新产品的开发

酒店产品都要经历一个产生发展最后被淘汰的生命周期。在这一生命周期中，酒店产品一般要经历介绍期、成长期、成熟期和衰退期四个不同的时期。酒店应依据产品生命周期的变化，及时调整产品组合，并不断开发新产品，满足人们不断变化的需要。

新产品不等于全新产品。新产品指在技术、功能、结构、规格、实物、服务等方面与老产品有显著差异的产品，是与新技术、新理念、新潮流、新需求、新设计相联系的产品。如一间客房，改进了房内的设施设备，可成为新产品；如果不进行设施改进，但改变了房内的文化氛围，也可成为一种新产品。一种产品，只要是宾客以前未接触过、尝试过的，但又愿意去接触、喜欢去尝试，便是新产品。它包括以下三类。

1）全新产品。采用新原理、新结构、新技术、新材料研制而成的全新产品，技术含量很高，是过去人们未曾想到的产品，如客房内的 VCD、娱乐场所的镜宫等。

2）改进新产品。采用各种技术，改进现有产品的性能、结构等，提高其质量，以求得规格、式样等的多样化，它是在原有产品的基础上发展而来的，如各种改良的传统菜式、各类主题客房等。

3）仿制新产品。市场上已经存在，酒店企业通过模仿而生产出来的产品。

开发新产品任重而道远，酒店应本着创新、对路、有利可图、量力而行的原则，不断进行各类新产品的开发，满足人们不断变化的，求新求异的需要。

2. 价格策略

价格是价值的货币表现，是联结市场供给和市场需求的纽带和桥梁，也是影响酒店市场营销的重要因素。酒店产品价格形式很多，定价方式各不相同。客房一般按（间/天）或（床位/天）定价，又有单开价、双开价、淡季价、旺季价和不同客房针对不同客人的定价；餐厅有盘菜定价、人次定价、包房定价、订单定价、循环定价等；康乐娱乐设施有的按人次定价，有的按场次定价，有的按小时定价等。

酒店市场营销策略就其和产品促销的关系来看，主要有四种策略可供选择：①缓慢渗透策略；②迅速渗透策略；③迅速撇油策略；④缓慢撇油策略。如表 4.2 所示。

表 4.2 产品促销方面的四种策略

名 称	特 点
缓慢渗透策略	低价格，低促销
迅速渗透策略	低价格，高促销
迅速撇油策略	高价格，高促销
缓慢撇油策略	高价格，低促销

在实际运用中具体应该采用哪种策略，需要根据酒店自身的产品类型、产品特点、市场状况、竞争程度、竞争对手的价格水平和酒店促销能力等来确定。

酒店市场营销要正确运用价格策略，除根据价格水平和促销力度的关系可选用的四种策略外，关键是要根据市场供求关系的变化，灵活制定和掌握价格水平，以刺激需求，扩大销售。其具体价格策略也主要有四种类型：①新产品价格策略；②心理价格策略；③折扣价格策略；④差别价格策略。每一种价格策略的具体定价策略又有多种，如表 4.3 所示。

表 4.3 酒店常用的价格策略比较

分类	定价策略	主要特点与表现
新产品价格策略	1. 撇油价格策略 2. 渗透价格策略 3. 满意价格策略	高价策略，酒店新开业、新产品销售为主 低价入市，扩大市场占有率，扩大产品销售 中等价格水平，取前两种长处，较平稳
心理价格策略	1. 尾数价格策略 2. 整数价格策略 3. 分等价格策略 4. 声望价格策略	零头价格，结尾数非整数，给客人低价感觉 整数定价，多适用于价值量大的产品 把产品分几个档次，每档定一个价，有区别 对名贵、高档、名牌产品定高价，不讲价
折扣价格策略	1. 现金折扣策略 2. 数量折扣策略 3. 季节折扣策略 4. 同业佣金折扣	规定付款期，提前付款给一定比例折扣 规定一定消费额，达到或累计达到给折扣 淡季打折，一般以淡季价出现 主要以团队佣金、代订公司佣金形式出现
差别价格策略	1. 地区差价策略 2. 时间差价策略 3. 位置差价策略 4. 对象差价策略 5. 混合搭配价格	同一城市、地区不同地点和位置，价格不同 淡旺季、周末与平时、节日、一天中不同时段价格不同 客房高层低层、阴阳朝向等价格不同 同一等级的客房，对不同客人在不同季节价格不同 客房包早餐、房价含三餐、房价含康乐项目等

3. 营销渠道策略

营销渠道策略又称分销策略，是指酒店在市场营销过程中主要采用什么途径、通过什么渠道、向哪些类型的客人或客户销售自己的产品和服务。营销渠道决定着营销活动的质量和效果。

（1）酒店营销渠道的种类

酒店市场营销渠道主要有直接渠道和间接渠道两种。直接渠道是指酒店宾馆直接向客人出售自己的产品或服务，如客人直接订房、酒店接待无预订客人住店、客人直接到酒店用餐、订餐或预订宴会等。间接渠道是指酒店通过中间商，再由中间商来组织客人住店，如接待团队客人、会议客人、预订代理推销等。酒店销售的中间商主要有旅行社、酒店联合组织、酒店代理商、旅游信息网、交通运输部门等。

（2）酒店选择营销渠道需考虑的因素

酒店在选择营销渠道时，应注意以下几个因素：

1）产品因素。主要是考虑产品的质量。例如，一些质高价优的产品往往被少部分富有的购买者重复购买，因此，在营销这类产品时，宜采用直接营销渠道或窄短的营销渠道。相反，一些大众化的产品由于购买对象复杂、分布较广，宜采用宽长的营销渠道。同时还要考虑该产品的性质，如是新产品，由于知名度较低，在争取中间商时往往花费较多的口舌，不如采用直接的营销渠道。

2）酒店自身因素。酒店的经济实力、营销管理能力等都是应该考虑的因素。若酒店的资金实力雄厚，可以自己组建营销队伍，或是用较高的佣金吸引更多、更好的中间商队伍。若酒店的营销管理能力较强，可以利用自己的营销队伍来打开市场，反之，则必须以中间商来做营销工作。

3）营销对象因素。营销对象的人数、分布情况、购买习惯等都会影响酒店企业的营销渠道的选择。一般，若酒店的营销对象数量大且分布广，酒店宜采用长宽的营销渠道，否则可直接营销。

（3）酒店营销渠道的选择策略

主要有以下几种策略：

1）广泛销售策略。指对中间商不作选择，数量越多越好。该策略的优点是为宾客创造了购买方便，缺点是酒店控制管理销售渠道的难度会加大。

2）独家销售策略。指酒店在一定的市场区域内择优选择一家中间商作为销售渠道。采用这一策略，有助于酒店控制中间商，监督其改进服务态度，但相应地影响了宾客购买的方便性。

3）选择性销售策略。指酒店在一定的市场区域范围内挑选几家中间商作为销售渠道，这是一个较广泛的适用性策略。

4）短渠道销售策略。指酒店选择涉及中间商较少的销售渠道。

5）长渠道销售策略。指酒店选择涉及中间商较多的销售渠道。运用这一策略时，要考虑效率原则（便于宾客购买）、经济原则（销售渠道能带来足够的营业收入和利润）和客源原则（考虑客源的基本特点）。

（4）酒店营销渠道发展的趋势

随着市场竞争的加剧，酒店企业依靠单一的营销力量和手段进行营销已显得越来越力不从心，酒店在营销渠道的选择上也开始走联合营销的路子，即酒店企业以购买特许经营权、签订管理合同、组建命运共同体等方式，组建全国性乃至全球性的营销网络，充分拓展营销渠道的长度和宽度，以更灵活的方式在最接近宾客的地方进行最有效、最方便的营销。

考虑到客源分布全球化、世界经济网络化这一现实，酒店应建立自己的营销网站，并将其作为重要的营销渠道，借助于网络的力量，在全球范围内寻找并吸引客源，实现网上预订和网上交易。为方便宾客，酒店可与航空公司、旅行社、景区等联合建立一站式的营销网站。在网站的设计和推广上以宾客导向作为基本理念，实行“1：2：7”模式，即一分技术、二分管理、七分运用，真正发挥网络的营销功能。

4. 促销策略

促销策略是采用不同促销手段去宣传推销酒店产品，广泛组织客源，扩大产品销售。它是酒店产品和服务从经营者手中转化为客人实际消费的重要条件。如果缺少促销策略，坐店等客，酒店就无法适应市场竞争的客观需要。

（1）酒店常用的促销策略

酒店常用的促销策略包括：

1）酒店广告。指酒店用付费的方式选择和制作有关酒店产品的信息，并由媒体发布，以传递有关信息，引起宾客注意，说服宾客购买，提升酒店知名度和影响力，树立酒店的良好形象，达到促销目的的一种广告形式。为强化广告效果，必须遵循真实性、艺术性两大基本原则。

2）公共关系。酒店通过与公众沟通信息、协调各方面关系、树立良好形象来提高酒店知名度和声誉，为酒店的市场营销活动创造良好外部环境而开展的一系列专题性或日常性活动的总和。这些活动始终贯穿于酒店企业的发展过程，既包括各项专业色彩浓厚的专题公关活动，如新闻发布会、大型庆典活动、大型酬宾活动等，还包括所有日常性的活动，如日常的服务活动、广告活动、礼仪活动等，发挥公共关系浓厚的感情色彩的优势，以达到“以情动人”。

3）营业推广。也称销售促进，是企业用来刺激早期需求而采取的各种短期性促销方式的总称，目的在于劝诱消费者购买某一特定产品。推广酒店的营业，包括产品展销、现场操作、赠送样品等多种促销方式。营业推广的各种方式能使消费者产生强烈而又快速的反应，能用来表现产品的特点，也能用来通过刺激使即将低落的销售得到回升，但其推广效果往往是短期性的，对于建立长期品牌效应而言并不理想。

4）人员推销。这种方式比较古老，也是效果最好、费用最高的促销手段。酒店的人员推销是指通过人际交往的方式向宾客进行介绍、说服等工作，促使宾客了解、爱好、购买本酒店的产品或服务，如联系走访代理商、中间商、机关、团体、VIP及零散宾客。这种促销方式的优势在于强化了交易过程中的感情色彩，有利于培养稳定的交易关系，但缺点是促销人员成本偏高。

(2) 酒店促销策略的实施过程

酒店促销策略的实施过程包括以下内容：

1) 明确促销对象。酒店每开展一次活动，首先要明确促销的对象是谁，分布在哪里，其购买行为和心理有何特点，根据具体的促销对象来设计具体的促销内容。

2) 选择促销目标。促销目标是促销活动要解决的问题，分为以下三个层次。认识：通过促销让客人知道并了解酒店产品；感觉：通过促销让客人对酒店产品产生好的印象和评价；行动：通过促销使客人购买酒店产品，达到酒店产品销售的目的。

3) 设计促销方案。促销方案是酒店促销活动的行动指南，它直接影响酒店促销活动能否顺利进行，因此在设计促销方案时应注意以下几点。第一，促销活动的主题要鲜明突出。第二，促销活动的形式要新颖、有特色。可考虑设计促销宣传口号，或以图文并茂的形式进行。第三，信息要真实可信，确定权威度高、可信度高的传播途径来发布信息。

4) 选择信息沟通渠道。指采用何种渠道来传递信息，以及如何进行这些信息渠道的有机结合。

5) 进行促销预算。根据酒店经营状况、产品特点、目标客人的需求、竞争对手的情况以及企业流动资金的情况等制定合理的促销费用的预算。

6) 分析影响促销活动的限制因素。为保证酒店促销活动的顺利进行，应周密考虑对促销活动可能产生的各种不可控因素或不确定因素以及采取的应急对策。

7) 比较促销结果。按照预先确定的促销目标，比较营业收入、公众反映等指标，比较促销活动的成效，并及时总结成功的经验和失败的教训。

8) 加强促销全过程的管理和协调。调动酒店各方面的力量，全面参与酒店促销活动，并注意加强各部门之间、上下级之间的沟通与协调。

酒店营销策略是以营销组合的方式进行的，是酒店产品策略、价格策略、营销渠道策略和促销策略的有机结合。酒店要加强对这四种策略的研究、分析和实施，从整体上提高酒店的营销效果。

4.2.2 酒店新型营销组合策略

1. 4Cs 营销组合策略

4Cs 营销组合策略是 20 世纪 90 年代后为提升服务业的市场营销效果，根据服务行业的特点及其重要作用而提出来的一种新型市场营销策略。以“承诺和信赖同在”为基础，在传统营销组合的基础上，提出了以客人（customer）、成本（cost）、便利（convenience）及沟通（communication）为主要内的 4Cs 营销组合策略。

它认为：现代企业应先研究客人的需要和欲望，并将其作为企业营销的起点和终点，不是卖企业所能制造的产品，而是要卖客人想要购买的产品或服务；暂时忘却定价策略，而去了解客人要满足需要和欲望而愿意付出的成本；忘掉分销策略，而去考虑如何让客人方便购得产品和服务；忘掉促销，学习沟通技巧，减少因为信息沟通不充分而产生的交易摩擦或交易成本。由于酒店具有产品无形性、消费随意性、销售本体性（即以酒店作为销售场所）等特点，因此，关于沟通、成本、客源等的研究就显得尤为重要。因此，对酒店等以提供无形产品为主体的企业而言，4Cs 营销组合策略更富有实践指导意义。

（1）4Cs 营销组合策略的内容

1）顾客。要以客人为中心，以满足客人的消费需求，提供优质服务，提高服务质量为根本出发点。

2）成本。即在酒店市场营销和优质服务过程中，要十分重视成本。这里的成本主要是指在酒店市场营销、客源组织过程中，要千方百计方便客人和客户，有利于他们节省货币成本、时间成本、精力与体力成本和信息成本，从而最大限度地满足客人消费需求，创造顾客，使酒店获得优良经济效益。

3）便利。即要从酒店设计、建造到设施设备配置、服务用品配备、服务程序安排，直到对客提供现场服务等，都要充分考虑，既为客人提供方便，又为酒店员工创造良好的工作条件，以确保提供优质服务。

4）沟通。因为酒店客人是有思想、有感情、有需求的人，所以服务过程中必须与客人加强沟通、联系、感情交流，才能有针对性地提供优质服务。

（2）4Cs 营销组合策略的原则

1）主动沟通的原则。强调酒店要主动与顾客沟通，了解顾客的需求，为顾客提供超值服务。

2）承诺信任的原则。强调发展酒店与顾客相互信任的关系，酒店要遵守承诺。

3）互惠的原则。强调酒店与顾客双赢，顾客获得酒店的让渡价值，酒店获得顾客忠诚和合理利润。

（3）4Cs 营销组合策略的缺陷

4Cs 营销组合策略以宾客需求为导向，与以市场为导向的 4Ps 相比，有了较大的突破。但从市场发展趋势看，4Cs 存在如下问题：

1）如何处理好宾客需求的合理性问题。4Cs 以宾客需求作为营销活动最主要的任务和目标，但宾客的需求有一个合理性的问题。对宾客而言，追逐收益最大化是其始终不变的消费取向，特别是在价格的要求上永无界限。而作为经济主体的酒店也要考虑其收益平衡。若是一味追求满足宾客需求，酒店企业必然要付出更大的成本。因此，从长远看，酒店企业应考虑两者利益的均衡，考虑宾客利益的合理程度。

2）如何强化酒店企业营销的主动性问题。4Cs 以一种“迎合宾客的态度”要求酒店企业在营销过程中被动地去发现、满足宾客需求。这一策略体现了浓厚的“被动适应宾客需求”的色彩。为此，酒店企业在实践这一策略时，应考虑怎样以更好的方式在酒店与宾客之间建立一种新型的、互动的、对等的营销关系。

3）如何针对竞争对手拟订出更好的营销对策。面对日益拥挤的市场，酒店企业不仅要考虑宾客，而且应重视竞争者，要准确分析自身在竞争中的优劣势，在竞争中发展。而 4Cs 在扩大宾客作用的同时却忽略了对竞争者的关注和研究，因此出现了后来的 4Rs 营销组合策略。

2. 4Rs 营销组合策略

针对 4Cs 存在的问题，美国学者提出了 4Rs 营销组合策略。他认为，现代企业营销的关键在于能否与消费者建立关联（relative）、能否提高市场反应速度（reaction）、能否开展关系营销（relation）、能否得到回报（reward）。根据这一理论，面对竞争性市场中动态性的宾客，酒店企业要赢得长期的稳定的市场，就要做到：

1）通过某些有效的方式与宾客建立一种互助、互求、互需的关系，减少宾客流失。

2）建立快速的市场反应机制，提高反应速度和回应力。

3）注重关系营销，把服务、质量和营销有机结合起来，通过与宾客建立长期稳定的关系实现长期拥有宾客的目的。

4）注重营销活动的回报。一切营销必须以为宾客及企业创造价值为目的。回报是维持和发展市场关系的必要条件。

总之，无论何种营销组合策略，都有其适用的企业和适用的市场，因而酒店企业应根据外部环境和自身条件，适时选择合适的营销组合策略，并将其综合运用，以期提高营销效果。

4.3　酒店新型营销理念

随着酒店市场的日益成熟，竞争日趋国际化、全球化。在这种新形势下，出现了一些新型的营销理念。这些营销理念丰富了酒店营销管理的内容，推动酒店营销活动走上了一条全新路子。

4.3.1　主题营销

1. 主题营销的内涵及特点

主题营销是酒店企业在组织策划各种营销活动时，根据消费时尚、酒店特色、时令季节、客源需求、社会热点等因素，选定某一主题作为活动的中心内容，以此为营销的吸引标志，吸引公众关注并令其产生购买行为。

主题营销的最大特点是赋予一般的营销活动以某种主题，围绕既定的主题来营造酒店的经营气氛。酒店内所有的产品、服务、色彩、造型以及活动都为主题服务，使主题成为客人识别的特征和产生消费行为的刺激物。

对酒店而言，一个时间、一个地点、一种思想状态，都可演变成为一种细节丰富、值得回味的主题文化。如 20 世纪 30 年代的旧上海、好莱坞的默片时代、中美洲的热带雨林等这些特定的时间概念、地点概念、人物概念等都可作为主题。

2. 主题营销的基本思路

1）完全主题化。指酒店赋予自身以不同的主题文化内涵，以主题酒店的面貌立足于市场并成为市场的最大卖点。与传统酒店相比，主题酒店从某一主题入手，把服务项目与主题相结合，以个性化的服务代替刻板的服务模式，体现出酒店对宾客的尊重和信任。

主题的选择必须围绕目标客源的需求进行，脱离需求的理想化主题或许能实现标新立异的目的，但会因其缺乏雄厚的客源基础而无法在市场上长期站稳脚跟。酒店可选择与所在地地理环境和人文环境特征相一致的主题；也可选择有特殊性或纪念意义的事件为主题；还可借助一些经营比较成功的主题餐厅、主题公园的主题概念进行延伸和输出，此外，酒店还应分析持这一需求的宾客购买偏好的持续性和稳定性。对酒店而言，主题的大众性意味着有足够的客源但缺乏差异性，而主题的独特性虽可彰显酒店的差异性但又有缺乏客源根基之虑。原则上，主题酒店一般不宜走时尚化的设计思路，可采取试探性营销模式，分期分批开发设计产品，在推陈出新的基础上，形成系列化产品，稳步发展。

2）部分主题化。指酒店通过开发各类主题客房、主题餐饮或主题娱乐的方式实践主题营销理念。以客房为例，长期以来，呈现一种千篇一律的“标准”模式和套房模式，而日趋个性化的宾客希望能有一些个性化的产品与服务。因此，酒店在客房的设置上，应摆脱原先的“大一统”模式，开发各类具有个性主题色彩的客房，以满足不同宾客的偏好。这种主题化的新概念客房，可以以不同的主题文化为卖点，通过丰富的历史文化、传统文化、民间文化、地域文化等，塑造酒店独有的文化形象，产生“宾至如归，宾见称奇，宾归思返，宾夸其效”的效果。

主题餐饮，作为酒店的一个新的经济增长点，其生命力在于通过丰富多彩的活动、不断创新的产品形成主题特色。酒店可通过举办主题美食周、主题宴会的方式体现主题营销理念。此外，也可在一定时段内推出相对固定的主题产品，如酒店可以一周或半月作为一个周期，循环推出不同的主题产品，以体现酒店餐饮的活力，满足现代食客求新求异的基本需求。但这种“一天一主题，一周一轮回”的运作方式，弊端在于酒店不能充分表现各类主题文化，而仅仅是突出了菜点上的主题特色。若需深入体现某一主题，还需整体卖场环境的配合。酒店不可能每天更新就餐环境，但可以借助一些有代表性的小饰品或活动达到“画龙点睛”之效果。

针对目前酒店娱乐市场低迷这一市场态势，在娱乐产品的开发和设计上也可利用主题概念，在不同的时间，针对不同的消费群体，组织策划推出不同的主题活动，以突出娱乐项目的独创性和文化性。

3）主题活动。主题活动的本质是酒店在组织策划各类促销活动时，以某一文化作为主题，推介产品，推介这一主题文化。酒店企业在策划经营型的主题活动时，应不断研究消费需求以挖掘“对路”的新卖点。这种主题活动成败的关键在于能否恰到好处地选择主题并做好相应的文章。鉴于此，酒店企业可根据一些时尚消费趋势，每月（或每季度）推出一个主题来吸引消费者，同时将酒店的环境、服务、品牌和文化融入主题进行全方位展示，以形象促消费；也可根据酒店的主题定位，策划各类主题活动强化酒店的主题特色。

酒店在组织实施各类经营型主题活动时，一是依靠自身的力量，独自组织并推出各项主题活动；二是联合有关单位共同策划、组织主题活动。

总之，主题营销成为这种市场态势下一种有效的营销策略。它以差异性、文化性作为酒店企业的经营卖点，成为酒店营销的新策略。

4.3.2　品牌营销

1. 品牌营销的概念和特点

品牌营销是酒店宾馆通过创造企业品牌，树立和贯彻品牌意识来开展市场营销，扩大产品销售的一种营销策略。

酒店品牌营销以大中型酒店宾馆和酒店集团为主。它的突出特点是给酒店产品和服务塑造一个名称响亮、标志清楚、管理规范、操作标准、质量优良的品牌，并用这种品牌来开发市场、招揽客人，形成市场声誉。所以一个著名的品牌也是企业价值丰厚的无形资产。

2. 运用品牌营销的策略和方法

(1) 认真做好品牌设计

品牌设计是品牌营销的前提和基础。设计之前要做好市场调查，根据当地市场特点和发展趋势分析市场竞争状况，然后结合酒店自身的等级、规格、接待对象和主要目标市场来设计自己的品牌，如表 4.4 所示。

表 4.4　酒店品牌设计内容

设计内容	内容说明比较
品牌名称	简短、好记、响亮，比较好听
品牌标志	统一，用图案形式表现，标志要有深刻寓意
品牌颜色	品牌标志的主色调、陪衬色调事先设计好，统一规定
品牌特色	用简单、明了的语言、口号概括出品牌的主要特色
适用范围	适合哪一层次、哪些消费水平或职业的客人，一般与酒店接待对象相适应

(2) 研究制定品牌标准

品牌标准是酒店品牌营销的核心和灵魂。品牌设计中的品牌名称、标志、颜色等，都只是品牌营销的表现形式，只有品牌标准才是本质内容，也是品牌特色的内在表现，如表 4.5 所示。

表 4.5　酒店品牌营销的品牌标准

标准内容	内容说明比较
统一的品牌质量标准	1. 制定出设施设备质量、消费环境质量、产品质量标准 2. 制定出对客服务操作过程中的统一标准 3. 酒店服务中的环境卫生、公共卫生、安全服务标准
统一的品牌服务程序	1. 酒店各级、各部门、各岗位的工作程序，要统一规范 2. 直接面对客人的服务操作程序，要细致、规范 3. 对客投诉处理程序、规范
统一的酒店规章制度	1. 全店管理规章制度，即章程、劳动纪律、员工守则等 2. 各部门具体的规章制度、服务纪律等
统一的行为标准和规范	1. 员工服务态度、礼节礼貌、服务语言、形体动作、职业道德、个人卫生、着装仪表等行为规范 2. 管理人员应遵守的行为规范

（3）大力开展品牌营销

要在品牌设计和品牌标准制定的基础上，开展品牌营销活动。其具体工作有：

1）树立全员品牌营销意识，确保全体员工对品牌内容、标准、标志、程序、规范的了解和认识，明确品牌营销的重要作用。

2）组织销售人员利用品牌名称、标志、标准，大力做好市场开发、客源组织，向客人和客户宣传酒店品牌。

3）组织全体员工按品牌标准、程序、行为规范提供优质服务，让客人能够时时、处处感受到酒店的品牌效用，从而树立酒店品牌形象，提高品牌声誉。

4）持续不断地做好品牌宣传工作，利用各种媒体内部广告、宣传画、小册子等做好宣传推广，遂步把品牌办成名牌。

4.3.3 分时营销

分时营销自 20 世纪 60 年代问世以来，已在世界范围内得到迅速发展，成为了风靡世界的一种酒店营销模式。

1. 分时营销的概念和特点

分时营销对于度假型的酒店尤其具有应用价值，为度假型酒店的营销注入了新的活力。所谓分时营销，英文为“time share marketing”，指将酒店客房的使用权分时段卖给客人，即不同的消费者购买客房不同时段的使用权，共同维护、分时使用客房，并且可以通过交换网络与其他消费者交换不同酒店的客房使用权。

分时营销的特点是把酒店客房的使用权按时段分割开来，运用时序性这一特点，实现分时共享和分时交换这两大消费理念，从而使客房价值的最大化。也就是说，消费者可以每年在特定时段来享用该酒店的客房，也可以用自己的时段去交换同属于一个交换服务网络中的任何一家酒店的另一个时段，还可以享有时段权益的转让、馈赠、继承等系列权益以及对公共配套设施的优惠使用权。

2. 分时营销的特征

1）销售价格相对较低。与其他形式的酒店产品相比，分时营销可以最大限度地利用空间、分摊费用，这就在相当程度上降低了住宿价格。分时营销这一方式满足了众多既有较强休闲度假愿望、但又没有经济实力购买度假别墅、或者不愿意始终在同一个地方度假的那部分家庭的需要。因此，购买酒店的分时产品，成为我国富裕型和小康型家庭旅游者的首选。

2）使用方式较为灵活。分时营销提供了一种较为灵活的消费形式，购买者可以根据自己的需要而选择在什么时候享用、分几次享用等。如果采用分时营销的这一酒店是联号经营的，它还可以充分运用集团网络的优势，使消费者将这个时间段在几个不同的地方使用，从而获得最大的消费价值。

3）酒店产品具有家庭氛围。采用分时营销的酒店产品，一般不会是规范化的标准间，而是根据消费者的需要，设计或改建成套间式的客房。

3. 分时营销的运作模式

（1）双边式

双边式是分时营销最初的一种模式，其运作过程也较为简单。酒店先组建自己的一个客户网络，然后将客房每年一定时段的使用权以极其优惠的价格提供给客户。购买者可以是个人，也可以是企业，一般用作度假或商务活动。这种模式可以提高酒店的开房率，拓展客源，提高综合效益，其过程如图 4.1 所示。

（2）三边式

分时产品有其一定的特殊性，因此必须采取有别于其他酒店产品的销售方式。但因酒店的分时产品对于大部分消费者来说是一个新名词，其“先付费，后消费”的操作模式也很容易引起误解。所以，专业的销售公司便应运而生。无论在行政上这些销售公司是否隶属于酒店企业或其上级集团公司，在运营过程中，它们始终与酒店企业保持着委托代理的关系，其过程如图 4.2 所示。

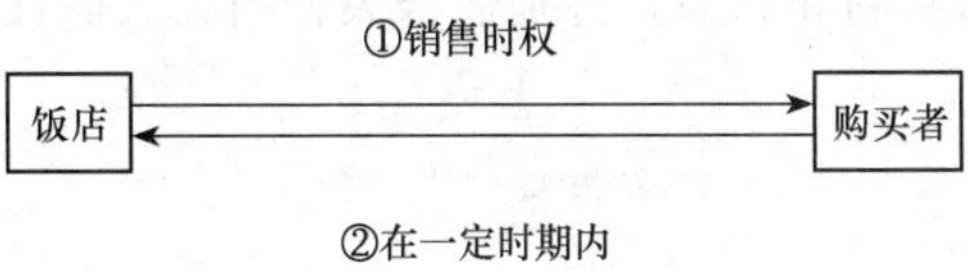

图 4.1　双边式分时营销

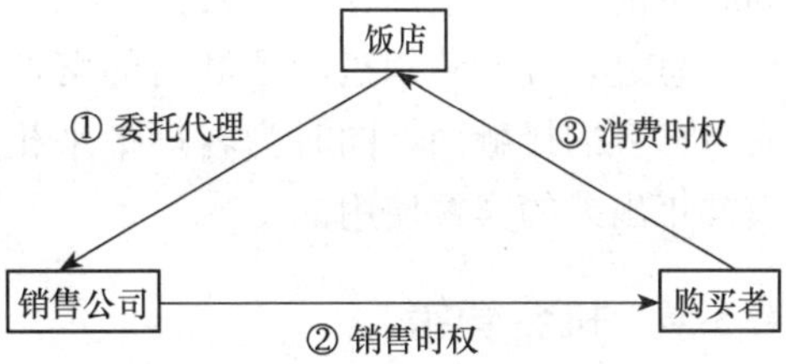

图 4.2　三边式分时营销

（3）多边式

当分时交换系统出现以后，整个运作过程又有了根本性的变化。因为分时交换系统起到了一个中介的作用，帮助购买者按照其意愿实现酒店时权的相互置换，这就在相当程度上扩大为市场范围，并进一步体现了专业化分工。专业的分时交换系统公司通常会把所有的时权信息进行整理归类，按照提交申请的先后次序及相应的匹配条件来进行严谨的交换，并从中收取手续费。这样，即使是不同酒店、不同销售公司提供的时权产品，购买者也可以通过最后三步交换程序来实现置换。显然，多边式的交换程序比前两种要复杂得多，但却更好地满足了消费者的需求，更具有分时营销的代表性、先进性，其过程如图 4.3 所示。

从消费者的角度来考虑，购买酒店分时产品的主要吸引力就是能够通过交换系统来享受不同度假酒店的住宿服务。交换系统所拥有的度假酒店越多，网络分布越广，就越能吸引购买者。因而酒店应注意形成规模，为消费者提供充分的选择余地。而选择适当的进入时机，也是酒店分时营销能否成功的关键因素。开发分时产品首先要充分考虑人们的度假需求以及他们的现实购买力。一般认为，当目标市场的度假需求逐步成熟时，最有利于开展分时营销。如果从供给方来分析，经济调整时期是进行分时营销的有利时机。在这一时期，经济高速发展时所留下的大量房产出现积压，便于酒店经营者以较低的价格收购，降低了经营成本。酒店还应设计各种灵活的消费制度来

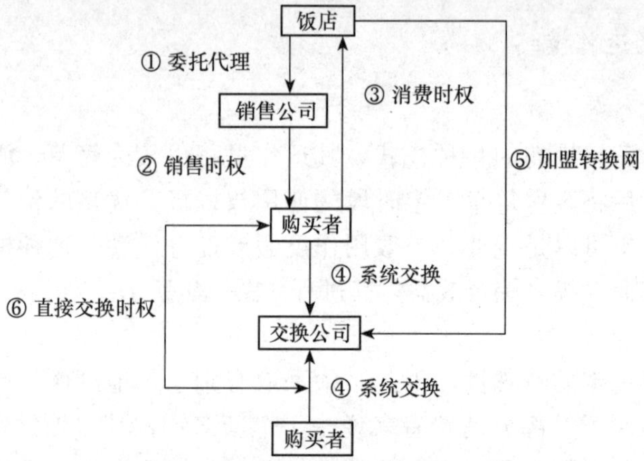

图 4.3　多边式分时营销

满足宾客的需求，并在项目的设计上提供附属服务，提高酒店分时产品的附加价值，同时也能为酒店增加相关收入。

总之，分时营销盘活了酒店的资产，组建了灵活的酒店营销网络，扩大了酒店产品与宾客的接触面，同时为客户带来相当大的便利和利益，特别适合大公司、大商社或常年出差的宾客使用。

4.3.4　机会营销

1. 机会营销的概念和特点

机会营销是指企业根据市场环境，寻找到与本企业的经营条件和经营目标相吻合的市场机会而开展的市场营销活动。酒店的市场营销机会具有广泛性、隐蔽性、瞬时性、随机性和对应性等特点，为此，要正确运用机会营销策略，关键是要找到、发现、捕捉、利用和开发各种营销机会，然后根据市场营销机会来组织与开展机会营销活动。

2. 机会营销的运用

(1) 发现、创造和利用营销机会

机会营销是以尚未得到满足或尚未得到完全满足的消费需求为营销对象的。谁能最先发现、捕捉、创造出这种机会和需求，并能率先满足这种需求，谁就把握了机会营销的主动权。其方法主要包括：①从信息情报中去发现和捕捉。即从报纸、电台、电视、政府和上级新出台的政策、文件等。②从社会潮流和趋势中去发现和捕捉。如环保潮流、科技潮流、消费时尚、健康潮流、文化潮流等。③从社会重大事件中去发现和捕捉。如北京 2008 年奥运会筹备期间、上海 2010 年世博会筹备期间可能带来的市场营销机会等。④从经济文化发展中去发现和捕捉。

(2) 抓住机会做好机会营销方案设计

对酒店宾馆来说，机会营销不能只讲理论，一经发现和捕捉到了市场营销机会就必须紧紧抓住，机不可失，时不再来。因此，抓住机会做好机会营销的方案设计是酒店运用机会营销策略的重要环节。重点要解决好三个问题：①机会营销决策。即要分析机会的性质、对酒店的作用、酒店能够开展什么营销活动来利用这一机会、利用的时间有多长、规模有多大、能够带来什么效益等。经过分析研究，最后做出决定。②机会营销的活动安排。即在做出营销活动决策后，要研究确定本次机会营销的活动名称、时间、酒店内部或外部的地点、活动规模、营销活动的具体计划和工作步骤等。③机会营销活动的预测和财务预算。即要预测从活动开始到结束，可能增加多少客源和销售收入、需要投入多少成本和费用，如果是在原来的基础上增加客源和收入，能够带来多少边际利润，只有经过上述预测和预算分析，确保能够增加经济效益，才能开展这项机会营销活动。

（3）认真做好机会营销的组织工作

酒店机会营销大多具有临时性、阶段性。为此，必须在机会营销方案设计的基础上，大力认真做好机会营销的组织工作。其重点包括三个方面：①机会营销活动的产品组织。如通过客房布置、环境布置的变化，餐饮推出的新产品和服务等，来满足客人尚未满足或尚未完全满足的消费需求。②机会营销活动的宣传推广。要认真做好店内、外宣传，利用各种宣传手段引起社会、客人、客户的关注，吸引他们前来消费。③机会营销活动的客源组织。酒店公关部、销售部和机会营销的业务部门，要认真做好客源招徕和组织工作，采用电话推销、人员推销、发函邀请老客户、拜访客户等方式，吸引客人前来酒店消费。

4.3.5 网络营销

随着计算机技术和网络通讯技术的迅速发展和广泛应用，网络正以革命性的力量改变着人们的生活方式。对于酒店企业而言，网络营销蕴藏着无限的潜力，它将为酒店营销带来新的思路。

1. 网络营销的概念

网络营销的英文为“cyber marketing”或“online marketing”。它是指酒店以互联网为传播手段，借助网络、电脑通信和数字交互式媒体等技术来沟通供求之间的联系、销售企业产品和服务的一种现代市场营销方式和策略。网络营销的价值在于可使生产者与消费者之间的价值交换更便利、更充分、更有效率。

世界上著名的网上预订系统有“旅行网络”（travel web）、“世界一流酒店组织”（leading hotels of the world）、“网上酒店大全”（all the hotels on the net）、“网上酒店和旅游”（hotels and travel on the net）等。在我国，几乎所有参加国际酒店集团的合资酒店都已加入了所属集团的全球预订系统，大多已经开展了网络营销，取得了很好的营销效果。

2. 网络营销的运用

1）网络调研。网络能够提供大量的信息，营销人员应建立网络调研机制，挑选出最适用的信息加以分析，以便客观地做出决策。

酒店可根据不同的情况、不同的目的采用不同的调研方法。如通过承诺物质奖励来鼓励客户参与调研，寻求更多的反馈信息；为获得宾客的支持，酒店可以通过大量有价值的信息和免费使用软件的方法来吸引访问者，设法进入访问者的主页，获取性别、职位、所在公司、所在行业等有关信息。或者通过链接交换程序，把访问者从其他站点链接到本酒店的站点来；为访问者提供完整的信息，提高调研的准确性，酒店可以建立“虚拟展厅”或网络消费论坛，借此了解宾客的各种意见和建议；当访问量增多时，酒店也可以通过在线监控和在线服务来了解市场，统计出访问者最关心的问题，分析出对宾客最具吸引力的因素；酒店也可在新闻中提一些与酒店有关、但不是纯商业化的问题，吸引人们参与讨论，从而获得意想不到的效果。

2）参加国际或国内互联网络。酒店要运用网络营销策略，开展网上营销，首先必须参加国际或国内的互联网络，建立健全自己的计算机系统。这是开展网络营销的物质基础。事实上，每家酒店都来建立一个自己的互联网络是不可能的，而国际和国内的互联网络又比较多。酒店应该选择那些实力较强、设备技术先进、成本较低、加盟费用较低而业务范围对口的网络或网站，然后才运用自己的计算机系统，通过互联网络来开展网上营销，这样就能收到较好效果。

3）网络设计。互联网没有时间和空间限制，若酒店企业在网上设立站点，便能在全国甚至全世界范围内寻找客源。一般认为，一个好的网站结构包括以下五个方面：信息分类科学准确；信息排列有序；文字与图形的布局既要重点突出，又要给人以和谐典雅的感觉；留出可调整的位置，用于满足临时性或短期营销活动的宣传需要；重视自身配置的检测，以免影响下载速度。

4）积极开展网上营销。酒店网络营销就是利用互联网进行客房预订和广告宣传工作，又以客房预订为最终目的。网络广告使酒店企业和宾客在沟通中能实现即时的双向沟通，在双向互动的基础上为宾客提供定制化的服务。网络广告成本低廉，具有极为广泛的传播时空。其关键在于是否被大众注意并留下深刻的印象。有关网络广告的一个重要技巧就是选择适合的网站设置标牌广告。设置标牌广告的目的在于宣传本酒店的基本情况，树立品牌，并尽可能地吸引网上浏览者。网络广告最好能设置一些简单方便的回复方法，以便真正实现双向互动。如果能和其他站点链接，给宾客营造一个开放型的浏览空间，也是一个吸引客户的好办法。

酒店既可以在自己的网站上做广告，也可以在其他企业的站点、搜索引擎、电子杂志等上面做标牌广告。随着网络技术的不断发展，网络广告的形式也正在不断创新。

4.3.6 绿色营销

1. 绿色营销的概念和本质

绿色营销在环保潮流推动下产生，在绿色消费驱使下发展，是酒店企业为适应环保需要、改善消费环境质量、维护客人身心健康而开展的一种营销策略和理念。其本质：一是为了保护环境，节省资源；二是为了适应客人追求舒适清新环境、身心健康的消费时尚；三是可以降低成本，有利于酒店长期吸引客人而获得优良经济效益。

2. 绿色营销策略的运用

(1) 树立绿色形象

企业在实施绿色营销的过程中，首先要树立良好的绿色形象。企业形象是由一系列指标构成，其绿色形象包括绿色产品形象、绿色服务形象、绿色经营形象、绿色员工形象、绿色发展形象和绿色环境形象等。努力按 ISO 14001 要求行事，争取通过 ISO 14001 国际环境质量认证是企业树立良好绿色形象的有效措施。

(2) 开发绿色产品

开发绿色产品应以环境和环境资源保护为核心。绿色产品开发必须遵循以下原则：节省原料和能源；减少非再生资源的消耗；容易回收、分解；低污染或者没有污染；不对消费者身心健康造成损害。开发绿色产品的基本思想是，预防污染应从设计开始，把改善环境影响的努力凝固在产品的设计之中。

对酒店来说，绿色产品主要包括绿色客房、绿色餐厅、绿色服务三大类。

1) 绿色客房。首先房屋建筑物使用的建筑材料——包括房间的涂料、填料、粘合剂、覆盖物以及家具都应采用无污染的“绿色装饰材料”和低能耗、有利于生态平衡的“生态装饰材料”。其次，要用绿色物品替换客房原有的有害物品。再次，要节约客房消耗。最后，就是要布置客房绿色环境。

2) 绿色餐厅。创建绿色餐厅的核心是使用推广绿色食品。绿色食品是指无公害、无污染、安全、新鲜、优质的食品，它包括蔬菜、肉类和其他食品。推广绿色食品必须重视三个环节：①绿色食品原料的生产必须符合“绿色标准”；②在绿色食品原料的运输、储存、包装等方面必须符合“绿色标准”；③在绿色食品制作过程必须符合“绿色标准”。

3) 绿色服务。绿色服务是指酒店在绿色营销理念指导下，能满足绿色消费者需求的服务。如餐饮服务中，适当提示客人点菜莫过量，提倡“消费不浪费”，客人需带走剩菜时，积极提供“打包”服务等。

(3) 加强绿色沟通

绿色沟通就是把环保理念纳入产品和企业广告活动中，通过强调企业在环保方面的行动来改善和加强企业的绿色形象，更多地推销绿色产品。绿色沟通的主要内容是绿色广告和绿色公关。

4.3.7 服务营销

从 20 世纪末开始，以知识为基础的服务经济在社会经济生活中起着越来越重要的作用，企业之间的竞争转向以服务为基础的软性竞争，服务营销理念应运而生。

1. 服务营销的内涵

服务营销认为，营销不仅是吸引宾客，而且还要拥有宾客、留住宾客。要实现此目的，就必须以市场为导向，把服务质量和营销理念有机结合起来，其注重的是提高宾客的满意度和忠诚度，注重追求企业的长期利益，注重于与宾客建立良好的关系。

它认为任何一个酒店内部只有两种人：一种是专职销售员，另一种是非专职销售员，即要求酒店树立全员营销理念，注重抓住各种服务机会恰到好处地开展各种营销活动。

2. 服务营销的核心

服务营销的核心是服务质量。其定义涉及三个概念：①目标宾客。它不是泛指所有的宾客，而是指酒店营销所确定的主体客源。②服务水平。它是一个相对的概念，只要服务满足了目标宾客的期望，就可认为服务质量达到了优良水平，并不是一定要走极端。③服务的连贯性与整体性。即酒店在任何时候、任何地方，对任何宾客都保持同样的优良服务水平。

优质服务要求能给宾客一种难忘的消费经历，因而酒店必须谨记优质服务的七条标准：礼貌性、沟通性、安全性、理解性、情感性、有形性和及时性。

3. 服务营销的管理

由于酒店服务产品的不可感知性、不可分离性等，酒店产品的质量不易控制。酒店服务营销管理也比一般产品的市场营销管理困难得多。其管理途径如下：

（1）推行服务营销的理念

服务营销是一种关系营销：应强调与顾客形成合作创造的价值转型关系，培养其亲和感、归属感，满足其高层次需求，以建立长期稳定的良好关系；服务营销是一种参与营销：酒店参与顾客消费，顾客参与酒店的若干经营环节或自我选择、自我服务；服务营销是网络营销，也是全员营销：网络化使酒店内部高度连接，也使每个员工随时处于为顾客直接提供服务的位置上；服务营销也是文化营销：服务精神强调人性化、文化性的特点，必然要求有一种强大的服务理念为内核的酒店文化作为统领和底蕴，以形成良好的酒店形象、品牌形象。

（2）实现互动营销管理

实现顾客的期望依赖服务的提供者和服务的消费者共同的积极参与，只有满意的员工才能承兑满意的期望，创造满意的顾客。我们可将酒店服务人员与顾客发生相互作用承兑期望的过程，称为“真实瞬间”。对“真实瞬间”的管理我们称之为互动营销管理，它是服务营销管理中关键的环节。酒店互动营销的管理所涉及的内容非常广泛，包括有关员工服务意识、顾客意识的管理及营销角色意识的管理，在服务技能方面的管理，在服务质量方面的管理，在内外沟通方面的管理以及人事方面的管理，管理的方法有全员营销管理、服务现场督导和监控、有关服务质量方面的管理方法等。

（3）建立优良的顾客感知服务质量管理体系

顾客感知的服务质量管理是酒店营销管理的一个重要组成部分，也是酒店促销的重要内容。

4.4 酒店营销创新

进入21世纪，创新已是企业生存发展之根本。经过20多年的发展，我国的酒店业已进入一个新的历史阶段。过去 20 年我国酒店业发展的重点在于逐步实现标准化，努力与国际水平接轨，那么进入 21 世纪后，我国酒店业进一步发展所需要的将是变革和创新，特别是由于环境的变化，市场的变化和顾客的变化，对处于酒店经营管理核心地位的酒店营销来说，创新更具有重要的意义。

4.4.1 营销观念的创新

营销观念是营销决策和营销策划的基础，是酒店企业赖以生存和发展的指南针。随着营销环境的变化和现代社会在科学技术、思维方式和商业理论等方面的迅速发展，世界的营销专家不断推出新的营销观念，并在 21 世纪的酒店营销中得到了广泛的应用。

1. 大市场营销

“大市场营销”是世界著名市场营销专家菲利普·科特勒教授提出的一种新的营销观念和战略思想。是指企业为了成功地进入特定市场或者在特定市场经营，而应用经济的、心理的、政治的和公共关系的等各种技能，赢得若干参与者的合作。具体来讲，它是在“4P”营销组合外，加上“权力”（power）与“公共关系”（public relation）两个“P”，成为“6P”市场营销组合。

传统的“4P”营销组合是建立在开放市场的基础上。20 世纪中期以来，社会、政治因素对经济的影响越来越大，政治对经济的干预加强，贸易保护主义抬头，市场壁垒增加，市场封闭性倾向重新出现。面对封闭性市场，传统的“4P”营销组合显得无能为力，因此在市场营销组合中还要加上“权力”和“公共关系”这两个因素。从而形成“大市场营销”观念。利用权力和公共关系开展市场营销活动，对扫清市场障碍，变封闭性市场为开放性市场有不可低估的作用。

大市场营销观念中的权力包括法定权力、专家权力、信仰权力、参照权力和奖惩权力等，这些权力都可能为营销活动创造机会。

大市场营销观念中的公共关系，就是要通过各种有效的公关措施，加强与顾客的沟通，创造忠诚顾客。

2. 动态营销

当今世界由于环境因素的急剧变化，企业生存空间充满了更多的变数，包括营销渠道、竞争者、市场需求以及政策、法令的变化等。一成不变的营销方式将不能适应多变的环境，从而提出动态营销观念，动态营销可以分为三个层次：

第一层次的动态营销是在营销环境发生变化时立即采取行动，随机应变，改变营销策略，适应营销环境的变化。

第二层次的动态营销是正确预见营销环境的变化趋势，主动采取行动来迎合未来的变化环境，即“未雨绸缪”，走在潮流的前面。

第三层次的动态营销是“创造潮流型”的动态营销。即通过细心地观察和监视环境，把环境的变动引入企业的规划，纳入正常的考虑范围，据此制定营销策略。并且努力利用自己现有的资源去影响环境，使环境朝着有利于本企业营销的方向变化。这类企业，不仅能走在时代潮流的前面，而且它本身就是潮流的创造者。

3. 开拓营销

在供不应求的市场里，企业只要提供更多的产品和服务就能赢得顾客，占领市场。当市场由卖方市场转变为买方市场时，许多企业面对同样的顾客需求，企业提供同样的商品和服务，要赢得顾客，与别人分享市场，花费的代价很大，得到的收获却并不理想。新的营销观念不是强调与别人争夺现有市场，而是要求努力去开拓新的市场。

在社会和技术变革日新月异的现代社会中，新的产品、新的服务、新的设施不断涌现，酒店的顾客也无法充分认识自身的需求。如果酒店一味强调以当前的顾客需求为导向，酒店就始终处于被动受支配的地位，不能创造新的市场，实质上是损害了顾客、酒店和社会的长远利益。开拓营销要求酒店善于把最新的技术进展和应用前景以及最新的消费趋势的有关信息不断地提供给顾客，使顾客赞同酒店的观点，充分认识自身的需求，主动购买酒店产品和服务，从而使酒店培养一个新的顾客群，开发和创造一个新的市场。

实践证明，由于科技进步，人们消费日益多样化，人口结构的新变动，以及国际间的经济、贸易、文化、人员等交流日趋频繁，开拓一个新的市场有时比和别人瓜分一个市场更有利。

4. 全球营销

过去许多国内酒店很少关注国际市场。因为这些酒店的市场在国内。对他们来说，国内市场安全、简单，而且充满机会。但是今天情况发生了很大改变。随着计算机网络的广泛应用，通信、交通、现金流动的加快，时间和空间正在迅速缩短，世界正缩小为一个“地球村”，全球经济一体化也正在变为现实。随着中国加入世界贸易组织，市场将更加开放。今天全球的竞争在加剧，许多国际性酒店集团正积极进入中国市场，许多从没考虑外国竞争对手的国内酒店蓦然间会发现他们已来到自家门口，国内市场也不再是充满机遇了。固守国内市场安全经营的酒店可能不仅会失去进入其他市场的机会，而且还有冒着失去本国市场的风险。全球性企业的数目在不断增加，今天全球性的酒店集团已达数百家。以全球市场为营销目标，是企业国际化的重要内容。

5. 争取双赢的合作竞争营销

随着社会经济的发展，人们的竞争观念发生了变化，认为企业间实行合作同样可以实现社会资源的有效配置，也不会阻碍规模经济的形成。人们认识到，企业作为一个经济组织，其存在的目的是为社会创造价值和财富，满足人们的需要，竞争只是作为企业生存和发展的手段之一，竞争的结果不应该是一方彻底失败、另一方完全胜利。企业间用优势互补的合作关系来取代你死我活的残酷竞争，对双方企业更加有利。

合作竞争，不以消灭、击败对手为目的，而是通过竞争加强合作，通过合作来促进竞争，坚持双赢策略，实现双方优势互补，增强竞争双方的实力，增加竞争双方的销售量。

4.4.2 酒店产品的创新

酒店要在日益激烈的市场竞争中取胜，必须要用卓越的产品和服务去占领市场。因此酒店必须追求产品创新，不断用新产品来替代老产品。酒店产品创新能力的强弱，不仅反映了一个酒店的综合素质，而且集中反映了酒店在市场竞争中的潜力。

1. 酒店产品创新的重要意义

酒店之间的竞争集中表现在产品和服务方面的较量。能否研究、开发，生产出适销对路的新产品和提供高质量的服务，是关系到酒店生存与发展的大问题。

（1）产品创新是提高酒店市场适应力的重要途径

与所有产品一样，酒店产品也是有其经济寿命，在产品进入衰退期时，销售量会大幅下降，利润也会不断减少。在这种情况下，即使增加推销、广告等费用，也很难避免销售量和利润的下降。酒店只有利用新产品去替代老产品，使自己的产品处于最佳竞争状态，才能适应市场的需要。

（2）产品创新是酒店开拓、创造新市场的金钥匙

能满足市场需求、适应市场变化的企业，也可以取得一定成功，但它们还不是优秀的企业。世界上的优秀企业，它们不只是消极地满足市场的需要和适应市场的变化，而是不断开发出新产品来创造新的市场。只有掌握了产品创新这把金钥匙，才能使自己永远走在同行们的前列。

（3）产品创新是推动酒店技术进步的动力

酒店中只有手工操作，没有科学技术，这种状况已成过去的历史。今天，越来越多的现代技术在酒店中得到广泛的应用，技术的先进性已成为酒店竞争力的一种体现。酒店的产品创新与技术进步之间有着密切的关系。一项新技术的应用，会为新产品的研究与开发创造条件，促进酒店新产品的研究开发；而酒店许多新产品的研究、开发、生产也会要求有先进技术来保证；另外，酒店新产品推出后所取得的收入反过来又会支持酒店的技术更新和新产品的开发、研究，从而使酒店走上技术进步的良性循环之路。

（4）产品创新是提高酒店竞争力的重要手段

面对日益激烈的市场竞争，酒店为了保持自己的竞争优势和提高经济效益，最有成效的战略之一就是产品创新，不断以新产品代替老产品。

国内外竞争力很强的企业一般有四个档次的产品：第一档是正在生产销售的产品；第二档是已经研究开发出来，等待适当时机投入市场的产品；第三档是正在试验，改进的产品；第四档是正在构想或开始试验的产品。有了这几档产品，企业就可以立于不败之地。

2. 酒店产品创新的新趋势

面对激烈的市场竞争，面对日新月异的技术进步和社会环境的影响，酒店产品创

新也出现了一些新的趋势。

(1) 研究开发高技术含量的酒店产品

以电子信息、生物工程、新材料、新能源和宇航太空技术为核心的世界新技术革命对人类社会的影响，在广度和深度上都将大大超过前几次的技术革命，这种影响也已深入到酒店的产品创新中。传统酒店的改造更重视高新技术的应用，21 世纪酒店新产品的开发更加离不开高新技术的支持。如许多酒店正在大力研究开发的具有设备自动化、消防自动化、保安自动化、办公自动化、通信自动化即“五 A”功能和良好服务的“智能酒店”就具有极高科技含量。

(2) 研究开发高附加值、多功能的酒店产品

今天的酒店住客不再满足酒店仅提供简单的住宿和就餐服务，住店客人除了在酒店住宿和就餐外，还有工作、商务、健身、保健、娱乐、美容等多元化需要。因此酒店在研究开发新产品时，必须在重视食宿等基本功能的同时，力图使酒店新产品具有更多的附加功能，以便给消费者更多的方便，满足现代消费者对酒店的多元化需要。

(3) 研究开发个性化的酒店产品

酒店产品主要是无形的服务产品，酒店服务质量最终是由客人评价的，客人评价服务质量的标准是满足客人需求的程度。随着市场经济向深层次发展，包括酒店在内的各行各业，都已经从卖方市场转为买方市场，我们已进入了顾客选择和挑剔的时代。客人的需求千差万别，要经得起顾客的选择和挑剔就必须满足客人的个性化需求，个性化服务已成世界酒店发展的潮流。

(4) 研究开发体现民族特色的酒店产品

酒店需要接待来自各国的旅游者，应该尊重客人的宗教信仰、文化传统、风俗习惯。同时，越是民族性的东西越有国际性。在研究开发酒店新产品时也应尽可能地体现民族特色与地方风格，发挥我国在文化传统方面的优势。使客人进店后能明显地感受到灿烂的东方文明，使酒店不仅要让客人休息好，而且酒店本身也能成为客人欣赏的对象。

(5) 研究开发保持自然特色的酒店产品

随着各种人造、合成的物品泛滥，人们对纯自然产品的需求越来越多。为满足人们的需求，酒店在研究开发新产品时也要把如何保持自然特色作为考虑的重要因素，如对食品原材料，应使用天然的色素、添加剂等，不使用含激素饲料喂养的肉类家禽，纯自然食品、绿色食品越来越受到消费者欢迎，对于各类布件，尽量使用自然纤维，即使一些牙膏、香水等也应使用由自然原料生产的产品。对酒店的布置、色彩也应尽量保持自然特色，使人有返璞归真的感觉。

(6) 研究开发保护生态环境的酒店产品

人们盲目追求经济高速度发展，盲目追求眼前经济利益和盲目追求高消费等生活行为，已给人类生态环境造成了严重的污染和破坏。地球环境的污染破坏给世界各国的人们敲响了警钟，保护人类生态环境已成为全世界人们共同的呼声。追求生活品质的消费者，已不仅仅满足于优越的物质享受，他们更希望拥有美好的生活环境，这种希望也反映在他们对酒店的要求中，旅游业发展的实践已经证明，把旅游业称为“无烟工业”是错误的。旅游业包括酒店业，也会对人类生态环境造成污染和破坏。因此，

为了适应人类文明的进步和满足消费者的要求，酒店应重视研究开发保护生态环境的酒店产品。

4.4.3 酒店营销模式的创新

1. 整合营销

整合营销是企业在兼顾企业、顾客、社会三方共同利益下更好地协调企业内、外系统的关系和活动，是在日益丰富和完善的营销理念基础上发展和演变而来的一种新的市场营销手段。是一种通过对各种营销工具和手段的系统化结合，根据环境进行即时性动态修正，以便交换双方在交互中实现价值增值的营销理论与营销方法。

整合营销的特点是：①整合营销打破了把市场营销只作为企业经营管理功能的观念，把企业所有活动都整合和协调起来，要求企业所有部门共同努力为顾客的利益服务，以使企业沿着既定的目标前进；②整合营销改变了以往从静态的角度去分析市场、研究市场、迎合市场的提法，强调以动态的理念，主动去迎接市场的挑战，更清醒地认识到企业与市场之间互动的关系和影响，不再简单地认为企业一定要依赖并受制于市场自身的发展，而是告诉企业应该努力去发现潜在市场，开拓新的市场；③整合营销更强调运用信息社会的一切手段建立尽可能完善的消费者信息数据库，使企业更加清楚究竟是什么样的消费者在使用自己的产品，建立起和消费者之间更为牢固和密切的关系，进一步加强顾客对企业的忠诚度。

2. 关系市场营销

关系市场营销是伴随着大市场营销理论的发展和社会学对传统营销理论的渗透而产生的。关系市场营销把营销活动看成是企业与消费者、供应商、分销商、竞争者、政府机构和社会组织发生互动作用的过程。关系市场营销的关键因素是建立并发展与相关组织和顾客的良好关系；关系市场营销的核心是追求顾客忠诚。

(1) 关系市场营销的特点

首先是双向交流。关系市场营销强调双向交流，不仅是企业与顾客的双向交流，还有企业与供应商、分销商、竞争者、政府机构以及社会公众的双向交流。通过双向交流促进信息的渗透和情感的发展；其次是面对面营销。面对面营销是指通过营销人员和顾客的交流，了解每一位顾客的不同需求，提供不同的产品和服务，让顾客满意；再次是与各方通力合作。关系市场营销的目的，就是消除企业和相关组织和个人之间的对立关系，为获得共同的利益而相互支持、相互配合、相互合作。营销者应与顾客、分销商、供应商、竞争者以及政府机构等建立长期的、互相信任的互相合作。

(2) 关系市场营销的内在表现形式

内在表现形式主要包括：

1) 企业与顾客的良好关系。顾客是企业最重要的外部公众，是企业生存发展的基础，发展与顾客的良好关系是关系市场营销的首要目标。

2) 企业与竞争者的良好关系。企业要处理好与竞争者的关系，不能视竞争者为敌人，不能将竞争对手赶尽杀绝。企业与竞争者的对立关系是相对的，完全可以维护双方共同利益，通过竞争达到双赢的结果。

3）企业与供销商的良好关系。企业与供销商之间的关系自古以来就受到企业的重视，企业希望与供销商建立密切的合作伙伴关系，得到供销商在供、销两个方面的大力帮助。

4）企业各职能部门的良好关系。企业各职能部门关系包括各职能部门间的关系和员工之间的关系。处理好各职能部门间的关系，员工才能更努力地工作，关系市场营销的运行才能有一个好的基础。

5）企业与政府和公众的良好关系。对企业营销活动产生影响的还有政府和社会公众。企业在处理与这些影响者的关系时，应遵守积极参与和互利互惠合作等原则。

(3）关系市场营销的层次性

关系市场营销的核心是让顾客忠诚，维系顾客。市场竞争的实质是企业能够赢得更多的顾客。因此，发展与顾客长期友好关系，已成为当今市场营销的一个重要内容。国外学者提出了三个级别的关系营销来发展与顾客长期的友好关系。

1）一级关系营销。又称频繁市场营销，有时也被称为购买型关系营销。在关系市场营销的三个层次中，这是最低的一个层次。一级关系营销通过直接经济利益刺激顾客购买更多的产品和服务，通过让利销售、“三包”服务等手段来保障顾客利益，使顾客满意，并与企业建立友好关系。

2）二级关系营销。有时也称为社交型关系营销。二级关系营销更重视与顾客建立长期交往关系，通过人与人之间的营销和人与组织之间的营销结合，增加顾客对企业的认同感。顾客组织是二级关系营销的主要表现形式。以某种方式将顾客纳入到企业的特定组织中，使企业与顾客保持更为紧密的联系，实现企业对顾客的有效控制。

3）三级关系营销。又称结构性营销，有时也称为忠诚型关系营销。在关系市场营销的三个层次中，这是最高层次。这种营销方式就是企业通过向顾客提供某种对顾客很有价值、又不易获得的特殊服务，借此实现企业与顾客双向忠诚，相互依赖、长期合作的关系，这种关系被称为结构性关系。在结构性营销中，企业为客户提供的特殊服务通常以技术为基础，形成一套独特服务体系，使竞争对手很难效仿。

本章小结

营销活动是连接酒店与市场的桥梁，营销活动的成败直接影响酒店经营的成败。本章重点阐述了酒店营销活动的特点、基础环节、探讨了营销组合策略，介绍了现代店的新型营销理念和营销创新。

课后练习

一、案例分析

巧妙推销豪华套房

某天，南京金陵饭店前厅部的客房预订员小王接到一位美国客人从上海打来的长途电话，想预订两间每天收费在 120 美元左右的标准双人客房，三天以后开始住店。小王马上翻阅了一下订房记录表，回答客人说由于三天以后酒店要接待一个大型国际会议的多名代表，标准间客房已经全部订满了。小王讲到这里并未就此把电话挂断，而是继续用关心的口吻说："您是否可以推迟两天来，要不然请您直接打电话与南京××饭店去联系询问如何？"

美国客人说："南京对我们来说是人地生疏，你们酒店比较有名气，还是希望你给想想办法。"小王暗自思量以后，感到应该尽量勿使客人失望，于是接着用商量的口气说："感谢您对我们酒店的信任，我们非常希望能够接待像您们这些尊敬的客人，请不要着急，我很乐意为您效劳。我建议您和朋友准时前来南京，先住两天我们酒店内的豪华套房，每套每天也不过收费 280 美元，在套房内可以眺望紫金山的优美景色，室内有红木家具和古玩摆饰，提供的服务也是上乘的，相信您们住了以后会满意的。"

小王讲到这里故意停顿一下，以便等等客人的回话，对方沉默了一些时间，似乎在犹豫不决，小王于是开口说："我料想您并不会单纯计较房金的高低，而是在考虑这种套房是否物有所值，请问您什么时候乘哪班火车来南京？我们可以派车到车站来接，到店以后我一定陪您和您的朋友一行亲眼去参观一下套房，再决定不迟。"美国客人听小王这么讲，倒有些感到盛情难却了，最后终于答应先预订两天豪华套房后挂上了电话。

【问题】

1. 小王在本案中应用了哪些推销技巧？
2. 你还有没有更好的推销技巧？

【分析提示】

前厅客房预订员在平时的岗位促销时，一方面要通过热情的服务来体现；另一方面则有赖于主动、积极的促销，这只有掌握销售心理和语言技巧才能奏效。

上面案例中的小王在促销时确已掌握所谓的"利益诱导原则"，即使客人的注意力集中于他付钱租了房后能享受哪些服务，也就是将客人的思路引导到这个房间是否值得甚至超过他所付出的。小王之所以能干，在于他不引导客人去考虑价格的高低，而是用比较婉转的方式报价，以减少对客人的直接冲击力，避免使客人难于接受而陷于尴尬。小王的一番话使客人感觉自己受到尊重并且小王的建议是中肯、合乎情理的，在这种情况下，反而很难加以否定回答说个"不"字，终于实现了酒店积极主动促销的正面效果。

二、课堂讨论题

1. 酒店营销组合策略的整体运用包括哪些内容？
2. 如何在酒店的营销中体现酒店的特色？

三、课后思考题

1. 营销活动有何特点？

2. 比较传统营销策略，现代营销策略的重心是什么？有何现时指导意义？

3. 酒店常用的促销手段有哪些？请各举一例说明该促销手段在产品销售中的实际应用。

4. 当今酒店的营销理念有哪些？

5. 酒店的营销创新包括哪些内容？

四、实训题

请你为当地一家酒店确定一个主题，设计一个营销活动方案。

目的：加深学生对酒店营销策略和新型营销理念的理解。

要求：1. 要进行认真调查。

2. 主题要有创新。

3. 活动方案要有切实可行。

第5章

酒店服务质量管理

学习目的

了解现代服务质量及全面质量管理的涵义和内容；熟悉现代酒店服务质量的管理原则和程序；掌握现代酒店质量管理的有效方法，并能在此基础上对酒店服务质量进行科学评价。

学习内容

- 酒店服务质量与管理
- 酒店服务质量管理的基本程序
- 酒店服务质量管理的方法
- 酒店服务质量衡量标准与评价体系

酒店是服务性行业，服务质量是酒店的生命线，也是酒店的中心工作和酒店生存与发展的基础，酒店之间的竞争，本质上是服务质量的竞争，因此，不断提高酒店服务质量，以质量求效益是每一家酒店发展的必经之路，也是所有酒店管理者共同努力的目标和日常管理的核心部分。

5.1　酒店服务质量与管理

随着酒店业竞争的日趋激烈，宾客对酒店服务质量的要求越来越高，酒店必须不断探索提高和完善自身服务质量的途径和方法，以取得良好的经济效益和社会效益。而对酒店服务质量与管理的含义、特点、内容的正确理解和把握则是进行酒店质量管理最基本的前提。

5.1.1　酒店服务质量及其构成与特点

1. 酒店服务质量的含义

关于酒店服务质量的理解通常有两种。一种是狭义上的服务质量，指酒店服务的质量，它纯粹是指由服务员的服务劳动所提供的、不包括提供的实物形态的使用价值。另一种是广义上的酒店服务质量，它包含着组成酒店服务的三要素：即设施设备、实物产品和服务的质量，是一个完整的服务质量的概念，整体来说，包括有形产品质量和无形产品质量两个方面。本书所指的服务质量主要指广义的服务质量，即酒店以其所拥有的设施设备为依托，为宾客所提供的服务在使用价值上适合和满足宾客物质和精神需要的程度。

根据酒店服务质量的定义，酒店所提供的服务既要能满足宾客生活的基本需要，即物质上的需求，还要满足宾客的心理需要，即精神上的需求。而所谓适合，是指酒店为宾客提供服务的使用价值为宾客所接受和喜爱。所谓满足，是指该种使用价值为宾客带来身心愉悦和享受，使宾客感到自己的愿望和期盼得到了实现。

2. 酒店服务质量的构成

酒店服务质量是有形产品质量和无形产品质量的有机组合。主要包括：设施设备质量、服务产品质量、实物产品质量、环境氛围质量、安全卫生质量五个部分组成。如图 5.1 所示。

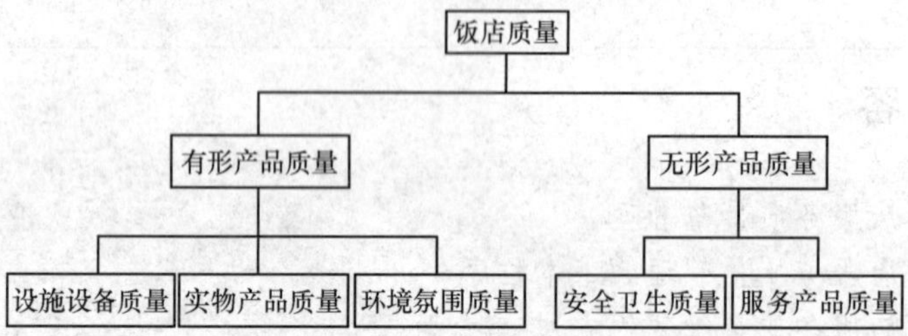

图 5.1　酒店服务质量的构成

（1）设施设备质量

酒店设施设备即是酒店提供的服务质量的物质基础，也是酒店星级档次的基础。包括房屋建筑、所有设备及低值易耗品等。不但指前台宾客使用的设施设备，也包括后台供应使用的设施设备，还包括服务员使用的设施设备。它要求功能齐全，设施可靠、安全，外形美观。不仅要有达到水准的使用价值，同时还要具有高雅、舒适的魅力价值，以及美感和风格特色。

（2）服务产品质量

服务产品质量指酒店提供的服务水平的质量，它是检查酒店服务质量的重要内容，包括：

1）礼节礼貌。礼节礼貌是整个酒店服务中最重要的部分，在酒店管理中备受重视，因为它直接关系着宾客满意度，是酒店提供优质服务的基本点。酒店礼节礼貌要求服务人员具有端庄的仪表仪容，文雅的语言谈吐，得体的行为举止等。

2）职业道德。酒店服务过程中，服务是否到位实际上取决于员工的事业心和责任感。因此遵守职业道德也是酒店服务质量的最基本构成之一。作为酒店员工，应遵循“热情友好、真诚公道，信誉第一、文明礼貌，不卑不亢、一视同仁，团结协作、顾全大局，遵纪守法、廉洁奉公，钻研业务、提高技能”的旅游职业道德规范，真正做到敬业、乐业和勤业。

3）服务态度。指酒店服务人员在对客服务中所体现出来的主观意向和心理状态。酒店员工服务态度的好坏是很多宾客关注的焦点，宾客可以原谅酒店的许多过错，但往往不能忍受酒店服务人员恶劣的服务态度。因此，服务态度是服务质量的基础和关键所在，直接影响酒店服务质量。

4）服务技能。服务技能是酒店提高酒店服务质量的技术保证，要求其员工掌握丰富的专业知识，具备娴熟的操作技术，并能根据具体情况灵活运用，从而达到给客人以美感和艺术享受的服务效果。同时也只有掌握好服务技能，也才能使酒店服务达到标准，保证酒店服务质量。

5）服务效率。指员工在其服务过程中提供服务的时限，是酒店员工素质的综合反映。服务人员要力求做到服务快而不乱，既迅速又敏捷，而且准确无误。提高效率、保证效率是酒店永远的目标。

6）服务项目。酒店之所以被誉为“城中之城”、“家外之家”，就体现了酒店服务项目的多样性。管理者对服务项目的设立应以满足客人需求和方便为宗旨，“不因其小而不为”；同时，要加强市场调查，对宾客的兴趣、爱好、消费水平、新的需求进行了解，千方百计的满足宾客的要求，这样才能在激烈的市场竞争中始终处于优势地位。

（3）实物产品质量

实物产品可直接满足宾客的物质消费需要，其质量也是酒店服务质量的重要组成部分之一。它通常包括：

1）饮食质量。饮食是一种民族文化的反映，旅游者旅游的目的之一就是探求异地文化，因此，饮食文化在现代旅游中占有很重要的位置。饮食质量主要有饮食质量标准、饮食特色、饮食样式等。

2）客用品质量。客用品是酒店实物产品的一个组成部分，指酒店直接供宾客消费的各种生活用品。客用品质量应与酒店星级相适应，避免提供劣质品；客用品数量应充裕，不仅要满足客人需求，而且供应要及时。

3）商品质量。酒店通常为满足宾客购物需要，都设有商场部，其商品质量的优劣也会影响酒店服务质量。酒店商品应做到花色品种齐全、商品结构适当、商品陈列美观、价格合理等，更为重要的是要注重信誉，杜绝假冒伪劣商品。

4）服务用品质量。服务用品质量是指酒店在提供服务过程中供服务人员使用的各种用品。它是提供优质服务的必要条件。服务用品质量要求品种齐全、数量充裕、性能优良、使用方便、安全卫生等。

（4）环境氛围质量

环境氛围由酒店的建筑、装饰、陈设、设施、灯光、声音、颜色以及员工的仪容仪表等因素构成。这种视觉和听觉印象对客人的情绪影响很大，客人往往把这种感受作为评价酒店质量优劣的依据，它能影响客人是否再次来酒店下榻。因此，管理者必须十分注意环境的布局和气氛的烘托，让宾客感到舒适、愉快、安全、方便。

（5）安全卫生质量

安全是客人的第一需要，保证每一位客人的生命和财产安全是服务质量的重要环节。在环境气氛上酒店要制造出一种安全的气氛，给宾客心理上以安全感，但不要戒备森严，否则，会令宾客感到不安。在日常服务中贯彻以防为主的原则，建立严格的安全保卫组织和制度，制定酒店的安全措施，做好防火、防盗，避免食物中毒、侵犯骚扰等事件的发生，切实搞好安全保卫工作。同时，在接待宾客过程中，要严格执行会客制度，无关人员和闲杂人员严禁进入酒店公共区域和客房。服务人员要尊重客人隐私，保守客人的秘密，不在公共场合谈论客人姓名、房号及客人的私事，以免引起不必要的麻烦。

清洁卫生也是酒店业务工作中的重点和服务质量的重要内容。卫生状况不仅直接影响到宾客的健康和宾客旅居生活的质量，也反映了酒店管理水平和企业素质。

综上所述，酒店服务质量的内容和要求是：有形设施要让宾客感到实用、方便、舒适；无形服务要让宾客感到热情、亲切、友谊、相助。突出“暖”、“快”、“物有所值”，这是服务质量的集中表现，也是进行科学的服务质量管理的基本出发点。

3. 酒店服务质量的特点

（1）酒店服务质量构成的综合性

酒店服务质量是由酒店的多种因素构成的，每一个因素又都有很多具体内容，并体现在酒店对客服务的各个方面，贯穿在从客人进店到离店的酒店业务管理过程的始终。因此，酒店服务质量的构成具有很强的综合性。

酒店服务质量构成的综合性的特点要求酒店管理者树立系统的观念，把酒店服务质量管理作为一项系统工程来抓，多方收集酒店服务质量信息，分析影响质量的各种因素，特别是可控因素，既要抓好有形产品的质量，又要抓好无形服务的质量，更好地督导员工严格遵守各种服务或操作规程，从而提高酒店的整体服务质量。

（2）酒店服务质量评价的主观情感性

酒店服务质量的高低主要是由客人享受到各种服务后的物质和心理的满足程度来决定的。其质量评价主要取决于两个方面：一是宾客实际得到的满意程度。他们的满意程度越高，对酒店服务质量的评价也就越高。二是客人与酒店，包括服务人员的关系。关系融洽，宾客对服务质量的评价就相对较高，对酒店服务的不足与难处也比较容易谅解。

这两个方面，前者的质量评价带有较强的主观性，后者的质量评价带有感情色彩。为此，酒店要做好质量管理，提高客人满意程度，必须做到：第一，要定期做好服务质量的客人反馈调查；第二，要正确对待客人对服务质量的主观评价；第三，要建立与客人、客户的良好关系。

（3）酒店服务质量显现的短暂性

酒店服务质量是由一次一次的内容不同的具体服务组成的，而每一次具体服务的使用价值均只有短暂的显现时间，即使用价值的一次性。不像实物产品那样可以返工，返修或退换，如要进行服务后调整，也只能是另一次的具体服务。因此，酒店管理者应督导员工做好每一次服务工作，争取使每一次服务都能让宾客感到非常满意，从而提高酒店整体服务质量。

（4）酒店服务质量内容的关联性

酒店服务质量的具体内容包括有形服务质量和无形服务质量。每一个方面又由很多具体因素构成。这些因素互相关联、互相依存、互为条件。为此要做好酒店服务质量管理，就要要求酒店各部门、各服务过程、各服务环节之间协作配合，并做好充分的服务准备，确保每项服务的优质、高效，确保酒店服务全过程和全方位的“零缺点”。

（5）酒店服务质量对员工素质的依赖性

酒店服务质量是在有形产品的基础上通过员工的即席表现的劳务创造出来的，而这种表现又很容易受到员工个人素质和情绪好坏的影响，具有很大的不稳定性。所以要求酒店管理者应合理配备、培训、激励员工，努力提高他们的素质，发挥他们的服务主动性、积极性和创造性，同时提高自身素质及管理能力，从而创造出满意的员工。而满意的员工是满意的客人的基础，是不断地提高酒店服务质量的前提。

（6）酒店服务质量的情感性

酒店服务质量还取决于宾客与酒店之间的关系，关系融洽，宾客就比较容易谅解酒店的难处和过错；关系不和谐，则很容易致使客人的小题大做或借题发挥。因此，酒店与宾客间关系的融洽程度直接影响着客人对酒店服务质量的评价。

5.1.2　酒店全面质量管理的含义、内容及原则

1. 酒店全面质量管理的含义

全面质量管理（total quality control，TQC）是质量管理发展的最新阶段，起源于20世纪60年代的美国，其概念是由美国质量管理专家费根堡与朱兰等人提出的。先在工业中运用，后推广到服务行业。

我国酒店业自1978年开始引进并推行全面质量管理，它运用科学的质量管理思想，改变了传统的事后检查的方法，把质量管理的重点放在“预防为主”上，将质量管理由传统的检查服务质量的结果转变为控制服务质量问题产生的因素；通过对质量的检查和管理，找出改进服务的方法和途径，从而提高酒店质量。

其基本点是：宾客需求便是服务质量、宾客满意就是服务质量标准。以专业技术和各种灵活的科学方法为手段，以酒店全体员工参加为保证，以获得最大的社会效益和经济效益为目的，以实际效果为最终的评价点。特点是：以无形服务为中心；以顾客满意为目的；重视人的作用和强调环境因素的影响。

由此可知：酒店全面质量管理是以提高服务质量为宗旨，组织全店员工共同参与，综合运用现代管理手段，建立完善的服务质量标准和体系，在全过程中控制影响服务质量的各种因素而开展的系统的质量管理活动。

2. 酒店全面质量管理的内容

酒店全面质量管理的关键和实质都在一个“全”字。其内容主要包括五个方面：

（1）全方位管理

酒店全面服务质量的构成因素众多，涉及范围广泛。因而，其全面质量管理必然是全方位的质量管理。既包括有形产品质量管理，又包括无形服务的质量管理；既包括酒店前台的各种质量管理，又包括酒店后台的各种质量管理。

（2）全过程管理

酒店全面质量管理是为客人服务的。而影响对客服务质量水平的各种因素又十分庞杂。它们体现在酒店服务的各个方面，体现在酒店业务管理过程的始终。从客人消费的角度来看，从客人进店到客人离店，是一个完整的服务过程，酒店中的每项业务活动，从开始到结束，都会形成一系列的服务过程。为此，酒店全面服务质量管理，既要做好事前质量管理，又要做好事中和事后的质量管理，因而必然是全过程的管理。

（3）全员性管理

酒店服务质量是由广大员工共同创造的。它贯穿于酒店各层次人员执行酒店质量计划、完成质量目标的过程之中。前台人员直接为客人提供各种服务，后台人员通过为一线人员的工作服务而间接为客人服务，管理人员则组织前台和后台人员共同为客人服务。所以，必须把酒店全体员工的积极性和创造性充分调动起来，不断提高员工的素质，人人关心服务质量，人人参与服务质量管理，共同把服务质量提高上来。

（4）全方法性管理

酒店全面质量管理可采用全方位的管理方法（包括行政、经济、法律、科学、思想教育等方法），以达到提高服务质量的目的。酒店全方法质量管理是多种多样管理方法的有机结合，是在有机统一的前提下，根据实际需要，采用灵活多样的各种方法和措施，提供优质服务。

（5）全效益管理

酒店服务既要讲究经济效益，同时又要讲究社会效益和生态效益，它是三者的统一。酒店作为企业，它所进行的经营管理活动属于市场行为，只有在获得一定经济效益的基础上，酒店才能生存和发展。同时作为社会的重要一员，酒店又必须兼顾社会效益和生态效益。从本质上说，创造社会效益和生态效益，既有社会发展和生态环境保护，同时有利于提高酒店的知名度和美誉度，创造口碑，为酒店带来长远利益。

3. 酒店全面质量管理的原则

（1）坚持“以人为本，员工第一”的原则

酒店各级、各部门、各环节、各岗位的优质服务及其服务质量，都是广大员工创造的。为此，在酒店服务质量管理的全过程中，必须始终坚持“以人为本，员工第一”的原则。要始终把人的因素放在第一位，关心爱护员工，要运用行为科学理论和方法，运用各种激励手段充分调动广大员工，特别是一线员工的主动性、积极性和主人翁责任感，才能提供优质服务，做好全面质量管理工作。

（2）贯彻“宾客至上，服务第一”的原则

要贯彻“宾客至上，服务第一”的原则，酒店必须以客人的活动规律为主线，以满足客人的消费需求为中心，认真贯彻质量标准，将标准化、程序化、制度化和规范化管理结合起来，加强服务的针对性，切实提高服务质量。

（3）坚持“预防为主，防范结合”的原则

酒店服务质量是由一次一次的具体服务所创造的使用价值来决定的，具有显现时间短和“一锤定音”的特点，事后难于返工和修补。因此，全面质量管理必须坚持预防为主、防管结合。其具体要求是：①必须根据各项服务的实际需要，把质量管理的重点放在事先做好准备排除各种影响服务质量的因素上面；②必须重视酒店服务质量的现场管理、动态管理和优质服务的现场发挥，从而确保提高服务质量。

（4）坚持“共性管理和个性服务相结合”的原则

酒店服务质量管理既有共性问题，又有个性问题和个性化服务。从全面质量管理的角度来看，主要是要抓住那些带有共性的、全局性的问题，同时又要重视那些影响服务质量的个性问题。另外，还要特别提倡广大服务人员的应变能力和个性化、感情化服务，要赞扬那些超越程度和标准的优质服务人员和事迹，以便切实提高服务质量，做好质量管理。

（5）坚持“定性管理和定量管理相结合”的原则

酒店服务是以劳动的直接形式，即活动本身来满足客人的消费需求的。这种服务的质量标准很难用数量标准来界定，大多只能用定性说明的方法来确定其质量程度和水平。但也有些部门的质量问题和标准可以用数量来反映。因此酒店全面质量管理可以将定性管理和定量管理结合起来，以定性管理为主。能够定量的质量问题、质量标准尽可能定量。特别是在质量检查、考核评估中，要尽量运用质量统计数据来说明问题，以此来提高酒店质量管理的客观性和科学性。

5.2 酒店服务质量管理的基本程序

要提高酒店服务质量，就必须加强服务质量管理，要更好地进行服务质量管理，首先要制定酒店服务规程，并建立酒店服务质量管理保证体系。

5.2.1 制定酒店服务规程

在酒店服务质量管理过程中，通常是通过对服务标准和规程的制定和实施，以及各种管理原则和方法的运用，达到服务质量标准化、服务形式规范化、服务过程程序化，最终以优质服务赢得客人。酒店服务规程就是酒店进行质量管理的依据和基础，是酒店根据各自的等级而制定出的适合本酒店实际情况的管理制度和作业标准。

1. 酒店服务规程的含义

酒店服务规程是指以描述性语言对酒店某一特定的服务过程所包含的作业内容和顺序及该服务过程应达到的某种规格和标准所做的详细而具体的规定。简单地说，它是指某一特定服务过程的规范化程序和标准。通常包含：服务规程的对象和范围；服务规程的内容和程序；服务的规格和标准；服务规程的衔接和系统性。

2. 酒店服务规程的制定

酒店服务规程的制定有两种方法：一种是由集体讨论，一人执笔编制成文；一种是由一人或数人编出规程草案交相关人员讨论定稿。不管采用哪种形式，其原则和编制过程基本相同。

（1）提出目标和要求

酒店决策层的管理人员根据酒店等级，经深入的分析研究后，提出本酒店服务规程应达到的目标和具体要求，并将其布置落实到酒店每一相关部门。

（2）编制服务规程草案

各部门管理者召集下属主管、领班和资深服务人员讨论确定本部门的所有服务内容和服务过程，并制定出每一服务过程的规程草案。

（3）修改服务规程草案

草案出台后，将规程草案在小范围内试行，在实践中进行修改，使其更具可行性。最后将规程草案交酒店决策层审定。

（4）完善服务规程

随着酒店等级的提高、宾客需求的变化及酒店业的发展，酒店应随时调整服务规程，并定期修订，使之更适用和完善。

3. 酒店服务规程的实施

制定科学合理的酒店服务规程非常重要，但更为重要的是酒店服务规程的实施。只有切实地实施服务规程，才能保持并且不断提高酒店服务质量，否则，服务规程不过是一纸空文。

5.2.2 建立酒店服务质量管理体系

全面质量管理体系是为贯彻酒店质量规程，实现质量管理目标而建立的一整套组织机构、基础工作、质量标准、制度程序等。它是酒店全面质量管理的核心和主要保证。其具体内容主要包括：

1. 组织领导体系

有效的组织领导体系是酒店全面质量管理的组织保证。各酒店因其实际情况不同，其组织形式也不完全相同。其特点是总经理负责，质管部经理和各部门经理成为全面质量管理的直接责任人，部门以下均开展质量小组活动，各部门质量分别由质管部经理和质量检查员负责督导检查，定期评比。如图 5.2 所示。

2. 质量标准体系

质量标准体系是酒店全面质量管理体系的核心内容，也是质量管理的重要基础工作。只有健全酒店质量标准体系，全面服务质量管理才有客观依据和奋斗目标，也才能做好全面质量管理工作。酒店质量标准的内容很多，也很全面，具体内容体系可参见图 5.3。

3. 服务程序体系

服务程序体系是酒店全面质量管理体系的重要内容，也是标准化管理的前提和基础。酒店全面质量管理的标准化体系和程序化体系是互相联系、互相依存、互为条件的。为此，在建立酒店全面质量管理的标准化体系的同时，也要建立程序化质量体系。具体内容体系可参见图 5.4。

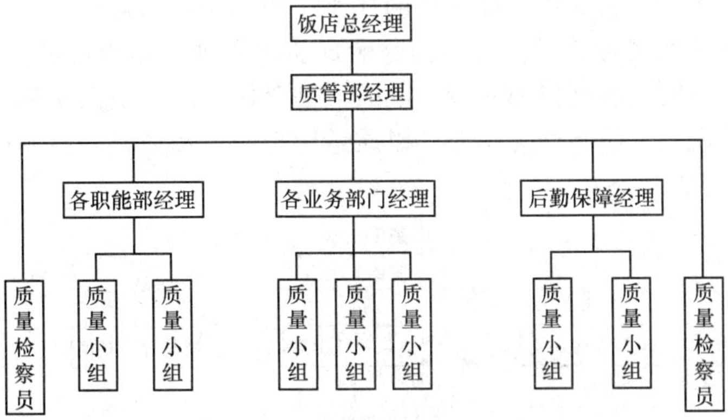

图 5.2　酒店全面质量管理组织领导体系图

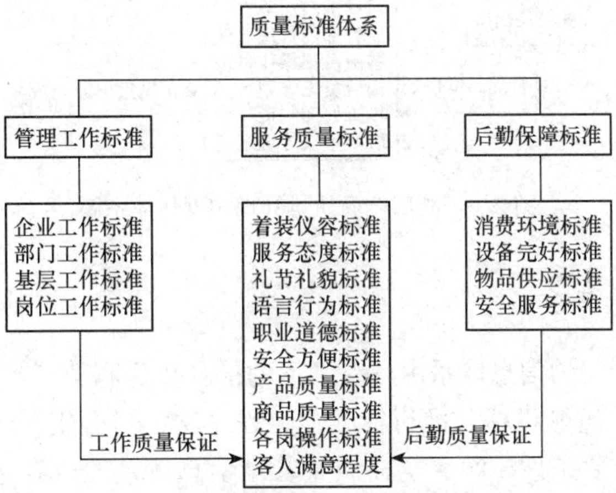

图 5.3　酒店全面质量管理标准化体系图

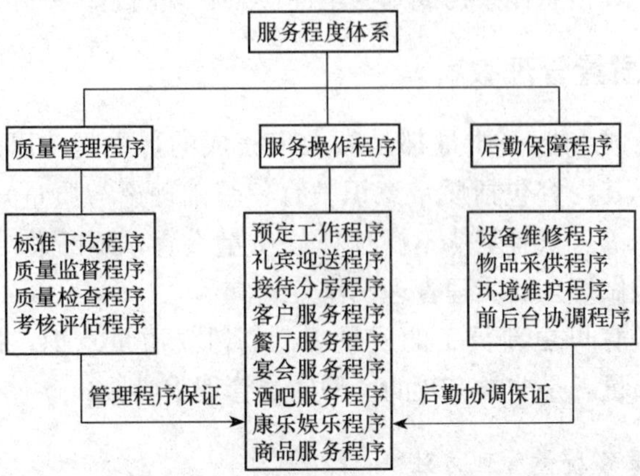

图 5.4　酒店全面服务质量程序化体系图

4. 制度化管理体系

制度化管理是为保证酒店标准化、程序化质量体系的贯彻实施，运用规章制度所进行的质量管理工作。制度化管理的目的在于用规章制度来规范员工的行为，协调各项质量管理工作和服务操作的关系，消除全面质量管理工作中可能发生的混乱现象，保证酒店各项服务的顺利进行和质量标准的贯彻落实。酒店全面质量管理化体系的内容也很多。它以质量责任制度为中心，以质量管理制度和质量规范制度为保证。其具体内容体系可参见图 5.5。

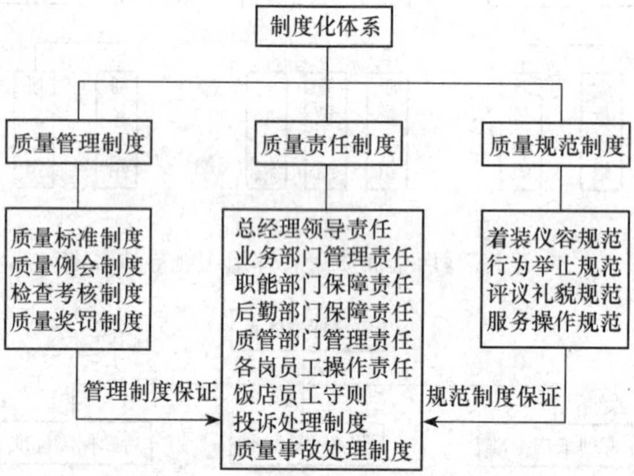

图 5.5　酒店全面质量管理制度化体系图

5. 质量管理信息体系

酒店全面质量管理的信息体系由从上到下的信息传递和从下到上的信息反馈构成。它是贯彻质量方针、质量目标，推行标准化、程序化、制度化管理，收集了解质量反馈、客人意见等的重要条件。酒店全面质量管理信息体系的内容包括质量标准贯彻实行状况，质量制度、程序落实情况，质量管理中存在的问题等。但就其质量信息的传递和反馈渠道而言，其信息体系构成则与全面质量管理的组织领导体系基本相同。

5.2.3　开展全面质量管理教育

酒店全面质量管理和服务质量都是靠人来完成的，要坚持以人为本、质量第一，就要坚持质量教育。其内容包括质量意识教育、基础理论与质量知识教育、质量标准教育、质量技能培训等。只有坚持不懈地抓好质量教育，不断总结提高，使争创优质服务深入人心，才能做好全面质理管理工作。

酒店服务质量教育可更新员工的质量观念，树立质量意识，提高员工整体素质，从而提高酒店服务质量，是非常有效的一种质量管理手段。

1. 采取有效的服务质量管理方法

酒店服务质量管理是多种多样管理方法的有机结合，是在有机统一的前提下，根据服务质量问题产生的原因而有选择性、针对性的管理。

酒店服务质量管理方法将在本章的 5.3 节中详细介绍，故在此处省略。

2. 对服务质量的管理效果进行评价

酒店开展的服务质量管理活动，以及所采取的质量管理方法，其目的都是为提高服务质量和宾客满意度，最终赢得忠诚宾客。但能否达到这一最终效果或达到程度如何，需要进行科学的效果评价。评价内容既包括服务质量管理标准的执行程度，也包括宾客的物质和心理满足程度；评价方法主要是检查。其方式是灵活多样的。

根据评价内容，对照检查结果，酒店管理者应客观地评价酒店服务质量管理效果，及时找出存在的质量问题，分析其产生原因，提出有针对性的改进措施，以不断提高酒店服务质量。

5.3　酒店服务质量管理的方法

在服务质量管理中，酒店只有采取有效的管理方法，才能真正提高服务质量，提供令宾客满意的服务，使酒店取得良好的经济效益。目前，酒店通常采用的服务质量管理方法主要有：服务质量分析法、PDCA 循环法、ZD 质量管理法交互服务质量管理法、QC 小组法等。

5.3.1　服务质量分析法

通过质量分析，找出酒店所存在的主要质量问题和引起这些问题的主要原因，使管理人员有针对性地对酒店影响最大的质量问题采取有效的方法进行控制和管理。质量分析的方法很多，常用的有：ABC 分析法、因果分析法、圆形分析法等。

1. ABC 分析法

ABC 分析法又称重点管理法、主次因素法，是意大利经济学家巴雷特分析社会人员和社会财富的占有关系时采用的方法。美国质量管理学家朱兰把这一方法用于质量管理并取得效果。运用 ABC 分析法，可以找出酒店服务存在的主要质量问题。

ABC 分析法以“关键的是少数，次要的是多数”这一原理为基本思想。通过对影响酒店服务质量诸方面因素的，以质量问题的个数和质量问题发生的频率为两个相关的标志，进行定量分析。计算出每个服务质量问题在质量问题总体中所占的比重，然后按照一定质量分成 A、B、C 三类，以便找出对酒店服务质量影响较大的 1～2 个关键性的质量问题，并把它们纳入酒店当前重点的质量控制与管理中去，从而实现有效的服务质量管理，使服务质量管理工作既突出重点，又照顾一般。用 ABC 分析法分析质量问题主要由以下三个步骤构成：

1）收集服务质量问题信息。通过宾客意见书、投诉处理记录、各种原始记录等方式收集有关服务质量的信息。

2）分类、统计，制作服务质量问题统计表。将收集到的质量问题信息进行分类、统计、排列，制作统计表，在表上计算出比率和累计比率。如表 5.1 所示。

表 5.1　服务质量问题统计表

质量问题	问题数量	比率/%	累计比率/%
菜肴质量	130	65.0	65.0
服务态度	36	18.0	83.0
外语水平	20	10.0	93.0
娱乐设施	8	4.0	97.0
其他	6	3.0	100.0
合　计	200	100.0	100.0

同时，作出有两条纵坐标轴的直角坐标图。横坐标为分类质量问题，排列方法从左到右按出现次数的多少顺序排列。纵坐标为质量问题出现的次数，如图 5.6 所示。

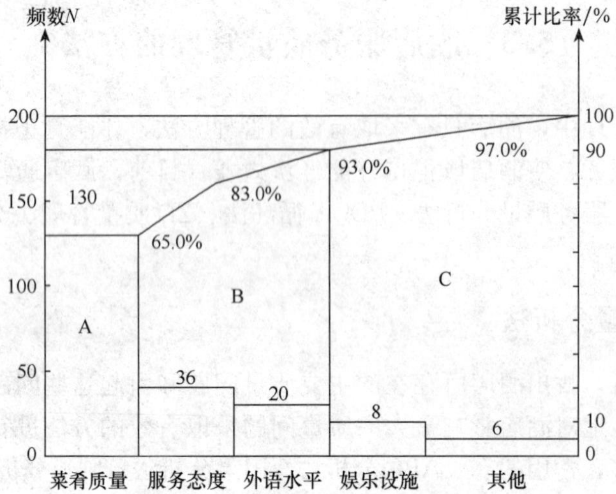

图 5.6　服务质量问题排列图

3）分析找出主要质量问题。排列图上累计比率在 0～70%的因素为 A 类因素，即主要因素；在 70%～90%的因素为 B 类因素，即次要因素；在 90%～100%的因素为 C 类因素，即一般因素。找出主要因素就可以抓住主要矛盾。

运用 ABC 分析法进行质量分析有利于管理者找出主要问题，但在运用过程中应注意以下几点：①A 类问题所包含的具体质量问题不宜过多，1～3 项是最好的，否则无法突出重点；②划分问题的类别也不宜过多，对不重要的问题可单独归为一类。

2. 质量结构分析图

质量结构分析图又称圆形分析图、饼分图。它根据酒店服务质量调查资料，将统计结果绘制在一张圆形图上。如图 5.7 所示管理人员通过质量结构分析图，可以非常直观、形象地看到影响酒店服务质量的主要因素，便于有针对性地提出改进措施。其具体分析如下：

1）收集质量问题信息。酒店管理者应通过各种原始记录、质量信息报表、质量检查结果、宾客意见调查表、客人投诉处理记录、质量考核表等方式多方收集酒店现存的质量问题。

2）信息的汇总、分类和计算。对收集到的质量问题信息进行汇总，并根据不同的内容将其分类，然后计算每类质量问题的构成比例。

3）画出圆形图。首先画一个大小适宜的圆形，并在圆心周围画一小圆圈（内填分析内容）；然后从最高点开始，按顺时针方向，根据问题种类及其构成比例分割圆形，并用直线与小圆圈相连；最后在分割的圆形中填入相应的问题种类及构成比例。至此，根据圆形图即可一目了然地掌握酒店存在的服务质量问题及其程度。

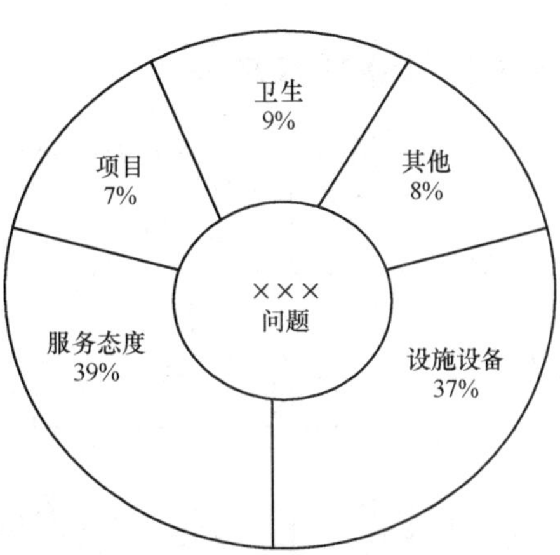

图5.7　质量结构分析图

3. 因果分析图法

利用ABC分析法可以找出酒店服务存在的主要的质量问题，而因果分析法则可以找出这些主要质量问题产生的原因。

因果分析图又称鱼刺图、树枝图，是分析质量问题产生原因的一种有效工具。在酒店经营管理中，影响酒店质量的原因是错综复杂的，多方面的。因果分析图对产生质量问题的原因进行分析，并把原因与结果之间的关系用鱼刺图表示出来。如图5.8所示。

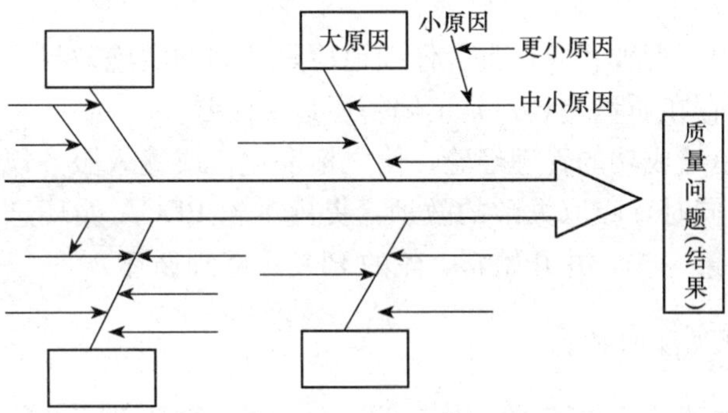

图5.8　因果分析图

因果分析图分析过程如下：

1）确定要分析的质量问题，用ABC分析法等找出存在的问题。

2）发动酒店管理者和员工共同分析，寻找A类问题产生的原因。要注意集思广益，广泛征求各方面人员的意见。探讨一个质量问题产生的原因时，要从大到小，从粗到细，寻根究源，直到具体措施能够采取为止。

3）整理找出原因，按结果与原因的关系画出因果图。影响服务质量问题的大原因通常从人、方法、设备、原料、环境等角度加以考虑。

5.3.2 PDCA 循环法

PDCA 循环工作法是由美国统计学家戴明提出来的，因此又叫戴明循环。它是酒店企业全面提高服务质量的一个最基本的工作方法。PDCA 即计划（plan）、实施（do）、检查（check）和处理（action）的英文简称。

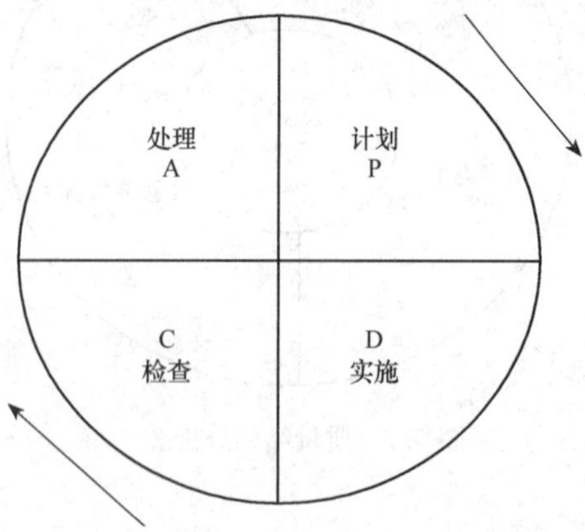

图 5.9 PDCA 循环图

PDCA 管理循环是指按计划、实施、检查、处理这四个阶段进行管理工作，并循环不止地进行下去的一种科学管理方法。PDCA 循环工作法一方面使质量管理按照逻辑程序循环发展，避免了质量管理产生波动性；另一方面它保证了质量管理的系统性和完整性，提高了质量管理工作的深度和广度。PDCA 循环转动的过程，就是质量管理活动开展和提高的过程。如图 5.9 所示。

1. 工作程序

1）计划阶段 PDCA 管理循环的计划阶段内容包括：首先，分析服务质量现状，用圆形图找出存在的质量问题；其次，用因果图分析产生质量问题的原因，然后找出影响质量问题的主要原因；最后，提出解决质量问题的质量管理计划，即应达到的目标及实现目标的措施方法。

2）实施阶段酒店管理者组织有关部门或班组以及员工具体地实施质量管理计划所规定的目标。

3）检查阶段酒店管理者应认真、仔细地检查计划的实施效果，并与计划目标进行对比分析，看是否存在质量差异，是正偏差还是负偏差。

4）处理阶段总结成功的管理经验，使之标准化，或编入服务规程，或形成管理制度加以推广应用。同时，吸取失败的教训，提出本轮 PDCA 循环悬而未决的问题，自动转入下一循环的第一步，并开始新一轮的 PDCA 管理循环。

2. PDCA 管理循环的特点

1）循环不停地转动，每转动一周提高一步。每次循环都有新的目标和内容，质量问题才能不断得到解决，酒店水平才能不断提高。

2）大环套小环，小环保大环，相互联系，彼此促进。整个酒店循环是一个大环，各部门则是大环中的小环。小环以大环为整体，是大环的分解和保证。

3）强调管理的完整性。PDCA 四个循环是一个整体，每一个阶段都同等重要。每一个阶段的工作都是下一个阶段的开始，不可忽视或缺少。

3. 实施 PDCA 管理循环的注意事项

PDCA 管理循环的四个阶段缺一不可。只计划而没有实施，计划就是一纸空文；

有计划，也有实施，但没有检查，就无法得知实施的结果与计划是否存在差距和有多大差距；若计划、实施、检查俱全，但没有处理，则不但已取得的成果不能巩固，失败的教训不能吸取，而且发生的问题还会再次重复，如此，服务质量就难以提高。因此，只有 PDCA 四个阶段都完成且不断地循环下去，才会使酒店服务质量问题越来越少，酒店服务质量不断提高并最终趋向于零缺点。

5.3.3　ZD 质量管理法

“ZD”是英文 zero-defects 的缩写。其含义是无缺点计划管理，即零缺点管理。是美国人克劳斯比于 20 世纪 60 年代提出的一种管理观念，当时的马丁·马里塔公司为提高制造导弹的质量可靠，提出“无缺点计划”，70 年代日本将其应用到电子、机械、银行等行业。同样，在酒店中采用这种管理方法，可以促使酒店服务管理达到最佳度。

1. 实质与特点

1）ZD 质量管理法的实质是以“无缺点”为管理目标，以每个员工都是主角为宗旨，充分挖掘人的内在潜力、确保质量为目的。

2）ZD 质量管理法的特点如下：

① 第一次就有把事情做好的管理思想。第一次就把事情做好，是“零缺点”管理的核心。

② 预防为主，防患于未然的管理方式。“零缺点”质量管理强调事前控制、防患于未然的重要性。

③ 严格执行服务质量标准的管理制度。酒店服务质量的标准是零缺点，而不是“差不多就好”。

2. 方法步骤

1）建立服务质量检查制度。许多酒店建立了自查、互查、专查、抽查和暗查等五级检查制度，督促员工执行质量标准，预防质量问题的出现。

2）DIRFT。即每个人第一次就把事情做对（Do it right the first time）。因为酒店服务具有不可弥补性的特点，所以，每位员工都应把每项服务做到符合质量标准，这是改善酒店服务质量的基础。

3）开展零缺点工作日竞赛。一般来说，造成酒店服务质量问题的因素有两类，即缺乏知识和认真服务态度。知识的缺乏可通过培训等来充实；但态度的漫不经心只有通过个人觉悟才有可能改进。因此，酒店可开展零缺点工作日竞赛，使员工养成 DIRPT 的工作习惯。

5.3.4　交互服务质量管理

1. 酒店交互服务质量管理的概念

酒店交互服务质量管理是指为实现酒店交互服务质量的提高，而采取的加强交互过程的控制、服务人员的培训，并创造顾客参与环境等管理活动。

2. 酒店交互服务质量管理的基本内容

（1）服务供求管理

良好的服务质量首先需要有一个良好的服务环境。在服务需求高峰期间，酒店时常出现超额预订、员工超负荷劳动、设备超负荷运转的情况，在很大程度上影响了酒店的服务质量。而在淡季，酒店则易出现设施设备、人员闲置，酒店面临较大的损失。对此，酒店应对供求进行合理调节，加强管理，从而为员工创造良好的服务环境。

（2）员工授权管理

交互服务过程是由顾客与一线服务人员共同完成的。由于交互服务的过程十分短暂，因此要想在短暂的时间内满足顾客需要，员工就必须有一定的权力。授权不仅仅意味着权力的重新分配，还需要提供给员工必要的信息，使员工具备更好地为顾客服务的知识和能力，即处理好“鱼和渔”的关系，否则授权就等于一句空话。同时授权还应与奖励结合起来，出色的员工应获得更高的薪酬。当然授权绝不是完全的放手，管理人员还应当采取适当的控制措施，避免员工放任自流，不加约束。

（3）现场督导管理

交互服务是在“现场”完成的，因此现场督导和监控十分重要。服务的过程完全暴露在顾客面前，成为顾客评价酒店服务质量高低的重要组成部分，交互过程的任何差错都可能给顾客留下不好的印象。因此酒店需要加强现场督导和监控，从而使交互过程顺利进行。

（4）服务补救管理

虽然酒店讲究 ZD 管理，但即使是最优秀的服务人员，在服务工作中也难免会发生差错。这就要求我们采取一系列补救措施，纠正差错，使顾客从不满转变为满意。

当酒店出现顾客对服务不满或是向酒店投诉时，一线员工和管理人员应高度重视，积极采取补救服务措施，平息顾客的不满。具体内容包括：

1）加强员工的培训。

2）赋予员工一定的决策权。

3）总结经验，进一步提高服务质量。

（5）人际交往管理

交互服务是由服务人员和顾客共同参与完成的，正确处理好一线员工与顾客之间的关系是十分重要。服务人员不仅要具有较强的服务意识，还应该有丰富的服务技能和人际沟通技能，以便处理好与顾客接触过程中所出现的各种问题。特别是在顾客出现不满时，应懂得随机应变，正确把握住顾客的心态，采取有针对性的措施来解决。

总之，最重要的是要“以诚相待”，坚持“宾客至上”的原则，以自己的行为来使顾客认同酒店的文化和价值观，并对顾客进行正确的引导。

5.3.5 QC 小组法

1. QC 小组法的内涵

QC（quality control）小组，即质量管理小组，是指在各个岗位上工作的员工，围绕企业的方针目标和现场存在的问题，以改进质量、降低消耗、提高经济效益为目的组织起来，运用质量管理的理论和方法开展活动的小组。全面质量管理是要求全员参与的管理，通过开展多种形式的全员性质量管理，尤其是开展QC小组活动，可充分发挥全体员工的积极性、创造性，这是解决质量问题、提高质量水平的有效途径。QC小组也是按PDCA循环的程序进行的。

2. QC小组法的实施步骤

1）调查现状。对拟解决的质量问题进行现状调查，以保证其真实性。

2）分析原因。发动全组成员集思广益，灵活运用因果法、关联法等找出问题产生的主要原因。

3）制定措施。针对主要原因制定相应的对策，就确定的对策安排实施计划，实行进度管理，加强预测。

4）按计划实施。在实施过程中，应随时把握实施的情况，检测质量趋势，根据分析结果，采用专业技术或组织管理措施，及时解决遇到的新问题，同时作好详细记录。

5）检查效果。把实施前后的效果进行对比，看是否达到预定目标，分析达标或不达标的原因，不达标的应重新调查分析。

6）制定巩固措施。达到目标并通过3个月左右的考验，说明课题已基本解决，应将行之有效的方法上升为标准，经有关部门审定后，纳入酒店有关质量标准的管理文件。

7）遗留问题的处理。对遗留问题加以分析后，将需要进一步解决的问题，作为QC小组下一个循环的课题，继续深入开展活动。

8）总结成果资料。这是QC小组自我提高的重要环节，也是进行下一循环的开始。

在实际工作中，QC小组一次定的目标不宜过高，应集中精力突击重点。QC小组工作完成之后，酒店应设法把成果加以巩固，不可让问题“死灰复燃”。

5.3.6 其他质量管理方法

在酒店管理中经常使用的管理方法还有：

1. 对策表

对策表是酒店将制定的改进措施和计划汇集成表，如表5.2所示（其为某酒店提高菜肴质量的对策表）。对策表是一种有效的改进酒店质量的方法。具体步骤如下：

1）首先做出措施计划表。

2）用ABC分析法分析出酒店存在的主要质量问题。

3）经因果分析图找出酒店主要质量问题存在的主要原因。

4）针对主要原因制定对策，制定改进措施和计划，并汇集成表5.2。

2. “末日管理”法

“末日管理”也称为“危机管理”，它包含两个层次的含义：对于效益好的酒店，应以严厉的规章制度来要求；对于效益差的酒店，应以非常规的方式来进行管理。

表 5.2 提高菜肴质量对策表

序号	问题	现状	对策	负责人	进度				
					5	10	15	20	25
1	原料不符合规范	菜肴外形不美观	1. 制定采购规格标准 2. 严格原料入库制度	×××					
2	无标准菜谱	菜肴份额不均	1. 制定标准菜谱 2. 增设厨房配菜员	×××					
3	技术水平低	菜肴花色单调	1. 参加厨师等级培训考核 2. 聘请特级厨师现场指导	×××					

1）对那些效益良好的酒店企业。是为了巩固市场占有率，维护良好的企业形象，在企业内部树立危机观念，在质量管理和控制上采取严厉的措施。

2）对濒临破产的酒店企业。管理者只有“置之死地而后生”，采取非常规方式改变劣势，提高服务质量。

3. 专项质量管理

1）专项质量管理的内涵。专项质量管理又称为项目管理，是对每一个服务质量专项进行管理。1993 年国际标准化组织提出了“项目质量管理”的建议，意在强化质量体系要素中的某一环节的管理的控制，以便在局部上提高服务和产品的质量。由于项目管理相对实用，更加简练，容易实施，因而得到了企业的青睐，被广泛运用。酒店经常开展的“微笑服务月”、“礼貌服务周”、“环境卫生日”，以及星级复查的准备活动、旅游主管部门倡导的优质服务评比、专门工种技能培训等，均属于专项质量管理范围。

2）专项质量管理的特点。主要有：授权某一个人负全责；由某一个组织完成；在一个明确的时间内结束；有相对简练实用的评价审核标准；有一个清楚的目标；项目完成后应有完整的质量文件材料。

3）专项完成后应有完整的质量文件材料。包括：确定项目概念，即项目的质量目标、管理者的期望；进行项目的可行性分析，评估实施该项目的条件、优势和困难；设计并确定项目实施的步骤、评价审核标准等；执行、运行。与该项目有关的组织、人员按规定的步骤完成各目的任务；总结记录，包括执行情况分析、项目最终结果、实施效果的评价和经验教训的总结。

4. 优质服务竞赛和质量评比

酒店还可定期组织和开展优质服务竞赛和质量评比等活动，以使酒店全体员工树立质量意识，提高执行酒店服务质量标准的主动性和积极性，并形成“比、学、赶、帮、超”，努力提高酒店服务质量的氛围。

1）定期组织，形式多样。酒店应定期组织和开展丰富多样的优质服务竞赛和质量评比等质量管理活动，要明确范围和意义、确定参与对象及要求、制定评比标准与方法，从而激发广大员工的参与愿望。

2）奖优罚劣，措施分明。竞赛和评比活动的开展应制定出具体的奖罚措施。一般应遵循“奖优罚劣、以奖为主”的奖惩原则，如给优胜者发奖金、授予荣誉称号、以 VIP 身份免费入住酒店一天、去国外或外地考察旅游等。

3）总结分析，不断提高。每次活动结束后，所有质量管理人员都应认真总结与分析。总结经验加以推广应用，提出不足以便改进提高，从而不断改善酒店服务质量。

5. 服务质量控制

一般来说，服务质量的控制主要是以下三方面的内容：

1）事前质量控制。随着全面质量管理和零缺点管理的推广，事前质量控制日益受到酒店管理者的重视。事前质量控制要求酒店根据服务质量管理标准，贯彻“预防为主”的方针，做好有形产品和无形服务两大方面的充分准备，以确保在宾客到来之前有备无患。

2）服务过程质量控制。服务过程质量控制是根据酒店服务质量管理体系的要求，通过各级管理者的现场巡视管理和严格执行服务规程，确保宾客满意程度的提高。

3）事后质量控制。事后质量控制应根据酒店服务质量信息，即服务质量管理的结果，对照酒店服务质量标准，找出质量差异及其产生的原因，提出有效的改进措施，避免过错的再次出现，确保酒店服务质量管理工作的良性循环。

6. 现场管理

“现场管理”是一个组织为了实现自己的经营目标，有效地利用所拥有的资源，有计划、高效率地进行运作所采取的措施。它对生产的范围、时间、进度等各个方面进行规范，设置目标，把握进程的实际情况。在现场管理中有一个很重要的概念就是整个现场要处在受控状态。现场出了问题要立即解决。

酒店服务生产与消费同时性的特点以及顾客的需求差异，增加了酒店员工的操作难度、酒店的管理难度。不同的酒店、不同的员工、不同的顾客在不同场合、不同时间对于酒店的服务质量要求是不同的。顾客需求的多样性和不稳定性要求员工能够短时间内在现场做出快速反应，只有具有丰富经验、应变能力强的员工能够做到。为此酒店管理者应通过现场管理，检查员工的准备工作，在对顾客服务方面起到督导的作用，观察其是否严格按照标准程序执行各项操作程序，激励下属员工的工作，做到事前控制、事中指导，及时处理出现的各种问题，从而保证服务质量的相对稳定。

5.4 酒店服务质量衡量标准与评价体系

5.4.1 酒店服务质量衡量标准

由于酒店接待的对象是来自不同地区、不同文化背景下的复杂的旅游者，他们的需求内容和对服务质量的衡量标准也是多种多样的。

1. 服务质量衡量的基本标准

受各种主、客观因素的影响，顾客对酒店服务质量的衡量标准带有明显的随意性、即时性、主观性。国内外大量关于酒店服务质量衡量标准的研究结果表明：顾客感觉中的服务质量是由可靠性、反应性、可信性、移情性、有形证据等五类服务属性决定的。

（1）可靠性

可靠性对顾客感觉中的服务质量影响最大。酒店必须不断提高服务质量，尽力为顾客提供正确、可靠、无差错的服务，才能提高顾客的满意程度。如果酒店不重视服务细节，服务工作经常出现差错，就必然会失去顾客的信任，损害自己的市场声誉。消费者要求100%可靠的服务。美国著名服务营销学家贝里、潘拉索拉曼和隋塞莫尔都认为，可靠性是服务质量的关键和核心属性。提高服务可靠性，减少服务差错，可提高酒店的经营效率。在激烈的市场竞争中，只有那些以100%可靠性为奋斗目标的酒店，才能取得市场竞争优势。

（2）反应性

反应性也称敏感性，是指服务人员愿意帮助顾客，并及时地为顾客服务。它考查的是服务人员对于客人需求的反应速度，客人的需求包括现实和潜在两个方面。反应性高的服务人员，具有较强的应变能力，他能使客人感受到自己正受到关注和尊重，客人会认为服务人员一直在为自己工作。

（3）可信性

指服务人员的知识、技能和礼节能使顾客产生安全感和信任感。增强酒店服务的可信性应至少具备两个方面的要求：一是酒店为顾客提供的有形产品与无形服务是安全可靠的；二是酒店员工拥有较丰富的酒店服务、顾客需求知识，具备传达信赖和信心的能力。

（4）移情性

指服务人员设身处地为顾客着想，关心顾客，为顾客提供个性化服务。对客人需求的反应速度快慢是建立在服务人员服务意识与服务技能综合基础上，只有具有较强的服务意识，才能“想客人之所想，急客人之所急”，才能愿意花时间去研究客人的需求并满足他；同时只有具备了较高的服务技能，才能快速、及时地完成客人所交代的任务。

（5）可感知性

即有形证据，指顾客能够感受到的服务人员的服装和仪表、服务设施、服务设备、促销资料等有形证据。服务人员端庄的服饰、甜美的微笑、礼貌的用语以及大方的行为举止都是服务质量重要的有形证据。酒店的所有有形事物和人物都为无形的服务提供有形证据。服务设施、服务设备、服务人员和顾客的仪态仪表，都是服务环境的重要组成成分。

除以上五类属性之外，有人认为补救性措施也是一个重要的属性。服务工作出现差错或无法预见的问题之后，酒店应尽快采取补救性措施，找出顾客可以接受的解决方法。在这五类属性中，“可靠”显然与技术性质量有关，“可信”则与企业的市场形象有密切关系，“敏感”、“可信”、“移情”、“有形证据”等属性都或多或少与功能性质量有关。可见功能性属性对顾客感觉中的整体服务质量有极大的影响。

2. 服务质量衡量的专项标准

酒店产品的销售过程是有形物质消耗和无形劳动相结合的过程。一个具有高服务质量的现代酒店不仅要有现代化的客房、餐厅以及各种服务措施，而且还要有懂业务、善经营的各级管理人员和服务技术好、水平高的服务员，以及灵活方便的经营服务项目。因此，酒店服务质量评价标准就包括了有形设施标准和无形产品标准。酒店的服务是无形的，不能用数量化标准来衡量。因此，酒店服务质量的衡量标准一般通过下面两个专项来反映。

1）满足宾客需要的一套服务规程。这一套服务规程是酒店服务所应达到的规格、程序和标准，它使酒店服务工作规范化、系统化、标准化。其内容包括整套语言、动作和技能、操作要求，它可使本来零散琐碎的服务工作规范化。具体内容有：保证设施良好的运转规程；保证顾客舒适的规程，即制定各种操作规程和岗位责任制；保证质量服务的规程。

2）酒店“回头客”比率。这是一个从实际出发的直接衡量酒店服务质量的重要标志。

5.4.2 服务质量的评价体系

搞好酒店服务质量与服务业绩的评价、考核工作，是酒店落实经济责任制，调动员工做好服务工作积极性的重要举措。而服务业绩的评价工作要能真正地起到奖勤罚懒、扶优治劣的作用，就必须避免长官意志和感情用事的倾向，较好地体现客观性、合理性，即要对服务业绩、服务质量进行公平、公正和公开的评价，并构建科学合理的服务质量评价体系。

1. 酒店服务质量评价体系的构成要素

酒店服务质量评价体系包括以下三大要素：评价主体、评价客体和评价媒体。

1）评价主体。由谁来进行评价，目前充当评价主体的主要有顾客、酒店组织和第三方机构。

2）评价客体。评价客体包括两个方面的内容，即由设施、设备等构成的硬件服务质量；由服务项目、服务水平等构成的软件服务质量。

3）评价媒体。即评价的表现形式、各评价主体反映评价结果的渠道。评价媒体是指评价的主体通过何种形式来表现其评价的过程和结果。

2. 酒店服务质量的三方评价

（1）顾客评价

顾客评价直接指向服务的对象，体现了以“顾客为中心”的服务宗旨，因而获得普遍的欢迎。但顾客服务质量评价标准中的期望服务指标、感知服务指标以及服务质量的可靠性、响应性、保证性、移情性、有形性等指标涉及到许多主观心理因素，因此较难确定，这使其带有浓厚的主观性、模糊性、差异性以及不公平性色彩。顾客评价的形式有以下几种：

1）顾客意见调查表。酒店广泛采用的一种顾客评价的方式。具体做法是先设计好有关酒店服务质量具体问题的意见征求表格，并将其放置于易于被客人取到的客房内或其他营业场所，由客人自行填写并投入酒店设置的意见收集箱内或交至大堂副理处。这种评价方式涉及范围广，客观性较强。当前国际上许多酒店还利用因特网和其他一些在线服务进行顾客意见的调查，这种方式快速而及时，因而很受欢迎。

2）电话访问。可以单独使用，也可以结合销售电话同时使用。访问时可以根据设计好的问题进行，也可以没有固定问题，因此自由度与随意性比较大。

3）现场访问。又称突击访问，做法是抓住与顾客会面的短暂机会尽可能多地获取顾客对本店服务的看法与评价。现场访问应充分利用时机，如对特殊 VIP 顾客在迎来送往中的现场访问，对消费大户的现场访问，对偶然遇到的老朋友、老熟客的现场访问等。

4）小组座谈。小组座谈是指酒店邀请一定数量的有代表性的顾客，采用一种取舍的形式就有关酒店服务质量方面的问题进行意见征询、探讨与座谈。小组座谈可结合酒店其他公关活动同时进行，向被邀请的顾客赠送礼物或纪念品。

5）常客拜访。商家向潜在顾客推销产品的成功率大约是 15%，而向现有常客推销产品的成功率则达 50%。酒店管理者应把常客作为主要目标和服务重点，对常客进行专程拜访，显示酒店对常客的重视与关心。

（2）自我组织评价

酒店是服务的提供者。酒店作为酒店服务的提供者，有义务对其所提供的服务进行考查与评判，尽量减少提供不合格服务。其评价形式如下：

1）酒店统一评价。由酒店服务质量管理的最高管理机关组织进行定期或不定期实施。这种形式应注重以下几方面内容：①注意对不同部门的重点考核，关注各部门服务质量的差异性；②注意评价的均衡性，除了应做好前台服务质量的评判工作外，还应对后台工作进行考查；③重视评价的严肃性，对于不达标、有问题的当事人和现任人必须依照酒店有关管理条例作出处理。

2）部门自评。部门自评就是按照酒店服务质量的统一标准，各个部门、各个班组自己对自己的考核与评价。部门自评大致可分为酒店级、部门级和班组、岗位级三个层次。部门自评是建立在酒店统一的服务质量标准基础上的，酒店服务质量管理机构应对部门自评结果进行考核与监督，对于存在较大差异的情况应引起重视，找出原因并加以解决。

3）酒店外请专家进行考评。酒店内部的各层次考评固然十分重要，但难免会因长期身在此山中，而“不识庐山真面目”。因此应聘请相关专家协助酒店进行自我服务质量评价，使考评结果更具有专业性。

4）随时随地的“暗评”。该种评价由酒店中、高层管理者来实施，酒店管理者的每一次起动都应作为对酒店服务质量的一次考评，对这一过程中发现的每一个问题都应及时纠正。

5）专项质评。专项质评是指酒店针对特定的服务内容、服务规范进行检查与评估。酒店通常对自己的优势服务项目或在特定时间内开展专项质评，并以服务承诺或服务保证的方式向顾客显示质评后的服务效果。酒店通常会对服务基本质量保证、服务时限、服务附加值、服务满意度等做出承诺，并通过制定更高的服务质量标准、较高的服务质量补偿金、简化顾客申诉程序等措施来贯彻酒店服务质量承诺。

（3）酒店服务质量的第三方评价

第三方是独立于酒店服务供应方和需求方的评价主体，是从“旁观者”的角度利用各项标准来评价服务质量的，较为客观、公正，其评价的结果较能让大众信服。其评价形式有：

1）资格认定。在我国，旅游业以定点方式确定涉外与不涉外资格。比如，旅游涉外定点餐馆、定点商店、涉外酒店、涉外娱乐场所等。它们均表示一种资格，即可接待外国人、华侨、港澳台同胞的能力。

2）等级认定。目前，在我国餐馆业存在两大认定体系：星级酒店与等级酒店。星级酒店以中高档酒店为对象，以五角星的多寡作为等级标识，星级越高等级越高；等级酒店以餐饮业为主要认定对象，以文字反映被评对象的档次，如特级酒店、一级酒店、二级酒店等。

3）质量体系认证。质量认证是指由可以充分信任的第三方证实某一鉴定的产品或服务符合特定标准或其他技术规范的活动。目前主要有 ISO 9000 系列和 ISO 14000 系列两大类。我国已参加国际标准化组织，并取得认证资格，因而我国企业获得的质量认证证书是国际通行的。

4）行业组织、报刊、社团组织的评比。利用酒店行业组织、社团组织、民意调查表、市场研究公司、报刊杂志等对酒店的服务质量进行评价的方式。例如，我国举办酒店“百优五十佳”评比：国外最知名的《公共机构投资人》杂志，每年以打分方式评出 100 家全球最佳酒店。其他如美国质量协会、餐旅协会的“五星钻石奖”、日本旅业公会的“最佳休闲度假场所”等。

三方评价各有其优缺点。为了构建更加科学合理、操作性强的服务质量评价体系，要求酒店业应将顾客评价、酒店组织评价以及第三方评价有机地结合起来，深入细致地权衡三方评价的优缺点，并对三方评价因子做出合理的选择，对因子权重做系统、全面和客观的考察。

5.4.3 酒店服务质量承诺与服务质量保证

酒店为了吸引和招徕更多的客人，往往会在对外宣传促销时，向顾客做出各种服务质量承诺和保证，例如“一流的服务，一流的设施，一流的享受”；或者是从工作效率方面来规定酒店向客人提供各种服务的时间限额、“超值的享受”等，一些酒店还推出了服务质量保证金制度，承诺当服务出现缺陷或顾客进行投诉时，酒店会根据实际情况向顾客提供物质或金钱补偿。酒店的服务质量承诺和保证，一方面有利于酒店进行对外宣传促销，提升其市场形象，吸引更多的客人；同时它有利于提高员工的服务质量水平，在这种服务质量承诺和服务质量保证的情况下，酒店管理人员和服务人员为了实现其承诺，获得顾客满意，就必须以承诺和保证的标准来严格要求自己，以免引起顾客的不满，甚至是投诉，引起酒店声誉和物质的损失。

1. 服务质量承诺

服务质量承诺是指酒店向顾客做出的关于其能够提供高质量服务的口头或书面的说明。服务质量承诺必须是建立在酒店自身拥有的设施、设备、人员以及保证其承诺实现的各种有形与无形物质资源基础上，即酒店必须拥有实现其承诺的各种资源保障。因为服务质量承诺从某种意义上说，是顾客形成对酒店服务质量期望的重要组成要素，当顾客在酒店所获得的实际服务质量感受与期望值相符时，客人不一定会有反应，但是当酒店提供的服务与其承诺不一致时，则顾客会有较大的反应，此时客人会有上当受骗的感觉，假如酒店无法提供及时有效的补救服务，则该客人将会转向竞争对手消费，并将其不愉快的经历告诉亲朋好友，或者是投诉到相关主管部门，导致酒店声誉和财产的损失。酒店的服务质量承诺应该是根据酒店的现有资源和能力提出的，必须是“名副其实”的承诺，否则不仅无法起到吸引顾客的目的，还将给酒店带来经济和名誉损失。

2. 服务质量保证

服务质量承诺大多为口头上的承诺，而服务质量保证则更侧重于书面形式的规定。不少酒店的管理人员认为：服务质量不仅受可控因素的影响，而且受不可控因素的影响，酒店无法始终保证优质服务。事实上，酒店完全无法控制的因素是极少的，服务态度、服务意识、服务技能、服务方法、服务设备等绝大多数影响服务质量的因素，都是酒店管理人员能够控制的。高度重视顾客满意程度的管理人员决不会以极少数不可控因素作为本企业无法保证优质服务的借口，他们会采取一系列必要的措施做好服务质量管理工作，保证优质服务。酒店应采取以下措施保证向顾客提供优质服务：

1）了解顾客对优质服务的具体要求，确定服务质量标准。向顾客介绍服务质量标准，保证服务质量，有效地吸引顾客购买。

2）做好服务质量管理工作，采取预防性措施，防止服务差错。做好对服务人员的事前培训、事中督导与事后控制工作，使酒店通过优质、可靠的服务，增强竞争力，增加营业收入，提高经济收益。

3）全面分析服务体系，发现服务工作中的薄弱环节，防止服务质量问题，并通过为顾客提供补救性服务，防止与顾客关系的彻底破裂。

5.4.4 关于ISO质量管理体系

1. ISO质量管理体系概述

加入WTO之后，为了使我们的酒店产品能够打入国际市场，我们就必须与国际接轨、“与世界联网”，我们的酒店产品也必须得到国际质量管理标准的认证。只有这样，才能有效地消除技术壁垒，在国际市场上占有一席之地。

ISO，即国际标准化组织（International Organization for Standardization），成立于1946年，是国际标准化领域中的一个十分重要的组织，其成员来自于世界上130多个国家和地区的国际标准化团体组织。代表中国参加ISO的国家机构是国家质量技术监督检验检疫总局（CSBTS）。

ISO 9000 系列标准是国际标准化组织（ISO）于 1987 年正式颁布的质量管理和质量保证国际标准。1994 年对系列标准进行了修订，形成了 ISO 9000 族标准。2000 年以及 2008 年又先后对 ISO 9000 族标准进行了改进，并推出了 2000 版 ISO 9000 族标准。该标准体现了八个原则：

1）以顾客为中心。

2）领导作用。

3）全员参与。

4）过程方法。

5）系统管理方法。

6）持续改进。

7）以事实为决策依据。

8）互利的供方关系。

对于酒店而言，坚持这些质量管理原则的目的在于指导酒店的管理，它们的实施最终将使酒店的客人和与酒店相关的组织（包括旅行社、供应商、旅游学校、酒店协会、旅游主管部门等）受益。

2. 酒店导入 2000 版 ISO 9000 族标准适宜性分析

2000 版 ISO 9000 族标准更适合现代酒店的导入，这主要是由其新增特点决定的。

（1）酒店导入 2000 版 ISO 9000 族标准的适宜性

1）通用性强。标准中“允许剪裁”的规定，使 ISO 9001 标准的适用范围可以有效地扩大到所有服务业，使中小型酒店也能有效贯彻实行 ISO 9000 族标准。

2）结构简化、文字易懂。现代酒店是劳动密集型企业，酒店所有商品的出售最终是通过服务员实现的，而服务本身就是宾客需要的商品。可见，标准结构简化、文字易懂的特点使酒店全员实行“贯标”有了可能性。

3）理念统一。标准明确了质量管理的八项原则，即以顾客为中心、领导作用、全员参与、过程方法、系统管理、持续改进、以事实为决策依据、互利的供方关系。这八项原则作为新标准的指导思想，其内部无论是理论思想还是操作程序都是一个统一的体系，并始终贯穿于 2000 版 ISO 9000 族标准中，这八项原则使现代酒店管理思想具有一致性。

4）操作性强。标准采用了过程管理模式，提倡用过程方法来识别和建立体系，并对质量活动运行进行控制，具有很强的可操作性。由于使用了 PDCA 的工作原理，使得现代酒店在导入标准时如鱼得水。

5）持续改进。标准强调了持续改进和顾客满意是质量管理体系的动力，而现代酒店管理符合这一管理理念，始终把宾客的需求作为持续改进酒店管理和增减服务项目的依据。

6）利益共享。标准把受益者的要求作为体系的输入，又把受益者的满意作为体系的输出，表明了标准对受益者利益的关心。

7）与 ISO 14000 的兼容性强。标准与国际环境管理体系（ISO 14000）有较强的兼容性，酒店可以很方便地同时贯彻执行这两套标准。而且，现代酒店追求“绿色酒店”、“绿色营销”、“绿色消费”的理念，也符合 ISO 14000 标准的思想。

（2）该标准对酒店带来的益处

通过贯彻执行 2000 版 ISO 9000 族标准，酒店获得以下益处：

1）保证产品持续符合标准，满足顾客需求。

2）加强过程管理，防止不合格产品出现。

3）规范部门职能，变人治为法治，提高工作效率。

4）科学化与人性化高度统一，可使员工感到工作轻松，宾客满意度提高。

5）有利于树立酒店的社会形象，增强企业竞争力，培养宾客对品牌的忠诚度。

6）提高了酒店的质量信誉。

7）促进酒店完善质量体系。

8）增强国际市场竞争力。

3. 酒店如何通过 ISO 国际质量认证

按 ISO 9000 系列建立、健全质量体系，申请质量认证已成为世界潮流，这不仅是国内企业入世后开展国际竞争的需要，也是提高企业质量管理水平，稳定、提高产品质量，提高经济效益的需要。那么，作为旅游酒店，应如何通过 ISO 国际质量认证呢？

（1）认真做好准备工作

准备工作是质量认证工作的基础，主要有以下内容：

1）学习消化质量体系认证的有关要求。酒店应组织有关人员认真学习、消化衡量体系检查项目，真正领会要求的内涵，对照企业实际，进行自我评定。

2）分析评价体系文件的适用性。企业在向认证机构递交体系文件之前，应先做一次文件自我审核活动。

3）收集、整理、自查证实文件。质量体系认证现场检查主要是按企业提供的证实文件逐项核查。评价体系文件的符合性和有效性，涉及企业的质量手册、程序文件、质量计划等。企业必须进行一次自查，如存在问题，应对文件进行修改、补充完善。

4）评价质量体系运行的有效性。质量体系运行的有效性主要体现在：产品质量是否实现了既定目标，对不合格的控制和纠正的措施是否落实等。

5）制定改进完善措施。通过以上自查、评价，对存在问题，按轻重缓急制定切实可行的改进措施，落实负责部门，限期完成。

（2）申请认证

根据自愿原则，企业可向已获国家认可的任一质量认证机构申请质量体系认证，行政部门无权干涉。认证时按哪种模式，或按 ISO 9001：2000 标准如何剪裁，企业可提出自己的设想，与认证机构协商后确定。申请以后，一般应做好以下工作：

1）填写申请表。包括企业概况，推行质量管理及贯彻的情况，已取得的成效，近 3 年内的产品质量状况，上级部门抽查的结果等内容。

2）提供体系文件和必要的说明。企业应按认证机构的要求，提供质量手册或质量保证手册和质量体系程序文件以及产品设计、生产情况的简要说明。

3）签订认证合同。按照质量体系认证机构对报送材料审核后的通知，符合要求的企业，签订质量体系认证合同，商定现场审核日期和有关事宜。

（3）迎接现场审核

企业在现场审核中应做好以下工作：准备证实材料，配备陪同人员；各部门做好迎检的准备；企业应认真听取评价结果，弄清存在问题，分析原因，并采取纠正措施，认真整改。

（4）质量体系的维持与巩固

通过质量体系认证的企业，不可从此“高枕无忧”，应进一步完善质量体系，努力提高质量体系的有效性，以此来迎接认证机构对已获认证企业的质量体系所实施的监督管理。酒店如果获得经国际互认的认证机构的产品质量认证或质量体系认证，便会得到各国的承认，享受一定的优惠待遇。

本章小结

服务质量是酒店的生命线，本章着重介绍了酒店服务质量的构成和特点；揭示了酒店服务质量管理的内容及原则；阐述了酒店服务质量管理的基本程序；详细说明了提高酒店服务质量的管理方法以及衡量标准和体系。

课后练习

一、案例分析

一只小虫子引起的风波

某三星级酒店一行 15 人由总经理率领慕名来到某市一家酒店用晚餐。他们此行的主要目的是想学习该酒店的管理和服务，看看菜肴如何。晚 7 时他们来到单间“春”厅，虽有预订，因多来了几个人，使得服务员和领班手忙脚乱地加椅子和餐具。人们还没有坐下，一位客人指着墙上那幅字，问服务员写的是什么？服务员答：“不清楚。”又问领班，答：“不知道。”入座后，客人点菜，问：“最近咱们餐厅推出什么特色菜没有？”领班回答：“不清楚，我到厨房问一下告诉你。”客人点完菜，领班把菜牌一收离开了。15 分钟后才开始上凉菜。客人们发现转盘底下爬出一只蚂蚁，叫服务员赶快处理；同时，一位客人从啤酒杯里打死一只小虫子后，让领班换一只杯子，换后，客人觉得更换的这个杯子似乎就是刚才那个杯子，因为发现杯子里有手拿过的痕迹，要求再重新换一个。领班不情愿地拿来一个与原来杯子不同的高脚杯，往桌子上“砰”地一放，客人讲：“怎么是这种杯子？”领班答：“杯子没有了，这才是喝啤酒的杯。”

席间，客人流露出对领班的不满，就对服务员讲：“您服务得不错，你们那个领班真不像话。”后来领班也就没有出现了。结账时客人提出要打折，一位自称是部长的小姐讲：“我做不了主，得上报。”客人中的主人（即总经理）对那个部长小姐开玩笑地讲："你可得注意，这个人不好惹（指要求打折的同事），他是黑社会的头儿。"部长小姐回敬道："没关系，我们敢开这么大一个店，就不怕有人来捣乱。"10 分钟后，部长小姐把投诉客人叫出去了。餐饮部经理（一个老外，会讲中文）出面说："可以考虑打折，但只能打八五折。"客人讲："不行，你们服务出现这么多问题，菜肴也不好，怎么也得打六折。"餐饮部经理讲："我做不了主，得上报。"这样僵持不下，10 分钟又过去了。最后值班经理（是酒店的人力资源总监）来了，听了投诉经过后说："你们讲的那个领班服务不好我知道，她不代表我们酒店。""你们不能指责服务员，你们是人，他们也是人。"最后，以八折达成协议。可是，客人一看账单觉得价格不对，打折下来应为 3200 多元，怎么是 3600 多？仔细一算，发现将基围虾和另一个菜按两份结账。这下客人火了，客人说："本来是想来考察，学习学习，没想到不仅没学到东西，反而让人生气。""钱不在多，关键是要一口气。"

【问题】

1. 这家酒店管理和服务质量问题多多。服务过程出现了哪些问题？
2. 应该如何提高该酒店的服务质量？

二、课堂讨论题

1. 如何在酒店中应用 ABC 分析法？
2. 请列出酒店服务质量管理的几种方法及各自利弊。

三、课后思考题

1. 什么是酒店服务质量管理？其特点有哪些？
2. 酒店服务质量的要素组成包括哪些？
3. 酒店服务管理者应如何在酒店中实行全面质量管理？
4. 酒店服务质量管理的基本程序包括哪些。
5. 酒店服务质量管理都有哪几种方法？
6. 酒店如何通过 ISO 国际质量认证？

四、实训题

找一家酒店作为酒店服务质量分析的对象，运用 ABC 分析法、圆形图、因果分析图分析一个酒店的服务质量。

目的：使学生在分析中掌握对酒店服务质量管理的分析方法。

要求：用图表说明问题。

第6章

酒店人力资源管理

学习目的

本章主要介绍酒店人力资源管理的一些基本理论和实际操作方法。通过本章学习，学生对酒店人力资源管理有一个初步认识。了解酒店人力资源管理的发展过程、发展趋势，以及目前酒店人力资源管理所存在的问题。熟悉酒店人力资源管理的基本概念和基本原理，掌握酒店人力资源的开发与利用、考核以及激励等方面的实际工作原则、方法和技巧。

学习内容

- 人力资源管理概述
- 酒店人力资源的开发与利用
- 酒店人力资源的激励
- 酒店员工的绩效考评
- 酒店的督导管理

现代酒店拥有四大资源，即物资、资金、信息和劳动力。人力资源是酒店最基本、最重要、最宝贵的资源，只有人才能使用和控制酒店其他资源，从而形成酒店的接待能力，达到酒店的预期目的。如何对人力资源进行科学而有效的开发和管理，已经成为现代酒店管理的核心。

6.1 人力资源管理概述

6.1.1 人力资源的含义与特点

1. 人力资源的概念

所谓人力资源，是指能够推动整个经济和社会发展的劳动者的能力，即处在劳动年龄的已直接投入建设的和尚未投入建设的人口的能力。

在人力资源的概念中包含了数量和质量两个方面。质量指标即强调人的质的方面，指具有较强的管理能力、研究能力、创造能力和专门技术能力的人们，属于人才资源；数量因素即为人口资源是指居住在一个国家或一个地区内的人口的总和。其基本形态是一个具体的活人。可见，在人力资源的管理中，更强调的是高质量的人才资源而不是数量的人口资源。

人力资源的内容包括：劳动者的体质、劳动者的智力、劳动者的文化素养和受教育程度以及劳动者的思想和道德水平。四个方面的内容是相互关联，相互渗透的。这些方面的获得主要靠后天的教育和培养，这对于我们开发、利用和管理人力资源将具有积极的参考价值。

2. 人力资源的特点

(1) 人力资源的生物性

它存在于人体之中，是有生命的“活”资源，与人的自然生理特征相联系。

(2) 人力资源的能动性

1）自我强化。人类的教育和学习活动，是人力资源强化的主要手段。人们通过正规教育、非正规教育和各种培训，努力学习理论知识和实际技能，刻苦锻炼意志和身体，使自己获得更高的劳动素质和能力，这就是自我强化的过程。

2）选择职业。在市场经济环境中，人力资源主要靠市场来调节。人作为劳动力的所有者可以自主择业。选择职业是人力资源主动与物质资源结合的过程。

3）积极劳动。敬业、爱业，积极工作，创造性的劳动，这是人力资源能动性的最主要方面，也是人力资源发挥潜能的决定性因素。

(3) 人力资源的动态性

1）在人的生命过程中不同阶段有着不同的生理和心理特点，对人力资源的生成和发挥作用各有不同的最佳期。

2）作为人力资源重要组成部分的知识和技术是人们经验的产物，随着时间的发展，一些知识和技术可能陈旧、老化、过时，就失去其应有的效用。特别是当今科技发展日新月异，知识、技术的更新周期也大为缩短。

(4) 人力资源的智力性

人类在劳动中创造了机器和工具，通过开发智力，使器官等效得以延长，从而使得自身的功能迅速扩大。人类的智力具有继承性。人力资源所具有的劳动能力随着时间的推移而得以积累、延续和增强。

(5) 人力资源的再生性

人力资源具有再生性，它基于人口的再生产和劳动力的再生产，通过人口总体内个体的不断更替和“劳动力耗费－劳动力生产－劳动力再次耗费－劳动力再次生产”的过程得以实现。当然人力资源的再生性不同于一般生物物资的再生性，除了一般生物学规律之外，它还受人类意识的支配和人类活动的影响。

(6) 人力资源的社会性

从人类社会经济活动看，人类劳动是群体劳动，不同的劳动者一般都分别处于各个劳动集体之中，构成了人力资源社会性的微观基础。从宏观上看，人力资源总是与一定的社会环境相联系。它的形成、配置、开发和使用都是一种社会活动。从本质上讲，人力资源是一种社会资源，应当归整个社会所有，而不应归属于某一具体的社会经济单位。

6.1.2 人力资源管理的含义和作用

1. 人力资源管理的含义

人力资源管理，是指运用现代化的科学方法，对与一定物力相结合的人力进行合理的培训、组织与调配，使人力、物力经常保持最佳比例，同时对人的思想、心理和行为进行恰当的诱导、控制和协调，充分发挥人的主观能动性，使人尽其才，事得其人，人事相宜，以实现组织目标。我们可以从两个方面去理解人力资源的管理：

(1) 人力资源外在要素——量的管理

社会化大生产要求人力和物力按比例合理配置，在生产过程中人力和物力在价值量上的比例是客观存在的。

对人力资源量的管理，就是根据人力和物力及其变化，对人力进行恰当的培训、组织和协调，使二者经常保持最佳比例和有机的结合，使人和物都充分发挥出最佳效应。

(2) 人力资源内在要素——质的管理

就人的个体而言，主观能动性是积极性和创造性的基础，而人的思想、心理活动和行为都是人的主观能动性的表现。

就人的群体而言，每一个个体的主观能动性，并不一定都能形成群体功能的最佳效应。只有群体在思想观念上一致，在感情上融洽，在行动上协作，才能使群体的功能等于或大于每一个个体功能的总和。

对人力资源质的管理，实质上是对人的心理和行为的管理。既采用现代化的科学方法，对人的思想、心理和行为进行有效的管理（包括对个体和群体的思想、心理、行为的协调、控制与管理），充分发挥人的主观能动性，以达到组织目标。

总之，现代人力资源的管理就是一个人力资源的获取、整合、保持激励、控制调整及开发的过程。主要包括求才、用才、育才、激才、留才等内容和工作任务。

2. 人力资源管理的作用

现代酒店是以人为中心的行业，酒店的管理就是人的管理。加强酒店人力资源的管理，具有极其重要的作用。

(1) 人力资源管理是保证经营活动顺利进行的必要条件

酒店的业务经营活动离不开人与物这两个基本要素，而人是业务经营活动的中心，是决定因素。员工的劳动并非一种孤立的个体劳动，而是一种分工协作的社会劳动。所以，要保证酒店业务经营活动的正常进行，首先必须合理招募员工。并科学安排、处理、调整、考评人与人之间、人与事之间的关系，使之有机地结合起来。而这些正是酒店人力资源管理的基本职能。

（2）人力资源管理是提高酒店素质和增强企业活力的前提

在商品经济的条件下，酒店要想在竞争中站稳脚跟，打开局面，就必须努力提高企业的素质，增强企业的活力，而企业的素质归根结底是人的素质。

企业的活力，源于酒店员工的主动性、创造性和积极性的发挥。人是有思想、有感情的，其积极性的发挥，不是仅靠发号施令所能做到的，只有采取现代化的科学的管理方法，才能充分激发员工的主观能动性，不断提高员工素质，最大限度的挖掘员工的潜能，这是提高企业素质，增强企业活力的关键所在。

（3）人力资源管理是提高酒店服务质量，创造良好社会效益的保证

酒店业是服务性行业，其产品是由员工提供的服务，而员工服务的对象又是需要情感的宾客，因而其从业人员的心理因素、职业道德、业务素质和工作积极性等就直接决定了酒店的服务质量，进而关系着酒店经营的成败。

因此，充分调动员工的积极性，对人力资源进行科学有效的管理，是提高酒店服务质量，创造良好社会效益的前提和保证。

6.1.3 人力资源管理的范畴

1. 制定人力资源计划

酒店人力资源规划是指酒店科学地预测、分析自己在变化的环境中的人力资源供给和需求状况，制定必要的政策和措施以确保自己在需要的时候和需要的岗位上获得各种需要的人才。人力资源计划主要包括总体规划、培训开发计划、绩效与薪酬福利计划、劳动关系计划以及人力资源预算等。

2. 工作分析

工作分析是人力资源管理的基础性工作，目的在于对酒店内所有职位的工作职责、内容、特征、环境和任职资格进行清晰明确的界定。通过工作分析，我们可以确定某一工作的任务和性质，以及从事此工作的人应具备的素质。工作分析的结果是职位说明书。职位说明书不仅可作为员工招聘的标准，也是对员工工作表现，以及员工培训、调配、晋升等进行考核的依据。

3. 员工招聘与配置

招聘就是酒店根据人力资源计划和职位说明书，吸引应聘者并从中选拔录用酒店需要的人的过程。招聘有两个途径即内部招聘和外部招聘。对酒店员工的选拔应遵循因事择人、公开、平等竞争、用人所长的原则。

4. 协调、处理劳资关系

员工一旦被聘用，就与酒店形成了一种雇佣与被雇佣的劳资关系。为了保护劳资双方的合法权益，酒店人力资源部门需与员工就工资、福利、工作条件和环境等事宜达成协议，签订劳动合同。同时，劳资双方一旦发生矛盾、冲突，人力资源部门还需

要进行协调、处理。

5. 员工培训

任何新员工，首先要接受入店教育，这是帮助新员工了解和适应酒店组织，接受酒店文化的有效手段。

此外，为了提高员工的服务技能，还需要开展各类培训；对于管理人员，更有必要开展提高性的培训，目的是促使他们尽快掌握业务知识和管理技能。

6. 绩效考评

绩效考评，就是对员工的岗位适应能力、工作表现及工作成果等进行评价，并在条件允许的情况下给予量化处理的过程。这种评价可以是自评，也可以是他评，或者是综合评价。考评结果将成为员工晋升、奖惩、工资待遇、培训以及有关人力资源管理决策的有效依据。是调动员工的积极性和创造性，检查和改进人力资源管理工作的重要手段。

7. 员工发展

人力资源管理的一个基本观念就是，企业既要最大限度的利用员工的能力，又要为每一位员工都提供一个不断成长以及挖掘个人最大潜能和创造成功的机会。这样做可以进一步激发员工的工作积极性和创造性，从而提高组织效能。这是现代人力资源管理和传统人事管理的一个重要的区别。因此人力资源部门和其他部门的管理者有责任鼓励和关心员工的个人发展，帮助其制定个人发展计划，并及时进行监督和考察。人力资源部门在帮助员工制定个人发展计划时应该实事求是、切实可行，特别注意个人目标要与组织目标协调一致。只有这样，人力资源部门才能对员工实施有效的帮助和指导，促使个人发展计划顺利实施并取得成效。

8. 薪酬与福利管理

合理、科学的薪酬福利体系关系到组织中员工队伍的稳定与否。人力资源管理部门需从员工的资历、职级、岗位及实际表现和工作成绩等方面，为员工制定相应的、具有吸引力的薪酬福利标准和制度。工资报酬应随着员工的工作职务升降、工作岗位变换、工作表现好坏与工作成绩进行相应的调整，不能只升不降。

员工福利是社会和组织保障的一部分，是工资报酬的补充和延续。主要包括政府规定的退休金或养老保险、医疗保险、工伤保险等，并且为了保障员工的工作安全、卫生，还需要提供必要的安全培训教育、良好的劳动工作条件等。

9. 建立员工档案

建立员工档案是人力资源管理部门的工作职责。主要包括员工入店时的简历以及入店后关于工作主动性、工作表现、工作成绩、工资报酬、职务升降、奖惩、接受培训和教育等方面的书面记录材料。

6.1.4 酒店人力资源管理的发展与现状

纵观企业管理的全部历史，大致经历了经验管理、科学管理、文化管理三个阶段。与之相对应的人力资源管理，大体上可以概括为雇佣管理阶段、劳动人事管理阶段和人力资源管理阶段。

1. 雇佣管理阶段

在这一时期，酒店的管理者主要依靠个人经验对企业进行管理，工作中以管理者的意志为工作指令和标准，对人员采用的是师傅代徒弟的方式，其劳动技能的提高几乎完全依赖个人的经验积累。管理者把员工与机器、工具一样，看成是简单的生产手段和成本。实行录用、安置、调动、退职和教育训练为中心的劳动力管理。

2. 劳动人事管理阶段

20 世纪初资本主义生产力有了飞跃的发展，世界范围的商品贸易和经济交往大大增加，随着泰罗的科学管理理论的逐步深入人心，酒店管理也发生了根本性的变革。在管理中运用科学的管理方法，将图表、数字等定量管理手段运用到酒店管理中。第一次明确了酒店的产品就是服务，讲究服务质量，努力提高服务效率，在酒店建立标准化服务设施和实行程序化服务。

这一时期，酒店管理的重点放在劳动效率的提高上。劳动人事管理以“事”为中心。主要工作是管理档案、人员调配、职务职称变动、工资调整等具体的事务性工作。

3. 人力资源管理阶段

科学管理使企业管理走上了规范化、制度化和科学化的轨道，极大的推动了生产率的提高。同时，在实践中也暴露出其本质的弱点——对员工的忽视。伴随生产高效化还会出现人的工具化，以及员工对工作的厌烦、劳资矛盾的激化。这一点在酒店业表现尤为突出。

酒店的产品是服务，优质服务从何而来，靠泰罗的重奖重罚和严格的外部监督只能治标不治本。西方管理学家认为，微笑服务应具备两个条件：一是员工具有良好的服务意识和敬业精神；二是员工在工作时心情愉快。这只能依赖长期的生产经营活动中所形成的一种良好的企业文化才能够实现。设法满足员工的社交、自尊、自我实现等高层次的精神需要，已经成为激励员工、赢得优势的关键手段。

在这一时期，酒店的管理以“人”为中心。强调尊重人、培养人、满足人的精神需要。将员工看成一种重要资源加以开发、利用和管理，工作重点是开发员工的潜能，激发员工的工作热情，使员工能积极主动的创造性的开展工作。随着文化管理的兴起，人已经成为酒店管理的中心，人力资源管理的重要性日益增强，人力资源管理部门已经同财务部门一起，成为酒店的战略支撑部门。表 6.1 对这三个管理阶段做了比较。

表6.1　雇佣管理、劳动人事管理和人力资源管理

特征＼模式	雇佣管理	劳动人事管理	人力资源管理
时间	1769～1910	1911～1980	1980年以来
特点	人治	法治	文治
组织	直线式	职能式	学习型组织
控制	外部控制	外部控制	自我控制
领导	师傅型	指导型	育人型
管理中心	物	物	人
人性假说	经济人	经济人	自动人、观念人
激励方式	外部激励为主	外部激励为主	内部激励为主
管理重点	行为	行为	思想
管理形式	静态	静态	动态
管理性质	非理性	纯理性	非理性与理性相结合
管理技术	反应型	反应型	主动开发型
管理策略	战术型	战术型	战术与战略相结合
管理层次	执行层	执行层	决策层

6.2　酒店人力资源的开发与利用

6.2.1　酒店人力资源计划

1. 酒店人力资源计划的概念、目标及内容

（1）酒店人力资源计划的概念

酒店人力资源计划是指酒店科学的预测、分析自己在变化的环境中的人力资源供给和需求状况，制定必要的政策和措施以确保自身在需要的时候和需要的岗位上获得各种需要的人才，并使组织和个体得到长期的利益。

酒店人力资源计划包含三方面的含义：从酒店的目标和任务出发，要求酒店人力资源的质量，数量和结构符合其特定的生产资料和生产技术的要求；在实现酒店目标的同时，也要满足个人的利益；保证人力资源与酒店未来发展各阶段的动态适应。

（2）酒店人力资源计划的目标

得到和保持一定数量并具备特定技能、知识结构和能力的人员；充分利用现有人力资源；能够预测酒店组织中潜在的人员过剩或人力不足；建设一支训练有素，运作灵活的劳动力队伍，增强企业适应未知环境的能力；减少酒店在关键技术环节对外部招聘的依赖性。

（3）酒店人力资源计划的内容

人力资源计划的各个项目都或多或少的涉及费用问题，因此在制定人力资源计划

时应制定出相关项目的预算。同时在各项分预算的基础上，制定出人力资源的总预算。其主要内容如表 6.2 所示。

表 6.2　酒店人力资源计划的主要内容

计划项目	主要内容	预算内容
总体规划	人力资源管理的总体目标和配套政策	预算总额
配备计划	中、长期内不同职务、部门或工作类型的人员的分布情况	人员总体规模变化而引起的费用变化
退休解聘计划	因各种原因离职的人员情况及其所在岗位的情况	安置费
补充计划	需要补充人员的岗位、补充人员的数量、对人员的要求	招募、选拔费用
使用计划	人员晋升政策，晋升时间；轮换工作的岗位情况、人员情况、轮换时间	职位变化引起的薪酬福利等支出的变化
培训开发计划	培训对象、目的、内容、时间、地点、教员	培训总投入、脱产人员工资及脱产损失
职业计划	骨干人员的使用和培养方案	（含在上项）
绩效与薪酬福利计划	个人及部门的绩效标准、衡量方法；薪酬结构、工资总额、工资关系、福利项目以及绩效与薪酬的对应关系等	薪酬福利的变动额
劳动关系计划	减少和预防劳动争议，改进劳动关系的目的和措施	诉讼费用及可能的赔偿

2. 人力资源计划的制定

酒店人力资源计划的制定应根据酒店的整体发展计划和任务、酒店的组织结构以及酒店内部现有人员的使用状况的分析来进行，一般经过人力资源需求预测、供给预测、确定需求、制定酒店人力资源计划等主要步骤，如图 6.1 所示。

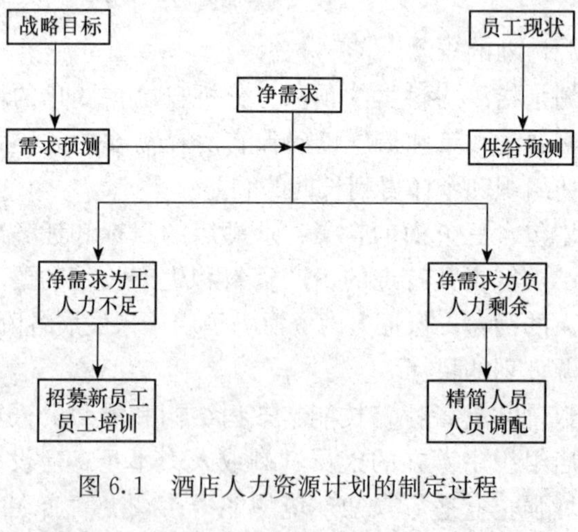

图 6.1　酒店人力资源计划的制定过程

（1）人力资源需求预测

人力资源需求预测的主要任务是分析企业需要什么样的人以及需要多少人。预测过程的繁简取决于酒店的经营方向，规模和预测中所考虑的时间长度；同时还必须考虑到酒店的战略计划和员工的流动度。

（2）人力资源供给预测

供给预测包括以下两个方面：

1）内部人员拥有量预测。即根据现有人力资源及其未来变动情况，预测出计划期内各时间点上人员的拥有量。

2）外部供给量预测。即确定在计划期内各时间点上可以从企业外部获得各类人员的数量。

一般情况下，内部人员拥有量是比较透明的，预测的准确度比较高；而外部人力资源的供给则有较高的不确定性。酒店在进行人力资源预测时应把重点放在内部人员拥有量的预测上，而外部供应量的预测应侧重于关键人员，如高级管理人员，技术人员等。

（3）确定人员净需求

所谓“净需求”包括两方面含义：一是结构性需求，即需要什么样的人；二是数量性需求，即需要多少人。确定人员净需求，即要确定人员数量，又要确定人员结构和人员标准。

在人员的需求和供给预测完成以后，把本酒店人力资源的需求情况与在同期内酒店本身可供给的人力资源情况进行对比分析，从而测算出各类人员的净需求情况。如果净需求是正的，则表明酒店需要招聘新员工或对现有员工进行有针对性的培训；如果净需求是负的，则表明酒店在这方面的人员是过剩的，应该精简或对员工进行调配。

6.2.2 酒店员工的招聘

酒店员工的招聘是酒店人力资源管理的一项重要工作。据有关资料统计，一般酒店每年员工的流动率在50%左右，就是经营最好的酒店，每年的流动率也在5%以上。为了保证酒店的正常运转，招聘工作就显得尤为重要。

1. 招聘原则

1）因事择人。酒店依据人力资源计划进行招聘。无论招多了人还是招错了人，都会给酒店带来很大的负面影响。除了人力成本、低效率、犯错误等看得见的损失外，由此导致的人浮于事还会在不知不觉中对企业文化造成不良影响，并降低酒店的整体效率。

2）公开操作。招聘信息，招聘方法应公之于众，并且公开进行。这样做，一方面可将录用工作置于公开监督之下，以防止不正之风；另一方面可以吸引大量应聘者，从而有利于招到一流人才。

3）平等竞争。对所有应聘者应一视同仁，不得人为制造各种不平等的限制。要通过考核、竞争选择人才。这样既可以选出真正优秀的人才，又可以激励其他人员积极向上。

4）用人所长。在招聘中，必须考虑有关人员的专长，量才使用，做到“人尽其材”、“事得其人”，这对应聘者和酒店都非常重要。

2. 招聘程序

招聘程序如图 6.2 所示。

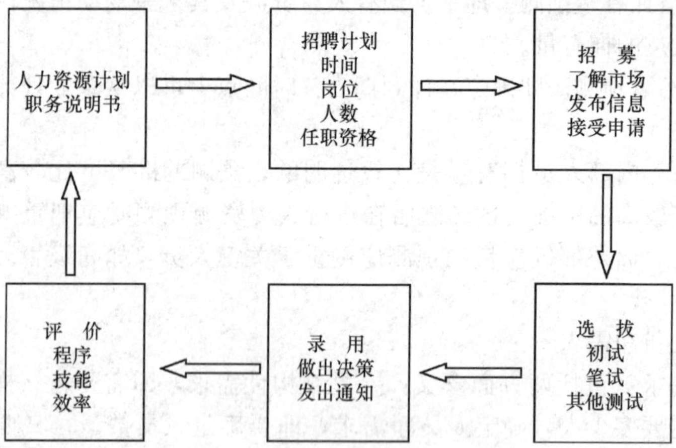

图 6.2 人力资源招聘程序

在招聘程序中，人力资源计划和职务说明书是招聘的依据，人力资源计划决定了招聘的时间、人数和岗位等，职务说明书则说明了招聘人员的要求。根据人力资源计划和职务说明书，就可以制定具体的招聘计划，从而指导招聘工作。

3. 招聘途径

人员招聘的途径不外乎两个方面即内部招聘和外部招聘。许多人习惯地认为招聘是对外的，而事实上，企业内部人员也是空缺岗位的后备人员，而且越来越多的企业开始注重从内部招聘人员。

内部招聘和外部招聘各有利弊，两者基本上是互补的，如表 6.3 所示。

表 6.3 内部招聘和外部招聘

	内部招聘	外部招聘
优点	1. 了解全面，准确性高 2. 可以鼓舞士气，激励员工进取 3. 应聘者可更快适应工作 4. 使组织培训投资得到回报 5. 选择费用低	1. 人员来源广，选择余地大，有利于招到一流人才 2. 新雇员能带来新思想、新方法 3. 当内部有多人竞争而难以作出决策时，向外部招聘可在一定程度上平息或缓和内部竞争者之间的矛盾 4. 人才现成，节省培训投资
缺点	1. 来源局限于企业内部，水平有限 2. 容易造成“近亲繁殖” 3. 可能会因为操作不公或员工心里原因造成内部矛盾	1. 不了解企业情况，进入角色慢 2. 对应聘者了解少，可能招错人 3. 内部员工得不到机会，积极性可能受到影响

研究表明，内外部结合会产生最佳效果。具体的结合力度取决于酒店的战略计划，招聘岗位，上岗的时间要求以及对酒店经营环境的考虑等因素。至于到底是以哪种途径为主，并不存在标准答案。

内部招聘最常用的方法主要有五个：公开招募、内部提拔、横向调动、岗位轮换、重新雇用或招回以前的雇员。在外部招聘中，发布广告、借助中介机构、实地招募、熟人推荐是最常用的几种方法。

4. 人员选拔

在人员的选拔上主要有定性考核和定量考核两种。

（1）定性考核

一般从以下四个方面进行考察：

1）个人才能。包括知识面，分析问题的能力以及管理能力。由于酒店服务工作的突出特点是事件多，人员杂而多，以上三种能力是衡量个人才能的主要因素。

2）个人品德。这是对管理者修养、品质的要求，他必须清正廉洁。

3）个人工作表现。是否尽职尽责，表现突出。

4）工作年限。在人员选拔上虽然不应该论资排辈，但也要考虑其工作年限，一方面是与他的成长成熟度有关，另一方面也利于其他员工的管理；若是能力一般而迅速提升，势必会挫伤其他员工的积极性。因此，工作资历一般应作为选拔员工的一个因素。

（2）定量考核

定量考核一般采取面试和笔试的方式进行，考核内容包括专业知识、智力、心理、潜能四个方面。在测试考核的基础上，通过量化的分数值进行比较，评分项目要科学、实用，能真正反映各种能力，通常选用简单评分法和加权评分法。

1）简单评分法。将参选人员的考评项目分值相加，进行比较。如表 6.4 所示。

表 6.4 部门经理候选人简单评分表

候选人	分项得分					总　分
	分析问题能力	知识结构	组织能力	工作年限	风度气质	
张×	3	4	2	5	4	18
李×	4	3	3	2	5	17
王×	3	5	4	3	4	19

由表 6.4 分析可以看出李×的总分最低，王×的总分最高，因此王×是最适合的人选。

2）加权评分法。所谓加权，就是通过各个评分项目的得分乘上一个权数，以突出某些项目的重要性。在酒店中不同岗位对应聘者的要求各不相同，如公关部对风度气质、知识结构要求较高，而客房部、餐饮部则对组织能力与分析能力要求高些。加权评分法可以提高人员选拔的准确性。如表 6.5 所示。

加权评分法的计算公式为

$$\text{加权总分}=\frac{\sum(\text{权数}\times\text{分项得分})}{\sum\text{权数}}$$

表 6.5 部门经理候选人加权评分表

候选人	分项得分					总 分
	分析问题能力	知识结构	组织能力	工作年限	风度气质	
张×	3	4	2	5	4	3.2
李×	4	3	3	2	5	3.3
王×	3	5	4	3	4	3.8
权 数	4	3	5	2	1	

由表 6.5 分析可以看出王×的加权总分最高，是最适合的人选。

6.2.3 酒店员工的培训

酒店员工培训就是按照一定的目的，有计划、有组织、有步骤的向员工灌输正确的思想观念、管理知识和技能的活动。酒店通过外部招聘、内部提拔和调动而组成的新的员工队伍，要让他们胜任并发挥出自己的能力，就必需对他们加以培训，尤其是从外部招聘的员工，更应该进行规范、系统的培训。培训是酒店人力资源部门重要的工作内容。

1. 酒店员工培训的作用

（1）提高服务质量，缩小员工业务差距

面对日趋激烈的市场竞争，酒店业要想吸引客人，留住客人，保持竞争的优势，就必须提供优质的服务，缩小员工所拥有的技能与他们为顾客提供高水平服务所必需的技能之间的差距。培训是提高业务技能、缩小知识差距最有效的方式和手段。

（2）控制服务质量

越来越多的事实证明，当今的普通员工缺少顾客所要求的基本工作技能，而顾客对服务的要求也越来越高，酒店应意识到他们必须教会员工如何快速处理顾客投诉，如何彻底打扫房间，如何敏锐的观察顾客的需求。卓越的酒店经营者霍斯特认为“培训的任务是创造员工与顾客之间的默契”，因此要传授给员工所需要的全部技能，以便使每一位顾客都能有一次满意的经历。培训有利于酒店服务质量的控制。

（3）增强企业凝聚力，培育企业文化

在现代酒店业的管理中，人力资源管理的核心就是员工素质的提高，这种高素质不是先天的，需要对员工进行定期的培训，提高员工的文化、技术素质，帮助员工更好的完成现在所承担的工作，为酒店员工的自身发展提供条件，满足员工的心理需求，增强企业的凝聚力。同时，通过培训过程中的宣传、讲解，能够培育和加强企业文化。

2. 酒店员工培训的类型

（1）职业培训

主要针对一线员工进行。培训的重点应放在培养和开发他们的技术、技能方面，使他们能更好地胜任工作。职业培训一般有岗前培训、岗位培训和继续培训三种。

1）岗前培训。是针对新员工在上岗前进行精心的培训和正确的引导，通过岗前培训，可以为酒店提供一支专业知识、业务技能与工作态度均符合经营要求的员工队伍。

一般性岗前培训主要是对新员工进行的一种企业文化熏陶，让他们尽快的融入到企业的环境中去，尽快熟悉工作环境，走向正轨。专业性岗前培训是对员工在岗的专业知识的入门教育，让其尽快熟悉业务。

2）岗位培训。是员工不脱离工作岗位所接受的培训，是岗前培训的继续和发展。对一个重视培训的酒店来说，岗位培训会贯穿每一个员工就业的全过程。岗位培训一般由各级管理人员和经验丰富、技术娴熟的老员工担任培训者。

3）继续培训。主要包括再培训、交替培训和更换培训。再培训的目的是使上岗后的员工复习已经忘记或不大熟悉的业务，通过学习来提高技能技巧；交替培训是使员工成为多面手，这样无论对员工个人还是对酒店的人力资源调配都大有好处；更换培训是指对已经上岗但由于不能称职或者不适合某工种的员工创造一个能够充分发挥自己才能的机会。

（2）发展培训

主要针对酒店的管理人员。培训的核心是观念和技能，它要求管理人员通过培训能够了解和掌握酒店内部和外部的经营环境，提高洞察力，把握酒店的发展方向，选择适合酒店发展的经营之道，处理好酒店内部和外部的各项关系。另外，发展培训应注意培训管理人员处理人际关系的技巧，开拓进取的创新能力，以提高他们搞好协同工作，创造一个使员工满意的工作环境。

3. 酒店员工培训的步骤

（1）确定培训需求

确定培训需求既是酒店培训工作的开始，又是衡量培训工作效果的主要依据。包括分析目前员工的工作状况，并与所应达到的工作标准相对照，如果存在差距，那就需要进行培训（比较典型的有新员工上岗前的培训，工作标准变化后的培训和新设备技术使用前的培训以及外语培训）；根据宾客投诉、员工抱怨和检查发现的问题进行针对性培训。

（2）制定培训计划

制定培训计划是培训管理工作整个过程中的重要环节，是实施培训的开端。培训计划涉及的主要内容有期望做什么，为什么要做，什么时候做，谁去做什么事，以及如何做。

酒店的培训计划可分为长期计划与短期计划两类。长期计划一般指酒店的年度计划。短期计划一般指针对每项不同科目、内容的培训活动或课程的具体计划。酒店培训部制订年度培训计划的步骤是：

1）确定培训目标。根据培训需求分析来确立目标，培训目标必须能体现整个培训过程所期望的结果。确定的目标必须与酒店长远目标相吻合，与酒店的实际情况相适应，使员工在培训后能够达到目标。同时还应注意，在一次培训中培训目标应尽量地具体、集中，尽可能使其具有可度量性。

2）制定培训方案。根据培训目标和培训对象制定适合的培训方案。

3）培训课程。课程的设计应具有针对性和实用性，如对一线员工进行培训，就应开设礼仪类、技能类的课程；针对管理人员的培训就应加强政策法规、管理学等方面的课程安排。

4）培训预算。培训预算是指酒店培训部在制定培训计划时对总费用的预算。预算是通过方案中培训活动所需要的器材和设备的成本，教材、教具、外出活动费用等估算出来的。

（3）实施培训

国际宾馆酒店培训用的方法可以简单的概括为：告诉你（tell you），就是告诉你如何做；做给你看（show you），就是做示范；跟我学（follow me），就是让你试着去做；纠正你（check you），就是对你所做的进行检查并纠正你的错误。

（4）评估培训成效

对酒店员工培训成效的评估，是收集、分析及比较受训员工在培训前后，他们在专业知识、业务技能或工作态度上的改变，是否与培训的目标相符合。一旦成效不理想，就要分析查找原因，如果是由于学员或培训员素质的问题，就要教育或者撤换他们；如果是由于培训方法的问题，就要改进培训方法。

6.3　酒店人力资源的激励

激励是管理的核心问题。如何实现持续而有效的激励一直是管理学研究的重要课题。古典管理学理论认为，经济因素和物质条件是重要的激励因素，相应的管理方法是严格奖惩；行为科学理论认为，社会因素和心理因素是首要的激励因素，隐含着“快乐的员工才有战斗力”的假说，相应的管理方法是“优待员工”。现代科学管理理论将人们的视线转移到“合理利用和开发人力资源”上，认为人的贡献本身就是极有价值的东西，相应的管理方法是内在激励法，使组织目标和任务高度个人内在化，求得最大限度的认可和认同。

6.3.1　激励概述

1. *激励与激励因素*

激励本来是心理学中的概念，就其本质而言，它是表示某种动机所产生的原因，即发生某一行为的动机是如何产生的？在什么环境中产生的？同样一个人，为何有时工作积极，有时却消极怠工？现在将这一概念引入到酒店人力资源管理中来，则赋予了新的含义：激励是一种精神力量或状态，起着加强、激发、推动动机和行为的作用，并引导酒店员工的行为指向酒店的目标。持续而有效的激励是检验酒店人力资源管理成败的重要标尺，是提高员工工作效率和酒店效益的关键环节。

激励因素是指诱导一个人去取得各种成绩的东西。各种激励反映了各种要求，而这些激励因素又是确定了的报酬或者鼓励，这又加强了满足这些要求的动力。激励也是一种手段，可用来调和各种需要之间的矛盾，或者重点强调某一种需要而使它比另一种需要得到优先的满足。

在酒店中，管理者还可以建立一种对某种动机有利的环境来大大强化动机。例如，在一个素以优质服务享有盛誉的酒店中工作的员工，往往受到一种激励，促使他们为组织的声誉作出贡献。

2. 内在激励与外在激励

（1）内在激励

内在激励（intrinsic motivation）来自于人们和任务之间的直接联系，通常是自我运用的。完成工作本身产生的成就感、挑战感和胜任感等等可以成为某种内在激励因素，对工作本身的兴趣也是一种内在激励因素。

（2）外在激励

外在激励（extrinsic motivation）来自于任务外部的工作环境，通常是被某些人而不是被正被激励的人所运用。工资、附加补贴、公司政策和各种形式的监督是外在激励因素的例子。

当然并不是所有的激励因素都可以简单的划分为内部和外部。例如，一次晋升或一句赞誉可能取决于上级的意图，但是，也可能是取得成就及胜任工作的显著标志。因此，某些激励因素可能既有外在激励性质，又有内在激励性质。

6.3.2 激励的功能与原则

激励对于调动人的潜在积极性，出色的实现组织既定目标，不断提高工作效率，都具有十分重要的作用。

1. 激励的功能

（1）管理职能

在酒店中，有效地组织并充分利用人力、物力和财力资源是管理的重要职能，其中又以人力资源的管理最为重要。在人力资源管理中，又以怎样调动人的积极性最为关键和困难。激励之所以越来越受到酒店管理者的重视，是由竞争加剧、激励对象的差异和需求的多样化所决定的。其表现如下：①在国内外酒店业竞争加剧的情况下，酒店为了生存和发展，就要不断提高自己的竞争力。为此，就必须最大限度的激励员工，充分挖掘出内在潜力；②组织中人员的表现有好、中、差之分。我们通过各种激励办法，就是要不断的使表现好的人继续保持积极行为，使表现一般的人逐步转变为主动积极为组织多做贡献的人；③激励对象的需要是多方面的，要满足这些需要就必须采取多种办法。包括提高工资、建立友谊、创造好的工作条件等。

酒店管理者的任务就在于对不同的人选取适合其需要的激励因素和激励措施。

（2）实现组织目标

通过激励可以使员工最充分的发挥其技术和才能，变消极为积极，从而保持工作的有效性和高效率。美国心理学家威廉·詹姆士（William James）在《行为管理学》一书中，阐述在对员工的激励研究中，发现按时计酬的员工仅能发挥其能力的20%～30%，而受到充分激励的员工，其能力可以发挥到80%～90%。即同样一个人在受到充分激励以后，所发挥的作用相当于激励前的3～4倍。同时，通过激励还可以把有才能的、组织所需要的人才吸引过来，并长期为组织工作。

(3) 企业文化

企业文化的一大功能就是增强企业的凝聚力、向心力。把员工吸引和凝聚起来，培养员工对企业的归属感和认同感，要做到这些，就必须采取有效措施来激励员工。员工在激励的作用下，才能发挥他们的主观能动性和创造性，才能发挥他们最大的工作效能，使工作与员工的能力达到一个最佳的组合，创造出高质量、高效能的工作成绩。

2. 激励原则

(1) 目标、需要、能力三结合原则

酒店目标（良好的业绩）必须与员工目标（报酬）相结合；员工个人目标（具体报酬项目）必须与员工群体目标（公平分配）相结合；员工需要的满足程度必须与酒店的经济能力和员工的工作能力相结合；员工的工作能力必须与酒店的工作需要或要求相结合。

(2) 物质激励与精神激励相结合的原则

物质需要是人类最基本的需要，但层次较低，物质激励的作用不如精神激励的作用持久、深入、广泛。因此，随着经济水平和员工素质的提高，酒店管理者应把激励工作的重心转移到以满足较高层次的精神激励上去。一味地强调物质刺激会导致拜金主义，一味地强调精神激励又会导致唯意志论或精神万能论，事实证明两者都是片面的、有害无益的。

(3) 正强化和负强化相结合的原则

正强化和负强化都是必要而有效的，不仅作用于当事人，而且会间接地影响他人。树立正确的榜样和反面的典型，扶正祛邪，对形成良好的氛围，施加无形的压力，有着积极的作用。但负强化有一定的消极作用，容易让员工产生挫折心理，应该少用。坚持以正强化为主、负强化的辅地原则。

(4) 内激与外激相结合的原则

内激励侧重于行为前的需要和动机的引导或牵引，以及行为中的指导和支持，而外激则侧重于行为后果（报酬）的兑现，以及外部环境的治理。相比之下，内激比外激所产生的工作动力更持久，它可以使员工在工作（而非工作环境）中充满兴趣和乐趣，激发起光荣感、自豪感、成就感，发挥其个人最大潜能。因此，在激励工作中，酒店管理人员应坚持以内激为主，外激为辅的原则，使员工外有压力，内有动力。

(5) 情感与理性相结合的原则

酒店员工绝大多数是通情达理的，因而，酒店管理人员在激励他们时，应晓之以理，动之以情，坚持理性管理和情感管理相结合、奖罚严明与奖罚适度相结合的原则。

6.3.3 酒店员工激励的方法

酒店员工需要激励，这是酒店取得经济效益的重要保障。由于酒店业以服务质量为生命，而服务的好坏是由服务人员的具体言行来体现的，这带有很大的主观性、随意性和不稳定性。要保证高质量的服务，就必须激发员工的干劲，保持他们良好的心态和工作热情。从许多成功的酒店管理案例中，我们可以得出这样的结论：员工的激励就是企业的效益。美国心理学家霍滋伯格提出了关于影响员工积极性的双因素理论，该理论指出：工资报酬、生活福利、人际关系、工作环境、领导水平、企业政策等都属于维持因素，这些因素只能保持人的积极性，维持工作现状，而不能产生积极作用。如丧失这些因素则会导致员工的积极性下降。而工作成就、工作本身的挑战性、个人的成长和晋升、因工作成绩被承认而得到的奖励等属于激励因素。这些因素能产生积极作用，激发员工的积极性。可见，激励员工必须使用正确的激励手段，才能真正起到激励作用，满足员工的需求，消除他们的不良心理，调动他们的潜能。

1. 目标激励法

在酒店的日常管理中，员工的目标管理是一项重要的常规管理工作。它直接关系到酒店的服务质量和酒店总体目标的实现，同时，这种方法还可以激励每一位员工关心自己的酒店，使之成为提高士气和情绪的原动力。为了使确定的目标能够落实，应注意以下几点：

（1）酒店目标制定要科学化

1）酒店目标定量化。定量化是使酒店目标具有可检验性的最有效的方法。常见的定量化方法是定额法。

2）酒店目标个人内在化。即员工个人承诺酒店目标的方法。它是使酒店目标具有挑战性的方法之一。

3）酒店目标外在化。即酒店对员工个人需要进行承诺，并为其提供足够的、他们认为有价值报酬以及及时公正的绩效反馈的方法。它使酒店目标具有可接受性的方法之一。

4）酒店目标适度化。即酒店目标制定的不能太高也不能太低。它是酒店目标具有挑战性的又一方法。

（2）酒店目标实施要高效化

1）提高酒店目标实施的便利化程度。便利化是管理人员为员工提供充足的资源、清除工作障碍的一种方法。

2）提高酒店目标实施的集中化程度。集中化是酒店管理人员为了尽快尽好的完成任务，将员工的注意力从多目标转移到单一目标上去的一种方法。

3）提高酒店目标实施的程序化程度。将酒店的总目标转化成为一个个具体的工作细节，然后再将它们按照时间的先后次序、轻重缓急，编制成工作程序。程序化可使员工又快又好的完成工作。

4）提高酒店员工的协作化程度。协作化可以弥补酒店高度专业化的不足之处，减少工作中的摩擦现象和内耗现象，消除员工之间、部门之间的“分割”障碍，以保证酒店目标的整体性和统一性，为酒店的食、宿、娱、购一体化服务提供可行性。

5）减少目标置换现象。所谓目标置换现象，就是将实现酒店目标的方法、手段、标准当成了酒店目标本身的现象。这类现象的减少有赖于酒店员工的责任心、事业心的增强，有赖于酒店员工执行酒店工作的严禁认真的服务态度。

(3) 酒店目标完成情况的检查和评价要公正化

1）目标检查多样化。灵活的采取员工自我检查、员工相互检查、领班检查、主管检查、“白手套”式检查等多种方式。

2）业绩评价标准化。严格按照既定的分解目标或标准评价员工的业绩。

3）业绩促进化。根据员工业绩对员工进行奖惩，以促进将来的工作业绩。同时，作出评价后的经验教训总结，以检验酒店目标的合理性。

2. 奖励

奖励包括物质奖励和精神奖励。物质奖励包括奖金、增加工资、奖以实物、提供生活条件等；精神奖励包括工作肯定或赞赏、表彰、授予称号、提级升职等。奖励的方法多种多样，可根据员工业绩和员工需要而定。酒店在进行奖励时要注意以下几个方面。

1）奖励的方法要不断创新。新颖的刺激和变化多样的刺激比单一的刺激所产生的激励力量更大。

2）奖励要及时。过于频繁和不及时的奖励往往收效甚微，甚至会引起怨言。

3）对职工的奖励要通过一定的形式使其家属分享荣誉。这将有助于动员社会力量，支持员工忘我工作。

4）注意公平心理的疏导。引导员工树立正确的公平观念，认识到绝对的公平是不存在的；不能盲目攀比；不应“按酬付劳”，造成恶性循环。

5）注意期望心理的疏导。疏导的主要方法是树立新的目标，将员工的注意力转移到“下一次”的奖励上去，使员工淡化过去的挫折感。尤其要消除“末班车”心理，以免争名次、争荣誉、争奖金、闹提升等行为的发生。

6）注意奖励的点面关系。搞平均主义、吃“大锅饭”不利于调动积极性，而重奖个别人也未必能激发更多人的积极性。

7）适当拉开奖励级差。尽量使奖励级差与贡献级差相匹配，使先进有动力，后进有压力。

3. 惩罚激励

惩罚仅仅是一种手段，而不是目的。惩罚的目的是使受罚者的行为从消极行为转化为积极行为，并与酒店的目标方向一致，以产生强大的合力。惩罚的方法多种多样，主要有过失单、扣发奖金、扣发工资、降职、辞退、开除等。在具体实施惩罚措施时，酒店管理人员应注意以下问题。

1）公正、公平的惩罚，必须建立在公正、公平的考核基础上。

2）认真疏导员工的挫折心理，使员工的固执行为、攻击行为、倒退行为向升华行为、理智行为转化。

3）惩罚要到位，要适度。

4）惩罚要保护被惩罚者的自尊心。

5）不要以罚代管。

6）不可以其他手段代替惩罚。

7）不能不教而诛。

8）不要全盘否定。

9）不要掺杂个人恩怨。

10）打击面不可过大。

4. 参与激励

员工参与酒店管理，可以激发其主人翁精神，贡献其聪明才智，培养其归属感、认同感、责任感、信任感、受尊重感和成就感，可以推进酒店管理的民主化进程。

常见的酒店员工参与形式有：酒店工作生活质量小组、酒店员工参与工作设计、利益分享计划、职工代表大会、员工合理化建议制度等。

让员工参与酒店管理，并不意味着主管人员可以放弃自己的职责。主管人员必须在民主管理的基础上，按照“授权不受责”的原则，努力完成自己的职责。任何放弃管理，放任自流的做法都是决不允许的。

5. 情感激励

情感激励就是加强与员工的情感交流、尊重员工、关心员工、爱护员工，让员工体验到管理人员的和蔼可亲，企业的温馨，从而激发起敬业、乐业、创业的精神。

常见的情感激励方式有：“三比访”、“五比访”制度、“让员工坐头排”制度、生日、喜庆祝贺礼仪、排忧解难、办实事、送温暖活动、业余文化活动等。

情感激励贵在真诚。如果要员工以店为家，就应该把酒店办得像家一样温暖。

6. 多样化的工作方法

在酒店工作中员工是否有无穷乐趣，是否感觉到生活的意义；酒店工作本身是否具有挑战性、创造性；工作内容是否丰富多彩等，都有赖于多样化工作方法的运用。常见的多样化工作方法有：工作轮换、工作扩大化、工作丰富化、弹性工作时间、双向选择等。

这些方法使员工在决定工作内容，工作方法上有了更多的自由和兴趣。这种激励主要靠工作本身的内在机制来实现，但不能脱离酒店的环境条件，应随机应变。

7. 培训激励

培训的意义在于使员工热爱酒店，使员工具有做好工作的能力和知识。通过培训可以使员工充电，使员工变得更“成熟”，更“能动”。培训的内容涉及工作技能和知识、人际交往能力、观念、技能等方面。

8. 竞争激励

竞争是激发员工干劲的有效方法之一。竞争能强化酒店的目标导向。酒店管理者根据竞争的性质，引入竞争机制，开展员工之间、部门之间的竞争活动，如班组竞赛、竞争上岗等。

9. 文化激励

酒店文化是酒店内部形成的独特的文化观念、价值观、传统、习惯、作风、准则、道德观等。西方酒店业认为，酒店的成功不在于规章制度，不在于利润指标，关键在于酒店文化。酒店文化可以增强员工的凝聚力，提高员工的积极性。为了创造一个良好的酒店文化氛围，应注意以下几个方面：

1）以“法”治店，廉洁奉公。

2）追求卓越，标新立异。

3）质量第一，赢利第二。

4）员工为顾客服务，管理者为员工服务。

5）顾客是皇帝，员工是上帝。

6）提倡竞争，鼓励冒尖，不搞“内部政治”，不设“活动陷阱”。

7）不搞本位主义，不推卸责任。

8）不嫉贤妒能，不错位排挤。

9）不搞平均主义，不吃大锅饭。

10）不文过饰非，不弄虚作假。

10. 榜样激励

榜样激励的方法是树立酒店内的模范人物的形象，号召和引导员工模仿学习，同时管理人员要身先士卒，率先示范。

上述激励方法并无固定模式，在酒店管理实际工作中，应针对不同情况，从实际出发，灵活的、综合的运用各种激励方法，以求得事半功倍的效果。

6.4 酒店员工的绩效考评

绩效考评是人力资源管理中核心职能之一。它可以从酒店组织的各个层面考评酒店成员的工作表现、行为和素质等特征。只有通过有效地绩效考评，才能对员工进行有效的激励，才能有效地实现酒店组织的战略目标。

6.4.1 绩效考评的含义及作用

1. 绩效考评的含义

绩效（performance）是人们在管理活动中最常用的概念之一。绩效一般包含两方面的含义：一方面指员工的工作结果；另一方面是指影响员工工作结果的行为、表现及素质等。所谓绩效考评（performance appraisal）就是根据人事管理的需要，考评员工的工作结果及影响员工工作结果的行为、表现和素质特征的活动。

值得指出的是，国外学者把绩效考评定为主管与下属之间的一次正规讨论，即为发现下属现在和将来怎样有效的工作以及为什么有效工作而进行的正规讨论，以便下属、主管及酒店各方得益。根据这一观点，绩效考评同时也是一个工作信息沟通与反馈的过程。

2. 绩效考评的作用

1）为员工薪酬管理提供依据。酒店组织内物质利益的分配必须遵循按劳分配的原则，报酬与贡献相匹配，才能对员工起到激励作用。这就需要对员工的绩效进行定期考核和评估，以获得必要的客观依据。

2）为各项人事决策提供依据。酒店管理者通过评估获得大量信息，酒店的有关报酬、晋升、调迁、辞退以及培训等人事决策都依赖于这些信息。员工的薪酬、晋升和奖金都和工作评估挂钩。通过评估优秀的员工获得晋升、调动、奖励和其他积极的工作机会。相反，不能达到酒店所设置标准的行为会导致降级、辞退、惩罚或者其他负面消极工作反应。显而易见，客观地评估员工绩效是至关重要的。

3）为员工培训提供依据。绩效考评可以发现员工的长处与不足、优势与劣势，从而发现员工培训需求，制定具体的培训措施与计划。

4）有助于员工的职业发展。员工在工作中取得成绩和进步，通过绩效考评，得到酒店组织的承认和肯定，可以更好地激励和发挥技能和潜力。同时，通过绩效考评员工还可以发现自己的缺点和不足，认识到自己的差距，可以起到鞭策作用。

5）有助于改进管理者与员工之间的关系。在考评中，主管将考核与测评的情况，通过面谈和其他途径，向员工反馈，并听取员工意见，了结彼此对对方的工作期望，从而促进管理者和员工之间的沟通，使双方工作关系更融洽。

6.4.2　绩效考评的程序与方法

1. 绩效考评的程序

绩效评估主要有以下几种方式：员工自我评估、员工对管理者的评估、同级之间相互评估、管理者直接评估下属。其中直接由管理者实施的绩效评估是酒店最为重要和常用评估方式。这种由管理者对员工进行的绩效评估一般是逐级进行的，第一级是被评估者的直接上司，第二级是被评估者的直接上司的上司或授权考核部门，其程序如下：

1）人力资源部制定绩效考评办法，发放绩效考评表。

2）员工以本人的实绩和行为事实为依据，对本人逐项评分。

3）直接主管以员工的实绩和行为事实为依据，对员工进行逐项评分并写评语。

4）业务部门或职能部门进行综合评估，总评后由直接主管将考核结果告知员工。

5）由直接主管与员工面谈，并提出改进意见。如员工不同意主管考核结果，可向上一级主管提出申诉，并由上一级主管作出最终考核。员工应理解和服从考核结果。

6）季度或半年考核时，各业务部门或职能部门仅向人力资源部递送绩效考评汇总表，考评表存在各业务部门或职能部门。年终考评时，应把年度绩效考评表和考评汇总表一并交人力资源部。

7）员工的年终绩效考评汇总表交人力资源部存档。人力资源部对年终考评结果作出分类统计分析表，报主管总经理签核。

2. 绩效考评的方法

（1）等级评估法（rating scale）

这是一种应用最为广泛的绩效评估法。具体做法是根据设计的等级评估量表对被评估者进行评估如表 6.6 所示。操作步骤是先设计出等级评估量表，列出有关评估项目，将每级分成若干个等级并给出分数，常见的是划分成 5 个等级：优秀、良好、中等、合格、不合格。然后，评估者根据表中列出的项目对被评估者进行评等和打分，合计并得出评估结果。其结果用来对员工的工作绩效进行比较，并指出哪里是应当改进的。需要注意的是，评估是对员工的工作行为的评估，而不是对员工个性的评估。

表 6.6　员工等级评估表

员工姓名　　　　　　　　　工作部门　　　　　　　　　职务

工号　　　　　　　　　　　评估时间

评估项	不合格（1分）	合格（2分）	中等（3分）	良好（4分）	优秀（5分）
工作质量及完成情况					
工作量					
工作知识、方法和程序					
首创性和智谋					
配合、态度和协作					
快速学习的适应性和能力					
语言、文字表达能力					
计划、组织与工作分配					
选拔和发展下属					
下属士气和忠诚度					

总分：　　　　　　　　　　评估意见：
不合格：10～15 分　　　　评估人签字：
合　格：16～25 分　　　　员工签字：
中　等：26～35 分　　　　员工意见：
良　好：36～45 分　　　　人力资源部审核意见：
优　秀：46～50 分　　　　负责人签字：

（2）行为对照表法

行为对照表法是最为常用的评估员工工作行为的方法之一。在应用这种方法时，人力资源部要给评估者提供一份描述员工工作行为规范的表格，评估者将员工的工作行为与表中的描述进行对照，对员工的工作行为作出评估。如表 6.7 所示。

（3）员工对比法（employee comparison method）

这是一种对酒店员工个体进行相互比较的一种评估方法。与等级评估法不同之处在于，评估者被要求将每一位员工的工作绩效和对集体的贡献对比其他员工进行排列。员工对比法的一个变种就是配对比较法（paired-comparison method），如表 6.8 所示。成对比较法就是将每位员工依次与该部门中其他员工进行两两比较。这种方法相对于上述其他方法而言，提供了一个更为现实的评估体系，但当部门员工数量较多时，这一方法就相对复杂和难以运用。

表 6.7　餐厅员工工作表现评定表

姓名：　　　　　　　　　　职位：　　　　　　　　部门：

到岗日期：　　　　　　　　　　评定时间：

工作表现标准	优秀（5 分）	合格（3 分）	不合格（0 分）
1. 10 分钟内，按《服务岗位规定》要求，正确地把一个服务岗位上一个用餐区，一次用餐所需全部餐具准备好			
2. 在 3 分钟内，按《餐桌摆台表》要求，正确摆台			
3. 在客人落坐 5 分钟内热诚招待客人，如果时间允许请客人点菜，如果太忙，告知他们将尽快回来			
4. 向客人解释菜单：准确描述当天特色菜；并能准确回答客人有关菜品分量、配料、口味及制作方法等方面问题			
5. 依照《客人点菜规定》要求，准确、清楚地记录每一位客人所点的食品、酒以及饮料。价格、总账单要求 100%准确			
6. 按照《餐桌服务规定》完成对客用餐服务			
7. 按照《上菜服务规定》，在 1 小时之内，在规定的区域，对餐桌的每一位客人进行完整的服务			
8. 按照《账单付款规定》要求，100%准确收款			
9. 按照《安全工作手册》，在指定位置操作机器设备			
10. 着装符合《着装规定》要求			
11. 遵守《卫生手册》中的规定；保持工作岗位地区《卫生清单》规定的 90 分以上的清洁度			
12. 保持《与顾客关系清单》中“好”及以上级别；顾客投诉率在 1/200 以下			
13. 保持午餐每人平均消费不少于 7 美元，晚餐每人平均消费不少于 15 美元			
14. 每年缺勤少于 12 天			
15. 每年迟到少于 12 次			
16. 工作时间不脱岗			
17. 参加或弥补所有要求参加的会议和培训			

总评：

优秀：70～100 分

合格：50～69 分

不合格：50 分以下（60 天后再次评定）

评定人评语：

员工意见：

员工签字：　　　　　　　　　　　　　　评定人签字：　　　　　　　　评审人签字：

表 6.8　配对比较法

被比较者 1 / 被比较者 2 的得分 / 被比较者 2	张×	李×	王×	赵×	刘×	被比较者 2 得分总数
张×	—	1	1	0	1	3
李×	0	—	1	0	1	2
王×	0	0	—	0	1	1
赵×	1	1	1	—	1	4
刘×	0	0	0	0	—	0
考评结论：被考评的 5 名员工按绩效从优到劣次序为：赵×、张×、李×、王×、刘×						

6.5 酒店的督导管理

督导管理实质上是基层管理，或一线管理。酒店督导是酒店执行任务的骨干，他们的工作直接影响着酒店的服务质量与效率。

6.5.1 管理与督导管理

管理（management）是人类各种活动中最重要的活动之一，是利用现有资源达到既定目标的全过程。自从人们组成群体来实现个人无法达到的目标开始，管理工作就成为协调个体努力所必不可少的因素。

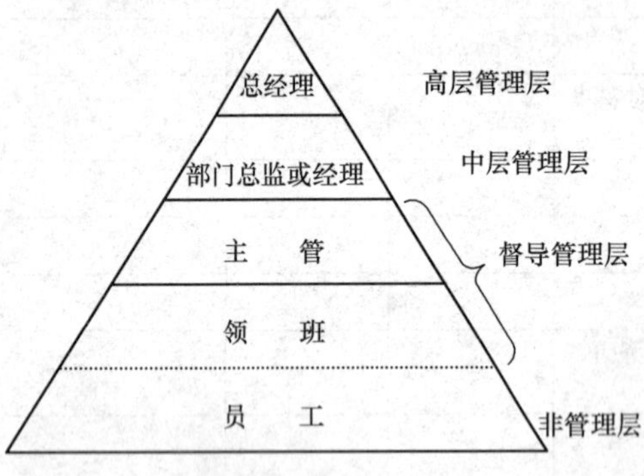

图 6.3 酒店管理层次

督导管理（supervision management）是指酒店的主管、领班等基层管理人员对酒店资源通过监督、指导为主的一系列管理职能进行酒店现场的管理。

在组织中，管理的层次通常是以工作职责和职权来区分的。较高层次的管理者较之较低层次的管理者拥有更多的职权和责任。大多数酒店的组织结构具有三个管理层，如图 6.3 所示。

酒店管理的结构呈三角形。作为高层管理者的总经理、副总经理、总经理助理或驻店经理人数最少，主要职责是对企业的重大决策问题，如企业经营目标、发展方向、重大管理问题做出决策，因而称之为“决策管理层”；其次是部门总监或部门经理，人数较少，他们的主要职责是实行最高领导层提出的目标和重大决策，组织完成本部门的任务，因而称之为“执行层管理”；而作为主管和领班，是酒店中人数最多的一线管理人员（first-line managers），他们处于工作第一线，往往出现在生产、销售、服务现场，直接指挥员工的操作，因而称之为现场、操作管理层。他们身临现场直接对酒店的各种资源，尤其是对员工进行管理，其主要担负的职责中很大程度上是检查、监督和指导员工的工作，因而，习惯上又把主管、领班合称为“督导管理层”。

督导对酒店的成功至关重要。面对员工，督导代表上层管理者；面对高层管理者，他们又代表普通员工的利益。因此，在整个酒店业管理中，督导是一个关键环节，起着承上启下的作用。

6.5.2 督导在管理中的地位

1. 督导在管理中扮演的角色

所谓督导角色（role），是指督导在其职能运行中所处的地位和所起到的作用。在实际工作中，督导经常会扮演多种角色，如表 6.9 所示，这些角色迅速不断地变换着。

表6.9 督导角色

角色	内容	例子
人际关系角色	团队象征	接见部门的来访者；参加各种会议和典礼；代表公司参加社区活动
	领导者	激励、鼓励、支持营销员；对绩效进行反馈；提高士气
	联络者	与其他部门的经理和督导管理者会面
信息传递角色	监听信息者	参加专业性会议；了解即将出现的各种变化
	信息发送者	向组织成员提供相关的合适信息
	发言人	代表部门出席每周的例会；对员工产生负面影响的改革提出意见
决策制定者	企业家	引进新设备；鼓励技术革新；促进员工的创新；承担风险
	骚乱处理者	解决员工之间的冲突；抚平员工对于改革的抵触情绪
	资源调配者	制定预算；分配本团队的资源
	谈判者	与员工、管理者和外部人员进行谈判

不管督导扮演了什么样的角色，他们有着一致的目标——提高产量、保证质量、降低成本、维护高品位，做员工的代言人，同时也是管理层的代表。

“杰出的”督导管理者的特征是：自信、认真，无论对工作还是对下属都是负责任的；追求更高质量，目标明确，通过及时准确的反馈来激励员工；乐于与他人共享信息；专心致力于团队的工作，鼓励员工参与决策；乐意共享技能和知识，将自己看作是教练而不是监工；有全局观念，能从组织的发展而不是从小群体的角度理解什么是必要的；能积极适应变化和执行新的决议。

2. 督导的地位

在组织中，督导管理者是其下属和上层管理者的媒介（intermediaries）或中间人，他们既要向上层管理者汇报，又要作为管理层的代表与雇员联系。督导管理者要传达上层管理者的决议，同时又有权利对上层管理者提出自己的建议。换言之，他们是介于员工和上层管理者之间的中间人。

作为一名酒店的督导，在上级主管、顾客以及员工中处于一种承上启下的地位。对员工而言，督导代表着管理方、权利、指令、纪律、休假时间、提高收入及晋升。对上级管理者而言，督导是他们与员工和具体工作之间的纽带。督导代表着生产力、食品成本、劳动力成本、质量管理、客户服务；同时又代表着员工的需要和要求。对顾客而言，督导的产品和员工代表着整个酒店。如果食物好，代表这是一家好餐厅；如果酒店的门童、柜台服务人员和服务质量上乘，这就是一家上乘的酒店。不论督导的职责多么微不足道，他所面临的都是一项艰巨的任务。

6.5.3 有效督导必需的技能

1. 有效督导的技能

对于管理者来说，技术技能、人际关系技能、行政技能、概念技能是成功管理的基本条件。这些管理技能在不同管理层的相对重要性各不相同。对酒店督导而言，技术技能、人际关系技能和行政技能尤为重要，概念技能也必不可少。而对高层管理者而言，至关重要的是概念技能。见表 6.10。

表 6.10　管理技能在不同管理层的相对重要性

管理层	应具备的重要技能
高层管理层	概念技能
中层管理层	技术技能、人际关系技能、行政技能
督导管理层	技术技能、人际关系技能、行政技能

(1) 技术技能（technical skills）

即实际操作技能，是指能够理解和有效地监督具体任务执行所必需的实践和技术能力。督导管理者应拥有足够的技术性技能以保证工作的有效运转。相对于其他管理层，技术技能对于督导管理者更为重要，他们必须经常说明乃至演示，让属下明白如何完成工作，同时判断在什么时间做更为合适。督导大约 1/3 的时间用于有关技术性技能的活动。

一名酒店督导所需要的实际操作技能就是完成下属员工干的工作所需的技能。督导也许没有员工熟练，也许不会做蛋奶酥，也不会操作酒店的电话系统，但是督导应该了解这些工作的内容并大体知道如何完成。这些知识对于挑选和培训员工、计划和安排本部门工作以及在紧急情况下的应对都是必须的。尤为重要的是，督导的实际操作技能可以提高在员工中的可信度。

(2) 人际关系技能（human relations skills）

是指理解他人和有效合作的能力。这种技能对于领导职能的实现是很重要的，包括与员工交流、激励、领导、训练、授权、帮助员工以及与他人打交道的技能。督导管理者大约有一半的时间在使用人际关系技能。人际关系技能可以从以下几个方面培养。

1）诚恳的态度。人际关系技能最重要的组成部分就是对员工的态度。作为督导必须首先从理性和感性上认识到员工是有感情的、活生生的人，不是生产机器的部件，更不能因为你是主管，而轻视他们。督导需要与员工建立一种个人对个人的关系。用名字称呼他们，了解他们的家庭，他们的兴趣爱好等，和他们成为平等的朋友。如果督导的行为不只是像个主管，同时也有人情味的话，员工会更愿意听从你的指令，把工作做得更好。

2）敏锐的感觉。人际关系技能的第二个组成部分是敏锐的感觉，即感觉每个人的需要、感情、价值观和个性特点的能力。督导要学会从员工的言谈举止的细微差别中，捕捉到问题出现的先兆。

3）自我概念。人际关系技能的第三个组成部分是自我概念。作为督导，应该了解自己在员工心目中的形象。了解别人怎样看待自己的言行。比如你也许是处于对质量的关注而总是指出员工做得不好的地方。他们也许把你的话都看作是批评，从而认为你是一个总爱给别人挑错的人。如果意识到自己的习惯和他们的反应，你就可以改变自己纠正他们的方式，在指出错误的同时，也要肯定他们的成绩。

作为督导，还需要了解自己的感受、需求、价值观、个性特点，及对自己与员工打交道的方式的影响。如果督导与员工认识问题的方式不同，沟通起来就会很困难。

人际关系技能要在实践中培养。作为督导，必须努力把员工看作独特的个体，加强对自己和别人的认识；找出引起问题的个人品质和言行，并找到解决办法。这也是灵活管理方式的一种体现——对员工、对自己及形势作出反应。人际关系技能的最终目的是要创造一种能使员工感到安全、自在，能对督导开诚布公，原以为督导努力工作的工作氛围。

(3) 行政技能（administerative skills）

行做技能是指使管理在履行管理者职能的过程中，能够更加有效地利用其他技巧的能力。这些技能包括制定和遵守政策及程序的能力，以及井然有序地处理书面文件的能力。将协调、秩序和运动引入工作任务，行政技能成为许多人“让事情发生”和“使事情结束”的能力的基础。这些技能类似于那些好学生们拥有的技能——组织有序，能够高效地完成工作。

(4) 概念技能（conceptual skills）

概念技能是指以逻辑来获得、分析和预测信息的能力。管理者需要了解所处的环境和环境对于组织的影响。概念技能的实质是把握全局，认清部分与整体的关系的宏观管理能力。这种能力在督导管理中也是不可缺少的。督导需要安排好每一个部门的工作从而使各个部门间顺利的运作。比如，使厨房与餐厅的工作协调起来。

2. 督导的个人素质和技能

酒店督导是酒店执行任务的骨干，他们的工作直接影响着酒店的服务质量与效率。成功的督导者应该具有以下素质和技能：

1) 自我管理，树立良好的自我形象。除了管理别人，督导还必须能够管理自己。这种技能的培养可以通过增强意识及加强实践来达到。自我管理要求督导有自我约束、自我控制的能力。通过自我管理在员工中树立良好的自我形象。

2) 积极的思考。思维有两种不同的模式：积极思维和消极思维。积极型思维者总是着眼于如何建设性的处理当前问题，而消极型思维者总是把目光集中在问题的难点上，总想退缩。作为一名督导者就必须培养自己积极的思维习惯，带领下属积极的解决问题，而不是回避问题。

3) 给员工以合理的机会。除了相信自己有能力实现目标，督导也要相信，只要给员工以合理的机会，他们就会有出色的表现。督导还应认识到自己要负责员工的发展。这一点可以通过个别指导或提建议等方式做到。

4) 灵活性与创造性。灵活性和创造性是督导必须具备的素质。面对不断变化的形势和问题，只有具有良好的灵活性和创造性的督导，才能作出有效的反应。

5) 旺盛的精力。面对激烈的市场竞争和内部竞争，作为一名督导必须有旺盛的精力才能适应和完成所担当的工作。

本章小结

本章较为系统地阐述了酒店人力资源管理的基本内容，主要包括酒店员工的招聘、培训、评估、激励和督导管理等。介绍了酒店人力资源管理的一些理论知识和实际操作方法。为学生以后进一步学习打下了基础。

课后练习

一、案例分析

小黄是一家三星级酒店的中餐厅服务员，来店工作近一年。这家三星级酒店进入市场迟，但从开业至今生意一直很红火，当地的外商客人来县城商务活动，大多下榻和活动在这家酒店。小黄近来有些不愉快，因为自己是餐厅的新人，几乎人人都可以支配自己，初来乍到时还能忍受，工作一段时间之后就心有不平了。那些指挥自己的人学历没自己高，知识没自己丰富。因为自己是学这个专业的科班出生，英语会话能力比餐厅其他人要强的多，现在只要餐厅来了外宾，经理就把小黄朝前推，几乎都让她来接待。自己有这样的能力和特长，工资却最低，三个月转正时，曾跟人力资源部了解过，像她这样的新人工资正常调整还得等几年，那些年龄大的、工龄长的，但业务能力不比自己强，工资却高得多，为此，小黄心中很不平。前几天有机会跟经理聊天，说出了因为收入低想离开的意思，经理极力挽留。但对目前这样的工资体系，经理也无能为力，但答应为其找人力资源部经理反映。

【问题】

1. 你认为这家酒店的薪酬体系正确吗？小黄的工资有办法调整吗？

2. 假设工资一时无法调整，你是人力资源部经理的话，你用什么薪酬福利办法解决像小黄这样工龄少、业务能力强、工资收入低的现象？

二、课堂讨论题

1. 某酒店招聘服务员，在招聘广告上写道：本酒店招聘前台服务员若干名，要求：女，20～25岁，身高162cm以上，五官端正，身体健康，××市户口，两年以上工作经验，大专以上学历等。你觉得这些要求都是有必要的吗？酒店在员工招聘中该如何有效选择人选？

2. 每到岁末，许多企业的老总主要在忙着做两件事：为过去的一年作总结；为新的一年做计划。许多老总结合自己的经验，往往叹息道：其他的计划都好制定，就是人力资源计划难制定。因此一些企业根本就没有人力资源计划，结果是走到哪里算哪里，效果十分不理想。企业为何要制定人力资源计划？什么是人力资源计划？企业应该如何来制定人力资源计划？

三、课后思考题

1. 酒店人力资源的含义及内容是什么？
2. 试描述酒店人力资源计划的制定过程。
3. 简述酒店内部招聘与外部招聘的优缺点。
4. 描述员工培训的过程。
5. 酒店员工激励的原则是什么？
6. 什么是绩效？常用的绩效考评方法有哪些？
7. 什么是督导管理？
8. 怎样才能做到有效督导？

四、实训题

与当地酒店人力资源部门员工座谈，了解酒店人力资源管理部门在酒店管理中的地位、作用以及主要工作内容和程序。

目的：了解酒店人力资源管理的主要工作内容和工作程序，强化对人力资源管理工作的感性认识。

要求：1. 通过座谈，写出对酒店人力资源管理工作的认识。

2. 就如何使员工发挥出最大的主观能动性，进行讨论。

第7章

酒店接待部门管理

学习目的

通过本章的学习，要求学生掌握酒店前厅部的主要任务；客房部的业务范围、房型与房态；餐饮部的主要任务；康乐部的主要作用。熟悉酒店前厅部、客房部、餐饮部的组织机构。了解酒店前厅部的基本业务；客房部的对客服务；餐饮服务；康乐部和商场部的日常管理等。

学习内容

- 酒店前厅管理
- 酒店客房管理
- 酒店餐饮管理
- 酒店康乐管理
- 酒店商场管理

酒店接待部门主要包括酒店的前厅部、客房部、餐饮部、康乐部和商务中心等部门，他们是酒店的主要盈利部门，也是酒店的形象部门，其业务水平和管理方法直接代表酒店的经营管理水平。

7.1 酒店前厅管理

前厅部（Front Office）在酒店中具有非常重要的地位和作用，它代表了酒店的整体形象，是酒店各部门的指挥协调中心，前厅部的销售效果还会直接关系到酒店的整体经济效益。

7.1.1 前厅部的定义和主要任务

1. 前厅部的定义

前厅，又称大厅、大堂，是指进入酒店大门后到酒店客房、走廊、餐厅等营业区之间的供宾客自由活动的大块公共区域。前厅部是设在酒店前厅，销售酒店服务，组织接待工作，调度业务，为宾客提供订房、登记、分房、行李、电话、留言、邮件、委托代办、商务、退房等各项服务，以及为酒店各部门提供信息的综合性服务部门。在有些酒店特别是小型酒店中，前厅部和客房部统属一个部门，称为房务部。

2. 前厅部的主要任务

1）接待宾客并办理各类手续。前厅部担负着接待宾客，协助宾客完成入住登记、离店、换房等手续的任务。

2）销售客房和酒店其他产品。前厅部接待员在总服务台这一岗位上，担当着向宾客介绍、推销客房的职责，同时前厅部的员工还可以在为宾客提供问讯服务的同时，向宾客推销酒店的餐饮、康乐等部门的产品，从而带动其他业务部门的销售。

3）保存宾客信息并设立客史档案。前厅部是酒店信息的交流中心，在交流宾客信息的过程中，应该保存好有关宾客的信息。大多数现代酒店都为自己的重点客户设立客史档案，并随时补充和更新客史档案中的相关资料，为酒店向宾客提供个性化、人性化、超常服务提供依据。

4）为宾客提供各项前厅日常服务。前厅部下属的各服务班组还为宾客提供各项前厅的日常服务，包括：转接电话、电话问讯、电话留言、叫醒服务、接机（船、车）服务、行李接送服务、金钥匙服务、行李寄存服务、票务服务等。

5）协调各部门的对客服务工作。前厅部一方面把宾客的信息通知到相关部门，另一方面也把酒店各部门的业务信息进行汇总、加工，并及时有效地按规定渠道进行传递，它是酒店各种信息交换的枢纽。酒店对客服务的各部门、各工种，构成了一个复杂的对客服务整体系统，前厅部在这一系统中起着协调作用，它联系各部门形成合力，为宾客提供优质的服务。

7.1.2 前厅部的组织机构及职责

1. 酒店前厅部的组织机构

前厅部的组织机构设置（以大型酒店为例）如图 7.1 所示。

2. 前厅部主要机构的职责

1）预订处（Reservation Desk）。前厅预订处的主要职责是受理宾客的订房要求并妥善处理，完成填写订房表、确认预订、保证预订、汇总预订、订房核对、订房资料的传递及存档、订房的预测，并合理安排超额订房、制作客史档案等订房工作。

2）接待处（Reception Desk）。前厅接待处的主要职责是规范、热情、礼貌地帮助宾客完成入住登记手续，与宾客保持良好的关系，适时了解宾客需求并及时、准确地反映到相关部门；及时、准确地核对房态，保证任何时间房态的准确性；努力推销酒店客房及其他产品，以获得最好的经济效益；同时能合理、高效、有针对性地为宾客分房。宾客抵达前准备好重要宾客、团体、常客的各种资料并及时分发到相关部门，

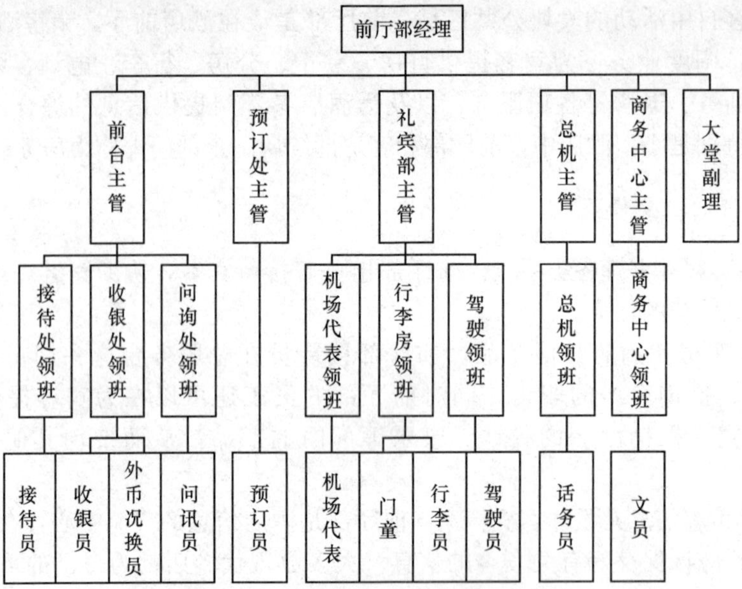

图 7.1　大型酒店前厅部组织机构图

确保宾客迅速、准确地入住；把宾客的叫醒、行李等服务通知电话总机及行李组，接受宾客的换房、续住要求并及时、准确地通知相关部门及更改电脑记录；打印各种报表，分送各相关部门。

3）问讯处（Information Desk）。前厅问讯处的主要职责是掌握在本酒店举行的各种大型会议、宴会和其他重要活动情况，以及本酒店各种服务设施的位置、经营特色和营业时间；了解本市交通、商业、旅游、气象、风俗等基本情况，以满足宾客的问讯要求；按照服务规程做好留言、查询及宾客物品的转交等工作。目前，独立设置问讯处的酒店较少，问讯处的主要工作通常由接待组兼管。

4）礼宾部（Concierge）。前厅礼宾部的主要职责是替宾客开关车门及店门，问候宾客，协助宾客提拿行李；向宾客介绍酒店及客房内设施，替宾客联系出租车，保持酒店大门口整洁畅通；代表酒店到机场、车站、码头迎接宾客，为宾客安排去酒店的交通工具；及时向酒店通报贵宾到达的信息，积极争取无预订宾客入住，妥善回答宾客的问题并提供恰当的服务，为宾客提供行李寄存和提取服务，为宾客传递传真、留言、信件，为酒店传递表单、报纸等。如果酒店设立金钥匙这一岗位，其职责范围将会更广泛。

5）电话总机房（General Switchboard）。前厅电话总机房的主要职责是负责内、外线电话的接转，为宾客提供叫醒服务、开通长途电话、电话留言、电话咨询服务，以及指定部门外线电话的控制、机件设备的维护、机房和话务台的卫生清洁、保证紧急情况下的电话通畅等。

6）商务中心（Business Center）。前厅商务中心的主要职责是为宾客提供复印打字服务、收发传真服务、订票服务、翻译服务、电脑等办公用品和小会议室的出租服务等。

7.1.3 前厅部基本业务管理

1. 预订

1）客房预订的程序。为了确保预订工作的正常运行，必须建立完整详尽的工作程序。客房预订的程序如图 7.2 所示。

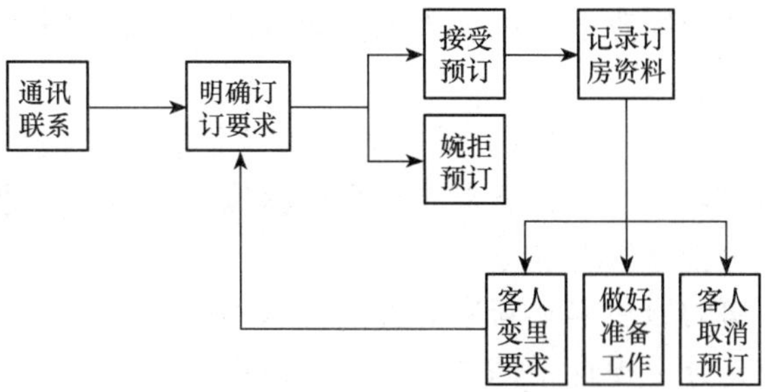

图 7.2　客房预订程序

2）超额订房。所谓超额订房是指酒店在订房已满的情况下，再适当增加订房的数量，以弥补少数客人临时取消预订而出现的客房闲置。超额预订既是酒店经营管理者胆识与能力的表现，又是一种有风险的行为。如何有效地实施超额预订，避免或最大限度地降低由于失误而造成的麻烦是关键。因此，超额预订的决策应该是有依据的，这个依据既来自于经验，又来自于对市场的预测及对客情的正确分析。

2. 接待

(1) 入住接待程序

宾客的入住接待程序如图 7.3 所示。

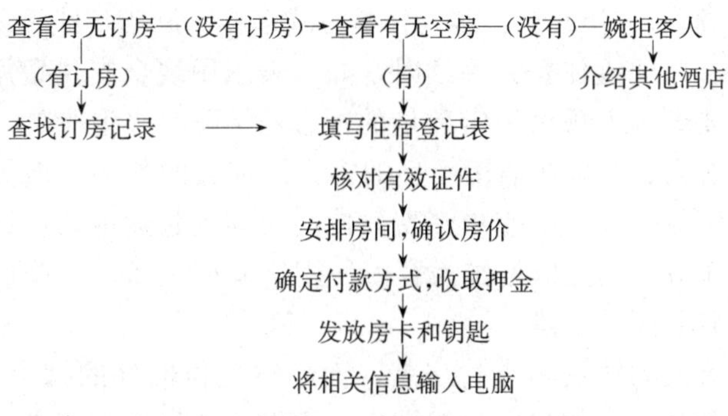

图 7.3　入住接待程序

(2) 住宿条件的变化

1）换房。客人办理入住登记手续后，对客房的位置、朝向、大小、设备使用情况等方面有了较为清楚的了解，在此情况下有的客人会觉得房间不够理想。这时，客人就会向前台提出换房要求，酒店应尽可能满足客人的要求。

酒店有时也会由于自身的原因要求换房。如客房设备损坏，维修需较长时间，酒店会主动为客人换房；住客超过原计划住店天数续住，而事先其他指定预订该房的客人又快要入住时，酒店也可能要求原住客换房。

2）续住。接到客人续住要求后，要问清客人的姓名、房号、续住时间，然后查看当日和近期的客房预订情况，核实客人续住是否会导致超额预订。在酒店旺季期间，更要特别注意这个问题。接着请客人重新交纳押金，收回原有的房卡和钥匙，发放新的房卡和钥匙。最后还应更改电脑中客人的离店日期，并通知客房部楼层客人的续住情况。

3）卖重房。有时由于工作疏忽，接待处将客房已售出，但房态未能及时更改过来，导致该房间重新销售；有时由于未能与客房部保持及时的信息沟通而无法掌握最新的楼层实际房态，也会导致卖重房。

卖重房会给该客房的原住客和新来的客人带来不悦，会给服务质量带来较大的负面影响，所以酒店应充分重视这个问题，特别是以手工操作为主的酒店。为了有效预防，行李员带新入住的客人进房前，应先敲门，如果发现客房内有住客，应马上向双方客人致歉，然后请新入住客人在楼层稍候，电话报告接待处。接待处核实情况后，应马上找出一间相近楼层同类型的客房，签发新的房卡与钥匙，安排另一行李员送上楼层，并收回原来的房卡与钥匙。

4）加床。一个标准间，正常情况下只能住两个成年人，如要住 3 个成年人，则需加床。客人加床大致分两种情况，一是客人在办理登记手续时要求加床，二是客人在住宿期间要求加床。酒店要按规定为加床客人办理入住登记手续，并为其签发房卡，房卡中的房租为加床费，加床费将转至住客付款账单上。

5）提前离店。在目前大多数酒店已实现计算机内部联网的情况下，客人提前离店无需额外关注，前厅收银员只要根据酒店退房系统给客人办理退房手续，收回房卡和钥匙，更改离店日期即可。

6）押金不足。酒店客源复杂，客人付款方式多样，酒店坏账、漏账、逃账的可能性始终存在。客人在办理人住登记手续时，如果表示用现金支付费用时，酒店为了维护自身的利益，常要求客人预付一定数量的押金，结账时多退少补，特别是首次住店的客人、无行李的客人、及以往信用不良的客人。押金的数额一般为房费的两倍，主要是为方便客人在餐厅等部门的签单消费，使用房间内长途电话，饮用房间内小酒吧的酒水，洗衣费签单等，当然也是作为客人使用房间内设备、设施的押金，如果拿走或损坏客房的用品则需照价赔偿。

在某些时候，客人的钱只够支付房费，而不够支付额外的押金。遇到这种情况，接待员应做出相应的处理。如只发放钥匙卡，不发放能签单的房卡，通知电话总机关掉长途线，通知客房楼层收走房内的酒水等。

3. 结账

结账服务的质量将会影响到客人对酒店的最后印象，所以，在客人离店之前快速准确地提供结账服务是非常重要的。结账时，在确认客人的姓名与房号后，快速通知客房服务员查房，检查房内小酒吧的消费情况和设备用品的使用情况。打印出客人的详细账单，客人确认无误后，请客人签名付款。同时收回客人的房卡和钥匙卡，并提醒客人有无贵重物品寄存和行李寄存。最后及时更新电脑中的相关信息资料。

7.1.4 前厅部其他业务管理

1. 礼宾服务

1）金钥匙服务。“金钥匙”是对酒店中专门为客人提供金钥匙服务的员工的称谓。他们的服装上戴有两把交叉的金钥匙徽章，一把代表开启酒店综合服务的大门，另一把代表开启该城市综合服务的大门。

2）宾客迎送服务。宾客迎送服务主要由迎宾员、门童和行李员提供。包括在机场、车站、码头的店外迎送服务和在酒店大门、接待处、电梯口的店内迎送服务。

3）行李服务。行李服务是前厅服务的一项重要内容，主要由行李员提供。包括散客和团体在入住和离店时的行李搬运服务，以及宾客住店期间的行李寄存保管服务。

2. 问讯服务

问讯服务是酒店销售的配套服务，是一种免费服务。在大型酒店一般都有专设的问讯处，在中小型酒店为了节省人力，通常由前台接待员兼任。问讯员应掌握大量有效的信息，除了本酒店各营业部门的服务项目、营业时间、产品特色等信息外，还应熟悉本城市交通、旅游、商业等信息，从而尽量满足宾客的各种问讯需求。

3. 电话总机服务

电话总机是酒店内外联络的通讯枢纽，是酒店与客人交流信息的桥梁。服务项目主要包括为客人转接电话、开通长途电话、电话问讯、电话留言和电话叫醒服务。

4. 商务中心服务

商务中心是酒店为客人进行商务活动提供相关服务的部门。商务服务内容包括复印打字、收发传真、会议服务、翻译服务、票务服务、办公设备出租等业务。

5. 货币兑换服务

为方便境外客人，经中国银行授权，酒店设立货币兑换点，根据外汇牌价，为住店客人代办货币兑换业务。目前可在中国银行或指定机构兑换的货币有澳大利亚元、加拿大元、美元、英镑、日元、新加坡元、港币、瑞士法郎、马来西亚吉特、澳元、菲律宾比索、泰铢、欧元等。

6. 贵重物品寄存

贵重物品的寄存与保管是酒店为确保客人财产安全而采取的一项重要措施。前台收银处后有一个配有多个保险箱的专门房间，每个保险箱需有两把不同的钥匙同时打开才能使用，收银员和宾客各一把钥匙，从而确保了其安全性和宾客对酒店的信任感。

7. 宾客投诉处理

无论酒店经营得多么出色，设备设施多么先进，都不可能完全让宾客满意，宾客投诉是避免不了的。宾客容易投诉的内容主要有对设施设备的投诉、对服务态度的投诉、对管理水准的投诉以及对酒店菜肴质量的投诉等。宾客投诉由大堂副理负责处理，处理投诉的目的在于如何减少投诉，如何使宾客投诉造成的损失减少到最低程度。

8. 客务服务中心

客务服务中心是近年来在北京的部分酒店中设立的，以帮助宾客解决住店期间的一切需求为宗旨的新部门。该部门一般设在总机房，其服务项目包括账单查询服务、失物招领服务、换房服务、客房清扫服务、生活用品借用、洗衣服务、收发传真服务、房内送餐服务等。以前这些服务需要客人到不同的部门寻求帮助，现在只需一个电话就可全部解决，极大方便了宾客，但同时也意味着该部门的员工需要有多项服务技能和良好的沟通能力。

7.2 酒店客房管理

客房是酒店的主要产品之一，酒店客房部（Housekeeping Department）直接负责酒店的客房管理。客房服务是整个酒店服务的重要组成部分，其质量的好坏，在很大程度上代表或影响着整个酒店的水准。

7.2.1 客房部的业务范围

1. 客房的服务与管理

客房的服务与管理是酒店客房部的基本业务和中心工作。主要内容有：

1）对客房进行清洁整理。一方面可以为销售部门提供合格的客房产品，满足客房销售和安排的需要；另一方面，可以为住客创造良好的休息与工作环境。

2）对客房进行维护和保养。这是客房管理工作的重要内容，其目标是使客房的设施、设备和日常用品保持完好常新，保持客房产品的质量标准，并保证和延长客房设施、设备和日常用品的使用寿命。

3）为住客提供全面优质的服务。服务是客房产品的核心。酒店不仅向客人出租客房，还要为住客提供一系列服务，使住客像在自己的家里或办公室里一样安全、舒适和方便。这些服务大部分是由客房部负责提供的。

2. 酒店公共区域的清洁保养

公共区域是酒店的重要组成部分。其清洁保养的状况反映着酒店的管理水平，代表着酒店形象，影响着公众对酒店的感受和评价。因此，酒店必须重视对其公共区域的清洁保养。在规范化管理的酒店里，公共区域的清洁保养工作主要由客房部负责。

客房部一般都设置专门的分支机构，即“PA 组”（Public Area）。尽管很多公共区域的设施也分别由其他部门（如前厅部、餐饮部、康乐部等）管理，但根据“专业化原理”的要求，为了便于专项设备用品的配置和管理、人员的调配、标准的统一，所有公共区域的清洁保养工作主要由客房部统一负责。

3. 布件、员工制服及客衣的洗烫

大多数酒店都配有布件房和洗衣房。按酒店的普遍做法，店属的布件房和洗衣房通常由客房部管理。因此，酒店布件、员工制服和客人衣物的洗烫工作，也就很自然地成了客房部的业务。客房部必须认真做好这项工作，满足客人对洗衣服务的要求。

除以上三项基本业务之外，部分酒店的客房部还负责酒店的园林绿化和花草养护等工作。客房部的业务范围和具体任务视各家酒店具体情况而定。

7.2.2　客房部的组织机构及职能

1. 客房部的组织机构

客房部的组织机构设置（以大中型酒店为例）如图 7.4 所示。

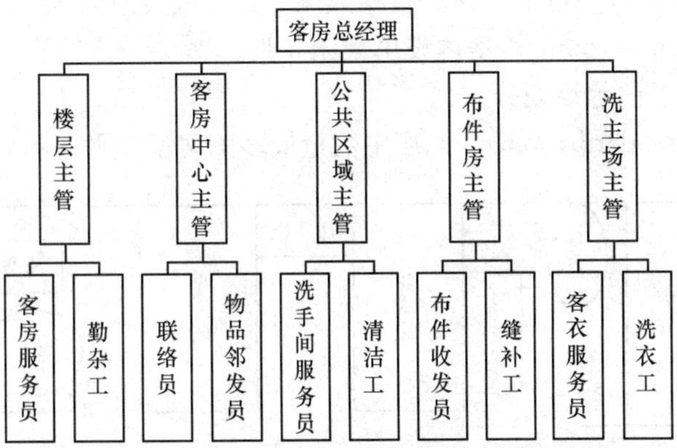

图 7.4　大中型酒店客房部组织机构图

2. 客房部分支机构的职能

1）客房服务中心。我国很多档次较高的旅游酒店都采用客房服务中心这种服务模式。采用这一服务模式的酒店客房部，都设置客房服务中心这一专门机构。客房服务中心是客房部的信息中心，其基本职能是统一调控对客服务工作；收集和处理客情信息；正确显示客房状况；保管和处理客人的遗留物品；领取和分发客房部所需物资；协助有关管理人员进行人力和物资调配；与相关部门进行联络和协调等。客房服务中心通常设有主管或领班、联络员等岗位。

2）客房楼层。客房楼层是客房部的主体，其职能是负责客房及客房楼层公共区域的清洁保养和对客服务工作；管理客房及客房楼层的设施、设备等。客房楼层可设置主管、服务员和辅助工等岗位。

3）公共区域。公共区域管理机构的职能是负责酒店公共区域的清洁保养以及酒店的一些专业性、技术性较强的清洁保养工作。在部分酒店里，它还负责酒店的园林绿化。目前，一些大中型酒店的公共区域管理机构都已成为可以对外服务的专业清洁公司，在保证完成店内清洁保养工作的前提下，开展对外经营业务，为酒店增加收入。

4）布件房。布件房是酒店必备的设施。负责全酒店布件及员工制服的收发保管和修补工作。如果具备设备和技术条件，它还可以加工制作部分布件，为酒店的正常运营提供布件及员工制服等。布件房通常设置主管或领班及布件收发员等岗位。

5）洗衣场。洗衣场负责酒店布件、员工制服的洗烫，为住客提供洗衣服务，有条件的还可承揽对外营业项目。

7.2.3 房型与房态

1. 客房的基本类型

（1）按房间床位的设置划分

1）单人间（single room）。房内设单人床 1 张。

2）双人间（double room）。房内设单人床 2 张，或设双人床 1 张。

3）三人间（triple room）。房内设单人床 3 张。

（2）按房间布置的等级划分

1）标准间（standard room）。酒店中数量最多的房型，平面图如图 7.5 所示。

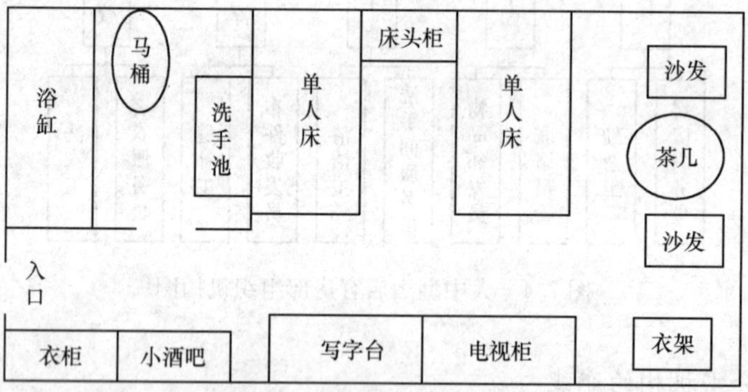

图 7.5 标准间客房平面图

2）豪华标准间（deluxe standard room）。面积大于标准间，房内的设施设备及客用品比标准间高档。

3）商务间（business room）。面积一般比标准间略大，设有标准的办公桌和充足的照明设施，有些还带传真机、电脑宽带接口等。

4）套间（suite）。设有客厅、卧室，为两间相通的客房。

5）豪华套间（deluxe suite）。房内的设施设备豪华齐全，一般房间数及卫生间均在两间以上，有些还有会议室、书房。

6）总统套间（presidential suite）。面积比豪华套间更大，设有两间主人卧室及豪华浴室，还有客厅、餐厅、厨房、书房、侍从房等。它在酒店内独一无二。

(3) 按房间的位置划分

1) 内景房 (inside room)。窗户朝向酒店内院的客房。

2) 外景房 (outside room)。窗户朝向街道、公园、大海、湖泊的客房。

3) 角房 (corner room)。位于走廊、过道尽头的客房。

4) 连通房 (connecting room)。相邻的两间客房，中间有门。

2. 客房的状态

(1) 房态的含义

房态 (room status)，又称客房状态、客房状况，是指对客房占用、清理或待租等情况的一种标示或描述。前厅接待服务质量，在很大程度上依赖于有效的房态控制。因此，建立适当的房态显示系统和保持准确的房态，是做好酒店客房销售工作和提高前厅接待服务质量的关键。

(2) 房态的主要类型

1) 住客房 (occupied room，OCC)，又称实房。指住店客人正在使用的客房。

2) 走客房 (check-out room，C/O)，又称走房。指客人已经退房，但服务员还未清扫的客房。

3) 空房 (vacant room，VAC)，又称 OK 房。指客房已经打扫干净，并通过客房领班的检查，随时可以出租的客房。

4) 待修房 (out of order room，OOO)，又称坏房。指房间内的设备设施发生故障或正在更新改造，暂时不能出租的客房。

5) 保留房 (blocked room，BLO)。这是酒店内部掌握的一种客房。酒店会为一些大型的团体预留他们所需的客房，同时还有一些客人在预订客房时，常常会指明要某个房间进行预订。

6) 外宿房 (sleep out room，S/O)。指住客在酒店外过夜的房间。

7) 请勿打扰 (do not disturb，DND)。住客为不受干扰，在房门外的把手上悬挂“请勿打扰”牌，或者打开墙壁上的“请勿打扰”指示灯。

(3) 房态的转换

酒店客房的状态随着客人入住和离店等活动进行着不同的转换，如图 7.6 所示。

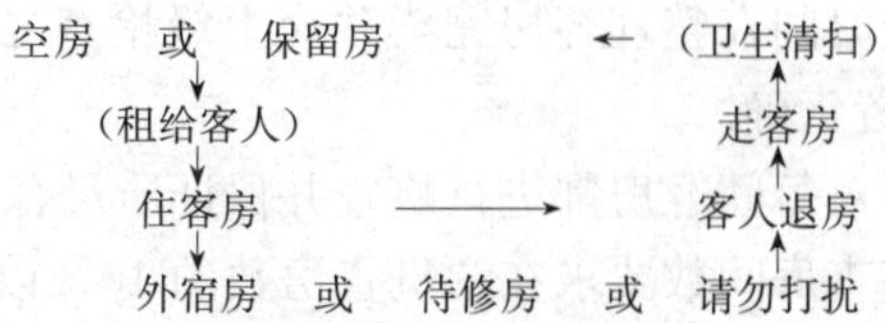

图 7.6 房态转换图

7.2.4 客房部清洁保养及其管理

客房部清洁卫生工作是客房服务的重要内容，也是客房服务质量和管理水平的综合反映。因此，应严格按照服务规程制定的标准、要求进行管理和检查。

1. 客房的清洁保养

（1）客房日常清洁保养

客房日常清扫保养工作有以下几个基本方面：

1）整理。即按规格和要求，整理客人使用过的床铺；整理客人使用过后的各种用品；整理客人放乱的个人物品、衣物等。

2）清扫除尘。用扫帚、吸尘器及揩布等清洁用具清扫地面、地毯、软座椅上的灰尘，以及揩擦门框、窗台、灯罩、电视机和其他家具设备，并清理垃圾。

3）擦洗卫生间。整理各种卫生用品、用具；倒去脏纸污物；擦洗卫生洁具（洗脸台、浴缸、坐厕）、镜面、水龙头；擦洗墙面和地面。

4）更换和补充用品。更换各种棉织品；补充文具用品、火柴、卫生纸、肥皂、茶叶等供应品。

5）检查设备。在客房和卫生间的整理过程中，检查各种设备是否能正常工作，同时还应注意各种家具、用具是否被客人损坏等。

如果有住客，还需做好客房晚间服务，开好夜床。

（2）客房定期清洁保养

客房除日常清洁保养工作外，还须定期进行全面的清洁保养。其内容包括：

1）地板打蜡。选择干燥晴朗的天气，搬动家具、卷起地毯，按除尘、上蜡和磨光的程序，对整个地面、地板进行打蜡。

2）清洗地毯。除了对地毯每天吸尘外，还应定期清洗。

3）擦拭家具。对客房的某些家具物品，除了日常除尘外，还要擦抹家具四周的底部及背后等部位，并给铜器上油。

4）清洁墙面。客房内四壁墙面，包括天花板及空调出风口等，也要定期打扫。

5）卫生间清洁消毒。卫生间四壁、天花板、卫生洁具上金属部件需定期重点擦洗，坐厕要重点消毒。

（3）客房检查

客房检查是客房部日常管理的重要内容之一。检查房间与整理房间的程序和标准基本一致。查房时应按顺时针或逆时针方向循序进行，发现问题马上记录，及时解决。客房检查有以下几种检查制度：

1）服务员自查。自查时间在整理客房完毕并交上级检查之前。自查内容包括设备完好、环境整洁及物品布置正确。

2）领班查房。领班要对每间客房都进行检查并保证质量合格。

3）主管核查。主管核查房间数要求在领班查房数的10%以上。

4）经理抽查。经理查房一般定期进行，因为要求较高，被象征性的称为“白手套”式的检查。

2. 公共区域的清洁保养

公共区域包括楼道、前厅、办公室、客厕、庭院等部位。公共区域的清洁保养工作一般也分成日常清洁保养和定期清洁保养两种。公共区域清洁保养工作的内容及方法如下：

1）餐厅、酒吧。利用餐间的空隙时间进行，有些酒店只承担每天晚上的大清扫。

2）客用洗手间。随时进行巡视检查，保持其清洁，有条件的一般都设立客厕服务员为客人服务。

3）门厅。随时清洁整理，倒烟灰缸，保持地面清洁，午夜进行地面清洗工作。

4）客用电梯。随时打扫，并定期更换地毯；庭院花木：每日整理，定期修剪。

5）酒店建筑物四周须每日打扫，尤其注意大门口的整洁。

6）停车场须随时打扫。

7）屋顶平台须定期打扫。

8）各办公室、职工食堂、工作电梯、员工浴室、厕所、更衣室：每日打扫。

9）虫害控制。定期进行灭鼠、灭蚊蝇、灭蟑螂等工作。

要管理好公共区域的清洁保养工作，必须建立岗位责任制，明确职责和清洁保养的标准，同时加强日常的检查和督促，以保证清洁保养工作的质量。

7.2.5　客房部对客服务及其管理

1. 洗衣服务

国家旅游局要求二星级以上的酒店为住店客人提供洗衣服务。电话接受客衣是国际上大部分酒店的例行做法。客衣服务员在电话中需提醒客人填写洗衣单，并将所需洗烫的衣物一同装入洗衣袋，放于客房内。

在收取客衣的过程中，要特别注意以下一些问题：洗衣场在接到快洗及贵宾送衣电话后，应在 10 分钟内赶到楼层收取客衣，在接到正常收衣电话后，应在 30 分钟内赶到楼层收取客衣；凡是放在床上、沙发上，未经客人吩咐、未放在洗衣袋内的衣服不能收取；检查洗衣袋内是否有洗衣单，洗衣单上的房号是否与房间的房号一致，衣服的数量是否正确；不要把客衣袋放在地上拖着走，要爱护客人的衣服，对于需熨烫的高级时装，应用衣架挂好；楼层服务员要配合客衣服务员的工作，发现客人把洗衣袋放在门外后，要及时将其收至楼层工作间并电话告知洗衣场。

2. 托婴服务

托婴服务是高星级酒店向客人提供的一种服务项目，该项服务可为携带孩子的客人提供方便，使其可以摆脱孩子的拖累而不致影响外出活动。服务员须接受照料孩子的专业培训，懂得照看孩子的专业知识和技能，有照看婴幼儿的经验并略懂外语。

在为客人提供托婴服务时，客房服务员应请客人填写“婴儿看护申请单”，了解客人的要求及婴幼儿的特点，并就有关注意事项向客人说明。看护者应在规定区域内照看婴幼儿，严格遵照家长和酒店的要求看护，不随便给婴幼儿食物吃，不托付他人看管。在照看期间，若婴幼儿突发疾病，应立即报告上级，以便得到妥善处理。

3. 加床服务

加床服务是客房部提供的服务项目之一。有时客人会直接向楼层服务人员提出加床服务要求，客房部服务员应礼貌地请客人到总台办理有关手续，不可随意答应客人的要求，更不得私自向客人提供加床服务。

客房服务员接到总台有关提供加床服务的通知后，应立即在工作单上做好记录，随后将所需物品送至客房，如果客人在房内，应主动询问客人，按客人要求摆放好加床，如客人无特别要求，则应移开沙发、茶几，将加床放于墙角位置，并为客人铺好床。在加床的同时，还须为客人增加一套客房棉织品、杯具、茶叶及卫生间日耗品。

4. 房内小酒吧服务

房内小酒吧的配备是国家旅游局对三星级以上酒店的要求。客房部管理人员应注意定期研究客人的消费情况，根据客人的需求定期调整小酒吧的品种。客房部还需定期统计和盘点楼层的小酒吧饮料，确保所有房内小酒吧饮料不超过保质期。

对于住客房小酒吧的检查，通常由服务员在每次例行进房时进行，如清扫客房、小整理、做夜床时检查，若有消费，应立即输入账款，并做好补充。如果客人已填好账单，应收取并补充新账单，并注意查对账单填写是否正确。

对于离店客人，国内大部分酒店要求总台接待员在其结账时通知客房部，由楼层服务员检查客人的饮料消费情况，并立刻电话通知总台结账处。该过程需要一定的时间，客人常常会因等待时间过长而提出投诉。而国外绝大部分酒店则是在客人结账时询问客人是否消费了小酒吧饮料，根据客人的回答进行结账，从而大大加快了结账速度。国内某高星级酒店曾做过两个月不查房的测试，统计结果是损失了两千多元的饮料。于是，该酒店决定在客人结账时不查房，用两千多元的损失换取快速结账的效率，将方便让给大部分客人。当然，不同档次、不同客源的酒店，应根据本酒店饮料损失率的高低，做出相应的决策。

7.3 酒店餐饮管理

餐饮部（Food & Beverage Department）是酒店内宾客活动的中心，餐饮收入是酒店营业收入的重要来源，餐饮服务的质量直接影响到酒店的声誉，而且餐饮部是酒店工种最多，用工量最大的一个部门。

7.3.1 餐饮部的主要任务

1. 为宾客提供满意的餐饮产品

餐饮经营最基本也是最重要的任务之一就是为宾客提供满意的餐饮产品。餐饮经营者应及时掌握不同客人的餐饮需求，有针对性地推出他们所期望获得的餐饮产品。一般来说，不同国家和地区的人、不同年龄的人、不同身份的人、不同收入水平的人以及不同宗教信仰的人都有自己特有的饮食需求。作为餐饮经营者，必须在日常的经营管理中，逐步积累经验，同时，还应建立客史档案，准确地记录各类宾客的特殊需要。只有这样，才能真正地把握本酒店目标市场中宾客的饮食要求。

餐饮经营者还应精心策划餐饮产品的各种组合。为宾客提供满意的餐饮产品不仅仅表现在餐饮产品质量的本身，还包括宾客对菜品的评价，例如口味是否符合自己的饮食习惯，装盘是否美观诱人，价格是否与其价值相符，食品卫生程度是否能让宾客放心等。另外，菜肴的新鲜程度、知名度以及是否符合时令等，也都会影响餐饮产品的质量。

2. 为宾客提供优质的餐饮服务

餐饮服务是餐饮部所提供的一项无形产品。在用餐过程中，宾客会较多地注意餐厅的烹饪技艺、服务态度、服务效率、服务水平以及用餐的环境和气氛等。也就是说，宾客在购买餐饮产品的同时，更希望得到与菜肴同步销售的服务，并希望获得方便周到、舒适愉悦的精神享受。餐饮经营者要正确认识宾客的这种心理要求，设计并实施有效的餐饮服务程序，培养全体员工提供优质餐饮服务的意识。

3. 为酒店树立良好的企业形象

餐饮部在提供优质的菜肴和服务的同时，还要为本酒店树立良好的企业整体形象。由于餐饮部门与客人的接触面广、接触量大、面对面服务的时间较长，因此对客人心理因素的影响就比较大，其效果也会直接反映到宾客对酒店的整体评价上来。要树立酒店高品质的企业形象，必须加强餐饮部门良好的形象建设。而餐饮部门的形象，就主要依赖于菜肴和服务这硬件和软件两个部分。

4. 弘扬中华民族的饮食文化

中华民族五千年的文明史，造就了举世公认的中华美食。今天，中餐已经走向世界，成为世界饮食大家庭中的一名重要成员。越来越多的外国客人已热衷于吃中餐，中餐已成为我国的一项重要旅游资源，吸引着世界各地的旅游者。酒店餐饮部门担负着接待大量外国宾客的任务，向客人宣传中餐、弘扬中餐的文化艺术，是一项义不容辞的任务。

弘扬中国的饮食文化要善于挖掘我国的传统饮食精华。可以从历代宫廷菜、官府菜和民间菜谱中吸取“营养”，甚至可以从各种文学名著、古代传说、历史事件中开拓视野，加以开发，如满汉全席、红楼宴、仿膳、乾隆皇帝下江南筵席等，都是通过这种方法重新包装后而成为脍炙人口的名宴的。另外，挖掘传统名菜还要同人们现代的饮食习惯结合起来。随着社会的发展，人们的饮食要求、口味特点和用餐方式都在变化，在开发传统名菜的过程中，要善于古为今用，而不能食古不化。

7.3.2　餐饮部的组织机构及职责

1. 餐饮部的组织机构

餐饮部的组织机构设置（以大型酒店为例）如图 7.7 所示。

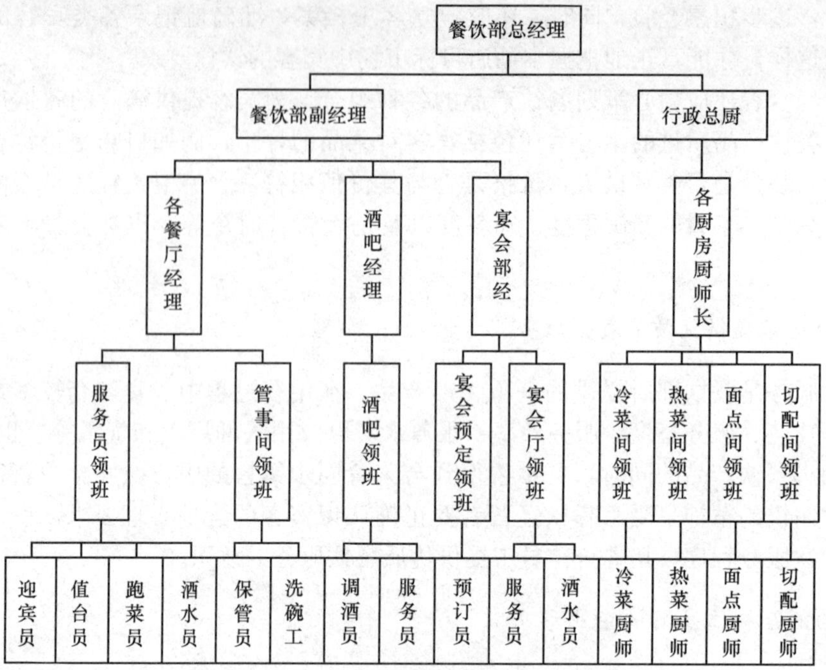

图 7.7　大型酒店餐饮部组织机构图

2. 餐饮部分支机构的职责

（1）餐厅部

按照规定的标准和程序，用熟练的服务技能、热情的服务态度，为宾客提供各项餐饮服务，保证宾客的饮食需求；推销餐饮产品，扩大销售，保证经济效益的实现；加强对餐厅财产和物品的管理，控制费用开支，降低经营成本；及时检查餐厅设施设备的使用情况，做好维修保养工作，以及餐厅的安全工作。

（2）宴会部

宣传并销售不同种类的宴会产品，提高宴会厅的利用率；负责中西宴会、冷餐宴会、鸡尾酒会等各种活动的预订、准备和服务工作；与餐饮部的其他机构配合协作，控制成本，增加效益。

（3）酒水部

保证整个酒店的酒水供应；负责控制酒水成本；做好酒水的销售，扩大收入。

（4）管事部

根据预先确定的库存量，负责为指定的餐厅厨房供给、储存、洗涤和补充各种餐具，如瓷器、玻璃器皿及服务用品等；负责洗涤设备的正常使用与清洁维护保养；负责收集和运送垃圾；负责餐饮部各种饮料空瓶的收集和处理。

（5）厨房部

根据宾客需求，向宾客提供安全、卫生、可口的菜肴；加强对食品生产流程的管理，控制原料成本，减少费用开支；负责厨房间的清洁卫生以及厨房设备的安全使用与维护保养；不断开拓创新，扩大销售。

7.3.3 餐饮服务管理

1. 托盘

托盘是餐厅运送各种物品的基本工具，是每个餐饮服务人员必须掌握的一种基本技能。托盘有大、中、小等多种规格，以满足不同的传运需要。大、中方盘一般用于传递菜品、酒水和盘碟等较重的物品；小方盘和大、中圆盘一般用于上菜、派菜和递送饮料等；小圆盘主要用于递送账单、信件、钱款等。托盘的方法分为轻托和重托两种。

(1) 轻托

轻托一般使用大、中、小圆盘和小方盘。盘中重量一般在 5 千克以下，较轻，故称为轻托。轻托包括理盘、装盘、托盘三步，具体要求做到头正、肩平、托盘不贴腹，不搁肘，仪表大方，步履轻快，托盘随着步伐在胸前自然微微摆动，遇到障碍物让而不停，姿势自然，右手可背在身后。

(2) 重托

重托使用质地坚固盘底平整的大、中方盘。盘中重量较重，一般在 5 千克以上，甚至 10 千克左右。重托的托盘要领基本上与轻托相同，只是左手起托时，左手应向后方转 180 度，擎托于肩外上方，要求盘底部拥肩，盘前不近嘴，盘后不靠发。重托行走时，要求步履轻快，肩不倾斜，身不摇晃，动作表情要显得轻松自然。

2. 摆台

摆台是根据用餐的需要将各种餐具按照一定要求摆在餐台上。摆台时，要求餐具图案对正、距离匀称、整齐美观、便于使用。摆台分为中餐摆台与西餐摆台两种。

(1) 中餐摆台

中餐一般使用方桌与圆桌两种，中餐摆台一般分为团体包餐摆台、零餐摆台和宴会摆台。中餐摆台要先定出主人、主宾位，具体包括以下四步：

1) 铺台布。要求台布正面向上，中心线对准主人位置，十字中心点居于桌中，舒展平整，四边下垂部分均匀，台布四角对准桌边。

2) 摆餐具。要求餐具齐全，配套分明，间距相等、紧凑、整齐、美观。

3) 摆用具。除了摆餐具外，桌上还有一些公共用品。如调味品、烟灰缸、花瓶等。花瓶放在餐桌的正中，其他物品的摆设要求对称、整齐、协调和方便客人使用。

4) 复查台面。餐具全部摆好后，再次检查台面，调正椅子，以迎接客人的到来。

(2) 西餐摆台

西餐摆台常使用方桌、长方桌，其具体摆台步骤包括：

1) 铺台布。要求台布正面一律向上，台布之间要求中心线对正，台布压贴方法与距离要一致，台布两侧下垂部分均匀。与中餐不同的是，西餐宴会铺台布后还要增设台裙，即在餐桌的边缘，用与餐厅环境协调的平绒布料把餐台围上，台裙布打成“褶”，并用按钉或尼龙搭扣固定，以增加宴会高雅、豪华的气氛。

2）摆餐台。西餐摆台有美式、法式等。美式与法式餐具的摆法略有不同，俄式与法式餐具的摆法是相同的。西餐摆台的基本要领是：餐盘正中，盘前横匙，左叉右刀，先外后里，刀口向内，饮具在右。要求台形端正，配套分明，整齐如一。

3. 口布折花

口布，又称餐巾、席巾等，是宾客就餐时专用的保洁方巾。口布折花根据摆设工具的不同，可分为杯花和盘花两种，其中盘花由于造型快速简单、美观卫生而越来越被各高档酒店所提倡。按口布的折花造型可分为植物、动物、实物造型三大类，使用于不同格调的餐厅和宴会。

4. 斟酒

在餐厅里，无论是便餐还是宴会，宾客一般都要求提供斟酒服务。因此，必须掌握斟酒的基本技能和相关的酒水知识，以进行有效的服务与管理。斟酒的全过程包括以下三步：

1）示瓶。示瓶是斟酒服务的第一道程序。示瓶时，服务员应站在客人的右侧，左手托瓶底，右手扶瓶颈，酒标朝向客人，让客人辨认。

2）开瓶。要求服务人员正确使用开瓶器，开瓶时动作要轻，尽量减少瓶体的晃动，一般将瓶放在桌上开启，动作准确果断。特别是开香槟酒时，双手要在餐巾下操作。开瓶后，要用干净的布巾擦拭瓶口，并检查瓶中的酒是否有质量问题。

3）斟酒。斟酒分为桌斟和捧斟两种。桌斟时，瓶口不可搭在酒杯口上，以相距两厘米为宜，斟酒以七到八分满为宜。斟酒完毕，应顺势转动酒瓶四分之一圈，以免酒瓶的酒滴在台布上。握瓶要求握住酒瓶中部、商标朝向宾客，以便客人看到酒水商标。捧斟多用于酒会和酒吧服务，斟酒动作应在台面以外的空间进行，斟满的酒杯放在宾客的右手外。捧斟适用于非冰镇处理的酒，捧斟时服务员要做到准确、优雅、大方。

5. 上菜与分菜

上菜，就是由餐厅服务人员将厨房烹制好的菜肴点心送上桌。分菜，就是由服务人员将已上桌的菜肴点心分派给每个宾客。

(1) 中餐的上菜与分菜

中餐上菜要选择“上菜口”，通常以不妨碍客人就餐为主。在中餐宴会中，上菜在陪同人员或翻译之间进行，也可以在副主人的右边进行。上菜时要轻步向前，托盘平稳，报准菜名。中餐上菜程序一般是先冷盘，后热菜，接着是汤、面点，最后是水果。上菜的时间和速度要根据客人进餐速度的快慢程度而适当掌握。新上的菜应放在主宾面前，以示尊重。一般情况下，中餐不习惯分餐，但在宴会中对名贵菜、特殊菜、整体菜、汤类等，服务员应进行分菜。分菜时，要注意手法、卫生，动作迅速，分量均匀，做到“一勺准”，并且姿势优美，在操作时尽量不要发出声响。值得说明的是，“非典”过后，人们的公共卫生意识得到了普遍的提高，分餐制备受提倡。因此，服务人员的分餐技巧也成为服务员培训的一项重要内容。

(2) 西餐的上菜与分菜

西餐的上菜和分菜服务方式有法式服务、英式服务、美式服务、俄式服务等，其分菜手法与中餐类同，但这些服务又因各国的习俗不同而略有变化。在美式服务中，所有的菜品都是在厨房装盘，然后由服务员直接上给顾客，不存在服务中的分菜问题。而俄式服务是典型的分餐服务，每一道菜都是装在一个大银盘中，由服务员端至桌前，并由服务员为每一位宾客分菜。

7.3.4 餐饮销售技巧

1. 迎宾

当宾客临近餐厅大门时，迎宾员应说："您好!"当客人继续朝餐厅里面走时，应不失时机地点头说："欢迎光临!"如果客人主动向迎宾员询问座位、菜肴或其他情况时，迎宾员应热情地解答，并作好客人的向导，带领客人进入餐厅。

主动招呼对招徕宾客具有很大意义。比如，有的宾客走进餐厅，环视一下餐厅四周就准备走了。这时，如果有服务员主动上前招呼"欢迎光临"，宾客即使对餐厅环境不是十分满意，也不一定会立即离开。

2. 点菜

有些服务员在宾客刚刚就座后就马上询问客人："先生来点什么?"客人往往会感到很为难。不如先送上茶水，说一声："请先用茶。"让客人先定定神，然后再送上菜单轻声说："先生请点菜。"然后侍立一旁等待客人的信息。

如果客人在点菜时出现犹豫不决或者主动提问时，服务员即可乘机推荐餐厅的招牌菜、特色菜，或者时令菜、高价菜。一般来说，高价的菜肴和酒水，其利润也高，而且这些菜肴和酒水的质量也比较好，风味也比较有特色。服务员若在客人点菜时，成功地推销出较多的高价餐饮产品，就能为酒店增加较多的营业收入。

客人点完菜后，服务员会习惯问客人："您需要来点酒水吗?"从推销的角度看，客人只有两种选择，也就是说有 50%的概率说"不要"。因此不如说："您是要来点啤酒还是白酒?"这样的选择问句，客人就很有可能跟着服务人员的思路去考虑，选择其中的一种酒水，推销的成功率将会大得多。

3. 就餐

客人在用餐的过程中或许会突然问道："服务员，你们餐厅有没有龙虾? 给我们上一盘。"一些服务人员常常会简单地说"没有"，这样会使客人非常扫兴，也会觉得该酒店的菜肴品种不是很丰盛。即使餐厅现在没有客人要点的菜肴，也应先答应一声"好的"，然后再说："对不起，先生，今天的龙虾已经卖完了，您可以换一个别的菜。今天的基围虾、对虾都很新鲜，您看行吗?"这样不但安抚了客人，而且把客人单一的追求，转移到其他选择上去了。

用餐时，客人有时会批评餐厅的某些菜点质量不好，但又不一定说得准确。服务人员如果马上指出宾客的错误予以反驳，客人将会很不高兴，并会导致他们下次不再光临本酒店。比如有客人在品味盐煎肉时，大声叫道："服务员，你们这个回锅肉怎么不带皮？你知道吗，回锅肉不带皮吃起来没嚼头。"如果服务员走过去马上说："先生您搞错了，这哪是回锅肉，你吃的是盐煎肉！"这样客人就会在其他客人面前下不了台。如果服务员这样说："先生对川菜一定比较有研究，一吃就感觉出来了。但是今天回锅肉卖完了，盐煎肉与回锅肉味型相仿，也很有风味，您试试看。"这样客人就不会不高兴了。

4. 结账

客人用餐完毕后，一些餐厅会直接将账单送到餐桌上，简单地说"680 元"，这是不妥的。一般应该让服务人员拿着账单侍立一侧稍候，当客人说埋单时，把账单递过去，并说道："先生，这是您的账单，请您核对一下。"前面的做法和说法让客人感觉是餐厅在要钱，而后面的做法和说法，是宾客主动付钱给餐厅，细微的差别就在于此。

7.4 酒店康乐管理

随着酒店内宾客对康乐活动的需求逐步扩大，酒店的康乐设施和项目不断增加，康乐部（Recreational Department）在酒店经营中的地位和作用也越来越重要，盈利也越来越多。现在，三星级以上的酒店大都设有康乐部。

7.4.1 康乐部的主要作用

1. 满足宾客健身和娱乐的需求

随着社会的不断进步，人们对康乐活动的需求也越来越多。很多人甚至把康乐活动作为生活中必不可少的内容，特别是那些经常住酒店的宾客，更是重视康乐活动。人们除了参加传统的体育锻炼活动外，还在不断寻求并积极参与更有情趣的、欢乐的有利于身体健康的活动，这就是人们钟情于康乐活动的原因。因此，能满足人们在健身和娱乐方面的需求，就成了康乐部的作用之一。宾客对健身和娱乐的需求是多方面的，形式也是多种多样的，如游泳、打网球、打保龄球、打台球、做器械运动、跳舞等。根据宾客的这些要求，康乐部就开设了相应的项目和设施，如游泳馆、网球场、保龄球馆、桌球房、健身房、夜总会等，以满足不同宾客的不同需求。

2. 稳定和增加酒店的客源

现在酒店设置康乐部已不单单是为了评定星级，而且还出于扩大客源，增加营业收入的需要。不少旅游者在选择酒店时，往往很注重酒店是否具有较为完善的康乐设施，甚至有的宾客是由于对某酒店的康乐活动有较浓厚兴趣而选择该酒店的。酒店康乐设施的完善与否、康乐器材的现代化程度能够在很大程度上影响酒店的客房出租率。拥有较为完善的康乐设施的酒店客源可能就比较稳定。例如北京某三星级标准的度假村酒店，一开始只按三星级的要求设置了少量的康乐设施。在经营的初期，客房出租率一直比较低。后经调查发现，其客房出租率不高的主要原因就是宾客对其康乐设施不满意。后来该酒店的决策者投入了大量资金，增设了较大规模的游泳池、有十条球道的保龄球馆、能放置较多游艺机的游艺机房等，使酒店康乐设施的设置达到了五星级酒店的要求。从此以后，酒店的客房出租率一直保持在较高水平，而康乐设施的投资也很快就收了回来。

3. 提高酒店的等级

酒店等级对酒店经营中的市场定位有很重要的影响，酒店等级是招来客源的重要条件，也是制定价格的重要依据。我国的酒店等级评定标准是由国家技术监督局颁布的，这个标准与国际惯例比较接近，也是采用星级作为酒店的等级标志。在酒店星级的评定标准中，除其他条件外，对设施设备有严格规定，并且对康乐设施的设置有明确规定。也就是说，如果没有符合条件的康乐设施，是不能成为高档酒店的。按照这个标准，三星级酒店应设有舞厅、按摩室、美容室、多功能厅；四星级酒店的康乐设施应在三星级酒店的基础上增加健身房、桑拿浴室，并且一般要有游泳池；五星级酒店的康乐设施要在四星级的基础上增加网球场，并且要在设计装修上更加豪华。事实上，很多酒店特别是一些度假型酒店，在康乐设施的设置上都超前了一步，使酒店的档次得到了进一步提高。

7.4.2　康乐部的日常管理

1. 游泳池的日常管理

服务人员每天提前五分钟到岗，换好工服，到服务台签到并查看交接班记录，落实上个班次交办的工作。检查游泳池水质、水温，根据检查的情况合理地投放次氯酸钠，打捞水中杂物，用水下吸尘器吸除水底沉积物，整理池边座椅和躺椅，清理池边卫生，清理机房、泵房，保证地面无积水和杂物。

宾客到来时应主动迎接，请宾客填写登记表，并请宾客用客房钥匙换取更衣柜钥匙，为宾客指示更衣柜位置，主动为宾客提供浴巾和拖鞋。提醒带小孩的宾客注意照看自己的小孩，不要让儿童到深水区游泳。宾客游泳时，服务员和救护员应时刻注意水中的情况，如果发现异常，应及时救护，以保证宾客的安全。根据宾客需要，适时提供饮料和食品，开好单据，用托盘送到宾客面前，提醒宾客在游泳时不宜饮用烈酒。宾客离开时，应注意及时检查更衣柜，在登记表上注明宾客离开的时间。营业结束时，收齐更衣室物品，检查游泳池，确认再没有宾客后关灯锁门，将钥匙及物品交服务台，并按规定做好交接班记录。

2. 保龄球馆的日常管理

上班前，服务员签到，换好工作服和保龄鞋。开班前会，检查着装和仪表，领班分派任务。服务员引导宾客到收银台买单开道，收银员告知宾客到第几球道打球。服务员应主动帮助宾客选择合适的公用鞋，并向宾客赠送一次性球袜。当宾客换好鞋后，服务员主动协助宾客选择合适的保龄球，即球的重量和指孔这两个条件都要适合，询问宾客是否需要提供饮料服务。

在打球过程中，服务员应注意宾客的情况，对不会打球的初学者可适当讲解动作要领及瞄准方式，对不会记分的要讲解记分规则。注意设备运行情况，发现问题及时处理或尽快通知维修员修理。对违规打球的宾客要注意劝阻。例如提前掷球打了扫瓶板、抛球太高造成球道损伤等。宾客打满所购球局后还要续局时，应主动上前询问并代为到收银台续局。宾客打完球后，服务员应提示宾客将换下的球鞋还回服务台。宾客离开球道后，应立刻清理休息区和发球区，检查是否有宾客遗忘的物品，并将多余的球放回球架。

3. 台球室的日常管理

上班前，服务员签到，换好工作服。开班前会，检查着装和仪表，领班分派任务。打扫地面，清理球台，将球台苫布叠整齐。核对计数表记录，做好开业准备。门岗服务员向宾客致以问候，迎入室内。服务台岗服务员为宾客登记，开记录单，收取押金。大厅服务员将宾客引导到球台旁，将球摆好，并询问宾客是否还有其他服务要求。宾客结束消费后，应检查客人所用的台球设备是否完好，如有问题，应及时通知服务台；如无问题，则应将球和球杆摆好。

4. 网球场的日常管理

服务员应在规定时间之前到岗，换好工作服，到服务台签到并查看交接班记录本，落实上一班交办的工作。打扫服务台和休息室卫生，将客用球拍等器械摆放整齐。打开球场门，检查球场设施是否完好，如发现问题设法修理或报工程部。将客用座椅和茶几摆放整齐并擦拭干净。当宾客到来时，服务员应主动上前迎接，然后为宾客填写运动登记表，并提供租用的球拍和球，引导宾客进入球场。宾客打球间歇时，服务员应适时提供面巾、饮料。如果宾客需要陪打时，应及时报告领班，安排陪打员。当宾客打球结束时，应及时检查客用设备是否完好。营业结束时，填好营业记录表，然后清理球场，将球和球拍摆放整齐。

5. 健身房的日常管理

服务员见到宾客要主动问候欢迎。当宾客到柜台办理手续时，服务员要有礼貌地打招呼，询问具体要求，开出单据，请宾客到收款员处交款。宾客付款后指引宾客到所需的消费项目，提供必要的服务。如宾客借用或租用物品，服务员应以礼貌态度示意此物品完好，并提醒宾客用毕归还。宾客归还物品时，要检查物品是否完好。宾客如对本部提供的设备、器械在使用上有不明白之处，应作适当讲解。如果宾客所要消费的项目已有预订或被其他宾客占用，应引导宾客进行其他项目的消费。当宾客离开消费区域后，服务员应立即做简单的清洁工作，包括地面、器具、烟灰缸等。

6. 棋牌室的日常管理

服务员提前十分钟到岗，检查卫生及机器设备。抄录计数，清点饮料。当宾客到来时应主动问好，收取押金，计量开单。为宾客打开房门，开启自动麻将机，告知宾客有问题时可呼叫服务员。为宾客端送饮料，并定时清理房间，倒烟缸，续水。每十分钟巡查一次房间，询问宾客是否需要其他服务，并制止赌博现象。宾客离开后要及时清理房间，检查设备物品。

7.4.3　康乐部的安全管理

1. 加强对康乐设施的维修保养

康乐部拥有许多供宾客消费的康体和娱乐的设施设备，加强对这些康乐设施设备的维修保养，是做好康乐部安全工作的首要任务。例如游泳池的池底、池壁、地面多用瓷砖铺成，瓷砖棱角处如果太尖锐，就很容易划伤客人，特别是人的皮肤经水浸泡后更容易被划伤；又如保龄球道应该每天除尘、打磨、涂油，但在发球区和发球区近端，是不应涂油的。有的保养人员在转换球道时，将油拖布或落油机很随意地从发球区拖过去，使发球区沾染上球道油，很容易使打球的宾客滑倒摔伤。另外，保龄球的球体在长期使用后，指孔边缘如果碎裂的话，会出现较锋利的碴口，很容易划伤使用者的手指。

2. 加强对宾客活动的正确指导

有的宾客是初次使用酒店的康乐项目，还不够熟悉各个项目的使用方法和使用技巧。因此，康乐部的服务人员应该对宾客的活动予以正确地指导，以免发生安全事故。例如有很多康乐活动比较剧烈，在进行这些运动之前，应当先做好准备活动，否则就可能出现身体不适。游泳前如果没做好准备活动，就容易出现抽筋，保龄球运动、网球运动前没做好准备活动，就容易出现扭伤和拉伤；又如有的宾客在使用设备时不按操作规定就很容易引发安全事故。在健身房使用跑步机时，应将速度由慢到快逐步加速，需要停止时也应由快到慢逐步减速，但有个别宾客从较快运行的跑道跳下，这时由于惯性很大，人特别容易摔倒。

3. 加强对康乐运营的服务与管理

作为康乐部的经营者，还应加强对康乐运营的服务与管理，采取相关的措施来确保宾客的安全。例如一些康乐项目的运动量很大，应该采取适当的保护措施。在健身房作卧推杠铃时，就可以由教练或服务员适当保护，在游泳池的深水区，应当配备救护员，以便在发生溺水事故时采取救护措施；又如在容易出现安全事故的地点或时间，应该由服务员经常提示宾客，或放置告示牌。在游泳池应当提示注意池水的深浅，标出深水区，在浅水区也应该有提示牌，以防止喜欢跳水的人跳水时头部与池底相撞；另外，在人群较多的场所，应维持好秩序，防范打架斗殴和失窃事件，并做好消防工作。

7.5　酒店商场管理

商场部（Shopping Arcade）设在酒店的公共区域，可以方便住店宾客购买必要的生活用品和旅游纪念品，同时通过销售具有中国特色的旅游商品，可以宣传我国悠久的历史文化和传统的工艺制作。商场部的营业收入也是酒店总收入的重要组成部分。

7.5.1 商场部的日常管理

1. 售前准备

在销售开始之前，首先应做好卫生工作，做到地面干净、柜台清洁。然后验收从仓库送来的商品，放入货柜，使商品布局合理，陈设悦目。接着准备找赎零钱、售货工具和包装用品。最后整齐着装，佩带工号牌，准备迎接宾客的到来。

2. 销售商品

1）迎接宾客。当宾客走进商场时，要微笑致意。对缓步浏览的客人，不必急于招呼，等客人注意力集中到某种商品时，再做进一步询问；对有既定购买目标的客人，要积极招呼。迎接宾客要主动热情，恰当地使用各种尊称和敬语。同时要了解客人购物是为自己，还是代别人购买；是倾向于高档商品，还是一般商品。

2）展示商品。营业员在展示商品时应亮出商品的主要部位或全貌，充分体现商品的性能和特点，使客人对该商品有充分的了解，以便与其他商品进行比较、挑选。例如丝绸商品应展示其飘逸感，玻璃制品应突出其晶莹剔透的质感等。客人选中商品后，营业员为扩大销售，还可连带推销相关商品。例如客人购买了名贵茶叶，可向客人推销名贵的茶具，客人购买了照相机，可顺便介绍胶卷等。

3）包装商品。客人选定商品后，应根据客人的需求对商品进行包裹、装饰。不同的商品可采用不同的包装材料和包装方法，包装时既要考虑美观，又要起到对商品的保护作用，同时还要便于客人携带。包装商品还应注重包装的个性化，根据宾客不同的年龄和使用场合，适时地选择色彩搭配及造型，做到优雅大方，形式新颖。

3. 售后服务

为使客人能享受完整的服务，商品出售后，商场部还应提供相关的售后服务。包括送货服务、安装服务、维修服务、退换服务、报关托运服务等。商场部应根据自身的条件为宾客提供尽量完善的售后服务工作。

7.5.2 商场部的销售技巧

1. 学会打招呼

客人一进门，商场部服务员就面临着应该怎样向客人打招呼、在什么时候、用什么方式打招呼等问题。首先应掌握恰当的时间。向客人打招呼是一门艺术，微妙在于时间掌握得恰到好处。招呼早了令客人尴尬，招呼晚了则怠慢了客人，那么什么时候是与客人打招呼的良好时机呢？那就是客人在柜台边停留时，或客人抚摸商品时，目光转向服务员的时候。

这时，服务员可运用不同的句式向客人打招呼。常见的句式有："您要干什么？"

"您要什么?""您要买什么?""您要看什么?"第一种极不礼貌，含审问的语气。第二种有乞讨意味，也不妥。第三种把双方置于买卖关系之中，使人际关系紧张。第四种问话最得体，一是"您要看什么，我就给您拿什么"，表示尊重客人；二是只是问"您要看什么"，并不强迫您买，客人没有什么心理负担。

2. 把握客人的心理

首先应把握客人的固有心理，固有心理是由人们的年龄、性别、职业阶层等确定的稳定的心理特征。如在购买商品时年轻人的好奇心理、老年人的恋旧心理、女士重价钱、男士重质量、知识分子爱淡雅等。如果商场部服务员能抓住客人的这种心理来推销商品，也许就能使本来还在犹豫的客人作出购买的决定。

其次应抓住客人的瞬间心理。例如使用提醒法，提醒客人注意某个时间或事件。服务员可以说："这条裙子质地不错，过两天就是三八妇女节，不买一条送给您太太吗?"也可使用分析法，分析客人的自身优点。如："小姐，您的皮肤比较白嫩，配上这种颜色的衣服一定很好看!"另外也可利用客人瞬间的从众心理，如："这种玉器价廉物美，很多客人都非常喜欢，今天卖了好几套了，您是不是也需要呢?"

3. 了解不同国家和地区客人的购物偏好和购物习惯

在酒店商场购物的客人来自不同的国家和地区，他们的购物偏好、审美情趣、购物习惯都不同。因此，摸准他们各自不同的购物习惯，投其所好，对商品的推销无疑是很有好处的。在购物偏好方面，日本人喜欢我国的玛瑙、翡翠、文房四宝、名人字画等；欧洲人，特别是西欧人喜欢我国的丝绸、棉布制品；我国港澳台和东南亚人喜欢老字号商品，十分推崇沿袭下来的老厂家生产的商品，如同仁堂的中成药，而对新产品则兴趣不是很大；美洲人，尤其是美国人喜欢我国具有浓郁宫廷色彩的装饰品和手工业品，如印有龙、凤的绣片，挂毯和玉石雕刻的腾龙、飞凤等，这些商品在他们当中都较受欢迎。

在购物习惯方面，日本人和德国人由于收入高，买东西时花钱显得大方，少有犹豫、反复权衡的现象，以满意为原则；英国人、法国人在言谈举止上讲究"绅士"风度，十分顾及面子，表现在购物上也是如此。如果一位英国人或法国人携女士同来购物的话，只要服务员想方设法将商品介绍给同来的女士，引起其兴趣，这位男士也许就会慷慨解囊，以赢得女士的欢心；来自南美洲、非洲、东南亚国家的客人，不论身份怎样，总喜欢讨价还价，只要给予一些优惠，他们在心理上就会感到满足，购物也就有了热情。

本章小结

酒店接待部门是酒店从事宾客接待、服务等业务活动的部门，包括前厅部、客房部、餐饮部、康乐部、商场部。这些部门既是酒店经营活动的主体，又是酒店业务的第一线。本章主要介绍了这些部门的业务运转和日常管理等内容。

课后练习

一、案例分析

错开两房，失误在谁?

一天上午，一位韩国客人和他的翻译白先生来到某三星级酒店的收款台，办理退房手续。收款员小林热情地接待，并迅速打印出房费账单，递给客人。

白先生看罢疑惑不解地问："我们只住了一间房间，为何要付两间房费?"小林请客人稍等，立即核实这两间房。发现其中一间房这两天客人确实未曾入住过。小林向大堂值班经理汇报，值班经理通过了解，发现客人在抵店开房时，总台小王在询问房间间数时，双方语言上表达误会，实际上客人只要一间房，但小王却为客人错开了两间房。

客人是在酒店A楼总台办理的入住手续，但住房是在B楼，所以客人到B楼总台领取了钥匙，不过只领取了一把。情况已基本清楚，值班经理立即通知收款员只能收取一间房的费用，同时向客人表示歉意，取得客人谅解，客人满意地离店。

【问题】

从整个接待过程来看，酒店存在哪些问题?

【案例分析】

从整个接待过程来看，酒店存在几个环节的问题：

客人在办理入住登记时由于语言表达误会，总台小王没有与客人确认好住房情况，导致错开了两间房；

客人在B楼总台领取钥匙时，B楼总台服务员不细心，接到A楼总台通知到两间房，但客人只领取了一把钥匙，未通过语言技巧与客人再次确认住房情况，未起到弥补作用；

客人入住后的第二天，清扫员将未住过客人的房间情况反馈给客房中心，并通知总台，总台核查后发现房间有押金且未退房，总台只考虑到费用足够，没有进一步追究房间未使用的原因，并且没有主动与客人联系沟通。

如果酒店在接待客人的每一个环节中都能细心些，这个错开房的误会是完全可以避免的。

二、课堂讨论题

1. 前厅部和客房部是酒店中联系最密切的两个接待部门，有的酒店分开设置这两个部门，有的酒店把这两个部门合并为一个部门。为了既能保证对客服务的质量，又能便于酒店的有效管理，你认为哪一种方法比较好，或是还有其他的方法，请说明理由。

2. 酒店康乐项目的设置，既要能满足住店宾客的需求，还要根据市场状况，吸引当地市民前来健身和娱乐，以获得更多的利润。五人一组分组讨论：如果在你学校所在城市建造一家四星级酒店，分析当地的康乐市场，应该设置哪些康乐项目，如何收费。

三、课后思考题

1. 前厅部有哪些业务项目？

2. 酒店有哪些房型？画出标间的平面图。

3. 餐饮销售有哪些技巧？

4. 康乐部有哪些主要作用？

5. 大堂是宾客对酒店留以第一印象的场所，参观一家高档酒店的大堂，画出布局图。

四、实训题

请分组练习酒店散客入住行李服务。

目的：熟练掌握酒店散客入住行李服务的程序。

要求：1. 按照表 7.1 中的内容进行练习。

2. 注意接待礼仪。

3. 分组练习后进行考核，分值标准请参照表 7.1。

表 7.1　散客入住行李服务

内容	具体要求	分值
迎接客人	替客人开车门，用手护住车顶，向客人问好	10 分
搬运行李	请客人清点行李，检查有无破损，轻拿轻放	10 分
带客登记	走在客人左前方两三步远，引领到接待处办手续	10 分
等候客人	站在客人身后两米远，行李放在身前，听候召唤	10 分
乘坐电梯	按电梯按钮，请客人先进电梯，站在楼层按钮旁	10 分
介绍饭店	介绍饭店的营业部门和服务项目，回答客人问题	10 分
离开电梯	提示客人到了，请客人先出电梯，挡好电梯门	10 分
带入客房	先敲房门，帮客人开门开灯，请客人先进客房	10 分
介绍客房	介绍房内的设施设备，询问是否还有其他要求	10 分
退出客房	向客人道别，祝客人住店愉快，轻轻关上房门	10 分

第 8 章

酒店财务管理

学习目的

财务管理是酒店管理的一项重要内容。通过本章的学习，学生了解酒店财务管理的主要内容；掌握酒店成本费用的控制方法及其重要性；掌握酒店营业收入的内容；掌握酒店利润分配的程序。

学习内容

- 酒店财务管理概述
- 酒店成本费用管理
- 酒店收入与利润管理
- 酒店财务分析

随着旅游业的发展，旅游市场竞争空前激烈，旅游企业财务活动也十分活跃。这种趋势要求酒店必须加强财务管理，明确财务管理在企业管理中的地位，理顺财务管理与其他管理的关系，从而提高管理水平，在竞争中立于不败之地。

8.1 酒店财务管理概述

财务泛指社会经济环节中涉及钱、财、物的经济业务。酒店财务是客观地存在于酒店的生产经营活动中，通过货币资金的筹集、分配、调度和使用而同有关方面发生的经济关系。

8.1.1 酒店财务管理的概念

酒店财务管理，是指对酒店财务活动的管理。财务活动即酒店财产物资方面的业务活动及事务活动，包括各种财产物资的取得、置配、耗用、回收、分配等活动。在市场经济中，各种财产物资具有价值和使用价值，财产物资价值的货币表现就是资金。

为了保证业务经营活动的正常进行，酒店首先要筹集一定数额的资金，有了资金后，还要作好资金的投放，使之形成酒店业务经营所需要的各种财产物资，即各项资产。而在酒店的业务经营过程中，资产的价值形态不断地发生变化，由一种形态转变为另一种形态。酒店是借助有形的设备、设施，通过提供服务而获取经济效益的生产经营单位。酒店经营者运用投资者提供的资金进行经营。从形式上看酒店财务是货币等财产资源的收支活动，它表现为酒店资源量增加与减少，其基本内容体现为筹资，投资与分配等；从实质上酒店财务体现着酒店与各方面的关系，由此体现着一定社会的经济利润。酒店财务活动包括酒店由于筹集资金运用资金，分配利润而产生的一系列经济活动，酒店财务活动的总和构成酒店的资金运动。酒店财务管理的对象，就是资金的运动。

酒店财务管理是随着酒店规模不断扩大，管理不断深化而出现的一种管理职能，它主要解决酒店经营中的一些理财问题，管理者根据酒店的经营目标和经营需要，按照资金运动规律，对酒店的财务问题进行科学有效的管理，并正确处理酒店同社会各种利益关系团体和个人之间的经济关系。

“财务管理”英文为 financial management 或 managerial finance，是一门独立性、专业性很强的、与社会实践密切相关的经济管理学科。它最初产生于 17 世纪末，发展于 20 世纪，尤其在第二次世界大战后，随着企业生产经营规模的不断扩大和金融证券市场的日益繁荣，筹资越来越不容易，风险也逐渐加大，人们越来越认识到财务管理的重要性，其理论与方法得到不断的发展。西方国家每一企业都有专门从事财务管理的机构，设有财务副经理，直接向总经理报告并负责财务会计工作。这一工作在酒店经营管理中处于特别重要的地位。

8.1.2　酒店财务管理的特点

酒店作为一个综合性的服务组织，它所提供的商品与其他企业生产提供的商品不同，酒店的产品是为旅游者提供以食宿为主的各种服务，因而酒店财务管理有其自身的特点。

1. 客房商品销售的时间性

酒店是通过提供服务或劳务直接满足宾客需要的，当宾客在酒店消费时，酒店设施与服务的结合才表现为商品。客房销售有着强烈的时间性，如果当天不能实现销售(出租给宾客)，则当日的租金收入则永远失去，即客房商品无法实现库存。客房商品销售的时间性，要求酒店财务部门应积极支持营销部门的促销活动，提高客房出租率，增加客房收入。

2. 宾客结算的即时性

酒店为了方便宾客简便快捷的结账，一般在宾客离店时一次性结清付款，不论宾客何时离店，都应立即办理结账手续，防止出现错账，漏账和逃账。这就要求酒店财务部门必须昼夜提供值班服务，尤其是及时为客人提供各种入住、货币兑换，离店的各种业务。从这一方面讲，酒店财务管理工作的时间性比一般企业的财务管理时间性要强。

3. 投资效益的风险性

酒店固定资产投资金额大，一般要占总投资额的80%左右。由于固定资产具有使用年限长的特点，一旦投入往往难以改变，如果旅游市场形势不好，必然导致投资效益低下。酒店的巨额固定资产投资在建成以后，要经过较长时期的经营活动才能逐步收回。所以其投资决策成功与否对酒店未来的发展方向，发展速度和长期获利能力都有重大影响。在投资决策之前，一定要对投资方案的预期经济效益作深入全面地评价，用审慎的态度，科学的方法选择最有利的投资方案，规避风险，获取最大利益。

4. 更新改造的紧迫性

酒店的各类设备，设施是否新颖，对营业状况影响很大，这种情况决定了酒店的资产设备更新周期短，需要经常进行更新和改造，以保持酒店的全新风貌，因此酒店财务管理人员要注意研究各种资产设备的经济寿命周期，寻求最佳更新时机，适时装修改造，以获得更高的资产使用效益。

5. 经济效益的季节性

酒店的经营体现着明显的季节性，这导致酒店经济效益也随之出现明显的季节性波动，结合季节性的特点，酒店应合理进行季节安排，使淡季不淡，取得最佳经济效益。

8.1.3 酒店的财务关系

酒店经营活动的不断进行，财务活动也日益频繁。在进行财务活动过程中，酒店必然与各方面发生经济联系，产生各种经济利益关系。酒店在财务活动中与有关各方面所发生的经济利益关系就称为财务关系（financial relations)。它包括以下几个方面：

1. 筹资中的财务关系

在筹资活动中，酒店是接受投资者，而向酒店出资的投资者可分为所有权投资者和债权投资者。因其对酒店的投资责任不同，享有权利也不同，具体表现在以下几个方面：

1）投资者以其投入的资本承担财务风险而产生的经济责任。

2）投资者对酒店获得的利润按投资份额享有分配权。

3）投资者对企业破产承担责任。

在这些关系中，投资者要选择合理的投资方式和接受投资的酒店。相应地，酒店也要适当选择合理筹资方式和投资者，最终实现投资者与酒店之间的利益均衡。

2. 投资中的财务关系

投资是将筹集的资金用于生产经营的各个方面。投资中的财务关系与筹资中的财务关系相同，只是酒店的角度由接受投资变成了投资者。酒店作为投资者，与受资者之间的关系，即投资与分配的关系，属于所有权关系。投资会使酒店的资金流动，资金流动既会带来资金收益，相应地也会带来投资风险，这就要求酒店在收益与风险之间进行权衡，以求以最小的风险获得最大的收益。酒店若作为债权人将其资金购买债券，提供借款或商业信用等形成的经济关系，在性质上属于债权债务关系。

3. 分配中的财务关系

参与企业分配（distribution）的主体有：

（1）国家

国家以行政管理者的身份无偿参与社会剩余产品包括企业利润的分配。酒店必须依法经营并按照税法规定缴纳各种税款，包括流转税，所得税和各种计入成本的税金。这种财务关系体现的是酒店同政府之间的一种强制和无偿的财务分配关系。

（2）所有者

所有者参与酒店分配的方式是按资分配，即所有者按其对企业投资的多少进行分配。

（3）债权人

债权人为酒店借入资金，以贷款者身份参与酒店分配，即酒店要按时以还本付息的方式向债权人偿还本金和支付利息，这是一种有偿分配。这种分配带有一定的强制性。

（4）职工

酒店职工以其自身提供的劳动参与酒店分配，即按劳分配，也是一种有偿分配。酒店根据职工的劳动情况，向职工支付工资、津贴，用利润向职工支付奖金，提取公益金等。职工分配最终会导致所有者权益的变化。

酒店的上述财务关系是酒店在从事生产经营，进行资金的筹集、调拨、使用、分配、偿还等财务活动中产生的。酒店财务其本质就是酒店经营过程中的资金运动及其体现的财务关系，而财务管理的对象就是资金运动及财务关系。酒店财务管理则是根据国家政策法规和资金运动规律，组织财务活动，处理各种财务关系，通过对资金的运用过程实施管理与控制，实现财务控制、促进经营发展、提高经营效益。

8.1.4 酒店财务管理的组织与目标

1. 酒店财务管理组织

建立健全酒店财务管理组织，是有效开展财务活动、调节财务关系、实现财务管理目标的重要条件。

酒店财务管理组织的机构设置一般有以下三种类型：

（1）以会计为核心的财务管理机构

这种机构的特点是会计核算职能和财务管理职能不分，同时具备两种职能。在这种机构内部，是以会计核算职能为核心来划分内部职责的，设有存货、长期资产、结算、出纳、成本、收入、报表等部门。这种机构适用于中、小型酒店。

（2）与会计机构并行的财务机构

这种机构的特点是会计核算与财务管理职能分离，财务管理职能有独立于会计机构以外的财务管理机构履行。财务管理机构专门负责筹资、投资和分配工作、组织资金运动。在该机构内部，按照职责的不同划分为规划部、经营部和信贷部三个部门。

1）规划部（Planing Department）。规划部的主要职责是进行财务预测和财务计划。预测的内容是金融市场的利率与汇率，预期证券市场价格和现金流量，为筹资和投资提供依据。计划的主要内容是编制现金预算，确定筹资计划；编制利润计划，确定酒店生产经营目标；编制投资计划，确定酒店实物投资和金融投资的动向。

2）经营部（Operating Department）。经营部的主要职责是寻找资金的筹措渠道，进行金融市场融资及投资，实施资金分配。

3）信贷部（Loan Department）。信贷部的主要职责是调查客户资信状况，掌握其生产及经营状况和偿债能力，对拖欠款进行债务催收或清理，对还款情况进行后续跟踪调查。

这种财务管理机构使用于大型酒店。

（3）公司型的财务管理机构

这种财务管理机构的特点是它本身是一个独立的公司法人，能够独立对外从事财务活动，在公司内部，除了设置从事财务活动的业务部门以外，还设有一般的行政部门。这种财务管理机构一般设置在集团或跨国公司内部，其主要职责是负责集团公司或跨国公司的整体财务管理和各个成员之间的财务协调，各企业成员的自身财务管理。这种财务管理机构适用于一些大型酒店集团或跨国公司。这种机构已不只再发挥企业的财务管理，而是发挥对众多酒店集团进行整体财务管理的职能，这种财务机构通常又称作财务公司。采用法人形式的财务公司，有利于其对外履行筹资和投资的职能。

2. 酒店财务管理目标

酒店财务管理目标（goals of financial management），是指酒店进行财务活动，处理财务关系所要达到的目标。酒店财务管理目标决定了财务管理的基本方向，只有目标明确，酒店管理者才能进行有效的财务管理。

（1）总体目标

1）利润最大化（the maximum profit）。利润最大化是指酒店的管理者把在比较短的时期里获得最大的利润作为酒店财务管理的目标。利润反映了酒店经济效益的高低，是资本报酬的主要来源；利润越多，意味着实现的劳动价值越多，职工报酬也越高；利润代表着剩余产品的价值，剩余产品越多，社会财富也越多。因此利润最大化意味着社会财富的最大化。但是，利润总额是一个绝对数，它受到酒店规模大小的制约，不同规模的酒店无法用利润总额进行比较，不能反映出所得利润额与投入资本额的相对关系，不利于在不同时期，不同规模酒店之间进行对比，所以将资本利润最大化代替利润最大化更为合理。以资本利润最大化作为酒店财务规律的目标，有利于酒店加强财务管理、更新技术、降低成本费用、提高劳动生产率、以较少的投入获得更多的利润。在资金市场上，资金报酬率和预期风险之间的关系，决定着资金的流向，引导资金所有者将资金投向报酬率高、风险低的使用者手中。

利润最大化作为财务管理目标，也存在着一些不足：①没有考虑到资金的时间价值，无法反映收益的时间性或连续性。②没有反映投资风险的大小。在酒店的投资过程中，如果单纯追求高利润，则有可能面临更大的风险，因为风险大的项目往往会给投资者带来较高的利润。酒店管理者如果单纯追求利润最大化，则必然在投资决策中选择那些风险较大的投资方案。③片面追求利润最大化，往往使企业财务决策带有短期行为。酒店的管理者往往会倾向于投资那些在短期内获得高额利润的投资项目，而忽略那些虽然在短期内不会为企业带来较多利润，但从长远来看，却有稳定利润及良好社会效益的项目，使酒店在经营和管理中出现短期行为。④为了追求酒店利润最大化，酒店管理者有时会采取不分配或少分配股息的方法来避免利润的减少，引起投资者对酒店的不满。

2）财富最大化。以投资者财富最大化作为酒店财务管理的目标，是对酒店经济效益深层次的认识。酒店经过经营管理，采用最优的财务政策，在考虑到资金的时间价值和投资风险价值的前提条件下不断增加所有者的财富，使酒店的总价值达到最大。在股份制酒店中，投资者个人财产与酒店相关的部分就是对股票的投资。因此，投资者财富最大化可以表现为酒店股票价格的提高。

以财富最大化为酒店财务管理的目标，弥补了以利润最大化为财务管理目标的不足。首先，以财富最大化作为酒店财务管理目标避免了由于追求利润最大化而产生的短期行为，投资者不单纯重视当前利润的获得，而且将更为关注预期酒店利润的变动。其次，投资者财富最大化目标考虑了资金的时间价值和投资的风险价值，能够避免不顾风险的大小，只片面追求利润最大化的短期倾向，使投资者资产能够充分保值增值。再次，财富最大化也能使社会效益最大化，实现社会资源的最合理分配。社会资源通常向价值最大化或股东财富最大化的企业或行业流动，当各个酒店都追求财富最大化时，在国家宏观调控和法律约束下，会使整个社会财富得到增加，有利于实现社会效益最大化，最终满足人民日益增长的物质文化生活的需要。最后，财富最大化的目标满足了国家、酒店、职工、股东等利益集团共同的目标，财富最大化促使各方利益得以实现，不仅反映出股东的愿望，也反映出整个社会的经济目标。

3）社会责任。酒店应承担对社会应尽的义务，如果每一个酒店都能够积极承担一定的社会责任，如保护消费者权益，合理雇佣员工，为职工提供培训和深造的机会，消除环境污染，保护环境等，这将会为整个社会的繁荣和发展做出积极的贡献。但企业在追求利润及财富最大化时，往往于一些社会利益相矛盾，过多承担社会义务会影响酒店的收益和利润的增加。如酒店所进行环境保护的投资，和由于保护生态环境而带来收入的减少。但酒店在承担这一社会责任的同时，也保持和改善了酒店在社会公众中的形象，提高了酒店在公众中的地位，从而获得长远的经济效益。

（2）具体目标

酒店财务管理的具体目标，体现在酒店的财务活动全过程中，即筹资、投资、分配等方面。

1）筹资财务管理目标。酒店筹资管理目标是以较少的筹资成本和较低的筹资风险获得更多的资金支持。资金成本降低，会增加酒店的价值。另外，筹资还会给酒店带来偿付和保付责任或风险，如果这种责任或风险降低，也会增加酒店的价值。因此，酒店财务管理的目标在筹资活动中的具体体现就是：以较低的筹资成本和较小的筹资风险，获取同样多的或者更多的资金。

2）投资财务管理目标。投资就是酒店资金的投放和使用，包括对酒店自身经营活动所进行的投资和对外投资两个方面。酒店在经营过程中，会选择适当时机对自身经营活动进行投资和对外投资。一般情况下，投资收益和风险是并存的，这就要求酒店在财务管理目标中力求达到投资收益最大化，风险最小化。

3）分配财务管理目标。分配是指酒店要将取得的收入和利润在酒店与相关利益主体之间进行分配。这种分配不仅涉及各利益主体的经济利益，涉及酒店的现金流出量，从而影响酒店财务的稳定性和安全性，还涉及酒店价值的变化。酒店如果把大部分收入和利润进行分配，虽然会提高各利益团体对酒店的市场评价，但会影响酒店资金的积累，增加酒店筹资规模及筹资成本，从而影响酒店未来的收入。因此，酒店要在这两者之间进行权衡，选择适当的分配标准和分配方式，既能提高酒店的即期市场价值和财务的稳定性和安全性，又能使酒店的未来收入或利润不断增加，满足多方利益集团的利益，从而使酒店的市场价值不断上升。

8.2 酒店成本费用管理

酒店的成本费用管理是酒店财务管理的重要组成部分。成本费用是酒店经营耗费补偿的最低界限，是制定价格的基础，也是检验酒店经营质量的重要指标。

8.2.1 酒店成本费用的概念

成本费用是指酒店在一定时期的经营过程中为宾客提供服务所发生的各项费用的总和。酒店在为宾客提供各项服务过程中要发生各种直接支出和耗费。成本是指购进商品和雇佣劳动力时发生的支出，如酒店经营过程中购买的各种原材料、商品等的支出。费用是指某个时期为获取收入而发生的耗费。

酒店在为宾客提供各项服务过程中，要发生各种直接支出和消耗。在购进商品和雇佣劳动力时发生的直接支出，应列入成本，而未将其列入成本的，在各时期为获取收入而发生的耗费，则称其为费用，包括营业费用、管理费用和财务费用。

相对来说，酒店营业项目少，其营业成本主要包括餐饮原材料成本、商品进价成本等。按照我国现行成本管理制度规定，旅游酒店各项业务成本费用如下：

1. 营业成本

酒店营业成本是指酒店在经营服务过程中所发生的各项直接支出，包括餐饮成本、商品成本、洗涤成本、其他成本等。

1）餐饮成本。是指酒店餐饮部制作食品菜肴和饮料使用的原材料、配料、调料的进价成本。

2）商品成本。是指已经销售商品的进价。

3）洗涤成本。酒店洗衣部洗涤衣物时使用的用品用料的支出。

4）其他成本。其他营业项目所支付的直接成本，如复印项目的复印纸等。

2. 期间费用

酒店期间费用是在一定会计期间发生的费用，包括营业费用、管理费用、财务费用等。

1）营业费用。营业费用是指酒店各营业部门在经营过程中发生的各项费用，包括：运输费、装卸费、包装费、保管费、保险费、燃料费、水电费、展览费、广告宣传费、邮电费、差旅费、物料消耗、折旧费，修理费、经营人员工资、职工福利费、工作餐费、服装费、其他营业费用等。

2）管理费用。管理费用是指酒店为管理生产经营活动而发生的费用以及由酒店统一负担的费用，包括公司经费、工会经费、开办费、职工教育经费、劳动保险费、待业保险费、劳动保护费、坏账损失、董事会费、租赁费、咨询费、审计费、诉讼费、排污费、绿化费、土地使用费、技术开发转让费、无形资产摊销、开办费摊销、业务招待费、坏账损失、存货盘亏、毁损和报废等。

3）财务费用。财务费用是指酒店为筹集经营所需资金等而发生的一般财务费用，包括企业经营期间的利息净支出、汇兑净损失、金融机构手续费、加息及筹资发生的其他费用。

8.2.2　成本费用控制的意义和阶段

酒店的成本费用管理，是酒店财务管理的重要组成部分。酒店开展成本费用控制，可以事先限制各项费用和消耗的支出，有计划地控制成本费用，减少资金占用量，提高资金的使用效益，达到降低成本，提高经济效益的目的，从而增强酒店竞争力，改善经营管理。

成本控制可按发生时间先后划分为事前控制、事中控制和事后控制三个阶段。

1. 事前控制

事前控制即设计阶段，主要进行的工作有：对影响成本的经营活动进行预测、规划、审核和监督；建立健全成本责任制，实行归口管理。具体内容有：制定成本费用控制标准，如标准成本、成本预算指标、物资消耗定额等；建立健全成本费用控制责任制及各项控制制度。

2. 事中控制

事中控制即执行阶段，主要依据现实制定的控制标准及控制责任制，在实际发生成本费用过程中，对成本形成全过程进行监控，并预测今后发展趋势。

3. 事后控制

事后控制即考核分析阶段，在成本费用形成之后进行综合分析和考核，将实际成本费用与标准进行比较，查明形成成本差异的原因，确定责任归属，提出改进措施和修改成本费用控制标准。

通过以上三个阶段各项工作的进行，成本费用控制形成一个控制循环体系。这种控制程序是一个成本的全过程控制，形成一个不断往复、不断改进的循环控制体系。

8.2.3 成本费用控制的原则

酒店成本费用管理，必须做到既符合国家的有关规定，又符合酒店的实际，一般应遵循如下原则：

1. 严格遵守国家规定的成本开支范围及费用开支标准

酒店必须遵守国家财务制度，明确规定了酒店所发生的各项支出，不得随意扩大开支范围，不得把不应计入成本费用的支出计入成本。按照财务制度的规定，酒店的下列支出不得计入成本费用：①为购置和建造固定资产，购入无形资产和其他资产而发生的资本性支出；②对外投资支出和分配给投资者利润；③被没收财务的损失；④支付各种赔偿金、违约金、滞纳金、罚没款以及赞助、捐赠支出；⑤国家规定不得列入成本、费用的其他支出。

2. 因地制宜原则

因地制宜原则是指成本控制系统必须个别设计，适合特定酒店、部门、岗位和成本项目的实际情况，不可照搬别人的做法。

适合不同酒店的特点，是指规模，档次不同的酒店，发展快和相对稳定的酒店。同一酒店的不同发展阶段，其管理重点、组织机构、管理风格、成本控制方法和奖金形式都应当各区别。例如，新建酒店的管理重点是开拓客源，扩大销售；正常营业后管理重点是经营效率，要开始控制费用并建立成本标准；扩大规模后管理重点转为扩充市场；规模庞大的酒店，管理重点是组织的巩固，需要周密的计划和建立投资中心。不存在适用于所有酒店的成本控制模式。

适合特定部门的要求，是指销售部门、前厅、客房餐饮部门、技术开发部门、维修部门、管理部门的成本形成过程不同，建立成本控制标准和方法也有区别。

3. 全员成本管理原则

酒店的任何活动，都会发生成本，都应在成本控制的范围之内，它涉及酒店的各个部门，班级和个人。成本控制对员工的要求是：具有控制成本的愿望和成本意识，养成节约成本的习惯，关心成本控制的结果。为此要健全成本管理责任制，将成本计划指标分解落实到有关部门，班组，并且和岗位责任制结合起来，将成本费用计划的完成情况作为评价考核的一个重要内容。为调动各部门、班组、个人降低成本费用的积极性，要将成本管理方面的责任、权利和利益结合起来。成本控制是全体职工的共同任务，只有通过全体职工协调一致的努力才能完成。

4. 正确处理降低成本费用与保证质量的关系原则

这条原则是指因推动成本控制而发生的成本，不应超过因缺少控制而丧失的收益。在降低成本的同时不应影响酒店产品质量和服务质量，在保证质量的前提下，使单位产品成本费用得到降低。这就要求我们在成本控制过程中，选择关键因素加以控制，把注意力集中于重要事项，主要从内部挖掘潜力，力求节约减少浪费。

8.2.4　成本费用控制的常用方法

酒店费用控制的常用方法主要有以下几种：

1. 定额控制和比率控制

1）定额控制。定额成本是以现行消耗定额为依据的成本，它既反映酒店在现有经营条件下应达到的成本水平，又是衡量成本节约或超支的尺度。定额成本制定的依据可以根据上级管理部门规定的开支标准，如各种劳动保护费用，酒店不得自行扩大发放范围和提高开支标准。有一些费用，如办公费，虽然上级管理部门没有规定统一开支标准，但酒店可根据工作性质，对每个办公人员规定一定的每月办公金额，作为控制依据。

2）比率控制。是选择某一指标作为基数，按照这一指标一定比例来控制这些费用的限额。例如，职工福利费、工会经费和职工教育经费要分别按照酒店职工工资总额的一定比例提取；又如，保险费要按照保险资产账面价值和保险费率计算。通过提取率、保险费率等比率，控制各种费用。

2. 预算控制和主要消耗指标控制

1）预算控制。费用预算是酒店费用支出的限额指标。酒店在不能准确预测业务量的情况下，根据量本利之间有规律的数量关系，按照一系列项目，分析制定预算指标数。只要这些数量关系不变，预算不必每月重复编制。制定预算时要选择一个最能代表本部门生产经营活动水平的费用标准，以报告期实际发生的各项费用总额及单项发生额与相应的预算数据相比较，费用一般不应超过预算。但是，酒店要考虑到现实的情况与预算数据可能不一致，应该事先制定预算费用的可能范围。

2）主要消耗指标控制。在酒店的费用支出项目中，有的支出金额大，有的金额小，那些支出额大的项目对费用预算起着决定作用。在进行成本费用控制中，应把注意力集中于主要的一些消耗指标，对成本细微尾数，数额很小的费用项目和无关大局的成本费用项目可以从略，实行主要消耗项目重点控制。如在费用控制中，客房的针棉织、餐饮的餐具、商品的包装物消耗等即为主要消耗项目，应重点加以控制。

3）实行费用的归口分级管理。费用的归口管理，是根据统一领导、分工负责的原则，对各项费用分别由各个职能部门归口掌握和管理，并将归口管理的费用指标进一步分解，落实到各部门、班组以及个人，分级负责。

费用归口管理的主要内容包括：

① 根据各项费用发生的环节、地点和职能部门的分工，按照“谁花钱、谁负责、谁经手、谁管理”的原则。确定费用管理的责任部门。

② 确定费用分级管理层次及考核指标。即按照酒店内部组织形式，将费用指标分解为各项经济指标，逐项下达到基层的小组及个人。

③ 确定各项费用的不同控制方法。归口分级管理的各项费用，要根据不同的要求，分别制定控制标准，采用不同的方法加以控制。

④ 确定费用节约、浪费的经济关系。费用预算及定额执行的结果，应与部门、班组和职工个人的经济利益相联系，使费用控制具有广泛的群众基础。

3. 实施费用支出的内部控制制度

1）费用预算制度。为加强对费用的管理和控制，使日常的各项费用开支控制在酒店费用控制定额之内，酒店必须在每一年度编制费用预算，并形成制度。

2）定期分析检查制度。酒店在编制费用预算以此作为控制费用支出依据的同时，以达到控制费用支出还应在执行过程中不断对预算执行情况进行检查，以达到控制费用支出的目的。为使预算检查制度化，酒店应对预算检查的时间、方法、参加人员等做出规定，并把预算结果列入每个月末、季末或月初、季初经营例会的内容。

酒店财务部门在日常核算中必须以费用预算为依据，认真审核费用支出凭证。严把费用预算关，及时揭露和反映超过、违背预算的费用支出。由财务部门召集财务预算分析会，把各项费用的实际执行结果与预算数据进行逐项对比分析，有关部门要对差异做出解释，找出费用支出控制的重点和方向，同时也为下一时期的预算提供依据。

3）费用支出审批制度。这一制度对费用支出的程序和审批权限做出了明确的规定，其主要内容包括：

① 酒店的日常开支的内容均应纳入预算范围。

② 预算内的费用开支，由经手人填单，经主管人员审批，由财务部门审核后即可开支报销。

③ 预算外的费用开支，经主管经理批准后，由财务部门审核，提出意见，报总经理或其授权人批准。

④ 公关应酬费、广告宣传费等费用的支出直接由总经理或其授权人负责审批控制。

8.2.5 成本费用考核的指标

成本费用考核是对酒店成本费用预算执行结果的评价。正确进行成本费用考核可以促使酒店改善经营管理，加强经济核算，努力降低惩办费用水平，增加盈利。

酒店进行成本费用考核的主要指标包括：

1. 成本率

成本率是指一定时期直接成本占营业收入的百分比。酒店可以利用成本率指标对酒店的餐饮部、商品部、洗涤部等部门耗费的直接成本水平进行考核。

2. 费用率

费用率是指一定时期内费用额占营业收入的百分比。在考核过程，通常把本期的费用率与预算或去年同期的费用率相比较，计算费用率变化的绝对数和相对程度，用来了解费用的节约或浪费情况。如表 8.1 所示。

表 8.1　2004 年 S 酒店营业费用考核表

项目	2004 年实际数/万元	2003 年实际数/万元	2004 年计划数/万元	与 2003 年实际数相比		与 2004 年计划数相比	
				增减绝对数	增减率/%	增减额绝对数	增减率/%
营业收入	1050	900	1000	105	11.7	50	5
营业费用	400	360	420	40	11.1	−20	−4.8
费用率/%	38	40	42	−2	5	−4	−9.5

从表 8.1 中可以看出，该酒店 2004 年的费用率比 2003 年同期降低 2%，比本年度预算数值降低了 4%。

除了对营业费用进行考核之外，还可以对管理费用进行考核，主要考核管理费用总额及结构的变化，找出各个项目增减变动的原因，消除不利因素的影响，以求降低费用，增加利润。

8.3　酒店收入与利润管理

8.3.1　酒店营业收入的内容及确认

酒店营业收入（revenue）是指酒店在生产经营过程中，由于销售商品，提供劳务等取得的收入。它是酒店业务经营活动的直接成果。按各项经营业务活动与业务经营的关系，可将酒店营业收入划分为营业收入、投资收益和营业外收入。其中，营业收入是酒店收入的主要构成部分。

1. 营业收入

营业收入是酒店业务经营活动的直接成果。包括主营业务收入和其他业务收入。主营业务收入是酒店营业收入中的主要部分，如酒店的客房收入、餐饮收入、洗涤收入、美容收入、车队收入、康乐收入、商品收入等。其他业务收入是指酒店主营业务以外不单独核算的其他业务，是营业收入中的次要部分，且不十分稳定。如酒店中的固定资产出租、无形资产转让和包装物出租等收入。

2. 投资收益

投资收益是指酒店对外投资取得的收益，包括对外投资分得的利润、股利和债务利息等。

3. 营业外收入

营业外收入是指与酒店业务经营无直接关系的各项收入。其具体内容包括：固定资产盘盈；处理固定资产净收益；罚没款收入；确定无法支付的应付款项。

按照现行制度规定，酒店应当在发出商品、提供劳务，并收讫或者取得索取价款的凭据时，确认营业收入。由此可以看出，酒店确认营业收入有两个标志：

1）商品、产品已经发出或者是劳务已经提供。

2）价款已经收到或者得到了收取价款的凭据就是营业收入现实的基本条件。也就是说，营业收入的确认不应以收到价款为标志，而要看酒店的责任是否全部完成，或者是已经取得收取价款的权利。如果责任已经完成，或是取得了收款的权利，就说明收入已经取得，营业收入已经实现。

8.3.2 营业收入管理的内容

在不断的市场竞争过程中，营业收入的管理显得尤为重要。归纳起来，酒店营业收入管理主要包括以下几方面内容：

1. 合理定价

价格是酒店为顾客提供各项服务的收费标准，也是酒店计算营业收入的依据之一，酒店营业收入的计量，是根据向顾客提供的服务量和收费标准来进行的。通过合理定价，酒店向社会提供一定的商品和劳务之后，能保证酒店取得合理的营业收入；同时，价格又是酒店之间竞争的一个重要手段。对于顾客来讲，在相同的商品和劳务中，自然选择价格偏低的进行购买。所以合理制定价格有利于提高酒店的竞争力，扩大营业量，实现营业收入的最大化。

2. 做好营业收入标准控制

做好营业收入标准控制，包括营业收入预测、决策和预算。酒店应通过营业收入预测，了解和掌握旅游市场供求关系变化和价格的变化规律，努力运用自己的设施和人力资源去适应市场的需要，千方百计增加营业收入，减低成本费用；通过营业收入预算，调动酒店各个部门，每一个员工的积极性去完成预算任务。酒店只有做好营业收入标准控制，才能使酒店拥有良好的环境去增加营业收入。

3. 做好营业收入日常控制

现代酒店往往为顾客提供多项服务。在营业收入中应收账款在营业收入中所占的比重较大。应收账款如不能及时收回，将占用酒店过多的资金，甚至会造成呆账损失，只有赊销收入收回现金，才算营业收入的真正实现。所以，做好营业收入日常控制，就是要做好营业收入结算和应收账款的控制，努力减少营业收入损失，尤其是坏账损失，保证营业收入真正收回。

8.3.3 酒店利润控制的要点及利润分配程序

1. 酒店的利润

利润是酒店生产经营的最终财务成果，是考核酒店经营效果的一项综合性经济指标，酒店在增加服务量、提高质量、降低成本、增加营业收入及提高管理水平等方面所取得的成绩，都会综合地表现在利润这项指标上。

酒店的利润是酒店一定时期内实现的财务成果，是营业收入减去营业成本和费用，并上缴国家营业税等流转税后的余额，包括营业利润、投资净收益和营业外收支净额等几部分构成。其计算公式为

利润总额＝营业利润＋投资净收益＋营业外收支净额

1）营业利润。营业利润是酒店正常业务活动所取得的利润，是酒店利润的主要组成部分。酒店一定时期的营业利润等于同期经营利润减去管理费用和财务费用的余额。其计算公式为

营业利润＝经营利润－管理费用－财务费用

经营利润＝营业收入－营业成本－营业费用－营业税金及附加

式中，营业收入是指酒店的各项经营业务的收入；营业成本是指经营部门发生的直接成本；营业费用是指酒店经营过程中各营业部门发生的各种经营费用；营业税金及附加是指与营业收入有关的，由各项经营业务负担的各项税金及附加。

2）投资净收益。投资净收益是酒店对外进行的股票投资、债券投资及其他投资所取得的净收益。等于投资收益扣除投资损失后得数额。

3）营业外收支净额。营业外收支净额是指营业外收入减营业支出的净额。

营业外收入主要包括固定资产盘盈和变卖的净收益、罚没收入、因债权人原因确以无法支付而按规定程序转入营业外收入的应付款、礼品折价收入等。

营业外支出主要包括固定资产盘盈、赔偿金、违约金、罚息、公益救助性捐款等。

2. 酒店利润管理的控制要点

酒店的成本费用管理，是酒店财务管理的重要组成部分。成本费用是酒店经营耗费补偿的最低界限，是制定价格的基础，也是检验酒店经营质量的重要指标。

影响酒店利润的影响因素是多方面的，结合影响酒店利润的多方面因素，酒店的利润控制应包括以下几个方面的内容：

1）决策正确。各项决策要求达到预期的资金利润率。

2）计划平衡。按照预期的资金利润率进行指标分解，反复进行综合平衡。

3）财务责任。按照各项任务、财务指标和收支预算实行归口管理，如营销部门对营业收入负责，营业部门对营业费用负责，各管理部门对管理费用负责，采供部门对储备资金负责。确定各部门责任。

4）责任中心。在建立财务责任制的基础上，划分利润中心、费用中心和收入中心，规定其考核办法。

5）预算控制。对资产与负债、收入与支出、收益及分配等认真编制并严格执行

预算。

6）核算反映。认真搞好会计、统计、业务核算，准确、及时、全面、系统地反映酒店的经济活动。

7）检查分析。严格、仔细地检查酒店生产经营活动的合法性、合理性并分析其原因。

8）考核成果。按照既定的考核办法，对各部门财务任务的完成情况进行考核，并对有关人员进行奖励或惩罚。

3. 利润分配程序

酒店利润分配一般按下列程序进行：

1）弥补上年亏损。酒店发生年度亏损，可用下一年度的利润弥补；下一年度不够弥补的，可以在五年内延续弥补；延续五年仍未弥补完的亏损，用所得税后利润弥补。

2）利润按国家规定作相应调整后，依法交纳所得税。

3）弥补酒店以前年度亏损。

4）提取法定盈余公积金。盈余公积金按税后利润的10%提取。法定盈余公积金已达注册资本50%时，可不再提取。

5）提取公益金。

6）向投资者分配利润。酒店以前未向投资者分配的利润，可以并入本年度分配。

股份制酒店在提取公益金后按照下列顺序分配：

① 支付优先股股利。

② 提取任意盈余公积金。

③ 支付普通股股利。

如酒店当年无利润时，经股东特别会议，可以按照不超过股票面值6%的比率用盈余公积金分配股利。在分配股利后，酒店法定盈余公积金不得低于注册资本的5%。

8.4 酒店财务分析

财务分析是财务管理的一个重要方法。它是运用酒店的有关财务报表及有关财务资料，通过一定的财务指标进行对比，以评价酒店的财务状况及经营成果，并揭示其未来财务活动趋势及规律的一种方法。它所提供的财务分析信息，不仅能说明酒店目前的财务状况和经营业绩，更重要的是能为未来的财务决策和财务预算提供重要的依据。所以，无论是酒店管理部门，还是酒店主管部门、投资者、债权人，都需要对酒店进行财务分析。

8.4.1 财务分析的目的

在市场竞争的环境中，与酒店利益相关的主体有：所有者、经营者、债权人、职工、客户、竞争者等，其财务分析的目的概括起来有以下两个方面：

1. 反映酒店经营状况和财务状况

这是酒店进行财务分析的直接目的。在竞争日益激烈，供求关系急剧变化的市场经济条件下，分析酒店自身的经营状况和财务状况，总结财务管理的工作经验，并依此调整其市场定位和行为目标，对于酒店的经营管理来讲显得尤为重要，因此财务指标的定位和分析，必须首先满足酒店内部管理决策的需要，并通过这种财务信息的分析与披露，树立酒店的市场形象。

2. 促进财富最大化目标的实现

财务指标的设置与分析，应在揭示与披露酒店经营状况的基础上，进一步发挥促使财富最大化的作用。通过财务指标的设置与分析，有利于揭示酒店经营理财的成绩与问题，及时采取措施，克服短期行为，引导和促进酒店经营理财活动沿着财富最大化的目标运行。通过财务分析，检查财务规章制度的执行情况，促进酒店正确处理与其他各方面的财务关系，维护投资者、债券人、协作单位的合法权益。

8.4.2 财务分析的内容

由酒店财务分析的目的所决定，酒店财务分析的内容主要包括以下几个方面：

1. 偿债能力分析

偿债能力是指酒店偿还到期债务的能力，包括对短期债务的偿还能力和对长期债务的偿还能力。分析指标包括资产负债率、流动比率、速动比率、已获利息倍数等。通过偿债能力的分析，可以判断酒店的财务和经营状况，分析酒店对债务资金的利用程度，为酒店制定筹资计划提供依据，同时也为债权人进行债权投资决策提供依据。

2. 盈利能力及社会贡献能力分析

盈利能力是酒店获取利润的能力；社会贡献力是酒店为国家和社会提供做出贡献和提供积累的能力。分析指标包括销售利润率、总资产报酬率、资本收益率、资本保值增值率、社会贡献率、社会积累率等。通过分析，可将酒店的资产、负债、所有者权益、营业收入、成本费用、税金及利润分析有机地结合起来，从不同角度判断酒店的盈利能力和社会贡献力的大小，为未来时期盈利预测、业绩评价提供依据。

3. 应运能力分析

应运能力分析是对酒店各项资产的周转情况进行的全面的分析。分析指标包括应收账款周转率、存货周转率等。通过分析，可以判断酒店各项资产的周转速度，衡量资金利用效率和经营管理人员的水平，为酒店制定投资决策和改善经营管理提供依据。

4. 发展能力和其他财务指标分析

酒店的发展能力，是酒店的生命力所在，是酒店偿债能力、盈利能力、社会贡献力和营运能力的综合体现。通过发展能力分析，可以展望酒店的未来，对酒店的经营决策具有重要的意义。

8.4.3 财务分析的方法

对酒店的财务报告进行财务分析，必须借助于一定的指标与分析方法。财务分析的方法主要有比较分析法、比率分析法、因素分析法等、趋势分析法。

1. 比较分析法

比较分析法就是将同一个财务指标在不同时期或不同情况的执行结果进行对比，从而分析差异的一种方法。经济指标存在着某种数量关系，能反映酒店生产经营的一定状况，往往说明了酒店在经营过程中的一些问题，经过进一步的对比分析，找出其中存在的问题，进行适当调整，改善生产经营状况。根据分析的目的和要求，常用的比较标准有以下几种，比较结果有绝对数分析与相对数分析两种形式。

1）实际指标与计划（定额）指标对比。根据实际与计划（或定额）指标之间的差异，了解该指标计划或定额的完成情况。

2）本期指标与上期指标或历史最高水平等指标进行对比。确定该指标的变动情况，了解本酒店生产经营的发展趋势。

3）本企业指标与同行业先进水平或平均水平进行对比。通过对比找出本企业与先进企业之间的差距，了解本企业在行业中所处的位置，推动企业改善经营管理，提高经济效益。

例：S酒店2004年实现营业收入2005000元，与同期计划数1800000元相比，比较结果如下：

实际营业收入比计划营业收入增加＝2005000－1800000＝205000（元）

完成计划相对程度＝2005000/1800000×100％＝111.2％

超额完成计划百分比＝111.2％－1＝11.2％

2. 比率分析法

比例分析法是财务分析方法中应用最为广泛的方法。比率分析法是指由两个或两个以上的相关指标进行对比，得到一定的财务比率指标，通过一系列的财务比率来分析评价酒店的财务状况与经营成果的一种分析方法。比率分析法所用的指标很多，大体分成变现能力比率、偿债能力比率、获利能力比率、资产管理能力比率、市场比率等。

（1）反映变现能力的比率

1）流动比率。是指流动资产与流动负债之比。该指标用以衡量企业偿还负债的能力。其计算公式为

流动比率＝流动资产/流动负债

例：A酒店2004年末的流动资产为6689142.46元，流动负债为2293387.96元，则

流动比率＝6689142.46/2293387.96＝2.91

计算结果说明该酒店2004年末每1元流动负债就有2.91元的流动资产作还款保证。

一般情况下，酒店的流动比率越高，短期还款能力就越强。经验数据表明，酒店企业合理的最低流动比率为1.5。

2）速动比率。指速动资产与流动负债之比。速动资产是指流动资产中易变现的那一部分资产，用流动资产扣除存货即为速动资产。该指标用以衡量企业期末运用随时可变现的资产偿还短期负债的能力。其计算公式为

速动比率＝（流动资产－存货）/流动负债

例：A酒店2004年末的存货为2446700元，则

速动比率＝（6689142.46－2446700）/2293387.96＝1.85

计算结果说明2004年末该酒店每1元的流动负债就有1.85元的速动资产作还款保证。

计算速动比率时将存货从流动资产中剔除，主要原因是：第一，流动资产中存货的变现速度慢；第二，由于某些原因，部分存货可能已经过时、损毁还未作报废处理；第三，存货的账面价值可能与市场价值相差悬殊。基于以上原因，将存货从流动资产中扣除，速动资产更能反映资产的流动性。

通常情况下，酒店的速动比率为1是较正常的。

（2）反映长期偿债能力的比率

长期偿债能力是指酒店偿还长期债务的能力。分析评价酒店的长期偿债能力，可以观察酒店资金结构是否合理，资金是否稳定，通过赢利偿还债务是否有保证。酒店长期偿债能力分析主要使用的指标有资产负债率、负债权益比率、已获利息倍数等。

1）负债资产率。指负债总额与资产总额之比。该指标用以衡量酒店的负债水平，表明酒店偿还债务的总能力。其计算公式为

资产负债率＝负债总额/资产总额×100％

资产负债率低，说明酒店债务较少，投资者可因为酒店少支付利息而多获得收益，债权人承担风险也较少。

2）负债权益比率。又称产权比率，是酒店负债总额与所有者权益之比。反映酒店举债取得的资金和投资者投资形成的资金之间的关系。其计算公式为

负债权益比率＝负债总额/所有者权益总额×100％

负债权益比率越小，说明酒店长期偿债能力越强，债权人的安全感就越大。反之，该比率越大，说明酒店的长期偿债能力越低，债权人的安全感就越小。一般认为，负债产权比率小于1为好。在这种比率下，资金结构比较稳定。

3）已获利息倍数。是指酒店净利润与利息支出之比。该指标反映酒店现有的收益能满足利息支出的程度，同时也说明了债权人投资的风险程度。其计算公式为

已获利息倍数＝净利润/利息支出

（3）反映获利能力的比率

1）营业净利率。是指净利润与营业收入的比率，计算公式为

营业净利率＝净利润/营业收入净额×100％

营业净利率体现了酒店的收益水平，这一指标越高，说明酒店的能力越强。

2）投资报酬率。又称资产净利率，是酒店净利润与平均资产占用额之比，其计算公式为

投资报酬率＝净利润/平均资产占用额×100％

平均资产占用额＝（期初资产占用额＋期末资产占用额）/2

该指标反映酒店投入的全部资金的盈利能力。指标数值越高，说明资产的利用效果越好，较好地实现了酒店的经营目的。

3）权益资本报酬率。是酒店净利润与平均净资产的比率，其计算公式为

权益资本报酬率＝净利润/所有者权益平均占用额×100％

所有者权益平均占用额＝（期初所有者权益＋期末所有者权益）/2

所有者权益报酬率反映了股东财富的增长速度，是酒店投资者极为关注的一个重要指标。

（4）反映资产管理能力的指标

资产管理比率是用来衡量酒店资产管理效率的财务比率。主要包括存货周转率、应收账款周转率、平均收账期间、总资产周转率和固定资产周转率。

1）存货周转率。指营业成本与存货平均余额之比。该指标用以衡量企业在一定时期内存货的周转速度。存货周转率的计算公式为

存货周转率＝营业成本/存货平均占用额×100％

2）应收账款周转率。指净赊销额与应收账款平均余额之比。该指标反映企业在一定时期内应收账款的周转速度，说明企业的营运能力及偿债能力。其计算公式为

应收账款周转率＝净赊销额/应收账款平均余额×100％

3）总资产周转率。是营业收入与资产总额之比。该指标用来衡量酒店在一定时期内总资产的周转速度，该指标数值越大，说明酒店资产总额的周转速度越快，资产在总体上的利用效果越好。其计算公式为

总资产周转率＝营业收入/平均总资产占用额

（5）市场比率

是反映上市公司财务状况、股票价格和盈利能力的重要指标，主要包括每股收益额、每股股利、股利支付比率、股利报酬率等指标。

1）每股收益额。指股份有限公司普通股每股的收益额，是企业净利润扣除优先股股利后的余额，按普通股发行总股数平均计算的每股收益额。每股收益额越高越好。每股收益额越高，表明企业营利能力越强，股东投资效益越好。其计算公式为

每股收益额＝净利润－优先股股利/普通股股数

2）每股股利。指股份有限公司流通在外的普通股每股所获取的现金股利。每股股利越高，说明每一普通股获取现金股利越多，股利获利能力越强。其计算公式为

每股股利＝普通股股利总额/流通在外的普通股股数

3）股利支付比率。指股份有限公司每股股利与每股收益额之比。该指标反映股份有限公司实现的净利润中直接支付给普通股股东现金股利的多少，其水平高低，一般

取决于股份有限公司的股利分配政策。其计算公式为

$$股利支付率=每股股利/每股收益额\times 100\%$$

4）股利报酬率。指股份有限公司普通股每股股利与每股市场价格之比。该指标反映股份有限公司按股市价格计算的股票投资获利水平，即股票投资者可以获得股票投资的实际报酬率。其计算公式为

$$股利报酬率=每股股利/每股市价\times 100\%$$

3. 因素分析法

因素分析法是把由多个因素组成的综合指标分解为各个因素，并确定各个因素变动对综合指标的影响程度。它的方法是：首先将综合指标分解为多个因素，每次顺序替代一个因素，将替代结果与前一结果相比较，依次计算出每一因素对总指标的影响。通过分析各因素变动对总指标的影响，有针对性地采取相应措施解决生产经营过程中存在的问题。

因素分析法具体应用有不同的形式，其中，差额计算是常见的一种，它利用各个因素实际数与标准数之间的差异，来计算各因素变动所产生的影响。

设某财务指标 E 受 a、b、c 三个因素影响，且 E 为三因素的乘积。则 E 的实际数与计划数及有关因素的关系如下：

计划指标：$E_0=a_0b_0c_0$

实际指标：$E_n=a_nb_nc_n$

分析实际指标与计划指标所产生的差异，其计算公式为

a 因素变动的影响：$(a_n-a_0)b_0c_0=A$

b 因素变动的影响：$a_n(b_n-b_0)c_0=B$

c 因素变动的影响：$a_nb_n(c_n-c_0)=C$

三因素影响合计为：$E_n-E_0=A+B+C$

例：G 酒店餐厅，本月耗用原材料计划总额为 4250 元，实际为 5184 元，超支 934 元。计划加工饮料 1000 瓶，实际加工数量为 1200 瓶。资料如表 8.2 所示。

表 8.2　餐厅原料耗用资料

项目	计划数	实际数	差异
产量/瓶	1000	1200	＋200
单耗/公斤	5	4.8	－0.2
原料单价/元	0.85	0.9	＋0.05
成本总额/元	4250	5184	934

利用因素分析法，对成本总额的变动分析如下：

产量变动对成本总额的影响：$(1200-1000)\times 5\times 0.85=850$（元）

单耗变动对成本总额的影响：$1200\times(4.8-5)\times 0.85=-204$（元）

原料单价变动对成本总额的影响：$1200\times 4.8\times(0.9-0.85)=288$（元）

三因素对成本总额的共同影响：$850+(-204)+288=934$（元）

因素分析法在财务分析中的应用很广，既可作全面分析，也可分析各因素对某一

经济指标的影响。

4. 趋势分析法

趋势分析法是指通过比较酒店连续数期财务报表有关项目的金额，以揭示其财务状况和经营成果变动趋势的一种分析方法。它从动态的角度反映酒店的财务状况既经营成果，揭示各财务指标的变化及发展趋势，有利于酒店对未来的经营决策做出准确的预测。

根据比较指标的不同，趋势分析法可分为绝对数趋势分析和相对数趋势分析两种方法。

（1）绝对数趋势分析法

绝对数趋势分析法是将同一指标的数据按时间先后顺序排列，具此计算逐期的增减量，反映逐期财务指标的增减变动。

例：某酒店自 2000 年到 2004 年连续 5 年的营业收入如表 8.3 所示。

表 8.3　某酒店营业收入发展趋势

年份		2000	2001	2002	2003	2004
营业收入/万元		800	890	1100	1280	1300
增长量/万元	逐期	—	90	210	180	20
	累计	—	90	300	480	500

由表中数据可以看出，该酒店 5 年来营业收入连续增长，酒店业务成长阶段。

（2）相对数趋势分析法

相对数趋势分析法是将同一指标连续数期的指标数值与基期对比，计算增减速度，以观察指标的增减变化及趋势的分析方法。

例：在上例中，根据该酒店 5 年来的营业收入，计算各期的增减速度如表 8.4 所示。

表 8.4　某酒店营业收入增减速度

年份		2000	2002	2001	2003	2004
增减速度/%	定基	—	10.25	36.15	60.0	62.5
	环比	—	10.25	23.6	16.4	1.6

上述数据表明，该酒店连续 5 年来营业收入一直保持着持续的增长，但 2004 年增长速度有所减慢。

本章小结

酒店财务管理是在酒店经营管理过程中出现的一种管理职能，它主要解决酒店经营过程中的一些理财问题，如资金如何筹集，酒店如何控制成本费用，如何使利润最大化，酒店利润如何分配等。财务管理是企业经营管理的一部分，管理者应根据酒店经营目标和经营需要，按照资金运动方向，对酒店的财务问题进行科学有效的管理，并正确处理酒店与各方面的经济关系。

课后练习

一、案例分析

4 月份的一天，办公室内刚刚从三楼搬到二楼的小李、小张和小王正在看着被拆分开的机箱、显示器、UPS 等发愣。运用办公软件如行云流水般熟练的三个人对电脑组装却都是不太熟悉。“刚才拆开电脑的时候，如果留意一下怎样连接就好了！”小王悻悻地说道。“不就是连几根电线吗，小事一桩，我研究研究随便装装，绝对就 OK 了，有什么好愁的，真是。”小李倒是满不在乎。小张倒是紧张起来了。“小李，酒店安全制度有明文规定，对于不熟悉的酒店设备应由工程维修人员进行安装调试、维修，我们还是通知工程人员协助好了。”小李显然没有听进小张的劝告，自顾自地开始组装起来。开始的时候倒是一切顺利，但是当开始连结 UPS 与电脑主机的连接线时，看着差不多的四根电线不禁挠了挠头，停顿片刻后又试着开始连接起来……突然 UPS 冒出了火苗，并且随即冒出滚滚的黑烟。小李顿时目瞪口呆、不知所措。幸好小张反应比较快，迅速跑到走道拿来一瓶 1211 灭火器开始灭火，防止了火势的蔓延。虽然火灭了，但是价值 4000 多元的 UPS 已经无法维修，根据规定小李赔偿了酒店的损失，并且因违规操作被记过失处理。

【问题】

案例中小李犯了什么错误？

【案例评析】

此案例中，小李是酒店非电脑专业人员，擅自违章操作安装电脑设备，引起了事故，为酒店造成了损失。反映出该人员的安全防范意识淡薄，主观认为很简单无所谓，这种麻痹大意思想十分危险。因此酒店工作人员都必须重视酒店操作安全规定，不安全、不符合标准、违章的事情不做；不任由自己侥幸心理，做出损害酒店利益的事情。

二、课堂讨论题

通过你对酒店的调查，谈谈它们在酒店财务管理中存在哪些问题？应如何进行改进？

三、课后思考题

1. 酒店的财务关系有哪些？
2. 谈谈酒店各种财务管理目标的优缺点。
3. 酒店的成本费用是如何划分的？其包括的具体内容是什么？

4. 酒店的成本费用控制应遵循哪些原则？

5. 酒店营业收入的内容有哪些？

6. 酒店应按怎样的顺序进行利润分配？

7. 财务分析的方法有哪些？

四、实训题

参观了解不同类型、不同档次的酒店。

目的：了解酒店在财务管理过程中采取的方法及手段，发现其存在的问题，比较酒店财务管理过程中的优势与存在的问题。

要求：通过调查，指出某一酒店财务管理中存在的优缺点并提出意见和建议。

第9章

酒店后勤保障管理

学习目的

通过本章的学习，了解现代酒店后勤部门管理的内容、特点；熟悉酒店物资、设备的分类和维护，酒店安全及卫生管理中存在的问题；掌握酒店物质、设备的采购和验收保管的基本方法，酒店安全和卫生管理的基本原则。

学习内容

- 酒店物资管理
- 酒店设备管理
- 酒店安全与卫生管理

随着现代酒店业的发展壮大，酒店服务项目的增多，酒店的后勤保障工作越来越受到人们的重视，其管理也日益规范化和科学化。

9.1 酒店物资管理

酒店物资管理是指围绕着酒店物质资料的使用价值的效用发挥而进行的计划、采购、保管和使用等一系列组织和管理活动的总称。酒店的物资以消费品为主，投资高、价值量大，其费用额一般占酒店流动资金的80%左右，因此，搞好酒店物资管理对提高酒店服务质量、加快资金周转、降低成本消耗、提高经济效益有着十分重要的作用。

9.1.1 酒店物资管理的特点及任务

1. 酒店物资管理的特点

酒店素有“小社会”之称，酒店物资涵盖的面非常广，因而酒店物资管理具有复杂性特点。

（1）客人需求的多样性影响着酒店物资管理的规定性

酒店各种管理工作的最终目的是以优质的服务满足客人的需要，从而增加酒店的经济效益。而酒店的客人来自五湖四海、各个阶层，因而其生活习惯、兴趣爱好、对酒店服务质量的期望不同，使得他们对酒店各类物资的需求差异很大。

（2）酒店营销的不稳定性影响着酒店物资管理的计划性

酒店产品的实现依赖于强有力的营销手段，也就是说，酒店物资消耗的多少和营销手段、营销效果有直接的关系。

（3）酒店物资的丰富性影响着物资管理技巧的多样性

酒店物资品种丰富，各不相同，因此，对各类物资的管理技巧也不同，需要因“物”而异。

（4）酒店部分物资的相对不可储存性影响着物资管理的时效性

酒店部分物资尤其是食品、饮品、鲜活原料等，为了确保品质，需要及时投入使用；而棉织品、低值设备等物资，则可适当地储存。因此，在酒店物资管理工作中，应了解不同物资管理的不同时效性。

2. 酒店物质管理的任务

（1）做好开业标准配备，保证酒店等级规格

酒店物资用品配备是根据企业等级规格和接待能力，事先运用开办费用在正式开业前就逐项完成的。它既是酒店物资用品管理的起点和重要任务，又是保证酒店等级规格、保证开业后的业务活动需要和客人消费需求的重要条件。

（2）合理制定消耗定额，为物品管理提供依据

酒店物资用品配备完成后，随着业务活动的开展，各种物资用品都处于消耗过程中，消耗方式有一次性消耗和多次性消耗两种。为此，酒店物资用品保障管理就要针对物品消耗方式不同，分别制定消耗定额和储备定额。

（3）编制物品采购计划，保证业务开展需要

酒店物资用品在开业初期大多是成套配备的，其他物品则按一定时期的需要量配备。业务管理过程中，物资用品计划都是根据业务发展需要编制月、季物品补充采购计划为主。为此，做好酒店物资用品保障管理，必须分类做好物品采购计划，掌握资金使用，在保障业务需要的前提下降低资金占用，加强资金周转。

（4）加强物品使用管理，节省酒店费用开支

酒店每天都应根据各部门业务发展需要，按消耗定额发放、使用物资用品，做好原始记录和统计分析，考核物资用品使用效果和成本费用消耗。

（5）做好物品库房管理，加快酒店资金周转

即要制定不同物品的库房储备定额，加强出入库管理，定期盘点，在保证业务需要的前提下管好库存物品，加快酒店资金周转。

9.1.2 酒店物资的分类及定额管理

1. 酒店物资的分类

酒店所需要的物资用品种类繁多，其价值构成和管理要求各不相同，为了便于物

资管理工作，需要对酒店各种物资用品加以分类。其分类方法大致有以下几种：

1）按物资的价值构成分类。可分为低值易耗品和物料用品。

2）按物资的自然属性分类。可以分成棉织品；装饰用品；清洁用品；服务用品；玻璃瓷器；食品原材料；餐茶具；燃料；印刷品及文具；维修材料及用具；办公用品；消防用品等 12 种。

3）按客人消耗和价值补偿方式分类。可分为客用多次性消耗物品和客用一次消耗物品。

4）按物资的使用方向分类。可分为客用物资用品；生产产品用料；办公用品；清洁和服务用品；基建、维修用料；安全保卫用品；后勤用品等 7 种。

2. 酒店物资的定额管理

物资的定额管理主要指物质的消耗定额管理和仓储定额管理。

（1）酒店物资消耗定额管理

酒店物资消耗定额是指酒店在一定时期、一定的生产技术水平下，为完成某项任务或制造单位产品所必须消耗的物资数量标准。物资消耗定额并不一定等于实际的物资消耗量。

1）确定酒店物资消耗定额的工作程序。酒店物资包括客用物资和自用物资两大类物资。以客用物资为例，酒店物资消耗定额的确定程序如下：

① 酒店将物资消耗定额的任务下达到各个部门，并详细说明物资消耗定额的意义以及各部门进行物资消耗定额的工作要求和确定物资消耗定额的标准。

② 各部门根据自己的特点详细制定单位产品或单位接待能力所需的物资配备表，注意区别一次性消耗物品和多次性消耗物品。

③ 确定客用一次性消耗物品单位时间或单位产品的消耗定额。注意按照物资的不同特性选用不同的计算标准，如客房的茶叶、香皂、火柴等一次性消耗物品一般按单位时间计算，如间/天，饮食产品则按单位产品计算，如食品原料以克/份为计算单位。

④ 确定客用多次性消耗物品在寿命期内的损耗率或一段时间的更新率。因为这些物资是在更新周期内逐步补充、更新的。

⑤ 综合汇总。汇总客用一次性消耗物品和客用多次性消耗物品的各种消耗定额，汇总各个部门在一定时期内各种物资用品的消耗定额。

自用物资消耗定额的确定大抵也采用如上做法，只是在确定自用物资的消耗定额时要从严，以便在员工中树立节约物资的观念。

2）确定酒店物资消耗定额的方法：

① 经验估算法。这种方法一般用于确定某些受主观因素影响而消耗量变动较大的物资消耗定额。比如各类季节性变化大的食品原料，一些进货数量和净料率相差较大的蔬菜肉类等，酒店只能根据已有的经验，在分析各个餐厅的接待能力和客源旺淡季差别的基础上，作一个大概的估算。这种方法虽然简单、方便，但易受估算人主观因素的影响而缺乏一定的精确性和可靠性。

② 统计分析法。将一定时期内实际消耗物资的统计数字进行加工、整理、分析、

计算后，根据它所反映的物资消耗规律而制定物资消耗定额。统计分析法主要适用于确定多次性消耗物品的消耗定额。通过分析实际物资消耗的历史资料，找到它们的消耗规律，据此做出科学的推断和预测。这种方法的优点在于它摒弃了经验估算法中的主观性，带有一定的准确性和科学性。但是这项工作需要借助于大量的历史资料。

③ 实物实验法。指按照酒店生产经营的客观条件，通过反复的实地操作、考察，经过对实际消耗物资的分析汇总，确定物资的消耗定额。它一般适用于酒店的燃料动力的消耗定额的计算，如一定时间段内供热系统所需的燃料动力的消耗定额。这类方法的关键是要选择典型的操作人员和产品。但在酒店企业中，操作人员和产品都有较大的不确定性，所以实验样本的代表性不够。要减少这方面的不足，就需要有关人员在采用这类方法时，注意多次观察，请不同操作水平的操作人员多次操作后取平均值。

（2）酒店物资的仓储定额管理

仓储定额，简单地说是酒店规定的各类物资的仓储限额，即在一定的经营条件下，酒店为保证接待服务质量，保证服务活动不间断地顺利进行所必需的、合理的物资用品储备数量。酒店物资仓储定额可分成不同的种类。各类仓储定额的确定方法如下：

1）经常仓储定额。指为满足酒店日常业务需要而建立的物资储备量。影响经常仓储定额的因素是该类物资平均每天的需要量和两次进货时间的间隔期。

经常仓储定额＝物资日消耗定额×两次进货间隔天数

2）保险仓储定额。保险仓储定额是一种后备性的仓储，是为了防止某些物资因运送受阻、交货误期、规格品种不符合要求等原因造成的供需脱节而建立的物资仓储定额。

保险仓储定额＝物资的日消耗定额×保险储备天数

3）季节仓储定额。季节仓储定额是为了克服某些物资因季节变动导致物质供需脱节而建立的物资储备定额。

季节仓储定额＝平均每天需要量×中断天数

4）订货点库存定额。为了保证酒店业务不间断地顺利进行，酒店不能等到库存量下降到保险定额再订货，而应该在经常储备中确定一个物资储备点，当某物资的库存量降至这个点时，就必须订货。这个点就是订货点库存定额。

订货点库存定额＝备运时间×物资日消耗定额＋保险仓储量

备运时间指的是订货周期，订货点库存定额还可以简单地用下面经验公式计算：

订货点库存定额＝保险仓储定额×2

5）经济仓储定额。确定经济仓储定额的目的是通过计算经济合理的订货批量，确定仓储管理总成本最低时的仓储数量。经济订货批量是在仓储管理上所花费的总成本最低时的仓储数量，其成本只包括那些与储存量或订货次数有关的费用。但是，仓储费用和订货费用是相矛盾的，因为每次订货的批量越大，存储的费用就越高，同时，每次订货的批量越大，就意味着全年订货的次数就越少，相应地，订货费用就会越小。因此，经济仓储定额就是要均衡调节它们之间的矛盾，确定最经济的订货批量。在确定经济批量时，可采用如下公式获得

$$Q=\sqrt{\frac{2C_a \cdot D}{C}}$$

式中，Q 为每次订货批量；C_a 为每次订货成本；D 为全年需要量；C 为单位物资平均年度储存成本。

9.1.3　酒店物资的采购和验收

1. 酒店物资的采购管理

采购管理就是参照既定的物资定额（包括消耗定额和仓储定额），在不同的时间段内采购不同品种、不同数量的物资，以维持酒店的正常运转。

（1）采购管理的主要内容

1）认真分析酒店所有业务活动的物资需要，依据市场情况，科学合理地确定采购物资的种类与数量。

2）根据酒店各业务部门对物资质量与价格的要求，选择最为合适的供货商，并及时订货或直接采购。

3）控制采购活动全过程，堵塞每个环节中可能存在的管理漏洞，使物资采购按质、按价、按时到位。

4）制定采购各种物资的严密程序、手续和制度，使控制工作环环有效。同时，建立科学的采购表单体系，为每一环节的工作流程留下可供查询的原始凭证，并以制度保证所有原始凭证得到妥善的收集、整理和保存，为酒店结付货款及物资管理的其他环节提供可靠的依据。

5）制作并妥善保管与供货商之间的交易合同，保证合同合法有效并对酒店有利。

6）协助财务部门做好酒店对供货商的货款清算工作。

通过上述过程，达到保障供给；最小的投入；最理想的物资质量；最低的净料成本；在与供货商交往过程中确立最有利的竞争地位的目的。

（2）采购的基本程序

1）确定采购程序。酒店物资采购程序大致包括以下几个环节：各物资使用部门或仓库管理人员根据经营需要填写请购单；仓库定期核算各类物资的库存量，若库存降至规定的订货点，仓库向采购部送请购单，申请订购；由采购经理通盘考虑，对采购申请给予批准或部分批准；采购部根据已审核的采购申请向供货商订货，并给验收部、财务部各送一份订货单，以便收货和付款；供货商向仓库发送所需物资，并附上物资发货单；仓库经检验，将合格的物资送到仓库，并将相关的票单（检收单、发货单）转到采购部；采购部将原始票据送到财务部，由财务部向供货商付款。

2）选择采购方法。主要有四种：①市场直接采购。指采购人员根据批准的采购计划或请购单的具体要求，直接与供货商接洽，采购所需物资。②预先订货。酒店采购部根据采购计划及请购单的要求，选定供货商，与之签订订货合同，使之在规定的时间内将所规定品种、规格和数量的物资送到酒店的指定地点。③“一次停靠”采购法。即酒店选择一家实力雄厚、供应物资品种齐全的酒店物资供应公司，以批发价向它订购酒店业务所需的全年量物资，一次订货，分期到货。④集中采购。是酒店集团常用的一种采购方法，被世界上许多非集团酒店所效仿。它是指两家以上酒店联合成立物资采购中心，统一为各酒店采购经营中所需的物资。具体做法是各酒店将需采购物资报送采购中心，采购中心将各酒店的同类需求物资的数量汇总向供货商订货，统一验收后分送到各酒店。

3）加强采购凭证管理。设专人专门保管各类凭证，包括供货者的交货通知单、发票、运单、各种费用单据、订购合同、请购单、订货单等；定期将采购凭证按日期装订成册并加具封面，按时归档；凡属因质差、量差、价差等问题所提出的全部或部分拒付理由书，应该附在有关凭证之后；凡向供货商提出索赔的书面异议书，应由采购部门的经办人员妥善保管，以便进一步与供货商协商解决；未经使用的空白购进凭证，如收货单，应由进货部门经办人员妥善保管，防止丢失，并不得私自撕毁和处理。

2. 酒店物资的验收管理

验收是物资采购任务完成以后，由酒店验收人员根据订货单以及批准的请购单，检查所购物资交货是否按时，质量、数量、价格是否准确，并详细记录检验结果，对合格物资准予入库或直拨到使用部门，不合格物资则予以拒收。

（1）验收的内容

1）检验。主要核查有关物资采购的凭证、质量、数量、价格、时间等项目。①凭证检验：重点是核查物资品种、规格、数量、等级和价格；②时间检验：对交货时间进行检验，核查交货期是否和订货单上的日期一致；③数量核查：验收工作中的数量核查应对订货单数量、送货通知单数量与实际到货量三者作交叉检查，确认三者是否一致；④质量核查：质量核查是物资验收的核心内容。酒店物资种类多，且各类物资的质量要求不同，衡量质量高低的标准也多种多样，需要各种专业知识，这些都对酒店物资的质量验收提出了更高要求；⑤价格核查：核查价格是否与市场报价一致。一般在保证质量的基础上，价格不得高于市场同类物资的价格。

2）收货。验收合格的物资，验收员要作详细记录，填写验收清单及进货日报表，并将这些物资分类后及时入库或发放给相关的使用部门。

（2）验收的程序

1）前期准备工作。采购员采购任务完成后，应及时将订货单转给验收部门，并将采购物资的基本情况通知验收负责人。验收人员应将订货单与财务部门转送的经批准的请购单相对照，若订购内容与上级批准的采购内容有出入，应及时向财务部门报告。

验收管理人员应在物资到达验收点前督促下属安排好相应的物资验收位置和具体的验收人员，检查验收人员是否已准备好订货单，以便与到店物资核对，同时准备好各类验收设备工具、验收场地，确定验收范围。

2）验收操作，物资入库。当物资到店后，验收人员要根据订货单或订货合同的内容点数货物的件数，逐个检查密封容器是否有启封的痕迹，逐个称量货物的重量，特别是检查袋装物品的内容、重量是否和袋上印刷的相一致，以防名实不符和短缺。在清点数量时，验收人员必须使用专用戳，在点数过的物资包装上加盖印记，以防重复点数或漏点。验收人员要按照酒店采购规格书上所规定的质量标准检查和测试货物的外观及内在质量是否完全合乎要求，此外还要逐个检查物品的规格是否符合要求。

在对全部货物进行测试、检验、清点之后，若发现问题，要当场向送货者提出交涉，并做出相应的处理，包括拒收及由双方签字认可。对完全符合要求的货物要尽快选择仓储位置或发放给使用部门使用，不要让货物在验收地点长时间存放，这会由于不具备必须的储存条件而影响物资质量，而且也不安全。

3）记录验收结果。验收人员最终以书面的形式阐述验收情况，包括填签验收单据和形成验收报告及进货日报表。

（3）拒收

拒收是指物资验收人员在验收过程中，对照有关标准，发现有严重出入时，拒绝物资入库或进入生产领域。拒收是杜绝伪劣假冒物资流入酒店的有效手段，是维护采购正常权益的有力保证。

拒收应填写拒收通知单，写明拒收理由，经送货方和验收方签字，将拒收通知单和物资以及有关凭证一同退回。在处理拒收问题时，必须特别注意以下几点：

1）要认识到这只是交易过程中常见的问题，而不是供购双方的纠纷。故酒店应在坚持原则的前提下尽量保持与供货商及送货者之间的良好关系，以良好的态度向送货人耐心解释拒收的原因，为可能给他们带来的额外工作负担表示歉意。

2）在退货通知单上要详尽写明退货的原因，并请送货人签字证明，为与供货商的进一步交涉留下原始凭证。

3）要尽快告知酒店的采购部门和相关的物资使用部门，敦促他们及时寻找替代品。

9.1.4 酒店物资的仓储和发放

1. 酒店物资的仓储管理

广义的仓储管理是指物资从入库到出库之间的完整的管理和控制过程，它从验收物资开始，将各类物资合理储藏，保障库存物资的数量安全与质量安全，并进行物资出库控制。

酒店所需物资种类繁多，其重要程度、消耗数量、价值大小各不相同，可以依照“关键的是少数，次要的是多数”这一基本原理，把物资分成以下三类：

A 类物资：数量上只占酒店使用物资。总数量的 5％～10％，而资金上占资金总额的 60％～70％，这类物资属于关键的少数物资。

B 类物资：数量和所占的资金一般在 20％左右，属一般物资。

C 类物资：数量占酒店使用物资数量的 60％～70％，而所占资金额却在资金总额的 15％以下，是次要的多数物资。

ABC 分类法选择的两个相关标志是物资数量的累计百分比和资金占用额的累计百分比。

仓库管理是酒店经营中的一个不可忽视的环节，它既要保证经营需要和节约使用，又要保持最低限度的周转量，并节约资金。

（1）仓储管理的基本要求

1）保证物资数量和质量的完整无损。

2）物资的存放堆码要井井有条，整齐清洁，便于收发、检验、盘点、清仓。

3）物资保管要有专人负责。物资入库要先验收，后收料入账；进库物资不论大小，均应过磅点数；能定量包装的物资，做到点数包装；出入库要有完备的手续和凭证，如“入库单”、“领用单”、“调拨单”等。

4）掌握各类物资日常使用和消耗的动态，合理控制物资库存量。

5）各种物资都应设有明细台账，收入、发出、结存按时登卡记账，笔笔清楚，要进行不定期的抽查核对和定期清仓查库，做到账、卡、物（资）、资（金）“四对口”。

（2）仓储管理的内容

1）组织物资验收入库工作。各种物资，不论是零星的或大批的，入库前都要通过严格的验收手续。必要时，有些物资要配合有关部门进行化验或其他方法检验。

2）组织物资发放工作。物资发放要坚持“先进先出”的原则，特别是那些保鲜要求特别高的食品原料。

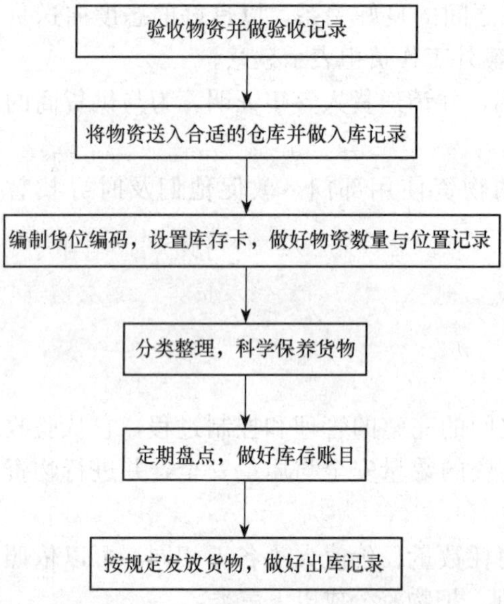

图 9.1　仓储管理的工作程序

3）组织物资的维护保养工作。

4）组织废料的回收和利用工作。

5）及时处理滞留积压的物资。

6）通过物料台账及其他的统计分析资料掌握库存物资的动态。

（3）仓储管理的工作程序（见图 9.1）

2. 酒店物资的发放

物资发放必须按照一定的程序进行严格的控制，达到准确、及时、安全、经济的基本要求。

（1）物资发放的原则

1）先进先出原则。即要求物资发放人在发货时仔细验查进货账目和货架标签，先发早入仓库的物资，目的是防止物资久置导致老化，从而影响物资质量。

2）保证经营原则。酒店仓库中储存的物资种类繁多，适应不同部门、不同岗位的需求。工作人员在每日规定的发料时间内常常十分繁忙，面临多个部门同时领料的情况。在这种情况下，急用、急需物资应先备料、先分配，以保证生产经营的连续性。

3）补料审批制度。酒店前台接待部门常常会因为经营业务的变化而临时出现某类物资的特急需求。在这种情况下，由于形势紧迫，往往不能够按照常规填制正规的领料单据，并逐项办理领料审批手续。这时需要特事特办，以保障前台业务顺利进行。但即使是特急领料也必须有交接双方的签字和在场的部门管理人员批准的领料单据，并且规定补办手续的时限。

另一种情况是部门工作人员凭手续齐全的请领单到仓库领料时，仓库经审核准予发放，但却发现存货不足，只能发放其中一部分物料。这时，需填制反映实际领料情况的发货单，当仓库进货后，再通知部门补领。补领时虽不用再次履行请领手续，但必须做补领手续。

以上这些解决问题的方法都必须制度化，即建立健全的补料制度，才能防止差错和作弊行为的发生。

4）退库核错制度。有时，由于计划变更或其他原因，物资使用部门发生物资剩余，这时，应将这些剩料退回仓库，并办理退料登记手续。

5）以旧换新制度。为防止物资未用完就领取新物资的浪费行为，在物资发放管理中应对一些用量较大或价值较高的多次耗用物资采用以旧换新的领用制度。同时，许多物资的盛装器皿具有回收价值，酒店物资管理部门应通过制定以旧换新制度全面回收和处理，减少浪费。

（2）物资的发放程序

1）点交。部门在领取物资时必须每次填写请领单。仓库接到请领单后要认真检查单上所列物品的名称、规格、等级是否与库存物品相符，凭证字迹是否清楚，有无涂改现象，印章是否齐全，领料日期是否正确。审查无误，即可将待发物资发放给请领部门，同时根据实际发出的物资品种、规格、数量等填制必要的物资发放单据。

2）清理。物资点交工作结束之后，仓储人员需进行内部清理。包括账面上的清理、地面的清理和物资管理。

3）复核。为防止物资发放过程中出现差错，仓库发货人员必须对物资发放作业过程中的每一个环节仔细地进行自查、复查、层层复核。一方面复核发货单与实发物资是否相符，另一方面要复核货位结存量来验证出库物资的品种、数量是否正确。发货人员自查后，还应由专职或兼职的复核员在搬运过程中进行复核。凡未经复核、单货不符或手续不齐全的物资都不能准予出库。

4）原料计价。原料计价是酒店每日成本核算的重要环节。仓库在发放各类物资时，应在物资请领单上填写各类物资的购入单价，并计算出所领物资的总价，以便成本核算。

（3）物资发放管理的重点

在物资发放管理中，首先应当抓住人的因素，其次是做好物的管理。

1）审批人环节。审批人是物资的发放把关人，从根本上控制着物资的发放量。审批人是根据需求量的客观性进行物资审批的。酒店必须以制度的形式确定物资分配的各级审批人。审批人平时应注意和基层保持密切的联系，掌握物资使用情况的动态信息，以动态的眼光来把握好物资分配量。

2）执行人环节。执行人环节涉及物资发放过程的各个方面的工作人员。在物资发放过程中，核算员要逐一核算已发物资的价值。尤其要注意的是，实物发货人与发货记账人应分岗设置。执行人素质的高低直接关系到发放工作的质量。因此，应加强对这些人员的日常管理。

3）发货区域。仓库是酒店物资储存的重地，每一种物资对储藏环境和条件都有明确而严格的要求，而大量人员频繁进出仓库会极大地影响应有的储藏环境，同时还会威胁仓储物资的数量安全。因此，有条件的酒店应在仓储空间之外到仓库大门之间设置专门的发货区域。发货人员将需发放的物资搬运到发货区域，领货人在此区域点数交割，而不能直接进入仓库领料。这是防止物资发放出差错的重要手段。

4）发货时间。发货时间可根据物资的用途，采取定时和不定时相结合的办法。

5）货物交接。发货人员与部门领货人员之间的物资交接是物资发放管理的最后环节。若这一环节中出现了差错，就会给仓库账目及部门的成本核算等许多管理环节造成混乱，并且当事后发现这种差错时，往往会因为物资已投入使用而难以查清问题及责任所在，使管理工作十分被动。因此，在进行物资交接时，收授双方都必须按照发货单和领料单复核检查，点数所发物资的品种、规格和数量，确保无差错时才准予出库，领取货物。

6）物资数量短缺问题。物资发放过程中很容易出现物资数量的短缺，其直接的起因是物资在入库时一般都是批量进，因此一些以重量为计量单位的物资入库时都是大秤进，而在发放过程中由于执行限量分配制度，每次发放量相对于进货量来说是比较小的，即小秤出，这样就会出现一个重量流失问题。因此，在盘存时很可能会有数量上的出入。

为解决物资量流失问题，可采取以下办法：为每一种物资的收发制定合理的损耗率；对整进零出的物资在进货之后预先进行拆零包装，按照一般的单位需用量将整包装物资变为小包装物资。

9.2 酒店设备管理

酒店设备管理，就是对酒店各种设备从选购、验收、安装开始，经过使用、维护、保养、修理，直到更新改造这样一个全过程的一系列管理活动。酒店的设备管理是由工程部主要负责，酒店全体员工共同参加的综合性管理。

9.2.1 酒店设备管理概述

1. 设备管理的分类及特点

在酒店设备管理中，管理的对象包括酒店各部门使用的机器、机具、仪器、仪表等各种物质技术设备。具有长期、多次使用的特性，不是一次性消耗品，并在会计核算中被列为固定资产。

（1）设备管理的分类

酒店设备的分类方法很多，并无一定的规定。这里介绍酒店设备的一般分类。

1）建筑物：主要是房屋建筑，包括主楼、裙房及其他附属用房。

2）供应设备：是为酒店各部门供应水、气的设备，包括锅炉、冷冻机、新风设备、热交换器、冷热水箱、冰库以及与此配套的管道系统。

3）清洁卫生设备：是清洁和洗涤用设备。包括洗衣房全套设备、吸尘器、打蜡机等。

4）供电设备：主要是供电和用电设备。包括变配电设备、供电系统及用电设备，如照明系统、舞厅等场地的灯光系统。

5）厨房设备：厨房用各种烹调、制作设备、冰箱等。

6）通讯设备：电话、传真、电传等通讯设备。

7）电梯设备：电梯、自动扶梯等垂直运输设备。

8）家具设备：用于接待客人、行政办公用及其他用途的各种家具类设备及家用电器。

9）计算机设备：酒店的计算机系统。

10）接待服务用设备：各前台部门用的服务设备，如服务车、行李车等。

11）娱乐健身设备：供客人娱乐或健身的设备，如网球场、保龄球、蒸气浴、游泳池、健身房设备、台球房等。

12）系统设备：各种通过管线或其他方式联系并自成系统的各种设备，如上下水道、排污、音响、闭路电视等。

13）消防报警系统：指报警系统和消防供水系统。

各种设备设施如何归类并不是统一的。设备的多少是由酒店的星级和酒店的决策而定。酒店的星级标准决定了酒店必备的设备下限，但各酒店设备的设置并不是仅限于星级的设备规定。酒店对设备的归类也根据各酒店对设备归类法的认识而定的。归类的结果既要包括酒店所有的设备，又要便于科学管理。

（2）设备管理的特点

1）投资大，资金回收期长。现代酒店宾馆用豪华、舒适的设施设备来创造优良消费环境和享受气氛。其设施设备投资巨大，大多要占酒店总投资的65%～70%以上。这些投资必须通过酒店业务经营和产品销售来获得价值回收，因而其资金回收期较长。

2）精神损耗为主，更新周期较短。酒店设施设备在业务经营过程中存在两种损耗：一是物质损耗，即设备在使用过程中造成的物质磨损；二是精神损耗，即因设备陈旧、新设备出现、消费时尚改变等引起的精神上的感觉。为此，酒店应该尽力做好各种设施设备的维护保养，力争延长精神损耗周期和设施改造周期，才能提高设备使用的经济效果。

3）社会消费性较强，设备质量要求高。酒店设备就其功能而言，可大致分为消费性设备和生产性设备两大类。前者为客人创造优良享受气氛，供客人直接消费使用为主；后者主要用来生产产品或提供相关服务。这些设备不仅数量多、投资大、社会消费性强，而且质量要求高。

4）涉及范围广泛，管理协作性较强。酒店设备保障管理涉及企业内部和外部两个方面。从内部来看，各种设施设备散布在企业各部门、各环节、各岗位。设备保障管理的工作内容和职责分属不同部门和人员，购置、维修、改造归工程部，设备使用以业务部门为主，价值管理归财务部，因而必须加强内部协调工作。从外部来看，酒店锅炉、配电、燃气等重要设备大多必须接受地方政府的环保、消防、安全、劳保等主管部门的管理或监督，因而又增强了外部协作性。

2. 设备管理的任务及原则

（1）设备管理的任务

保持酒店等级规格，保证各种设备始终处于完好、有效、安全状态，保证客人消费需求、使用方便和各部门生产经营活动需要，是酒店设备保障管理的主要任务。它具体表现在：

1）合理选择设备，保证设备配置和酒店等级规格及目标市场的消费需求相适应。

2）做好各种设备维修保养，保证各级各部门业务经营活动需要和客人消费需求。

3）加强设备更新改造，适应酒店客人日益增长的，多层次的物质和精神享受需要。

4）做好设备管理过程中的技术经济分析，降低消耗，提高设备管理的经济效益。

（2）设备管理的基本原则

1）分级归口管理的原则。分级管理一般分为三级：第一，企业级。主管副总经理和总工程师负责。主要职责是制定设备管理方针政策、管理制度、预算审批等。酒店工程部是企业级的职能管理机构，负责设备保障管理的具体工作。第二，部门级。以使用部门为主，主要负责设备日常使用、维护与保管工作。设备需要报修时，则协同工程部做好维修工作。第三，班组级。主要负责本班组的设备日常使用，遵守操作使用规则、程序和规程。

归口管理则主要分属三个口径：第一，设施设备价值管理，归属财务部管理；第二，设备维修保养与更新改造，即设备物质运动形态管理，归属酒店工程部；第三，设备的日常使用与保管，即设备的效用发挥，归属业务和使用部门管理。

2）预防为主，保修结合的原则。即要将设备管理的工作重点放在各级，各部门的日常使用和维护保养上面。工程部则集中负责设备维修。

3）前勤考核后勤，提高设备管理效率的原则。设备管理是为业务经营活动提供后勤保障的。前勤考核后勤就是在设备使用过程中，一线部门如果发生设备故障或损坏，工程部门收到报修通知后，必须在规定时间内（一般为 5～10 分钟）赶到现场维修，否则即视为维修失职。每次维修完成后经过调试验收，做好记录，由维修人员和使用人员共同签字，以此作为前勤考核后勤的依据。这样，可以提高酒店设备维修的工作效率，防止互推责任，影响一线接待服务活动需要。

4）“春备夏、秋备冬”与坚持“三优先”相结合的原则。“春备夏、秋备冬”是指酒店的中央空调、暖气系统、大型锅炉等重要设备因其使用和检修、大修具有季节性，必须坚持“春备夏、秋备冬”，提前做好计划，提前做好维修保养和调试，才能保证业务需要和维修保养质量，延长设备使用寿命。“三优先”是指在日常设备维修的派工安排上要坚持：影响客人使用的设备优先；影响安全的设备优先；影响观瞻的设备优先。

9.2.2 酒店设备的选择与购置

1. 设备的选择

（1）设备的实用性

选择设备首先要考虑实用，包括设备设计先进、使用方便、便于清洁保养；设备的外观和使用都能给人以舒适感；设备是安全的，具有安全自动控制装置；设备和整个酒店的水平协调。其次还要考虑其效率、占地、耐用性等。

（2）设备的工作质量

酒店设备的工作质量应能达到酒店计划和质量要求所规定的标准。一般机械和用电设备都可由设备的技术参数来表示，其他设备则根据设备特定的使用要求来衡量和评价。

（3）对设备的经济因素进行评价

包括投入产出（即投资和效益之间的关系，评价其经济效益上的合理性）；费用支出（使用费用和维修费用）的合理性；使用时间和利用效率的合理性。只有在充分考虑到设备的各种因素后，才能对设备的购置选择作出最佳的决策。

2. 设备的购置

设备设置包括两个方面：一是酒店对尚缺设备的购置建设；二是酒店对已有的、但与酒店不相适应的设备的更新改造。酒店购置设备的主要依据为：

（1）设备的实际需要

设备的实际需要是根据酒店的星级要求和酒店的经营决策，从实际需要出发来决定对设备的购置。实际需要既有数量上的需要，也有质量上的需要：数量上考虑的是设备的多少和设备的工作能量；质量上考虑的是能否和酒店星级相一致。从实际需要出发购置设备，可以避免造成设备的闲置。

（2）现有设备情况

在购置设备前，先要对现有设备情况进行调查分析。要分析几类情况：使用状况良好的；其状况不是最好但尚可继续使用的；应改造的；应更新的。要具体分析各类设备现在对宾客使用的适用度、技术指标情况、设备性能、经济效益等。综合上述分析，提出设备购置计划。

（3）同类设备的市场情况

酒店设备的选择和购置前要了解掌握设备的市场情况。市场情况包括两个方面：一方面要注意设备的使用趋势，即国际上和国内先进水平对该类设备使用的影响；另一方面要注意客人对该类设备的需求倾向。

（4）节能和环保

节能指利用能源充分，耗能少，是衡量设备的一个重要标准。设备选择还要注意环保，减少噪声、废气、污水、烟尘等的排放。对有污染的设备，要注意污染程度越小越好，绝对不能超过环保部门规定的各项控制指标，同时应尽可能备有污染处理配套设施。

（5）设备的成套性

由于酒店设备种类多，因而要注意设备的互相配套。

1）单项配套。指某一用途的设备自身要配套。如酒吧吧台与酒吧设施配套、家具配套、卫生洁具配套、舞厅灯光音响配套、洗衣房设备配套等。

2）设备间的互相配套。主要是指能源动力、供应设备、使用设备的互相配套。例如，客人直接使用的一些设备要求电源和各电插座配套；冷冻水供应量和输送管道、空调用量相一致。

3）外观配套。主要是设备的外观、风格、色彩、体积、造型都要和酒店的基本风格保持一致，互相协调。

9.2.3 酒店设备的使用和维护保养

1. 设备的使用

（1）设备使用管理的原则

对设备使用的管理要遵循“谁使用谁负责”的原则。酒店每一台设备都要有明确的责任人，对公用设备要专门指定责任人，而且要每一班都有相应的责任人，对独立操作或使用的设备，操作者或使用者就是该设备的责任人。

（2）设备使用前的准备工作

1）技术资料的准备。包括设备操作维护规程、设备润滑卡片、设备日常检查和定期检查卡片等。

2）培训。对操作者的培训包括技术教育、安全教育和业务管理教育三方面内容。操作工人经教育、培训后要经过理论和实际的考核，合格后方能独立操作使用设备。

3）检查。全面检查设备的安装、精度、性能及安全装置及维护用仪器和工具。

（3）设备使用的基本要求

设备使用的基本要求是“三好、四会、五项纪律”，这一基本要求是根据设备全员管理的思想提出的。

1）部门要做到“三好”。对每一个设备使用部门而言，都要做到“三好”，即“管好、用好、维护好”设备。管好设备是指每个部门必须管好本部门所使用的设备；用好指所有的设备都能得到正确的使用；维护好指部门要建立设备维护的保养制度，定期开展设备维护保养工作，同时要加强对封存、租用、转借、报废等设备的动态管理。

上述工作需要列入部门日常管理工作中。部门设备管理可以由部门经理承担，以利于管理工作的顺利开展。

2）员工要做到“四会”，即“会使用、会维护、会检查、会排除故障”。会使用是指每一个设备操作、使用人员都应熟悉设备的用途和基本原理，学习掌握设备的操作规程，正确使用设备；会维护是指每一个设备操作、使用人员要学习和执行设备维护规程，做到设备维护的四项要求：整齐、清洁、润滑、安全；会检查要求员工了解自己所用设备的结构、性能，酒店主要设备的运行值班人员要了解设备易损零件的部位，熟悉日常点检、设备完好率的检查项目、标准和方法，并能按规定要求进行点检；会排除故障是指工程部及其他部门重要设备的运行值班人员，要懂得所用设备的特点，能鉴别设备正常与异常现象，懂得拆装方法，会做一般的调整和简单故障的排除，自己解决不了的问题要及时报告，并协同维修人员进行检修。

3）操作者要执行“五项纪律”。实行定人定机、凭证操作制度，严格遵守安全技术操作规程；经常保持设备清洁，按规定加油，做到没完成润滑工作不开车，没完成清洁工作不下班；认真执行交接班制度，做好交接班记录及运转台时记录；管理好工具、附件，不能遗失、损坏；不准在设备运行时离开岗位，发现异常的声音和故障应立即停车检查，自己不能处理的应及时通知维修工人检修。

（4）设备的动态管理

设备资产的动态管理是指已投入使用的设备由于闲置、封存、移装、调拨、借用、租赁、报废处理等情况引起设备资产的变动，需要处理而进行的管理。对设备的动态管理主要是办好手续、做好记录。

2. 设备的维护保养

（1）设备维护保养的类别和内容

设备的维护保养分为设备的日常维护和定期维护两种，两种维护工作都需要制定维护要求、维护标准。

1）日常维护。又称为例行保养，是设备最基本的保养，分为每班保养和周末保养，一般在每班结束后或每周末实施。每班保养的主要工作是对设备进行清洁、润滑和点检。周末保养则要求用1～2小时的时间对设备进行彻底清洁、擦拭和上油。

2）定期维护。指由工程部编制设备维护计划，由专业设备维修人员和操作人员一起实施的对设备的维护、修理工作。设备定期维护保养的间隔时间视设备的结构情况和运行状况而定。

设备的定期维护保养根据保养工作的深度、广度和工作量可分为一级保养和二级保养，简称“一保”、“二保”。“一保”的工作内容包括对设备的全面清洁、沟通油路、调整配合间隙、紧固有关部位及对有关部位进行必要的检查。“二保”的作业内容除了“一保”的内容外，还要对设备进行局部接替检查、清洗换油、修复或更换磨损的零部件、排除异常情况和故障、恢复局部工作精度、检查并修理电气系统等。“二保”比“一保”的工作量更多，更全面。

（2）设备维护保养的实施

定期维护保养工作的关键是合理制定维护保养计划并有效实施。设备维护保养计划是设备维护保养的指导性文件，编制设备维护保养计划是根据设备的实际技术状况，贯彻以“预防为主”为方针的重要技术措施。通过维护保养计划确定设备维护保养的类别、时间、工作量、材料、费用预算、停机时间等内容。正确地编制维护保养计划，合理安排维护保养工作，可以为保养工作做好充分的准备，缩短停机时间，提高工作效率，降低维护费用。

（3）设备维修管理

指当设备的技术状态劣化或发生故障后，为了恢复其功能和精度而采取的更换或修复磨损、失效的零部件，并对整机或局部进行拆装、调整的技术活动。设备维修分成两个阶段：一是获得需要维修的设备信息，二是对需要维修的设备实施维修工作。

1）设备维修信息的获得。设备维修信息的获得是设备维修管理的重要环节。一般而言，根据发现设备故障的不同途径，设备维修信息的获得主要有四种方式：

① 报修。指设备使用、操作人员发现设备故障后，通过填写“设备报修单”或以电话、电脑信息传递的方式将设备的故障状况通知工程部，由工程部安排人员进行维修。

② 巡检。巡检是指对设备进行巡视检查，工程部人员根据既定的路线和检查内容对设备逐一进行检查，发现故障及时处理。

③ 计划维修。计划维修是一种以时间为基础的预防性维修方法，一般是根据设备的磨损规律事先确定维修内容。在对设备实施计划维修时，一般会参考该设备的使用说明书、其他单位同类型设备的定期维修经验以及本酒店设备使用特点来进行。

④ 预知性维修。根据设备的日常点检、定期检查、状态监测和诊断提供的信息，经统计分析、处理，来判断设备的劣化程度，并在故障发生前有计划地进行针对性的维修。

2）设备维修的实施。有两种情况：一种是当设备存在故障时，由酒店的维修人员自行修理；另一种是委托外修，由专业公司的维修人员在酒店内实施维修。

酒店实施自行修理，根据酒店员工的素质状况有两种情况，一种是由设备操作人员实施维修，另一种是由酒店维修组的维修人员实施维修，两种方法各有利弊。

根据维修工作量的大小，维修工作可以分为小修、项修和大修。小修是工作量最小的一种修理。项修（即项目修理）是在总结了过去实行设备计划预修制度正反两方面经验的基础上，在实践中不断改革而产生的，它取代了与大修难以区分的中修。大修是对设备进行全部解体，修整所有基准件，修复或更换磨损、腐蚀、老化及丧失精度的零部件，使之达到规定的技术要求。

9.2.4 设备的改造和更新

1. 设备技术的改造及原则

所谓设备技术改造，就是应用新的技术成就、新的工艺流程和先进经验，改变原有的设备结构，装上或更换新部件、新附件、新装置以补偿设备的有形磨损和无形磨损，改变原来的工艺流程或建筑结构，以改进原设计的不足或安装中的缺陷。设备的技术改造要遵循针对性、适应性、可能性和经济性的原则。

1）针对性。要从酒店实际出发，按照经营的需要，针对设备在酒店服务过程中的薄弱环节，结合设备在酒店经营过程中所处的地位及技术状况，确定需要进行改造的设备和设施并确定改造的方法。

2）适应性。设备改造所采用的技术要先进但更要适用。由于科学技术的迅速发展，设备的技术性能相差很大，技术改造所采用的技术应适应酒店的实际需要，不要盲目追求高指标。

3）可能性。制定设备或系统的改造方案时，采用的新技术、新工艺必须是经技术论证或实践证明是可行的。

4）经济性。在确定设备设施改造时，要进行经济性分析，综合考虑投入的人力、物力、财力和改造后的效益，力求以较少的投入获得较大的产出。

2. 设备的更新及其原则

更新是用比较经济而先进的设备，来替换技术上不能继续使用或经济上不宜继续使用的设备。进行设备更新的目的是提高酒店的现代化水平，以适应旅游业发展的需要。进行更新时，既要考虑设备的物质寿命，更要考虑设备的经济寿命和技术寿命。

酒店对设备更新的原则有以下五方面，凡符合下列情况之一的一般都应更新：

1）经多次大修，技术性能达不到要求，无法保证酒店服务质量。

2）技术性落后，经济效果很差。

3）通过修理、改造虽能恢复性能但不经济。

4）耗能大或污染环境严重，进行改造又不经济。

5）不能满足酒店经济需要。

3. 设备改造和更新的工作程序

一般情况下，在重要设备的改造或更新时，都会在一定程度上影响酒店的正常经营，而且这些设备的改造、更新费用较大，所以要加强对设备的改造、更新的管理。

1）编制改造、更新计划。根据酒店的实际情况和设备的具体技术状态，首先确定需改造、更新的重点。然后，按照酒店经营目标的要求，编制设备的改造、更新计划。

2）进行技术、经济分析。对每一个列入改造、更新计划的设备，都应进行技术、经济的可行性分析。因为设备使用到最佳更新期以后不一定立即报废，可以通过大修或技术改造来恢复设备的技术性能。如果大修或改造已不经济，那么就应更新；如果酒店的经营方针将改变或者整个酒店要改造，设备继续使用的时间很短，就可以考虑不更新，甚至也不修理，用到报废为止。因此，对于一台已经到更新期的设备，有多种处理的方法，应通过技术、经济分析来确定最佳的方案。

3）编制设备技术改造任务书。确定了设备技术改造的项目后，要编制设备技术改造任务书。

4）设备改造、更新的实施。设备改造、更新项目被批准后，由工程部组织实施。如技术改造任务重、技术复杂，可委托专业单位承担。

9.3　酒店安全与卫生管理

现代酒店作为人们食宿以及娱乐、会议、贸易、外交等各种公众聚合的场所，是社会关系和人际关系的交融点。也正是由于这个行业人员复杂、流动性大这一特点，决定了酒店安全与卫生管理的重要性。酒店安全与卫生管理，贯穿于酒店管理全过程，不仅关系到酒店的声誉和效益，也关系到宾客的人身财产安全与健康。

9.3.1　酒店安全管理概述

1. 酒店安全管理的概念及内容

（1）概念

酒店的安全管理，就是为了保障客人、员工以及酒店安全而进行的一系列计划、组织、指挥、协调、控制等管理活动。包括三层含义：

1）酒店客人与酒店员工的人身及财产安全以及酒店的财产和财物安全。

2）酒店内部的服务及经营活动秩序、公共场所秩序以及工作生产秩序保持良好的安全状态。

3）酒店内部不存在会对酒店客人及员工的人身和财产以及酒店财产造成侵害的各种潜在因素。

（2）内容

1）酒店护卫。指酒店组织专门力量，对酒店出入口、重要场所、重要目标进行守护、巡逻及监视，以维护公共秩序，预防违法犯罪和自然灾害事故发生的专项工作。

酒店内部是护卫的主要范围，必要时可扩大到酒店周围人行通道部分。护卫的主要目标通常有酒店的出入口、大堂、客房、楼面、行李房、金库、车库、商场、娱乐场所等。护卫工作的内容是掌握人员、车辆进出的情况，控制违章物品，发现事故隐患，制止违法犯罪行为。

酒店护卫工作分为定点护卫、巡逻督察和监视控制三方面。

2）酒店秩序管理。指酒店在公安机关的指导下，由酒店的专职安保人员与酒店内各有关部门配合，管理酒店内部公共秩序，以保护客人、员工和酒店的人身和财产安全。

酒店应建立住宿和访客登记及管理制度，以维护客房内及客房楼层的治安秩序。客宾住宿要办理住宿登记，要由宾客本人填写登记表，总台人员应仔细核对有关证件，发现可疑情况向安保部报告；对于来访客人，接待人员应先征得住宿客人的同意，客房部服务人员应注意动向。

维护餐厅、酒吧、娱乐场所的治安秩序，处理各类治安问题也是酒店治安秩序管理的另一个主要内容。治安人员要与有关部门相配合，及时发现导致营业过程中各种妨碍治安秩序的因素和行为，并予以纠正。防止偷盗、打架斗殴、酗酒闹事等恶性事件的发生，以保障正常的经营秩序。对于违法人员要移送公安机关处理。

酒店治安秩序还包括酒店内危险物品、易燃和易爆化学品的管理，酒店内车辆交通及停放的秩序和酒店内治安动态信息的收集和处理。

3）酒店内部违法案件及意外事故的查处。专职的保安人员对在酒店内部发生的违法犯罪案件及意外事故进行调查、取证、提出处理意见，并报请公安机关审批。包括一般刑事案件、治安案件、破坏事故以及造成了一定的财物损失和人身伤亡等，后果较为严重的事故。酒店安保部还应协助公安机关侦破其他各类刑事案件和治安案件。

4）酒店消防管理。酒店消防管理的内容有：贯彻执行国家消防法规，健全酒店内部消防管理制度；健全消防组织机构，明确专门管理人员，防火要落实岗位责任制，经常性地开展防火知识的宣传教育和培训工作；认真配置好消防设施、设备、器械，坚持定期检查，确保它们始终处于临战实用、完好有效的状态；应争取处理方案完好，从报警、灭火、疏散到善后处理等各方面都有明确的程序，使各部门、各岗位上的人员临危不乱，遵守统一的指挥，按既定的程序作出相应的反应，各司其职，将人员和财产的损失减低到最小程度。

2. 酒店安全管理的特点与要求

（1）酒店安全管理的特点

1）广泛性。酒店安全管理涉及范围较广，几乎包括酒店的各个部门和每项工作，所以其管理内容极为广泛而复杂。具体体现为：既要保障宾客安全，又要保障员工及酒店的安全；重点、要害部位多，如前厅、餐厅、厨房、康乐场所、仓库、配电房、电梯、锅炉房、财务部等；既有人身安全又有财物安全，且管理要求各异；酒店是公共场所，人员进出频繁。接待的宾客构成复杂，且流动性较大。

2）服务性。酒店的安全工作是酒店服务的一部分，安全部门的员工在工作过程中既要面对宾客，又要与各部门员工有工作接触。因此，其工作既要保证酒店各方面安全，又要提供服务。遵循外松内紧的工作原则（即安全工作在形式上应适应环境，表现自然；在思想上则要保持高度警惕，防范各种不安全隐患）；在处理与客人关系时，既要按政策、原则、制度办事，又要文明执勤、助人为乐；仪表仪容要符合规定要求，服务态度应友善，语言谈吐须礼貌，行为举止要得体。

3）全员性。酒店安全管理不是仅仅靠安全部就能做好，更需要酒店全体员工的积极参与，因为酒店的安全工作涉及酒店内的各个部门，涉及到每个岗位和每个员工。因此，酒店安全工作具有明显的全员性，只有群防群治，让每个员工都树立本职工作与酒店整体安全有关的观念，才能真正把安全工作落到实处。

4）预防性。酒店安全管理工作应体现以预防为主的方针。酒店应建立健全安全保卫部门的职能，装备各种安全设施，健全各种有关酒店安全的制度，以预防和制止可能出现的各种不安全因素。

（2）酒店安全管理的基本要求

1）配备必要的安全设施。安全设施是做好安全管理工作的物质基础，“工欲善其事，必先利其器”。酒店的安全设施，主要包括六个方面：消防设施、防火通道、隔火装置、烟感装置、监控装置、报警系统。这六个方面的安全设施是必不可少的，不仅酒店开业时必须配备齐全，而且必须随时保持良好状态，预防事故发生。

2）加强安全教育，充分发动员工做好安全工作。酒店的安全管理涉及各个部门、各个环节。一些日常安全问题往往是在日常接待服务过程中发现的，因此，只有加强教育，使每个人都树立安全意识，发动员工做好安全工作，才能适时发现事故苗头，及时采取措施减少损失。

3）坚持内紧外松的原则。做好安全工作不能在客人面前议论或因一般事故而惊慌失措，必须坚持内紧外松，以防造成不良影响使客人没安全感，降低酒店的声誉。坚持内紧外松必须在内部提高警惕，加强责任心。酒店如果发生事故，只在局部范围内解决，对客人一般要保密，这样才能增加客人的安全感，保证经营活动的正常开展。

9.3.2 酒店的安全管理

1. 酒店安全管理的原则

（1）宾客至上，安全第一

酒店的一切工作都是为了客人，没有客人，酒店就失去了存在的意义。酒店安全工作是其他一切工作的前提，没有安全作保障，酒店其他工作就无法进行。所以，安全工作是酒店“第一位”的工作。

（2）预防为主

即集中主要精力做好积极主动的防范工作，防止治安案件、刑事案件和治安灾害事故的发生。预防为主一是要加强防范，堵塞各种空隙漏洞，不给任何违法犯罪分子以可乘之机，把违法犯罪活动制止在预谋阶段；二是要定期进行安全检查，及时发现并消除各种不安全因素和事故苗头，把各类事故消灭在萌芽状态。

（3）外松内紧

指安全工作在形式上要自然，气氛要和缓，要适应环境，要顺其自然。所谓内紧，是指安全保卫干部要有高度警觉，要做好严密的防范工作，要随时注意不安全因素和各种违法犯罪的苗头。外松是形式，内紧是实质。外松和内紧是不可分离的统一体。一方面要使客人感到舒适、方便、宁静、安逸；另一方面要有高度警惕，防止坏人和其他侵害因素的破坏。

（4）群防群治

依靠广大员工做好酒店的安全工作和内部治安管理工作。酒店员工是酒店的主人，最熟悉酒店的内部情况，深知酒店的不安全因素和保卫工作的薄弱环节，只有依靠他们，采取切实可行的措施，才能堵塞漏洞，消除那些不安全因素。

（5）谁主管谁负责

其基本精神是分清层次，各司其职。酒店的安全工作，总经理是总负责，各部门经理也要分段负责。安全部的主要职责是，在总经理的领导下，主管酒店安全保卫，并督促、检查、指导酒店各部门的安全保卫工作，依照法定的职责权限对各类违法犯罪行为和各类事故进行调查和处理，并根据存在的问题提出整改建议，改进安全保卫工作。

2. 酒店安全部门的任务

现代化酒店由于其规模越来越大，业务范围越来越广，社会治安情况越来越复杂，对安全保卫工作的要求也越来越高，由此产生了专职的安全保卫人员和安全部这个直接隶属于总经理的职能部门。其任务包括：

1）经常开展安全和法制教育，不断提高职工对酒店安全保卫工作的认识。

2）逐步健全安全防范管理制度，积极推行安全保卫岗位责任制。酒店的安全制度有：门卫制度；巡逻制度；客人住宿验证登记制度；房门钥匙管理制度；总台安全防范制度；财物保管制度；防火安全制度；访客制度；情况报告制度；通缉协查核对制度；要害部位保安制度；员工更衣箱检查制度；临时工作人员管理制度；交接班制度。

实行安全保卫岗位责任制的大致做法是确立酒店的安全目标体系；经过逐级承包、专业承包、专项承包等形式，把各项安全保卫工作目标落实到各级领导和每个职工身上，使大家明确自己的任务和应负的责任；通过考核把各自完成的工作情况同奖惩结合起来。

3）加强酒店内部的治安管理，维护内部治安秩序。主要包括：加强对酒店及下属业务部门的开业、客人登记及舞厅、KTV、音乐茶座的管理；加强对酒吧、咖啡厅、商场、康乐中心等公共场所的治安管理，维护内部治安秩序；加强对危险物品的管理；

对员工中的轻微违法行为进行教育，严肃查处各种治安案件；配合有关部门做好消防、交通管理，防止火灾与其他灾害事故的发生。

4）协助公安机关查处治安案件和侦破一般刑事案件。

5）协助公安机关查处破坏性事故和治安灾害事故。

6）确保酒店的重点和要害部位的安全。

7）保障客人的人身财产安全和心理上的安全感。

3. 酒店的日常保安工作

酒店日常保安是安全部工作的重要内容，它占用人力、物力最多，工作面广，情况也复杂多变，应引起高度重视。

（1）昼夜巡逻

以巡逻形式在酒店范围内进行安全检查，是日常保卫工作的内容之一。保安人员应根据酒店的具体情况，在不同的时间，针对不同的场所或部位，有所侧重地进行巡检，特别要注意那些容易发生问题的场所或部位的安全情况都是巡检的重点。

（2）公共场所的保安

酒店的公共场所是指茶座、舞厅、酒吧、咖啡厅和康乐设施等部位。对茶座、舞厅等公共场所的保卫，应贯彻公安部门的治安条例。

1）安全部对公共场所的检查督促内容有：建筑物和各项设施的坚固安全和出入道口的畅通；消防设备的齐全有效、放置得当；在夜间营业的，必须有足够的照明设备和突然停电时的应急措施；核定客人的容量，不准超员售票。

2）督促公共场所治安员维持治安秩序，定期研究情况，做好预防工作。

3）尽可能将公共场所与客房区、工作区划分开来，防止公共场所客人进入客房区和工作区，确保公共场所秩序井然。

（3）客房区域的保安

这主要依靠客房部门的力量，从会客、客房钥匙管理和行李保管等管理制度上，切实贯彻楼面治安防范的措施。保卫部门的内务巡检员在各楼面巡检时，除了要直接发现各种问题及事故隐患外，还要加强与客房部人员的协作，并收集有关情况，督促各项制度和措施的落实。

1）协助客房部门从防火、防盗、防破坏、防事故出发开展工作，确保客房安全。

2）协助客房部将上述内容纳入岗位责任制，并与奖惩制度相联系。

3）加强对新员工进行有关遵纪守法和职业道德的教育。

4）配合楼层巡检，设置安全监视设备，确保楼层安全。

（4）重要宾客的保卫工作

这类保安工作通常由公安警卫部门负责，但酒店保安部门必须积极配合，做到万无一失。

1）配合有关部门，认真审查酒店的接待人员、服务人员，严防在政治、经济、生活、生理等方面有严重问题或缺陷的人参与。对符合条件的人员，应开列名单和工作情况表，报送警卫部门备查。并对这些人员进行安全、保卫、外事、纪律方面的教育。

2）搞好重要宾客住房和活动路线的安全检查：打扫整理完的客房，安全部应派人进行安全检查，确认合格后，才移交警卫部门负责；巡查重要宾客将行经的路线，把有危险嫌疑（可能伤害贵宾或可能捣乱）的人物临时调开；检查清理停车场、电梯、进出口，使之安全畅通。或临时改为专用，并派人员看管。

3）检查住房和活动路线上各类设备的安全，必要时增配备用设备。

4）协助安全部门调查掌握敌对国、敌对势力或国际恐怖组织人员的行踪、动向，以防不测。

5）对重要宾客在住店期间所发生的任何安全问题，应组织力量认真清查，及时处理。

4. 酒店安全事故处理

（1）酒店安全事故处理原则

1）“谁主管谁负责”的原则。即全店安全事故处理工作，由总经理负责，各级、各部门发生安全事故，都要在总经理领导下，由安全部经理和各部门承担必要责任，及时处理。

2）“三不放过”的原则。即事故原因不清楚不放过；事故责任者和员工没有受到教育不放过；没有类似事故的防范措施不放过。以保证事故处理及时、得当，能够起到预防作用。

3）依法办事的原则。酒店安全事故的性质不同，适用法律法规的范围和程度不同。凡是涉及法律问题的安全事故处理，都必须坚持以事实为根据，以法律为准则，依法办事，依法处理。同时，在具体认定时又要分清四个界限：①责任事故与非责任事故的界限；②破坏事故与责任事故的界限；③重大责任事故和一般责任事故的界限；④个别反革命破坏事故和其他破坏事故的界限。在此基础上，妥善处理，依法办事。

4）教育与处罚相结合的原则。在酒店安全事故处理中，对那些损失较小、影响不大或难以预料的突发事故，应采取批评教育的办法，坚持教育和处罚相结合的原则。

（2）酒店安全事故处理方法

酒店安全事故的种类很多，性质、内容、原因、事故大小等不同，具体处理方法也不一样。但是，从整体性、全局性的角度来考察，酒店安全事故的处理方法大致包括以下几个工作步骤：

1）掌握事故情况。酒店保安部门接到客人或员工报案，要迅速赶到现场。凡是紧急事故，如火灾、打架斗殴、食物中毒、破坏性事故等，要迅速采取应急措施，制止事态发展，同时了解事故情况，并报告总经理或主管经理。

2）调查事故原因。在组织抢救（如火灾、食物中毒事故）、制止事态扩大或发展（如打架斗殴、抢、窃、破坏事故等）的基础上，要将当事人带到保安部或办公地点，调查了解事故发生的原因、情节、事故责任等，做好记录，取得证据。

3）配合公安部门破案。凡是发生重大火灾、盗窃、食物中毒、重大人身伤害或公安部门请求协查的坏人破坏等事故，要及时报告当地派出所或有关法律主管部门，并配合公安、消防、食品卫生等专业主管部门做好侦察、破案工作，依法处理，严防坏人逃脱责任与处罚。

4）针对不同事故性质处理。即在公安部门或上级领导下，坚持以事实为根据、以法律为准绳，根据情节轻重、责任大小，及时、有效、妥善地处理，防止和减少类似事故再发生，提高酒店安全管理水平。

9.3.3 酒店卫生管理的特点与要求

1. 酒店卫生管理的特点

1）广泛性。酒店卫生管理的广泛性，是指卫生管理存在于酒店各个部门、各个环节，在酒店的各项管理中都占有一席之地。

2）全员性。酒店卫生管理的全员性，是指酒店的每一位员工，上至总经理，下至服务员，搞好卫生，人人有责。各岗位的服务人员除了要履行本岗位的卫生管理职能以外，还要注意搞好个人卫生和维护酒店的公共卫生。

3）复杂性。酒店卫生管理复杂性，是指卫生管理的内容较为复杂，既有墙面、地面的卫生，又有家具用品的卫生；既有空气、环境的卫生，又有食品、餐具的卫生；既要消除噪声干扰，又要除虫灭害。

4）细致性。酒店卫生管理的细致性，是指卫生的清扫整理要细致入微，严格执行卫生管理的有关规定，不能马虎从事。尤其是食品卫生管理，必须一丝不苟，严防因污染而引起疾病或食物中毒。

5）经常性。酒店卫生管理的经常性，是指卫生要天天打扫，天天整理，不能间断。遇有刮风、下雨、下雪还要重点清扫，以确保酒店卫生清洁整齐。

2. 酒店卫生管理的要求

为使酒店保持较高的卫生标准，真正做到整齐清洁，使宾客生活在一个干净优美的环境之中，酒店卫生管理主要应抓好以下几个方面：

1）抓好个人卫生。酒店的每一位员工，不论其职位高低，不管是什么岗位，都必须特别注重个人卫生，养成良好卫生习惯。这既是讲文明的需要，也是讲究个人仪表、提高个人素质的需要，更是提高酒店服务质量的需要。

2）抓好公共卫生。公共场所的卫生涉及的范围广，投入的力量大，有一定的难度。酒店坐落地段要注意门前卫生，搞好绿化，注意维护社会秩序。酒店院内，每一个地段，每一扇门窗，每一道走廊楼梯都要责任到人，随时清扫；有些地方还要在晚上或清晨未开始营业之前清扫，以避免影响宾客。

3）抓好客房卫生。酒店客房卫生，不是一件普通的工作，要正确而定时进行。客房卫生的好坏，常常是一个酒店服务质量和管理水平的综合反映，也是宾客较为敏感的问题，因此应特别引起重视。既要有严格的清洁制度，配有良好的清洁卫生的工具，还需要训练有素的服务人员，严格按照标准要求来进行管理和检查。

4）抓好餐饮卫生。酒店的饮食卫生包括食品卫生、食具卫生、厨房卫生、餐厅卫生等。抓好饮食卫生管理，对提高酒店食品质量，防止食品污染，预防食品中有害因素引起食物中毒，防止肠道传染病和其他疾病的传染，增进宾客和员工的身体健康具有重要的作用。

5）抓好检查督促。酒店要制定严格、正规的卫生检查制度，依据详细的卫生检查标准，适时进行定期或不定期的卫生检查。对于好的部门、班组或个人适时进行表扬和奖励，对发生问题的单位和员工，要进行批评或处罚。检查的方法要科学，要突出重点，注重效果，切实有利于酒店的经营管理，有利于提高酒店的声誉。

9.3.4 酒店卫生管理的主要内容

1. 酒店个人卫生管理

（1）个人卫生管理的内容

个人卫生的内容主要包括三个方面：一是身体卫生。身体卫生是个人卫生的基础，酒店员工、特别是广大服务员身体上必须没有病毒性肝炎、伤寒、痢疾、活动性肺结核等传染病和传染性皮肤病。另外个人卫生还包括经常洗澡、洗脸、洗手和仪容整洁等具体内容。二是服装卫生。服装卫生是个人卫生的重要表现形式。服务人员上班穿戴的各种服装必须勤洗、勤换，保持无污迹、无异味、无破损等。三是个人卫生习惯。

总之，酒店个人卫生的内容是比较广泛的，它要求酒店员工、特别是广大服务人员必须根据酒店有关规定和服务工作的需要搞好个人卫生。

（2）个人卫生管理的要求

1）严格遵守各项卫生制度，认真执行卫生操作规程。有关制度和操作规程对服务员提出的卫生要求，都是根据长期的实践经验和科学实验总结所规定的。服务人员必须认真执行，并始终如一。

2）定期检查身体，防止疾病传染。经检查发现有传染性疾病、皮肤病，包括流行性感冒等的服务人员都不能上岗：平时要加强锻炼，注意卫生，增强身体抵抗力。

3）勤理发，勤洗澡。服务人员经常会因为体力消耗较大出汗，或工作中沾染上灰尘或烟尘。这样既影响服务员身体的正常代谢甚至感染皮肤病，而且还会因污物积存发出臭味而使宾客感到厌恶。因此，服务员要经常理发、洗澡，保持整洁的容貌。

4）勤洗手、剪指甲。服务员的手经常接触各种物品、钱币和食品。如果指甲不勤修剪，积满脏物，就会成为细菌寄生繁殖的地方，并且会非常容易地把细菌带到其他物品或食品上去。因此，服务员在开始工作前、上厕所后，要认真用肥皂洗手。在接触有病客人或沾染物后，要使用酒精或其他物品进行洗手消毒。指甲也要经常注意修剪。

5）上班时必须穿好规定的工作服，内衣不外露、不卷衣袖、挽裤腿；接待客人时，不能穿背心、短裤、短裙，不穿拖鞋，养成良好的衣着卫生习惯。

6）工作服要勤洗勤换，保持挺括整洁。注意做到无污迹、无汗味。衬衫要系好扣子，挂好领钩；着西装要系好领带或领花；要注意皮鞋经常擦得光亮，保持干净。

7）仪容仪表要美观大方。女服务员工作时不许戴戒指、耳环、项链、耳坠、手链。男服务员一般发不得盖耳，不留大鬓角。

8）上班前不准食用异味较大的食品（如饮酒，吃生葱、生蒜、萝卜、臭豆腐等）。

9）工作时间不应吸烟、喝酒、吃零食，不应在工作岗位上用餐。

10）工作中不许对着宾客或食品打喷嚏、咳嗽。咳嗽或打喷嚏时应用手帕掩住口鼻。禁止随地吐痰。

2. 酒店公共卫生管理

（1）公共卫生管理的范围

1）负责大厅、酒店门前区域、花园及酒店周围的清洁卫生。

2）负责餐厅、咖啡厅、宴会厅、茶座、酒吧、会议厅及舞厅等场所的清洁保养工作。

3）负责酒店所有公共卫生间的清洁卫生。

4）负责清洁地下停车场、地下服务设施、楼顶平台、天井等区域。

5）负责酒店所有下水道、排水排污等管道系统和垃圾房的清疏整理工作。

6）负责酒店卫生防疫工作，定期喷洒药物，杜绝“四害”。

7）负责酒店的绿化布置和苗木的保养繁殖工作。

8）负责清洁电梯的内壁、地面和梯门，并定期对电梯地面磨光电梯的内壁、地面和梯门上蜡。

9）负责行政办公区域、员工通道、员工更衣室等员工使用区域的清洁。

10）负责雪天及时打扫门外的积雪，铺好防滑胶垫，加强防滑措施。

（2）公共卫生管理的要求

1）前厅：地面、楼梯干净无杂物，地毯干净、平整，大厅四壁无灰尘，玻璃明亮无痕，四角周围墙围子、沙发、椅子、服务台、广告牌、花盆架等设备陈设整齐无尘土，烟缸、痰盂内保持清洁，各处镜子、金属门扶手保持光亮。

2）客房部门的楼层环境：服务台、楼梯、楼道及各角落物品陈设整齐无尘土，地毯无杂物，暖气、空调机、墙壁无灰尘，玻璃及各种照明设备、楼道、楼梯表面光亮。

3）会议室：台布干净无污迹、无破洞，地毯保持平整松软无杂物，无地毯的地面光亮无灰尘，椅子、沙发、花架等布局合理、整洁。

4）值班室、职工休息室、更衣室的卫生要保持同客房一样的水准。

5）客流量较大的公共场所，如各厅、室等，要充分利用客流量少的时候把卫生搞干净。如白天一般搞，晚、夜间彻底搞，全面清理。白天客流量大，人多的时候随脏随搞，特别是沙发、茶几、烟缸、痰盂等都要随时清洁整理，保持公共场所各部位的干净、整齐。

6）酒店门外的平台、台阶、停车场要求无痰迹、无树叶、无碎纸、无烟头、无杂物。

7）地下停车场、地下服务设施、楼顶平台、天井等区域无杂物、无烟头、无痰迹、无污迹。

8）庭院卫生要勤打扫，要及时清理草地上、花丛中的腐烂树叶、碎纸、烟头、杂物，及时清理掉庭院内的垃圾，保持庭院清洁。

9）公共厕所的卫生要随时清扫，保持清洁。手纸、香皂、毛巾保证供应，恭桶、脸盆、水箱等设备损坏或发生故障要及时修理。公共厕所内卫生质量要求是：马桶、便池无尿碱、无异味，地面无脏物、脏迹，设备完好，保证使用。

3. 酒店餐饮卫生管理

（1）员工卫生管理

员工良好的个人卫生可以保证良好的健康和高效率的工作，而且可以防止疾病的传播，避免食物污染，并防止食物中毒事件的发生。

1）个人清洁是个人卫生管理的基础，个人清洁状况不仅显示个人的自尊自爱，也标志着酒店及餐厅的形象。

培养员工良好的卫生习惯。员工个人卫生管理除了依靠严格的上岗规章制度外，还应从根本处着手，即培养员工良好的卫生习惯。

员工工作服卫生管理。酒店应为餐饮工作人员准备两套以上的工作服，工作服必须每天或定期清洗、更换。特别是厨房工作人员的工作服应结实、耐洗、轻便、舒适，并且具有吸汗作用。

2）员工操作卫生管理。员工操作卫生管理的目的是防止工作人员因操作时的疏忽而导致食品、用具遭受污染。员工在操作时，应参照以下几项基本原则：员工在工作场所禁止饮食、吸烟，并尽量不交谈；员工在拿取餐具时应采用卫生方法，不能用手直接接触餐具上客人入口的部位；不能用手直接抓取食品，准备食物时尽可能使用各种器皿用具。当必须用手直接进行操作时，应戴好清洁的工作手套，并且在操作结束后处理好使用过的手套；工作时不使用破裂器皿；如器皿器具掉落在地上，应洗净后再使用；若熟食掉落在地上，则应弃置，不可再使用；注意成品卫生，避免污染。

（2）厨房卫生管理

厨房卫生管理包括通风照明设施、冷热水设施、地面、墙壁、天花板等的卫生管理。

1）通风、照明设施。厨房应安装通风设施以排出炉灶烟气和仓库发出的气味，且通风设施应定时或经常清洁；有效的照明设施可以缓解厨房员工的眼睛疲劳，在厨房应安装防爆灯具，或使用防护罩，以免灯泡爆裂时玻璃片伤人或散入食物内。

2）冷热水设施。厨房与备餐间应有充足的冷热水设施；因为厨房和备餐间的任何清洁工作都必须依靠冷热水设施完成。

3）厨房墙壁、天花板、地面、门窗的卫生管理。厨房墙壁应采用光滑、不吸油水、易冲洗、浅色的材料，墙壁之间、墙壁与地面之间的连接处应以弧形为宜，以利清扫。用水泥或砖面砌成的内墙应具有易于清洁的表面，各种电器线路和水、气管道均应合理架设，不应妨碍对墙壁和天花板的正常清扫；厨房天花板应选用不剥落或不易断裂及可防止染积尘土的材料制成。通常，厨房宜选用轻型金属材料作天花板，其优点是不易剥落和断裂并可以拆卸安装，利于清洁；厨房地面应选用耐磨、耐损和易于清洁的材料，必须经得起反复冲洗，不至于受厨房内高温影响而开裂、变软或变滑，一般以防滑无釉砖较为适宜。应经常保持地面清洁，每天冲洗地面；厨房门窗。厨房的门窗应没有缝隙，保持门窗的清洁卫生。厨房的门窗应每天进行擦拭。

(3) 餐具、设备的卫生管理

由于加工设备及厨具与生料直接接触，受微生物污染的可能性较高，因而应切实抓好对这些设备、厨具的洗涤、消毒工作。

烹调设备及厨具要求主要是控制不良气味的产生，并提高设备的效率。这类设备如果洗刷不净，在烹制食物时能产生大量油烟和不良气味，特别是油锅、烤箱及烤炉等，如不注意清理油垢和残渣，厨房内往往会油烟弥漫。同时，油垢和食物残渣往往影响烹调效果，并会缩短设备的寿命。

厨房冷藏箱和冷藏柜只能用于短期放置烹调原料，它们并不是万无一失的保险箱。某些微生物在低温环境下仍能生长繁殖，时间一长，同样会引起食物腐败变质。因此，要搞好冰箱卫生。

清洁消毒设备在使用后容易沾上污物与食物残渣，正是微生物生长繁殖的最佳场所。因此，保持这些机器、设备清洁卫生的重要性显而易见，只有先做到洗涤机械和设备的清洁卫生，才能确保被洗涤的食具的清洁卫生。

4. 酒店客房卫生管理

1) 客房卫生用品。客房清洁车、吸尘器、洗涤剂、消毒剂、除尘毛巾等卫生用品配备齐全，分类存放，专人保管，使用方便。

各种除尘擦拭毛巾专用，无挪用、混用现象发生。无短缺、损坏、乱扔、乱放现象，能够适应客房卫生清扫需要。

2) 墙面、地面卫生。客房天花板光洁明亮，无蛛网、灰尘、水印、脱皮、掉皮，墙面整洁美观，墙饰、壁画美观，无灰尘、蛛网和墙纸脱落现象。

地毯每天吸尘，无杂物、死角，铺设平整美观、舒适。灯具定期循环擦拭，光洁明亮，无灰尘，门窗每天擦拭，无印迹、灰尘，开启自如。窗帘定期换洗，无破旧、污迹。

3) 家具、用具卫生。客房家具用具每天擦拭，桌面、椅子、床头、壁柜、电视、冰箱、行李架、床头柜等表面光滑，无灰尘、污迹；玻璃制品每天擦拭消毒，光亮无水印和其他痕迹；电镀制品表面光洁无污迹；镜子、画框明亮，无尘土，无水银脱落现象；各种家具用具始终保持干净、整洁，摆放在规定位置，客人使用方便。

4) 客用物品卫生。床单、枕套的换洗，按酒店规定洗涤消毒，无破损、毛发、污迹，有舒适感；茶杯、口杯每日擦拭消毒，明亮无水渍、手印；毛毯、床罩、床褥、床裙定期更换洗涤，表面干净、柔软，无污迹、毛发；拖鞋每日要换新；客房各种客用物品始终保持清洁、整齐、美观、舒适，无客人消费使用过的痕迹。

本章小结

在酒店管理中，物资与设备管理对提高酒店服务质量、降低成本消耗、提高经济效益有着十分重要的作用。本章着重介绍了酒店物资管理的采购及验收、仓储及发放；酒店设备管理的原则与购置、使用与维护、改造与更新等相关内容。随着酒店管理的日趋现代化，多样化，酒店安全与卫生管理，越来越受到人们的重视，它不仅关系到酒店的声誉和效益，也关系到宾客的人身财产安全与健康。为此，本章还介绍了酒店安全与卫生管理的原则、内容及相关事件的处理。

课后练习

一、案例分析

万豪酒店的企业文化

万豪酒店管理集团最基本的理念是“人服务于人”，这有两方面的含义：公平对待每一位员工，同时重视员工的感受，让他们体会到“家”的感觉。万豪近50%的管理人员是从公司内部提拔的，公司的职位空缺要优先考虑内部员工，只有内部没有合适的人选，才从社会上招聘，而向外招聘时，提供的薪资水平一般高出行业平均水平的50%～75%，这不仅是在考虑了市场的可接受度，而且也是在考虑了员工能否接受后做出的。酒店是典型的服务业，万豪认为只有公司对员工好，员工才会对客人好。

万豪有六个系统保证其旗下的酒店真正实施“人服务于人”的理念。

第一，员工如果有意见，可以直接寄信给万豪在美国总部的总裁办公室，万豪下属的酒店都有一个写给总裁的信件的信箱。

第二，员工也可以通过热线电话给总裁办公室打电话，在万豪位于美国华盛顿的总裁办公室里，有各种语言的接线员，他们会记下来自世界各地万豪员工所反映的问题，然后总裁办公室会及时处理这些电话。

第三，每年万豪都会聘请一家第三方公司为其他下属的酒店做匿名的员工满意度调查，集团通过这种方式真正了解下属酒店员工对公司、对领导或者管理满不满意。

第四，万豪还有一个称为 Peer Review 的系统，这个系统类似于美国的陪审团制度，即当员工遇到一些问题的时候，除了找上级领导或者酒店总经理外，还可以通过这个系统寻求公平、公开、公正的对待，即员工可以拒绝由其上级对其面临的问题进行决策，他可以申请由具备一定资格的员工组成一个委员会来决定，而且委员会的决策将是最终决策。目前，万豪在全球一共有 2700 多家酒店，在中国大陆，万豪旗下已经有 30 多家酒店。

第五，每年万豪亚太的总部还会对所有旗下酒店的人力资源系统进行审查，此审查不仅包括检查酒店的大堂、公司文件以及各种系统的运作，而且还包括与经理和普通员工之间的面谈，聆听他们对酒店有些什么意见和看法，面谈是匿名的，万豪希望听到员工在酒店工作的真正感受，以及是否真的受到尊重和公平对待，是否得到了应有的关怀和发展的机会，培训的机会是否足够，领导是否能让他发挥自己的能力，等等。员工提到的问题往往是关系到其切身利益的事，非常具体，如北方的员工反映公司提供的贮物柜太小，冬天的时候衣服放不下等。万豪收集上来员工反映的问题后，会将之反馈到相应的酒店，并要求经理提出相应的行动计划，这些都会在酒店里公开，而且万豪会定期派人了解这些行动计划的进展情况。亚太及澳洲区人力资源部经理说，

"我们会及时对员工指出的问题作出反应，如果公司确实不能解决，也会讲明原因。这样员工才愿意提意见，否则提了以后如果看不到公司的任何改变，那以后他们就不会再提了。"万豪的培训也很有特色，公司规定每天每位员工都有 15 分钟的培训。万豪分别给旗下各酒店品牌总结出了 20 个基本习惯，要求员工每天都温习一个习惯。万豪认为，人如果是按照习惯来提供服务，将会更自然、更顺畅。公司规定经理每年必须有 40 个小时的月总产培训时间，并且专门为之设计了核心管理课程，这些课程是由酒店服务业所需的 9 个主要技能发展出来的，而万豪普通员工一般也要有 20～30 个小时的月总产培训。

第六，万豪不相信惩罚的作用，而相信奖励的作用。公司设有两个主要奖项。一个是"最卓越员工奖"，该奖颁发给那些对工作或者社会做出了杰出贡献的人，获得这个奖的人可以到美国华盛顿去参加万豪的年度大会，并将接受总裁亲自颁奖。另一个奖是"社会杰出贡献奖"，这个奖是颁给那些对当地社会做出了杰出贡献的集体。得到这两个奖，在万豪是至高无上的荣誉。

【问题】

1. 万豪酒店的企业文化策划有何成功之处？
2. 万豪酒店的企业文化对其企业经营起到哪些作用？

二、课堂讨论题

在酒店管理中都存在哪些不安全的因素？

三、课后思考题

1. 酒店物质管理的内容、特点与原则是什么？
2. 酒店仓储管理的内容有哪些？
3. 酒店设备管理的原则有哪些？
4. 酒店设备的使用与维护有哪些？
5. 影响酒店安全的因素有哪些？
6. 酒店安全与卫生管理的特点有哪些？
7. 酒店安全与卫生管理的要求及原则有哪些？
8. 酒店安全事故处理有哪些？

四、实训题

调查当地酒店，了解其安全与卫生管理中出现了哪些问题，为什么？你认为应怎样解决？

目的：熟悉酒店安全与卫生管理的相关内容。

要求：1. 分别写出事故的具体内容及处理的方法。

2. 比较分析其做法是否妥当？

第10章

酒店的企业文化和现代技术的应用

学习目的

了解酒店企业文化的内涵、特点和表现形式，熟悉酒店建设企业文化的基本原则，掌握酒店企业文化建设的基本途径；了解酒店公共关系的含义及构成要素，掌握酒店公共关系的工作程序和方法，熟悉酒店 CIS 的构成要素，掌握酒店 CIS 的设计原则；了解现代酒店对计算机技术应用的最新动态，掌握现代酒店信息系统的主要组成部分，熟悉酒店电子商务的基本运作情况。

学习内容

- 酒店的企业文化
- 酒店的公共关系
- 现代酒店的信息管理与电子商务

企业文化是指在企业管理中长期形成的全体员工共同的价值观念、理想信念、道德规范和行为准则的总称。它渗透在企业各项活动之中，能够形成一种强大的推动力，激发人们做出难以估量的贡献。一切成功的企业都非常重视和充分运用生产经营管理活动中的文化现象和文化因素，塑造企业形象，它是企业经营管理的文明之魂。同时随着现代科技的发展，计算机技术逐渐应用到酒店领域，并成为现代酒店业竞争的一个重要手段。

10.1 酒店的企业文化

企业文化是 20 世纪 80 年代初开始提出来的，它的实质就是以人为中心，以文化引导为根本手段，以激发职工自觉行动为目的的独特文化现象和管理思想。良好的企业文化能够促进企业树立良好形象，发挥职工的潜能、团结合作、提高企业的经济效益，为社会做出贡献。因此，加强企业文化建设成为酒店管理中一项必不可少的工作。

10.1.1 酒店企业文化概述

1. 酒店企业文化的内涵

企业文化是在企业中长期形成的共同思想、作风、价值观念和行为准则，是一种具有企业个性的信念和行为方式，是一种客观存在的文化现象。从广义上说，企业文化是指企业在社会实践过程中所创造的物质财富与精神财富的总和；从狭义上说，企业文化是指企业在经营管理过程中所形成的独具特色的思想意识、价值观念和行为方式，是以价值观为核心的企业的内在素质及其外在表现。企业文化由以企业精神文化为内核的三个层次构成。

（1）表层结构

是企业的物质文化层。包括酒店的景观文化和产品文化，是酒店生产、服务经营的物质基础，前者如酒店的环境文化、设计建筑外观、装修风格、工艺品的陈列、绿色文化、广告文化、用品文化、灯具文化等。后者如酒店的房间文化、饮食文化、特种服务产品（娱乐）、硬件设备的整齐、清洁及其技术先进性等。

（2）中层结构

企业的制度文化层。包括企业的经济体制文化、组织文化、规章制度文化、酒店管理文化等。它是企业物质和精神文化的中介，企业精神通过中间层转化为物质文化层。

（3）深层结构

企业的精神文化层，包括各种行为规范和价值观念、知识和知识结构、人际关系、职业道德、经营风格、企业哲学和职工素质等，是企业文化的核心。

人们称酒店文化的表层结构和中层结构为酒店的物质文化和制度文化，均属于外显文化。这种外显文化是容易被人察觉和认知的，也是容易改变的。而酒店文化的深层结构被人们称为深层文化或内核文化。这种文化是不容易被人察觉、认知，而且相对稳定、保守、不容易改变。用通俗的语言说，内核文化是酒店文化的灵魂、依据；物质文化、景观文化是内核文化的外部表现，它不仅有助于酒店外部形象树立，而且有助于促进酒店文化的形成、发展与改变；而制度文化则是内核文化的内部表现或者说是实质性表现，对酒店文化的奠定、弘扬与变革，提供有力的组织保证：这就是它们之间的辩证关系。

总之，物质文化、制度文化、精神文化三者共同形成各企业间互不相同、各具特色的企业文化。企业文化是企业内部的物质、制度、精神诸要素间的动态平衡。它的精髓是提高人的文化素质、重视人的社会价值、尊重人的独立人格。

2. 酒店企业文化的功能

（1）教育功能

专业知识及操作规程是必需和必要的，但这只是表现在酒店文化的中层结构方面，而表现在深层结构方面的内涵更需要挖掘。一家文化氛围比较浓的酒店，员工表现出的素质、知识面、文明修养程度及表现出的服务意识、服务技巧、服务水准都是高人一筹的。

（2）凝聚功能

先进的酒店文化所培育出的良好的酒店工作环境，如同强有力的磁场一样，将众多的员工吸引在这里。这是因为酒店文化和实施酒店文化管理所产生出的高水准的服务质量、优秀的企业精神、良好的企业形象、温馨的人际关系、融洽的工作环境、丰富的文化内涵等使人感到在这里工作能够体现人生价值，工作的荣誉感和自豪感。

（3）导向功能

主要表现在：因员工年龄、经历、文化的差异与酒店统一的服务标准及服务意识的认同；员工的个人利益与酒店整体利益；员工的自我发展或个性发展与酒店的整体发展；部门的局部利益、局部发展与整体利益、整体发展；部门的局部经营与整体经营等均应受酒店的主体文化导向，而且也只有酒店文化才能起导向作用。深层的文化影响形成强有力的共同目标，在这个共同目标的主体文化导向下，酒店员工将会自觉地为遵照这个目标而努力。因此，牢牢地把握酒店文化的导向功能，是酒店经营管理成功的前提。

（4）调适功能

酒店文化对内对外都有较强的调适功能。员工从一个比较自由的生活环境到一个高标准严要求的工作环境；从由父母（指年轻的酒店工作人员）为他们服务的环境到他们为别人服务的环境，这是一个较大的转变，酒店文化能够培育他们适应这种转变。此外，酒店文化还能调适酒店经营随着市场的变化而转变；能够调适酒店适应环境；能够调适与合作单位、与各业务关系单位的合作关系；调适与各接待单位、业务单位接待计划的变化或接待过程中的变化。

（5）辐射功能

一个好的含有文化内涵的表现形态将会被人广泛的借鉴、仿造、复制，因此，它产生的效应已超出了原来的范围，具有很强的辐射功能。酒店文化孕育出的无论是物质的还是精神的各种表现形态，只要它代表着时代，代表着先进，就会有很强的生命力和影响力，它就能由局部辐射到全局，由内部辐射到外部，产生出广泛的效应。酒店文化培育出的精神文明和物质文明已逐步被我国和世界各方人士认识。

（6）自我完善功能

企业在不断的发展过程中所形成的文化积淀，通过无数次的辐射、反馈和强化，会随着实践的发展而不断地更新和优化，推动企业文化从一个高度向另一个高度迈进。

3. 酒店企业文化的特点

（1）精神性和观念性

企业文化是指导企业发展的生产经营意识、质量效益意识、目标发展意识、道德关系意识等汇集而成的一种群体精神。它集中反映出企业全体员工的思想观念、心理观念、价值取向和精神状态。因此，它属于上层建筑、精神文化和思想观念的范围，具有精神性和观念性。

（2）独特性和持久性

企业文化是每个企业根据自身性质、环境、经营范围在长期业务发展中形成和发展起来的。它所反映的是各个企业自身的特色。另外，一个企业、一家酒店的企业文化，要经过长期的培育、倡导、灌输、塑造才能建立起来。而这种企业文化一经形成，它又能够产生一种强大的精神力量，较长时期地发挥作用。因而，企业文化又同时具有独特性和持久性。

（3）群体性和动态性

企业文化是一家企业全体员工所形成的精神状态，它是依靠共同的思想、观念、意识和行为准则而形成的，不是少数人或个别先进员工的行为。另一方面，企业文化建设的好坏，会随着时代的进步、企业的发展、领导班子的辛勤培育和大力提倡而逐步发展变化。因而，酒店企业文化又具有群体性和动态性。

（4）人文性和时代性

企业文化讲究对员工的人情味管理，甚至可以说是人情味的服务。企业文化建设的主体是人，它是一种集经济、文化和人于一体的发展战略。企业文化要求在企业的发展过程中，努力做到人的建设、经济的建设、文化的建设互相渗透、相互贯通、有机统一，尤其是突出以人为本的思想，结合为人民服务的本质要求，把经营和文化建设密切地联系在一起，培养和造就适应社会主义市场经济全面发展的文化管理型的人物。同时企业文化属于上层建筑，其内容受一定时期经济制度和政治制度的制约，因而具有时代性。同样，酒店企业文化也会打上时代的烙印，反映一定时代的价值取向和精神风貌。

4. 酒店企业文化的内容和形式

企业文化是一个综合性的概念。它属于企业“软件建设”和“上层建筑”的范畴。

（1）企业文化的内容

企业文化的内容可大致概括为四个方面。

1）价值观念和经营哲学。企业文化中的价值观念是一个哲学范畴。它是指在企业员工中形成的对客观事物的是非曲直所持的态度和认识，即价值取向。这种价值观念渗透在企业员工的全部实践活动和认识中，形成人们认识和分辨客观事物的判断标准。所以，价值观念是企业文化的灵魂，对酒店企业的全部经营管理活动起着重要的导向支配和驱动作用，是酒店企业文化的重要内容。

经营哲学是指导企业开展各种经营活动的理念、宗旨和行为准则。它属于意识形态的范畴，其内容又包括经营宗旨、经营思想、企业道德、经营作风等。它在酒店企业的各种经营活动中起总的统率、指导作用，是企业价值观念在经营活动中的具体反映和运用。

2）企业精神和企业目标。企业精神是指在企业管理中长期形成的全体员工的一种精神状态，一种占主导地位的心情和态度。企业精神始终引导员工奋发向上，自强不息，是企业生存、发展和兴旺的重要标志，也是企业文化的核心内容。

企业目标是企业长期战略和努力奋斗的方向，是企业发展的力量源泉，也是全体员工的共同理想和精神支柱。

3）企业形象和企业道德。良好的企业形象是企业的无形资产和宝贵财富，是酒店企业在竞争中的取胜基础和重要条件，有了良好的企业形象和声誉，就能赢得酒店客人的信任和支持，提高酒店设施利用率，从而促进企业兴旺发展。反之，企业形象不好，就会失去市场、失去客源，使酒店难以经营。所以，企业形象是酒店生存和发展的重要条件。

企业道德是指企业及其员工在企业长期经营活动中所形成的道德观念、道德意识、道德规范和行为。它以社会道德为基础，以商业道德和职业道德为主要表现。为此，酒店企业道德建设要以社会道德为指导，以商业诚信为中心，确定酒店和员工的是非观念、善恶尺度，并以此规范酒店和员工的道德规范和行为。

4）企业制度和企业环境。企业制度是规范企业和员工行为，保证各项活动正常开展而制定的办事规则、管理标准和规定准则。建立健全规章制度，认真贯彻落实，既是保证企业各项经营活动顺利开展，充分发挥组织作用的前提和基础，又是做好酒店企业文化建设的工作内容之一。

企业环境是企业员工从事生产经营活动和日常生活学习的客观条件和主要场所。它包括以物质形态存在的企业环境和以精神形态存在的企业环境两个方面。前者包括员工从事接待服务活动的设备用品与工具配备的齐全完好程度、工作与生活场所的整洁美观程度、员工福利和文化生活及文体娱乐活动的丰富程度等。后者包括员工的工作和生活环境中的生产秩序、生活秩序、企业和员工中团结和谐的气氛、企业和员工的精神状态等。良好的企业环境可以鼓舞员工的动力和士气，引导员工团结奋斗，因而也是企业文化的重要组成部分。

（2）企业文化的形式

酒店企业文化是酒店企业在经营管理过程中所形成的价值观和行为方式，同时又在酒店经营管理实践中发挥着积极的促进作用。酒店为了在激励员工、培养企业精神、塑造企业形象、提高市场竞争力等方面充分发挥企业文化的积极作用，一般会采取一些有效的形式和途径，将企业文化的基本内涵传播给员工和社会，形成大家认同的精神观念和行为规范。旅馆公司使命书、经营管理宗旨是酒店企业文化的基本表现形式，当然，酒店企业文化还可以通过员工手册、管理模式、操作规范等形式表现出来。

10.1.2 酒店企业的文化建设

1. 酒店企业文化建设的原则和途径

（1）酒店企业文化建设的原则

1）目标原则。每个酒店都有一个明确而崇高的目标，让每个员工都明确他们的工作是与企业目标联系在一起的，是为实现企业的目标而努力的。

2）价值原则。每个酒店都应有一个共同信守的价值标准。

3）卓越原则。酒店要具备追求卓越的精神，即永不自满，不断攀登高峰的精神。

4）参与原则。需要酒店全体员工参与管理和决策。

5）成效原则。即把酒店员工的利益与其工作成效联系起来，使其每项成就都能得到承认和肯定。

6）亲密原则。在酒店中，组织与个人之间、管理者与员工之间、上下级之间建立亲密联系，以满足每个员工的友谊和情谊的需要。

7）正直原则。每个酒店管理人员和领导要诚实正直、言行一致。

8）环境原则。把酒店作为一个整体，让管理者与员工参与各种活动，使每个员工感受到自己是企业一员，形成一个整体环境。

9）兼容原则。处理好古代与现代文化、外来文化与本土文化的关系，继承和发扬传统文化的优秀遗产，逐步塑造现代酒店的企业文化。

（2）酒店企业文化建设的途径

1）选择价值标准。由于企业价值观是整个企业文化的核心和灵魂，因此选择正确的企业价值观是塑造企业文化的首要战略问题，它有两个前提：第一，要立足于本企业的具体特点。不同的企业有不同的目的、环境、习惯和组成方式，由此构成千差万别的企业类型，因此必须准确地把握本企业的特点，选择适合自身发展的企业文化模式，否则，就不会得到广大员工和社会公众的认同与理解。第二，要把握企业价值观与企业文化各要素之间的相互协调，因为各要素只有经过科学的组合，才能实现整体的系统优化，在此基础上，选择正确的组织价值标准，但要注意四点：一是企业价值标准要正确、明晰、科学，具有鲜明特点。二是企业文化要体现组织的宗旨、管理战略和发展方向。三是要切实调查本企业员工的认可程度和接纳程度，使之与本企业员工的基本素质相和谐，过高或过低的标准都很难奏效。四是选择企业价值观要坚持群众路线，充分发挥群众的创造精神，认真听取群众的各种意见，并经过自上而下和自下而上的多次反复，审慎地筛选出既符合本企业特点又反映员工心态的企业价值观和企业文化模式。

2）强化员工认同。一旦选择和确立企业价值观和企业文化模式之后，就应把基本认可的方案通过一定的强化灌输方法使其深入人心，具体做法包括：第一充分利用一切宣传工具和手段，大张旗鼓地宣传企业文化的内容和要求，使之家喻户晓，人人皆知，以创造浓厚的环境氛围；第二树立典型人物；第三培训教育，其形式可以多种多样。

3）提炼定格。注意第一要精心分析。在经过群众性的初步认同实践之后，应当详细分析和仔细比较实践结果与规划方案的差距。第二要全面归纳。在系统分析的基础上，进行综合的整理、归纳、总结和反思，采取去粗取精、去伪存真、由此及彼、由表及里的方法。第三是提炼定格。把经过科学论证的和实践检验的企业精神、企业价值观、企业文化，予以条理化、完善化、格式化，经过必要的理论加工和文学处理，用精练的语言表述出来。

4）巩固落实。做到有必要的制度保障和领导的率先垂范。企业领导要观念更新、作风正派、率先垂范，真正肩负起带领企业成员共建优秀企业文化的历史重任。

5）丰富发展。任何一种企业文化都是特定历史的产物，当企业的内外条件发生变化时，应不失时机地调整、更新、丰富和发展企业文化的内容和形式。这既是一个企业文化自我否定的过程，也是一个不断深化和发展的过程。

2. 酒店企业的特色文化建设

只有有特色的酒店文化才是真正有生命力的企业文化。特色鲜明、个性独特的酒店文化是酒店成熟的标志。华夏文明五千年，形成了有特色的、优秀的华夏文化，将这些文化运用到酒店文化的建设中去，使酒店文化既具有中国特色，又具有国际先进性，酒店经营管理一定会取得成功。

（1）人本文化特色

酒店是人力高度密集的行业，在酒店经营管理活动的诸要素中，人是最重要、最根本、最活跃的要素。酒店产品的生产、整理、维护、销售和服务都是由人来把握、驾驭和实现的。以人为本来建设酒店文化，提高人的素质，使员工与酒店结成命运共同体，将个人的自我价值与酒店的企业价值结合起来去实现，使酒店精神得到弘扬，这是酒店文化建设的首要目的。

（2）整体文化特色

酒店是一个小社会，是以群体活动为特色的。人们之间既有严密细致的分工，又是相互紧密联系的整体。许多工作需要大家协调一致、配合默契才能较好地完成。酒店文化建设，确立以整体为目标，培养一支齐心协力、同心同德为酒店事业奋斗的员工队伍，是酒店经营管理成功的又一重要因素。

（3）创业文化特色

吃苦耐劳、艰苦奋斗、奋发图强是我国人民优良的传统美德，也是中华民族文化的特色。在酒店经营管理活动中，要用吃苦耐劳，艰苦奋斗和奋发图强的创业文化来培养员工，使员工发扬这种优良的传统美德，在实际工作中节约一张纸、一度电、一吨水，从而使人的精神也得以净化和提高。

（4）创新文化特色

酒店发展的历史过程就是一个不断创新发展的历史过程。创新已成为酒店生存与发展的动力。酒店若不创新就跟不上社会和科技发展和前进的步伐；就不能够满足宾客越来越高的物质和文化生活的要求；就不能够在竞争日益激烈的市场上赢得市场占有率。酒店在经营管理活动中，要运用创新文化培养员工具有新意识、新观念、新技术，不断创造新产品、新的服务方式和方法。只有这样，酒店经营管理才能够达到新的更高的水平，创造新的业绩。

（5）求实文化特色

实事求是是中华传统文化的古训，是事业成功的根本。求实，是建立在一切从实际出发，以事实为依据，以实践作验证的基础之上的。凡是在这基础上作出的决策，就能够取得成功。酒店是一个经济实体，是通过一项项的产品，一件件细微的服务做出来的，来不得半点的虚假，有一点就会失去客人。酒店通过求实文化的建设，使员工牢固地树立实事求是的思想意识和工作作风，在酒店经营管理活动中一切从实际出发，工作讲求实际，业绩讲求实效。

（6）服务文化特色

酒店产品的文化特色就是服务。酒店经营管理就是通过服务来实现的。全心全意为宾客服务是酒店经营管理活动的宗旨。服务是酒店经营管理活动中的永恒的主题。服务质量的优劣，既反映酒店经营管理的水准，又决定着酒店的生存与发展。

(7) 民族和地方特色

酒店文化作为一种亚文化，应该植根于民族和地方文化之中。中国传统文化历史悠久，积淀深厚，有很多关于群体与组织管理的著名事例和理论；同时，幅员辽阔的中华大地，也产生了基于不同地理区域、不同民族的各具特色的文化单元。从这个意义上讲，酒店不仅承载着民族和地方文化，更肩负着传承民族和地方文化的义务。我们应该在民族文化中落脚生根，跟本地文化有机结合。从历史、民族风情、待人接物的文化传统等各个方面挖掘整理、艺术再现和提炼升华。

3. 酒店企业文化的实施

(1) 舆论教育法

即通过舆论宣传、舆论导向和教育、培训等方法，将酒店文化贯彻落实到酒店的一切领域、经营管理和服务活动中去，使员工充分认识和理解酒店文化的长处和作用，从而能自觉地去贯彻、实施和推广、弘扬。

(2) 载体传播法

载体传播主要是运用表彰会、庆祝活动、职代会、团拜会、联谊会、运动会等进行宣传教育。通过酒店文化载体来传播酒店文化，面广渠通，酒店文化也就较容易地得到贯彻落实和推广弘扬。

(3) 环境氛围法

创造良好的酒店文化的环境氛围，使酒店环境被浓烈的酒店文化氛围所笼罩，使人们沉浸在这浓烈的文化氛围之内，使员工焕发出一种强烈的、崭新的感受，焕发出新的文化追求、精神追求，从而会自觉热情地去贯彻、落实和推广、弘扬经过变革而建立起来的酒店文化。

(4) 利用事件法

在经营管理活动中，在发展进步中，利用酒店内部或外部正面的或是负面的、积极的或是消极的、成功的或是失败的重大事件，从文化的角度进行认真细致地分析研究，总结出其积极的意义和失败的原因，并在群众中进行大力渲染，给员工带来激奋或心理上的震动，给员工留下深刻的印象，从而使员工认识到酒店文化的重要作用，并能自觉地去贯彻落实和推广弘扬。

(5) 楷模带头法

楷模，指的是员工中先进典型人物。这些先进典型人物既生长在员工群众之中，又是群众的楷模。他们高贵的品质、崇高的思想、良好的修养和先进的事迹，在员工中有良好的影响，易受到群众的敬佩和认同。因此，酒店文化通过他们的影响力和模范带头作用，易得到贯彻实施和推广弘扬。

(6) 领导垂范法

酒店文化的创建、变革、传播、贯彻实施和弘扬与酒店领导有直接的重要的关系。酒店领导对酒店文化认识得越深，修养越高，对酒店文化创建、变革、传播、贯彻实施和弘扬也就越好。因此，酒店领导是酒店文化的创导和实施的关键性人物。

10.2 酒店的公共关系

随着现代酒店业的发展，越来越多的酒店企业开始注重公共关系的建立，并把它作为一项重要的管理内容，以提升酒店的公众形象，创造良好的社会口碑，从而赢得顾客的光临。

10.2.1 酒店公共关系概述

1. 酒店公共关系的含义及构成

（1）酒店公共关系的含义

酒店公共关系是一门比较成熟的行业公关，它是一个酒店为了在公众中树立良好的形象，通过传播活动进行的一项持久不断的努力。一般情况下，对于公共关系的理解，可以从静态和动态两个角度来进行。从静态的角度看，它表现为一种关系状态，这种关系状态反映了酒店内部和外部各种关系的亲疏程度、好坏程度。作为一种状态，公共关系具有客观性，是一种自然存在，因此，任何一个酒店，都应正视公共关系的这一特点。从企业开始创办初期，就应意识到公共关系作为一种状态是客观存在的，应具备强烈的公关意识，协调好方方面面的关系，创造一种和谐的公关状态。

从动态的角度看，公共关系表现为一种活动，即一个酒店为了协调各方面的关系，在社会上树立良好的形象而开展的一系列专题性或日常性公关活动的总和。这些活动始终贯穿酒店企业的发展过程，它包括所有日常性的活动，如日常的服务活动、广告活动、礼仪活动等，实际上都蕴涵了丰富的公关思想，因此，酒店企业应注意做好各方面的工作，事无巨细，都是公关活动的重要组成部分。

（2）公共关系的构成

酒店公共关系由三方面的要素构成，即公关的主体、客体和手段。

1）公关的主体。指在公关活动中，居于主动地位的个体或组织的总称，是公关活动的实施者和倡导者。作为公关的主体，应具备强烈的公关意识，并能根据变化的内外环境，适时、适地地开展公关活动。

酒店公共关系的主体就是酒店企业。相对于别的企业而言，酒店企业有自己鲜明的行业特色，这就要求酒店在开展公关活动时，应结合自己的行业特点来组织各类公关活动。

2）公关客体。指在公关活动中，处于被动地位的组织或个体的总称，是公关主体的作用对象或是活动对象。相对于公关主体而言，公关客体具有被动性的特点。当然，这种被动性也是相对的，在特定的情况下，公关客体也会对公关主体产生一定的反作用力。

对于酒店企业而言，公关活动面临的客体无论是在数量上还是性质上，都具有多样性的特点。并且，客体也都具有鲜明的行业特色。因此，酒店企业在开展公关活动时，应充分了解公关客体的特征、态度，尤其是要了解公关客体的各种共性需求和个性需求，在此基础上，结合主体的特点，有针对性地开展公关活动。

3）公关手段。是联系公关主体和公关客体的桥梁，通过公关手段，使得主体和客体发生关系。一般的最常用的公关手段是传播沟通活动。通过形形色色的传播沟通活动，在公关的主体和客体之间搭起一座信息流通的桥梁，使得公关主体和客体在信息充分共享的基础上，达成一种比较优良的关系状态。

2. 酒店公共关系的特点和类型

（1）公共关系的特点

1）以公众为对象，了解公众，满足公众。这就要求酒店企业在开展公共关系时，应立足于“人本”，以“公众的需求”作为公关工作的出发点和归宿点。应善于察言观色，通过不同的途径了解不同公众的不同特点和不同需求，了解不同公众的思想状态和心理，了解不同公众的价值取向和发展趋势，把握恰当的公关时机，选取不同的公关方式，有效地开展各类公关活动。对于酒店企业而言，建立一个和谐完美的关系网络，为酒店生存和发展创造一个良好的人事环境和社会环境，应成为酒店公关的首要和关键的任务。

2）以美誉为目标，塑造形象，增加美誉。这一特点揭示了公关活动的最终目标是为公关主体也就是酒店企业塑造一个良好的社会形象。这是公关活动的核心目标。在当今的竞争中，企业的形象力与商品力、销售力共同组成了酒店的核心竞争力，良好的形象已经成为一个有力的竞争资本。公关活动应始终围绕企业形象的塑造展开，扩大酒店的知名度和美誉度，而不是简单着眼于追求短期、近期、单纯的经济效益。

3）以互惠为原则，平等互利，协调发展。这一特点要求酒店在开展公关活动时，应强调酒店利益、公众利益和社会利益的平衡协调，强调利益的公共性和共享性。即酒店企业开展公关活动追求自身利益的同时，必须担负起相应的社会责任，兼顾公众和社会利益，要平等互利、相互帮助，谋取主体和客体之间的长久合作和主体与社会的共同发展。违背此原则，公关活动就会变成庸俗关系。

4）以长远发展为方针，持之以恒，长期努力。这一特点说明开展公关活动必须具有连续性和计划性。良好的公关效果是在有计划的长期努力下形成的。公关不是一项短期的行为，不是为了一时一事的眼前利益，也不计较一时一事的得失，而是周密计划、科学运筹、妥善实施的一系列战略战术，是公关主体为了追求长期的、稳定的、战略性的合作关系而进行的长期性的努力。

5）以诚实为信条，广结良缘，信誉天下。这一特点要求酒店企业在开展公关活动时，应体现诚信意识，企业失诚、失信就等于失去了公众。因此，公关活动应严格以诚实为信条，对公众的态度要诚恳、守信用，做到表里如一、言行一致。弄虚作假、欺骗公众、唯利是图的做法违背公关精神。这在社会倡导诚信消费的大背景下尤其具有重要意义。

6）以信息传播为手段，双向沟通，内外交流。酒店企业既要及时、准确、有效地将本企业的信息传递给相关的公众，使公众认识、了解、喜欢，进而拥护和支持自己，又要迅速、及时、准确地收集来自目标公众的反馈信息，了解舆论和民意，以调整自己的行为，改善自己的形象。这种双向的信息传播，是实现公关内外信息交流的重要手段，是公关的重要特征。

7）以情感公关为核心，以情动人，以情感人。酒店在组织策划各类公关活动时，可充分考虑中国人注重人情、友情、亲情的特点，突出仁爱、情感色彩。根据宾客的情感需求、情感事件和情感生活，推出各种情感化的公关活动，增强公关活动的人情味和情感性。

8）以创意创新为生命，以特见长，出奇制胜。公关活动应以独特的思维和新颖的内容制胜。因此，酒店企业在开展公关活动时，应注重创意公关，以新、奇、特取胜。策划的公关事件要有一定的社会意义，内容应贴近公众的生活，能引起公众的兴趣，并使其成为新闻媒介追求的焦点和热点，且能带给企业较大的收益。

9）以主动公关为先导，预防为主，防治结合。公关活动的基本任务是协调各方面关系，为公关主体的发展创造一个良好的环境。这就要求企业应具备忧患意识，具备准确预测未来的能力，要在听到歪曲了的“小道消息”前，在发生各种大纠纷之前积极公关。通过开展各类公关活动，将引发各种不协调关系的因素降到最低。在日常的管理中，要及时倾听民情，明察现状，及时理顺上下内外的各种关系，确保企业的顺利发展。

（2）公共关系的类型

根据酒店公共关系活动目的不同，大致可分为以下几种类型：

1）宣传性公关。指以宣传自己、形成社会舆论、扩大酒店内外影响和声誉为主要目的的公共关系活动。这种公关的特点是主导性强，时效性强，能够比较有效地利用传播媒介，沟通与社会公众或特定公众的关系，获得较好的宣传效果。如酒店举办的新闻发布会、记者招待会、公关广告、产品和服务广告、酒店刊物、宣传小册子等，都属于这种性质的公关活动。宣传性公关具有两个方面的作用。对外宣传性公关可以扩大企业影响，树立企业形象，推销企业产品或服务。对内宣传性公关可以沟通上下级关系，反馈外界信息，鼓舞员工士气等。

2）交际性公关。指以扩大交往、增进友谊、联络感情、谋求潜在利益为目的的公共关系活动。这种公关的特点是基本无媒介的人际交往，直接性、灵活性较强，人情味较浓，是广结善缘、广交朋友的一种好形式。如酒店因各种原因举办的招待会、冷餐会、总经理酒会、鸡尾酒会、酒店公关部组织的“企业家俱乐部”等，都属于这一种。交际性公关常常需要相当的成本，而又没有直接的现实收入。因此，其潜在目的、潜在利益应该引起重视。

3）服务性公关。指以提供各种实惠性服务为表现形象来达到与特定公众的沟通，增进友谊，为酒店产品推销开路。这种公关活动的特点是把优质服务作为特殊媒体，让特定公众得到亲身感受，从而扩大企业影响和声誉。如酒店餐饮部为举办美食节等主题活动而在开张剪彩时的免费美食品尝活动、周末或节假日举办的电影招待会、为检查酒店质量而邀请同行专家到酒店进行的2～3天以上的暗访活动等。服务性公关并不包括酒店日常接待服务，它是以免费服务为主要表现形式的。

4）公益性公关。又称社会性公关、赞助性公关。它是指对社会有益的各种公益性、赞助性公共关系活动。如赞助残疾人活动、赞助希望小学活动、因特殊自然灾害而开展的赞助活动，以及各种公益事业等。这种公关的特点是企业赞助一定数量的现金或实物，举办一定形式的公关赞助活动，通过媒体宣传来提高酒店的公众形象，因而是应该提倡的一种公关活动。

5）征询性公关。指以信息采集、舆论监督、民意测验等为主要目的的一种公关活动。如针对客人需求而开设的客户热线电话、针对酒店内部的某些重要问题而开展民意测验、某些“有奖问答”，一定时期建立的信访制度、在酒店中设立的“总经理信箱”等，都属于这一种。

3. 公共关系的程序和方法

酒店公共关系除日常工作外，主要是由一次一次的公关活动组成的，其公关活动的工作程序主要包括四个步骤：

（1）调查与分析

调查与分析是酒店公共关系的首要步骤和前提条件。调查与分析就是要通过公关调查、市场调查来收集各种信息，并在此基础上做好分析、整理，从中找出做好公关预测、开展公关活动、制定公关计划的依据。在这一过程中，其重点是做好两个方面的工作：

1）根据需要确定调查与收集的信息内容。酒店公关信息的内容很多，主要包括四种：一是涉及企业形象方面的信息。即由酒店公众、知晓公众、顺意公众、支持公众等决定的酒店知名度、美誉度、支持率等。二是涉及酒店特定公众方面的信息。如目标公众、媒体公众、政府机构对本酒店的反应，客人的表扬信件、投诉意见，报刊对酒店的赞扬或批评等。三是涉及酒店市场和产品销售方面的信息。如市场价格、市场竞争状态、客人需求变化、市场竞争格局、市场客源流量与结构变化等等。四是酒店内部方面的信息。如董事会的新决定、重要的人事变动、员工的思想动态和对某些问题的反映意见、对公关活动的支持率等等。只有将这些信息资料收集起来，经过分析、比较，找出有用的信息，才能为公关活动的开展提供参考或依据。

2）正确运用信息收集与分析的方法。酒店信息十分广泛，信息的收集必须遵循有效、适用、及时和真实的原则。在此基础上，其信息收集和分析方法可以采用以下各种：一是问卷调查法。这种方法是根据公关调查种类、目的，由公关人员事先设计出调查问卷，确定调查范围，通过调查收回问卷，再进行整理、统计、分析，从而得到有用信息。采用问卷调查法收集信息时，要特别注意问卷题目设计的简洁性、易答性、科学性和严谨性，保证问卷调查的卷面回收率。二是观察法。即组织有关人员亲临现场，观察收集信息。观察法既可以组织有关人员参与到酒店和有关部门的服务活动中，用亲身感受观察，包括明察暗访来收集有关服务质量的有关信息；也可以组织有关人员以局外人的身份客观评价有关情况，收集有关信息。三是访谈调查法。这种方法是组织公关人员深入到访问对象中去，面对面地同访问对象进行沟通交谈来收集资料和信息。访谈也可以用电话、网络、座谈等各种方式。这种方法感情色彩较重，能够获得比较直观、详细、具体的信息资料。四是资料查阅法。这种方法是通过查阅各种旅游及酒店信息资料，收集、摘录有关信息。其资料包括国家和地方旅游主管部门的各种年鉴、报纸、杂志、统计报表、各种新闻机构的报刊资料、旅游与酒店系统及本店的统计报表、财务报表等。

（2）目标与决策

在公关调查和收集信息的基础上，根据对信息资料的分析来确定酒店公关活动的目标，做出公关决策，就是酒店公关工作的自然结果。所谓确定公关目标，就是要结合酒店中长期战略和年度计划，制定本酒店公关活动的计划和目标。这种公关计划和目标主要是通过未来一个时期的酒店知名度、美誉度的达标率、提高率、特定公众的访问次数、特定公众的支持率、未来一个时期本酒店计划开展的大中型公关活动的次数、成功率等各种指标表现出来的。总体来说，这些公关目标大多是比较抽象的，越是长期目标越抽象。所以，这些公关目标要以年度公关活动为主。这就需要做好公关决策。

做好公关决策是在公关计划和公关目标的基础上来完成的。其方法主要是根据公关计划和目标，研究制定开展公关活动的方案，重点包括三个方面的工作：一是明确提出酒店在计划期内准备开展的大中型公关活动的项目；二是认真做好公关项目的主题设计，公关主题既要新奇，又要适应公关对象的需要，并能成为连接整个公关活动的纽带；三是针对不同大中型公关项目，研究制定出活动方案，作为公关决策的依据，才能保证决策正确，达到预想结果。

（3）实施与传播

在确定公关目标、做好公关决策的基础上认真做好公关方案和公关活动的实施与传播，是酒店公共关系的重要任务，也是公关程序的重要步骤。公关活动的实施与传播，要根据酒店不同发展阶段的需要和实际，分别采用不同的公关策略，主要有以下几种：

1）维系型公关策略。这种策略以公关宣传为主，主动向社会公众和特定公众宣传、介绍自己的产品和服务，主动利用屋顶、路牌、报刊做宣传广告，大量散发宣传小册子。这样，通过宣传介绍不断向社会公众发送酒店信息，久而久之使企业形象深留在公众的记忆中，提高酒店知名度。因而，维系型公关策略主要适用于新建酒店或全面改造升级的酒店开业初期一段时间。

2）防御型公关策略。这种策略主要适用于酒店正常经营时期。它以防御为主。其方法是通过信息总收集，将公众和客人的意见、建议、投诉等反映到酒店和各部门，通过及时调整酒店方针、管理制度、服务方法，改进产品质量和服务质量，进一步提高酒店声誉，树立良好形象。

3）矫正型公关策略。这种策略主要适用于企业受损、公关严重失衡时采用。这时，因企业受损，必须立即采取一系列有效措施和方法。重点是要澄清事实，消除误解，向社会公众公布为纠正偏差而采取的措施，争取尽快平息风波，恢复信任。

4）进攻型公关策略。这种策略以主动出击、集中开展有重大影响的公关活动为主。它要求酒店公关人员发挥积极主动的创新精神，以新、奇、快的方式大力开展公关宣传、广告，积极走访有关客户、公关对象。这种策略主要适用于外部发生冲突时，用以攻为守的方法来创造新的局面。

酒店公共关系的实施与传播是一项复杂而艰巨的工作，其策略方式多种多样，需要根据不同时期的实际情况、实际需要来确定。

（4）评估与修达

评估与修达是酒店公关的最后一个步骤。评估就是在公关实施与传播的基础上，定期或不定期地对酒店公关工作和公关活动，特别是重要的大中型公关活动的效果做出评价。修达就是在评估的基础上，找出公共关系工作中存在的问题和原因，提出改进措施，以不断提高酒店公关水平。

酒店公关评估除日常工作评估、重要的大中型公关活动的单项评估外，重点是酒店形象，即知名度和美誉度。其方法是在公关调查的基础上，统计计算出酒店企业形象，即知名度和美誉度的高低。然后根据两者的实际组合做成坐标图，由此评估和判断酒店公关效果。

公关修达则要根据评估结果，分析工作好坏，肯定成绩、找出差距和存在的问题，然后提出修改方案、措施和方法，以此推动酒店公共关系工作的不断发展。

10.2.2 酒店企业的CIS

企业的CIS又称企业识别系统或企业形象设计，是英文corporate image system的缩写，意为“企业形象识别体系”。企业形象识别站在企业经营与国际接轨的高度，将企业文化和公共关系的原理和实践结合在一起，从企业理念、行为、视角三个方面进行全方位的企业形象设计，从而为企业构建一个新颖、独特、完整的企业文化和企业形象相结合的标志系统。其在形象建设上所提出的基本思路，对现代酒店有着重要的启发意义。

1. CIS的构成要素

酒店企业的CIS是由三大要素构成的，即理念识别系统、行为识别系统和视觉识别系统。这三大系统相互作用，协调运作，共同形成酒店整体形象。

（1）理念识别系统（MIS）

理念识别系统MIS是英文mind identity system的缩写，意为理念、精神、意识的识别。理念识别系统是酒店企业形象识别的核心，是指企业的精神气质。它建立在企业文化的价值体系之中，并结合酒店企业发展战略目标，在创新的基础上，创建出一套新的价值体系。这种价值体系，对外是企业识别的尺度，对内是企业内在的凝聚力。由于这种价值体系都是以理念、精神、意识等上层建筑为主要内容的，所以称为理念识别系统。

酒店理念识别系统作为企业形象构成的三大要素之一，其具体内容主要包括三个方面：一是企业目标。即酒店在较长时期内的奋斗目标。它常常用简洁明快的语言，概括出酒店企业的发展战略、总体方针或奋斗方向，让社会公众易于识别。二是经营哲学。即反映酒店个性特点的经营宗旨、经营理念、思想意识。它成为指导酒店企业正确开展经营活动的指导原则。三是价值取向。即企业判断是非曲直的标准。它指导企业的发展方向。企业目标、经营哲学、价值取向这三项内容共同构成酒店理念识别系统的核心。它们又常常用一些高度概括、形象生动的语言表达出来，形成言简意赅的标语、口号、箴言、警句，然后通过公关传播与沟通，让社会公众和特定公众易于识别。

(2) 行为识别系统（BIS）

行为识别系统 BIS 是英文 behavior identity system 的缩写，意为行为或活动的统一化。行为识别系统是酒店经营过程中怎样采取各种行为，即开展各种活动的总称。它是理念识别系统的具体体现。酒店企业的行为识别系统通过各种各样的活动，将理念外化、动化，让公众真切地体会到“内在思想和外在行动”的有机统一。

酒店企业的行为识别系统主要由两个方面的内容组成。一是企业内部的行为识别。即酒店内部的各项管理活动、服务操作、行为规范等等。具体内容很多。其目的是理顺内部管理关系，规范员工行为，以便确保为客人提供优质服务，树立酒店形象。二是酒店外部的行为识别。即酒店企业怎样面向社会公众和特定公众。具体内容包括市场调查、产品推销、公关宣传、公关促销、接待客人、拜访客户等各种各样的活动。外部行为识别的目的是正确处理酒店和外部环境的关系，规范员工的对外行为，从而更好地树立酒店形象，提高企业声誉。

(3) 视觉识别系统（VIS）

视觉识别系统 VIS 是英文 visual identity system 的缩写，意为视觉传播识别。它是将企业理念和价值观通过静态的具体的视觉传播形式，有计划、有目的地传达给社会公众和特定公众，以树立企业的统一形象。所以，视觉识别系统是酒店形象设计中最具传播力和感染力的重要构成要素。

酒店视觉识别系统的内容主要包括两个方面。一是基本视觉要素。即基本保持稳定不变的视觉信息。主要包括酒店名称、店徽、标志、标准字体、标准颜色、象征图案、相对固定的宣传口号等。二是应用视觉要素。即视觉要素的信息传播的载体。主要包括酒店的员工服装、接待用品、客用物品、办公用品、名片、请柬、信封等宣传用品、运输车辆等。通过这些视觉运用要素，将酒店的名称、店徽、标志等反复传达给内外公众，从而给他们留下深刻印象，达到树立酒店形象，提高企业知名度和美誉度的目的。

2. CIS 的设计原则

酒店形象设计是一项复杂而细致的工作。它需要高度的智慧、思维决策能力和概括能力，为此，要遵循以下基本原则。

(1) 战略性和系统化相结合的原则

酒店 CIS 设计是一种创建企业形象、创造企业优势、创造酒店服务与竞争优势的战略性工作。它不仅倡导酒店优质品牌服务，更需要以酒店理念、行为和视觉的有效整合来创造企业整体形象，为酒店的产品销售和优质服务构筑一条通向市场、深入人心的坦途，因此，做好酒店 CIS 设计，必须站在战略的高度，用长远的眼光来对待，而决不能心血来潮、眼光短浅，更不能朝令夕改。

同时，酒店 CIS 设计又是一项比较复杂的系统工程。它要把 MIS、BIS 和 VIS 三大系统整合起来，使它们有机结合，互相依存、互相作用，形成一个具有本酒店特色的企业形象体系，并通过沟通传播得到酒店特定公众和社会公众的认可，从而形成广泛的知名度和良好的美誉。因此，它必然是一项比较复杂的系统工程，需要运用经济学、社会学、心理学、管理学、市场学、传播学和美学等多种专业知识，需要运用系统观念和原理方法来设计 CIS，才能收到良好效果。

(2) 民族化和个性化相结合的原则

企业 CIS 设计既是企业管理的需要，又具有强烈的企业文化性质和特点。而任何企业文化都具有民族性。另外，酒店 CIS 设计主要是引进国际企业管理的思想和方法。国际经验只有和国情相结合，才能生根发芽，开花结果。所以，做好酒店 CIS 设计，必须坚持民族性。即要从国情出发，从民族特点出发，不要生搬硬套。

事实上，不同民族的 CIS 设计的侧重点是不完全相同的。美国的 CIS 强调理性、个体性，偏重于制度建设。日本强调情感、和谐性，偏重于理念建设。在酒店 CIS 设计中，民族化和个性化是相辅相成的。没有个性的酒店 CIS 设计，既是没有生命的，也是没有特色和没有实用价值的。因此，酒店 CIS 设计必须坚持个性化原则，即从本酒店的性质、特点、等级规格、市场定位和接待对象、服务风格、发展目标等具体情况出发，形成自己的企业形象的个性特点，以保证 CIS 设计的实用性、可操作性。如不同酒店的理念识别系统的经营宗旨、指导思想、经营方针，企业的标志、名称、品牌、店徽、旗帜、招牌、标语、口号等，都应该具有自己鲜明的特色，这样才能在激烈的市场竞争中脱颖而出，增强公众记忆度和酒店的知名度。

(3) 创新性和统一性相结合的原则

酒店 CIS 设计要有新的意识、创意，要新奇、美观。只有意境新、形式新、构思新的企业形象设计才能打动人、吸引人，使人过目不忘。如著名的可口可乐的视觉形象设计，以红色背景衬托白色花体字母组合，横穿一条波浪形线带，宛如一艘白色巨轮，在红色海洋中破浪前进，产生挡不住的冲击和震荡的强烈感觉，是很好的创新 CIS 设计。

统一性是指在酒店 CIS 设计中，要将理论识别、行为识别、视觉识别三大要素统一起来，形成一个酒店企业的整体形象。理念识别是核心，是灵魂；行为识别是理念识别的直观表现，是理念识别的具体化，也是理念识别的行为保证；而视觉识别则必须反映理念和行为识别的基本精神，是理念和行为识别的精神实质的外在表现和直观感受。三者是相辅相成、互为条件的。必须将它们统一在企业整体形象的设计之中，形成一个统一体。这也是企业形象设计需要高度智慧，属于复杂思维、高智商劳动的原因之一。

(4) 可操作性和可传播性原则

企业 CIS 设计是围绕着企业 CIS 实践来展开的。它必须来源于实践，又高于实践，然后再反过来指导实践。而一个好的企业 CIS 设计，往往要经过由初期设计、逐步修改、最后形成的发展过程。所以，酒店企业的 CIS 设计和其他企业形象设计 CIS 一样，必须具有可操作性。

酒店 CIS 设计的根本目的是要通过向社会公众和特定公众传达企业的理念识别、行为识别、视觉识别所形成的标语、口号、箴言、警句和通过设计的标牌、名称、标志、颜色等来树立酒店形象，让社会公众和特定公众能够留下深刻印象，得到他们的了解、好感、信任和支持。因此，酒店 CIS 设计必须遵守可传播性原则。所谓可传播性，就是经过策划、设计出来的理念识别既要体现企业经营理念，有深刻含义，又要简单明确、容易传播和记忆。设计出来的行为识别的内容和要求要易于操作，让客人了解；而设计出来的视觉形象则要美观、大方、新奇，既容易传播，又能得到公众的赞扬或好感。只有这样，才能将酒店 CIS 传播到大众中去，树立企业优良形象，达到 CD 设计的目的。

3. CIS 设计的方法和工作步骤

酒店 CIS 设计是一项理论要求较高、实践操作性极强的系统工程。其设计过程又是融合在酒店的经营管理过程之中的，一般分为四个阶段。

（1）提案阶段

提案阶段又称导入准备阶段。其主要任务是明确 CIS 导入或设计的动机、要达到的目的，以及需要的计划、人员、资金等，该阶段重点是要做好五个方面的工作。

1）确定 CIS 导入或设计的目的。即在提案的开头明确提出本酒店为什么要搞 CIS 设计，其目的和动机是什么，能给酒店带来哪些好处。

2）组建 CIS 导入或设计的组织机构。酒店 CIS 设计是涉及企业上层建筑的全局性和系统性很强的工作，其组织机构应该由酒店最高层领导者、有关部门负责人和酒店外部的 CIS 专家学者三部分人员组成。

3）制定 CIS 导入设计工作计划。CIS 的导入设计从提出提案到设计、实施、评估完成，要先后经过提案阶段、调研阶段、开发设计阶段和实施管理阶段四个步骤。制定工作计划就要分别确定每个阶段的工作内容、必须完成的任务、准备达到的目的，并明确每个阶段的时间划分和每项工作的负责人。计划内容应尽可能设计得明确、具体，工作项目清楚、条理清晰，便于实施和操作，便于检查与落实。

4）编制 CIS 导入设计预算。CIS 是一种回报潜力很大的软件投资。在制定 CIS 导入设计提案中应事先做好预算。其费用开支主要包括邀请人员的劳务费用、调查研究的资料费用、CIS 方案的设计费用、各种资料的印制费用等。

5）拟写 CIS 导入设计提案书。将上述四个方面的内容用 CIS 提案或预案的形式逐项清楚、明确地用文字、图表表达出来，报酒店或酒店集团董事会和总经理批准，即可完成提案阶段的工作，进入下一个阶段。

（2）调研阶段

深入做好调查研究，掌握酒店企业形象的状况、存在问题、个性特点等信息资料，是做好企业 CIS 设计的前提和基础。因此，调研阶级的 CIS 设计人员要重点做好三个方面的工作。

1）制定调研计划，形成调研体系。做好 CIS 导入设计必须做好深入调查研究，制定调研计划，使调查工作有目的、有组织、有计划地进行，才能保证获得需要的信息。

调研计划的内容应该包括调查项目、调查对象、调查时间、调查方式、调查方法、调研期限和调研成果的形式等，由此形成调研体系，以便为调查研究的顺利开展创造良好条件。

2）开展调研工作，掌握信息资料。CIS 导入设计，需要调查的信息主要包括三个方面：一是企业基本状况调查；二是企业营运状况调查；三是企业形象与企业文化现状调查。可以采用定期座谈、定量发表调查统计、征求客人与客户意见、征求目标公众和特定公众意见等方式来进行，以获得有用资料。

3）做好调研分析，写出调查报告。即根据调查结果、对酒店或酒店集团的经营情况和形象调查所得到的资料进行整理、统计，对企业形象建设、文化建设的现状进行综合研究与评估，肯定成绩，找出存在的问题和原因，找出与提案阶段确定的企业 CIS 导入设计想要达到的目标之间的差距。在此基础上，将调研结果写成正式调查报告，其内容包括三个部分：一是标题和导语。标题要明确、醒目。导言概括说明调研工作的基本做法。二是报告正文。包括企业基本营业状况、企业形象建设现状、成绩与问题、经营理念、行为规范、视觉形象存在的问题和原因等。三是调查结论。即初步提出导入 CIS 战略需要解决的具体问题。

（3）定位策划与设计阶段

定位策划与设计是酒店 CIS 导入设计的核心和关键环节。重点是要做好三个方面的工作：

1）明确 CIS 导入与设计定位。CIS 设计必须有个性，有特点，不能千篇一律。因此要从本酒店实际出发，根据企业的性质、类型、目标市场、经营特点等来确定其 CIS 的设计与导入定位，然后才能明确其指导思想和原则。

2）确定 CIS 导入与设计的总目标。即在明确定位的基础上，确定 CIS 导入设计准备达到的目的；酒店 CIS 导入和设计准备用什么理念、什么市场行为、什么样的形象设计来满足公众的要求；企业内部的产品质量、环境质量、服务质量怎样适应目标市场、目标公众的要求；经过 CIS 导入与设计，其企业形象的沟通与传播准备分为哪几个阶段；采用什么形式向社会公众和特定公众宣传；企业形象的优良率、知名率、美誉度、支持率计划达到什么程度等等：这些都是酒店 CIS 导入设计要达到的目标。

3）做好 CIS 导入的识别因素设计。即根据设计定位和设计目标，具体做好三个方面的工作：一是理念识别系统的内容设计。即在调查研究的基础上，总结概括出本酒店的经营思想、经营战略、经营理念。然后用一些高度概括的语言形成具有鲜明特色的标语、箴言、口号、方针等，使之富有深刻含义，并以此作为指导企业的行动方针。二是行为识别系统的内容设计。主要是根据调查结果，修改调整酒店内部及对外工作的规章制度、组织机构、岗位职责、操作程序、质量标准等，以此规范员工行为，保证用企业行为为客人提供优质服务，塑造与创建优良企业形象。三是视觉识别系统的内容设计。即根据调查结果，修改或重新设计出酒店的店徽、标牌、标志图、准备采用的标准颜色、对外宣传的各种标志和符号等。

这些视觉形象在任何时候、任何场所都是统一的、标准的，以此给目标公众和特定公众留下深刻印象与感受，从而更好地树立酒店企业形象。

（4）实施传播与评估阶段

酒店与酒店集团的CIS导入与设计完成后，报请企业领导审核、修改、批准后，即可进入实施传播与评估阶段。这一阶段重点是做好以下三个方面的工作：

1）做好实施传播的监督管理工作。CIS导入与设计完成后，经领导批准，应选择导入CIS的最佳时期，如周年纪念日、重要活动日等，然后将CIS导入设计的方案内容传达到酒店和各有关部门。这一工作应该由总经理或董事长来亲自布置。实施方案要有明确的分工，要分为不同的实施步骤。每个步骤和实施内容都要明确负责人、工作目标、完成期限，以保证CIS导入设计方案的贯彻实施工作能够落到实处。同时还要做好CIS方案实施的监督管理工作。实施应以各业务部门负责人为主，监督管理则仍由CIS领导小组或委员会成员负责。

2）做好CIS对内对外的成果发布。一般来说，酒店CIS导入设计的成果发布，应经过一定时期的实施传播，经过检验、修改，证明其方案是有效的之后，再对外正式发布。在此之前的实施过程，则逐步向外公布。对内发布则从方案的实施贯彻开始。通过发布，对内要鼓舞人心，加深认识，增强企业凝聚力；对外要形成宣传攻势，起到扩大企业知名度、美誉度的作用。

3）检测评估CIS导入设计方案实施效果。即经过一段时间的实施与传播，要总结成绩，收集信息反馈、公众反映和意见，然后做出评价，并不断修改完善，使企业CIS导入与运用的效果越来越好，由此完成酒店CIS管理的全部任务。

10.3 现代酒店的信息管理与电子商务

酒店管理实质上是对酒店经营过程中人流、物流、资金流、信息流的管理。计算机以及网络技术的应用，极大地提高了酒店处理常规性信息的能力和效率，从根本上改变了酒店经营管理的运作模式，提高了酒店的经营管理水平，从而有利于酒店提高参与市场竞争的核心能力。

10.3.1 酒店的信息系统管理

当前，酒店计算机管理系统的工作重点应该是经营决策、信息分析与控制，而不是装配的计算机设备或使用计算机的能力。酒店在装配计算机管理系统的时候应考虑酒店经营管理技术的发展和酒店经营管理水平的提高。一般来说，现代酒店管理信息系统主要是由职能业务管理系统、客账收入管理系统、客人服务管理系统、内部经营控制系统和市场营销分析系统等组成。

1. 职能业务管理系统

酒店职能业务管理系统就是酒店的后台管理系统，它主要以财务系统为主，完成整个酒店全部业务的核算和管理工作，包括：

（1）酒店财务总账系统

财务处理系统是根据财会工作的特点设置的，它是整个后台财务系统的核心。它主要处理酒店的总账及总明细账。它的使用可以提高会计的工作效率和工作质量，使会计信息具有很高的准确性。为了保证系统的安全，操作人员都被财务部管理者授予各种不同的工作范围。

(2) 酒店仓库物品管理系统

酒店行业的存货大部分是烟、酒、食品等，领用比较杂，而且要保证食品的新鲜程度，必须准确地掌握物品的出入库和损耗情况。在材料入库时，使用该系统，能够统计入库成本；材料领用后，要明确到人和用途；同时，该系统还要提供成本所需的汇总数据。另外，仓库、会计、业务人员三方面的需求也都可在该系统中进行处理。这样，利用该系统就实现了对仓库有序、准确、经济的管理。

(3) 酒店采购管理系统

酒店食品原料采购系统主要是保证采购食品原料的规格符合酒店服务的标准，同时在入库时对货品的检验有章可循。该系统可以查询主要供应商的档案，一方面便于联系，另一方面能够跟踪产品的质量和合同的执行情况。该系统还收集使用部门的质量反馈信息，为下次进货提供参考。

(4) 酒店往来账管理系统

酒店往来账是针对客户分类进行管理，既要完成相应的核算，又要有管理分析的功能。能够对客户的欠款余额进行查询；能够对客户的欠款账目进行分析；能够对往来业务进行核销，保存实际的债权债务情况。

(5) 酒店设备管理系统

酒店的设备管理系统就是为了管好酒店的设备而设置的，通过对设备增添的登记、日常使用的检修维护的登记，管理人员可以随时查询、了解设备的使用情况、维护情况和报废情况，完成固定资产折旧的计提。对酒店设备的维护、更新、增添要按一定计划进行，以便根据设备的费用、使用迫切程度以及酒店的财力情况做出统一安排。

(6) 酒店人力资源管理系统

人力资源管理系统是对酒店人力资源的管理，一般包括存贮、查询、修改员工档案，设置打印工资单等，系统还记录员工的工作时间、工作记录、宾客投诉意见等信息，可以据此对员工进行量化的绩效评估。

(7) 酒店工资管理系统

这个系统主要是完成工资发放功能，同时计算出个人所得税，并提供简单的劳资信息查询统计功能。这一功能是从保护员工利益的角度出发的，同时也是确保员工发挥工作主动性的基本保障条件。此系统在月底计算全体员工的工资，由人力资源部根据标准工资文件、考勤记录文件和奖惩记录文件的内容，计算应发给各员工的工资数，将计算结果的一份存档保存，另一份交财务部，由财务根据人力资源部提交的工资表向员工发放工资。

(8) 酒店财务报表系统

财务部是总经理对公司经营管理工作的直接参谋和管家，担负公司经济效益总核算，管钱、物、账，并指导业务部门增加营业收入，节约开支，降低消耗，提高经济效益的重要职能部门。财务部的工作对象是财务报表，根据总账、明细账、其他报表以及其他数据、凭证等及时编制成报表，按时准确地提供财务报表，做出财务分析。这要求计算机系统的功能模块有：报表定义、报表维护、报表数据生成、报表查询和报表数据上报。

（9）总经理查询系统

酒店的总经理室是整个酒店管理的行政指挥中心，控制酒店的日常经营状况，是酒店管理的核心部门。酒店经营的成功与否，与决策者总经理的关系相当密切。酒店的总经理通过总经理室可以了解酒店的基本经营情况。总经理查询系统就是根据这种情况设计出来的。

总经理通过总经理查询系统了解和掌握整个酒店的营业收入和费用开支，以便统筹安排各部门的工作。总经理查询系统主要帮助总经理了解客房情况、餐厅情况、财务状况、人事工资、仓库管理、成本控制情况等，以便其做出正确的经营决策，并给各有关部门发送信息。

2. 客账收入管理系统

客账收入管理系统就是酒店的前台计算机管理系统，它是一个直接面向客人的服务系统，其功能的完善性、处理速度、可靠性等直接影响到酒店的日常营业，因此在酒店的计算机管理系统中占有十分重要的地位。

（1）预订、接待系统

预订、接待系统是酒店信息管理系统的重要组成部分，是信息管理系统的主要模块，客房预订工作、客户的登记工作、房间的分配工作以及会议室的管理工作都在该模块中完成。

（2）收银系统

前台收银系统与前台接待系统一样，都是为处于酒店第一线的服务员提供服务的，主要功能是处理客人账务工作以及每天的经营情况，同时把每天的营业收入进行审核。

（3）夜审系统

夜审系统的主要任务是对每日营业做稽核，包括房租预审、房租入账、房间处理、打印稽核报表（如每日营业核算表、欠账明细表、餐饮财务表、娱乐财务报表等）。

（4）客房管理系统

客房管理的主要任务是记录客房的使用状况，提供房间是否空闲、出租、干净等信息，以便于预订接待员分配房间。酒店可以通过客房中心计算机修改房态。如果配备电话交换机系统，可直接由客房服务员通过房间电话修改。

（5）商务中心系统

商务中心使用计算机的最大功效是为客人作文字处理，另外处理其他一些费用的结算工作。同时，为客人上网和进行电子商务活动提供方便。

（6）电话计费系统

直拨电话自动计费系统在酒店计算机管理系统中是十分重要而且十分常用的功能。由于直拨电话具有即时性，如果账单不能及时送达总台收银处，就有可能“跑单”，给酒店带来不必要的经济损失。另外，通过控制酒店内部电话的费用，减少管理人员打私人电话，可进一步降低酒店费用。程控电话联网，可减轻话务员的劳动强度。除了实现电话计费和等级控制外，还可实现客房状态修改、饮料房间记账、叫醒服务、留言服务、数字话机显示客人姓名。

(7) 餐饮娱乐收银系统

餐饮娱乐收银系统主要处理餐厅和健康中心日常的收银工作。它可以减少手工差错，提高工作效率；通过记录营业的详细资料，为经营分析和成本控制积累原始数据，这样可以改进餐饮服务的质量。

(8) 维护系统

在系统日常运行过程中，有时会出现突然停电，操作员不按规章制度关机、误操作、系统本身出错等意外情况，从而造成系统数据的不一致性。系统应有一套完善的程序来消除这些错误，保证数据的高度一致性和完整性。另外，还须提供修改系统代码、操作员信息、修改房间类型、维护计费参数等其他功能。

(9) 总经理室查询系统

总经理室的主要功能是提供查询，使酒店领导能快速、全面、准确地了解酒店经营中各部门的有关信息，以便作出正确的经营决策。

3. 客人服务管理系统

(1) 酒店保安监视系统

酒店的保安监视系统是酒店保安部门将高科技应用到酒店的防范领域，组织安全工作，形成系统化、集成化、自动化的酒店安全防范系统—这套系统可以以文字和声音方式及时发出警报，记录发生报警的时间、地点，对现场进行录像、录音，同时控制各种安全装置，减少意外事件所带来的经济损失，还通过对讲系统指挥保安人员执行保卫任务。在正常和非正常的情况下，酒店管理者都可以直接干预监控系统工作，系统还可自动记录操作人员进出系统时间及操作内容，便于监督管理。

(2) 酒店收费点播电视系统

酒店收费点播电视系统实际上是酒店内部提供的有线电视节目与 Internet 的连接，这样就打破了以往时间和空间的限制，客人在任何时间都可以获得视频点播服务。客人可以点播电视节目，可以点播私人信息和账单，客房内通知结账，通过电视在酒店定餐、购物，通过Internet实现远程学习和会谈。

(3) 迷你吧计算机系统

迷你吧计算机系统是利用酒店本身的计算机分配系统将客房内的消费立即传送到住店客人的账单，它可以控制迷你吧中的烈性饮料的定量分配，阻止客房中未成年人接近这些烈性酒，还可以印制各种报表。

(4) 智能门锁系统

采用智能化管理的门锁系统，可以确保房客的安全。每一把智能锁只接受一个特定的开启号码卡片，在客人失落钥匙，客房管理员可以给他换发一张新的卡片，同时改变门锁号码；客人住店登记时，一般要求登记预定住店的时间，接待员在客房的门锁系统中设定住店的天数，过了这个天数，卡片钥匙就不能开启门锁，如果客人要续住，就要到总台再交纳押金，重新设置门锁时间。

（5）客房保险箱管理系统

保险箱系统是由住店客人自行设定密码，客人离店后，通过中央控制系统可以取消设定的密码，使下一个人住的客人再自行设定密码。客房内的保险箱还与警报系统联网，如果有外人擅动保险箱，警报系统会发出警报。

4. 内部经营控制系统

内部经营控制系统主要以计划管理、责任会计、成本控制为核心。

（1）计划管理系统

计划管理系统是酒店实行计划管理的系统，是酒店管理者通过组织、人事、指挥、指导和控制等来确保计划的胜利完成。计划管理系统可以与各个系统进行良好的连接，总经理通过总经理查询系统，获得酒店经营状况的资料，通过Internet了解外部环境信息，制定出酒店的目标，传达到各个部门，各个部门的管理者按照总经理下达的总目标，制定出与之相适应的分目标，所有的管理人员通过财务总账系统、设备管理系统，对经营管理活动所需经费进行预算，最后落实计划，并对计划进行定期评估。

（2）责任会计系统

责任会计系统是酒店前台营业点收银工作和后台财务系统的接口和桥梁，它严格了收银程序，提高了收银工作的可靠性、准确性和及时性。前台收款要及时准确，对客人发生的每一笔账务应准确录入到计算机的客人账户，并通过每天的夜间审核对账务进行确认；在客人离店结算时，计算机打印出客人住店期间的账单和结算发票。财务总收款员是会计监督系统的执行者，营业日结束后，各营业点的收银员带着所收入的现金、收款凭据和营业日报提交财务总收款员，总收款员根据会计监督系统提供的查询功能监督收银员的收银过程和收款报表，验证其上交现金收入的准确性，经相关人员确认，再由会计监督系统的另一个功能——汇总入账，把全部收款分别归入相关会计科目，形成营业情况的记账凭证。

（3）成本控制系统

成本控制系统用于财务管理。成本控制系统可以控制预算、分析成本，由财务部门制定预算计划，根据对客账收入管理系统、酒店仓储管理系统等系统发生的变化，对各项活动的开支进行管理。

5. 市场营销分析系统

市场营销分析系统通过对市场信息连续有序地收集与分析处理，满足营销人员的要求。它由管理信息收集系统和营销信息处理系统两个子系统组成。

（1）管理信息收集系统

这个系统收集一切与酒店活动有关的信息，信息来源于内部环境记录、外部环境监视和营销调研。内部环境信息是评估酒店营销管理工作效果的重要依据，外部环境监视是通过对酒店外部环境要素的观察、跟踪以及信息收集，为酒店识别市场机会与环境威胁提供第一手材料。营销调研的信息则是有目的、有重点、常规的，它是酒店营销人员主动收集关于某一特定问题的信息系统。

（2）营销信息处理系统

营销信息处理系统的任务是将营销收集系统收集到的多而杂的原始信息数据以及信息库中已有的信息数据进行各种方式的计算，分析各信息的特性并试图找出它们之间的关系，进行整理与加工，总结、提炼出满足营销人员需要的结论，以使得这些信息成为可以被酒店营销人员直接、方便地使用的信息。它还接受营销人员某种形式的信息要求，并向营销人员输出必要的信息。

6. 酒店计算机信息系统的管理

（1）计算机系统的日常管理工作

要有一个权威的部门管理和协调；对系统的口令管理、查询、授权及科目修改等项工作，要有相应的审批手续制度；对计算机资料、源程序及数据盘都必须妥善保管；对经过计算机处理所形成的具有法律效力的文件资料及原始凭证必须按照会计制度的规定，由有关人员审核、签章、装订成册，妥善保管，任何人不得随意涂改、更换或者销毁。

（2）计算机管理的安全要求

计算机的安全管理是计算机管理工作中最为重要的工作，指在计算机系统设计、安装和使用的过程中，确保数据不会因人为原因无意或故意造成数据的错误、丢失、盗窃和混乱。衡量计算机系统是否安全，可从保密性、完整性和可用性等三个方面考虑。

（3）做好干部职工上岗前培训工作

计算机系统是辅助经营管理的机器设备，计算机运作效率的高低由酒店管理者和员工素质的高低决定，因此做好管理者、员工的计算机岗前培训工作，是管理好计算机系统，使之发挥使用效能必不可少的工作。根据管理者和员工各自职能的不同，培训工作可分三个层次，即管理者的培训；一般员工尤其是直接操作人员的培训；计算机系统维护管理人员的培训。

10.3.2　现代酒店的电子商务

对于电子商务，至今国际上没有统一的概念性定义。广义地说，电子商务是在计算机与通信网络的基础上，利用电子工具实现商业交换和行政作业的全过程。狭义地讲，电子商务是指利用 Internet 网络和技术进行的在线交易或相关作业活动的业务。

电子商务具有营销成本低，经营规模不受场地限制，支付手段高度电子化，便于收集和管理客户信息，特别适合信息商品销售，打破时空等限制市场机会的壁垒的特点，是对现有的商业形态、流通系统、营销方式和战略带来的一次根本性的变革，即在商业运作的全过程中实现无纸化、直接化、互动化。

1. 酒店电子商务系统的实现技术

酒店业从本质上来说是一种消费服务产业。网络技术的应用，使酒店业有机会和条件根据客人的满意程度，有针对性地提供个性化的服务，这样就推动了酒店业从以产品质量为中心的商务模式，向以游客满意度为中心的商务管理模式转变，从而使酒店电子商务的发展成为必然。

（1）酒店电子商务的优势

电子商务可以保证：便捷的全球化网络沟通联络方式；高度透明的全球化产品服务与宣传网络；充分领悟客人的采集、记录、整理、分析、反馈的智能化网络系统；对客人进行全球化、全天候服务的运营管理体系。由此可见，酒店电子商务具有以下优势：

1）沟通优势。电子商务缩短了酒店与客人之间在供应链上的距离，减少了交易成本，使沟通更加快捷、低廉。

2）创新优势。由于网上信息传播的快捷，使酒店能够迅速获得最新商业发展趋势的信息，抓住新的商业机遇，拓展市场空间。

3）服务优势。酒店服务人员可以更加便捷、准确地得到酒店的资源支持和保障，从而有利于保证最佳服务。

4）竞争优势。信息已不再为酒店集团所独有，小酒店、大酒店和酒店集团在较为公平的基础上展开商业竞争，谁在电子商务方面占有了先机，谁就赢得了竞争优势。

电子商务的种种优势表明：它将成为推动现代酒店业发展的重要手段，这与酒店业发展的趋势是一致的。从长远看，电子商务必将在现代酒店业中发挥广泛的作用。

（2）酒店电子商务的系统结构

酒店电子商务提供的服务主要是商务服务和信息服务。酒店电子商务的系统结构如图 10.1 所示。

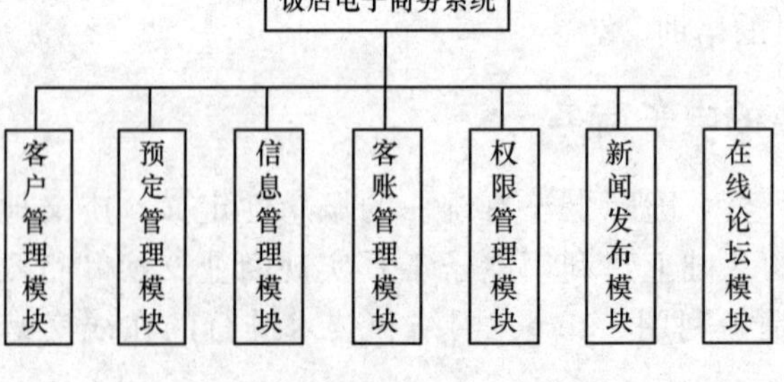

图 10.1　酒店电子商务系统

1）客户管理模块。主要是对客源信息进行分类归档管理，为开发客源市场提供可靠信息保证。

2）预订管理模块。随着科学技术的迅速发展，预订系统（简称 CRS）迅速发展起来，成为重要的预订推销方式。随着电脑普及化、家庭化，客人可以利用互联网直接向酒店订房。通过网络进行的电子邮件（E-mail）订房由于速度更快、费用更低，在未来有可能成为重要的订房方式。总之，酒店预订促销应把握这些最新的动态，充分利用新的技术参与市场竞争。

3）信息管理模块。包括信息展示模块和信息查询模块。信息展示模块中内置大量的酒店产品信息内容，并且最大限度地满足客人身临其境的浏览要求。信息查询模块的主要功能是及时反映客房信息，更快、更好地为客人提供服务，从而提高整个酒店的客房出租率。

4）客账管理模块。客账工作是一项保证酒店经济利益和保证客人在住店期间各种消费数据准确可靠的基础性工作。

5）权限管理模块。对不同的会员酒店，以不同的名称登录，分配不同的权限。会员酒店只能在规定的权限范围内进行操作，并进行不同的权限管理。

6）新闻发布模块。酒店管理员定时向数据库中添加最新的酒店新闻信息，并可对已有的新闻信息进行管理。在用户浏览时，用户可以提取最新酒店新闻动态或查询以往的酒店新闻信息。

7）在线论坛模块。主要为酒店管理者、酒店管理专家和酒店客人提供一个交流信息、管理体会、研究成果和住店心得的空间和机会，以及发表对酒店业发展的评估、展望和对策建议等酒店经营管理方面的信息。

2. 我国酒店业电子商务的发展策略

随着电子商务的普及，其所提供的广泛的业务网络以及网上即时、实时结算所带来的实际收益，促使酒店业逐步转变经营观念，接受并充分利用电子商务来开展经营活动。现阶段，我国酒店业尽管上网速度明显加快，但电子商务的基本框架还远没有建立起来，我国酒店业电子商务在应用互联网方面还存在着一些有待解决的问题，而且，这些问题关系到将来电子商务的发展。其表现主要有：系统信息的管理和更新问题；配送和支付问题等。基于以上问题，我国酒店电子商务的发展应该在以下五个方面做出努力：

（1）政府主管部门担当起组织者的责任

具体地说，国家旅游行政部门的职责应包括构建全国旅游酒店电子商务宏观发展框架、指导扶持大型酒店和旅游网络公司发展网络营销、与银行和网络技术商等共同商定网上保密措施等等，各地方旅游行政主管部门在所辖区域也应担负起相应的责任。

（2）酒店行业协会担负起推进者的义务

在发展酒店电子商务方面，酒店行业协会要发挥重要的推动作用，除在政府统一组织下具体承担某些方面的操作外，还要研究建立行业内电子商务的有关操作规范，以形成在新兴市场上的有序竞争，实现行业自律。

（3）酒店企业充分发挥出主导者的作用

酒店是发展酒店电子商务的主要力量，也是最终受益者，所以酒店企业要以积极的态度，大力推动酒店电子商务。特别是注意要在销售、配送、支付等方面建立运营管理系统。

（4）网络公司提供系统运作的技术支持

酒店电子商务离不开各网络公司的积极参与，由于网络公司大都有现成的专门服务器，提供的信息丰富，在网上影响极大，网络公司应该在市场机制的带动下，作为利益一方和网上交易的实际操作者发挥作用。所以，酒店电子商务的一个重要趋势就是酒店企业与网络公司联合，共同发展。

（5）网络银行提供网上结算的安全保障

发展酒店电子商务，银行是关键，因为它是实现网上结算的保障。我国现在正进行金融体制改革，银行一方面要在社会转型和发展过程中发挥作用，另一方面也是市场利益主体，在市场机制的驱动下，银行加入酒店电子商务是必然趋势。

本章小结

本章中，在介绍现代酒店企业文化的内涵、特点和表现形式的基础上，着重介绍了酒店建设企业文化的基本原则和途径；在介绍酒店公共关系的含义、构成要素、特点及类型的基础上，结合酒店的特点重点阐述了酒店公共关系的工作程序和方法，酒店 CIS 的构成要素及设计原则；本章最后介绍了现代酒店对计算机技术应用的最新动态和现代酒店信息系统的主要组成部分、酒店电子商务的基本运作情况。

课后练习

一、案例分析

北京兆龙饭店的信息化建设

位于北京朝阳区三里屯东边的兆龙饭店，始建于 1982 年，1985 年 10 月正式营业，拥有 256 间客房，是由香港著名船王包兆龙和包玉刚父子捐款 1000 万美元而建的。2000 年的营业额比上一年增长 12%；2001 年饭店因改造停业一个月，而全年营业额反而增加，增至近 6000 万元，同比增长 16%。兆龙饭店为何能取得较好的经济效益呢？一是准确定位，即从“接待旅游团队游客为主”调整到以“接待商务散客为主，团队客为辅”，力创“北京最好的商务散客饭店”品牌；二是创新服务、练好内功，为宾客提供满意的服务；三是信息化建设起到提高饭店全方位服务的关键性作用。

兆龙饭店的信息化建设起步较早，建店第二年就用上了电脑，20 世纪 90 年代初期，开始着手筹划信息化建设，率先开通了局域网，网络接进客房。之后，饭店的网络化建设不断深入，投资信息化建设的资金不断增加。1999 年同北京电报局、英特集团合作，投资建设了宽带网，采用宽带 DDN 专线，全面改造原有的技术系统。整个饭店已实现了电脑化、网络化，并采用 IBM 公司的 E 系列机作为高档服务器。

兆龙饭店的网络建设分为三大部分：广域网、局域网和办公自动化。宽带网布线到所有客房、会议室、咖啡厅、酒吧、餐厅等客人活动较多的地方。客房内有两个上网接口，一个电话线接口，一个 DDN 专线接口，客人可以上网查询饭店各方面的资料、收看新闻、联系业务，大大方便了住店客人。在兆龙饭店，客人可以在房间、餐厅、大堂、咖啡厅、健身房等许多地方上网。除了在餐厅上网因占据了餐位要适当收费外，其他地方上网均免费。

客人若是下榻兆龙饭店，可以通过电话、传真和上网预订。通过电话和传真这一传统方式联络的客人约占 80%；通过上网联络的客人约占 20%。这是因为前者有着浓厚的感情因素在内。比如打电话，客人可以咨询，可以讨价还价，店方可以较详细地向客人介绍所提供的服务内容，可以通过电话直接交流达成共识，谈妥生意。多数客人还是习惯这一做法。在兆龙饭店，客人从进店到离开，实行一次性结账，通过网络联系住店的客人，消费结算仍然实行“网上预订，网下结算”。随着网络安全程度的进一步提高，采用网络方式同饭店联系和预订的客人愈来愈多。兆龙饭店把握了市场发展动向，信息化建设的目标是“网上宣传促销，网上预订，网上结算”，实现真正意义上的电子商务。

兆龙饭店的网络化建设实现了前后台分开。局域网是供饭店自用的网络，各种会议通知、会议记录、VIP 到店情况、财物报表等都通过局域网传送。同时，饭店还建设了 OA 系统，财物、人事、行政办公等部门，在系统中既能做到网上保密，又实现了信息资源共享。饭店大堂采用电脑办公，大大提高了工作效率。办理一位客人的入住手续只需 2～3 分钟。多数饭店客房内的桌子都比较小，而兆龙饭店考虑到商务客人的特点和需要，改为较大的桌子，客人不仅可以摆上电脑，而且可以把文件、资料摊开办公，方便了客人。在电视节目的设置上兆龙饭店业动了不少脑筋，除汉语节目外，还有 30 多套外国电视节目，包括 10 多个语种。每位客人总能找到一个听得懂的电视节目。处处为客人着想，使饭店成为客人的家外之家，这是兆龙人的最高理念。

【问题】

1. 兆龙饭店的信息化建设在饭店发展中起到了什么作用？
2. 兆龙饭店应该如何进一步推动饭店的信息化建设？

二、课堂讨论题

1. 结合饭店产品的特殊性，谈谈饭店企业开展公共关系活动的要点。
2. 试讨论饭店形象对饭店管理的重要性。
3. 你认为现代饭店的电子商务有发展前途吗？请说明理由。

三、课后思考题

1. 什么是企业文化？企业文化具有哪些功能和特点？
2. 建设酒店企业文化应遵循哪些基本原则？
3. 酒店企业文化建设的主要途径有哪些？
4. 如何创建酒店的特色文化？

5. 结合酒店公共关系的特点，试论酒店开展公共关系活动的要点。
6. 如何理解酒店 CIS 的构成？其设计原则有哪些？
7. 现代酒店如何进行 CIS 设计？
8. 现代酒店信息管理系统主要包括哪几个部分？
9. 目前我国发展酒店电子商务的最大障碍有哪些？应怎样克服？

四、实训题

调查一家酒店，重点分析这家酒店企业文化的现状和改进途径。

目的：了解酒店企业文化建设的内涵，熟悉酒店企业文化建设的途径。

要求：通过调查，写出对该酒店企业文化建设的方案。

酒店管理课程实习指导

酒店管理课程是实践性较强的课程，其学习离不开酒店实习。作为旅游应用型专业的毕业生，应具备的能力结构包括学习能力、操作能力、交往能力、语言能力、思维能力、管理能力等。对他们进行培养不仅要靠理论学习，更要靠酒店实习。实习教学是一种有效的教学形式，是培养应用型专业学生实践技能的基本环节，对学生有着极为深刻的影响。因此，根据该专业高职高专学生的培养目标、教学特点和我国国情，我们可把酒店实习分为四个阶段，即酒店认识实习、课程实验、随岗实习和顶岗实习四部分。

1. 酒店认识实习

酒店认识实习是酒店实习的第一个环节，是学生接触和了解酒店业实际的见习阶段。可与本课程的第一章配套进行。

（1）实习目的

通过实习，使学生对酒店业有一个广泛的、普遍的了解；增强对酒店业的感性认识，初步确立酒店管理意识；树立爱专业、学专业、刻苦钻研专业的良好学习风气；熟悉酒店的组织机构和岗位，获得与本专业有关的感性知识；激发学生学习兴趣，为以后的理论学习和专业实践能力训练奠定基础。

（2）实习方式

可根据各单位实际情况采取如下方式：

1）参观不同规模的酒店企业，使学生感受不同类型的环境与氛围，增加学生对酒店业的感性认识和了解。

2）观摩酒店岗位工作。可组织学生分组到酒店实地观摩服务与管理岗位的实务，或与企业联系观摩其组织的技能大赛和各类员工业务培训活动。

3）召开座谈会。邀请酒店行业人士以座谈会形式介绍酒店的管理理论和管理实践情况、最新的信息及热点问题，回答学生的疑问，与师生共同研讨。

4）走访业界人士。学生分组到酒店企业管理部门走访管理者，了解各种类型的酒店企业的经营管理实务。

5）行业企业调查。以问卷调查或采访调查形式，进行各类专题调研，对酒店市场、酒店行业整体发展情况或某一方面的情况进行调查分析。

（3）实习内容及要求

酒店的概念和特征、酒店的类别与等级、酒店的组织机构、酒店的基本业务及管理等。实习期间学生要服从指导，遵守纪律，谦逊好问，文明礼貌。实习结束后，每人写一篇实习报告。

（4）成绩评定

实习成绩由实习报告成绩和实习期间的表现成绩两部分组成。其中，实习报告成绩占总成绩的80%，实习期间表现成绩占20%。

2. 课程实验

在课程教学进程中结合教学内容安排的在非实际场所进行实际操作的训练方式，是与课堂教学配套进行的演练，是使专业理论知识和专业技能相结合的不可缺少的教学途径之一。

（1）试验目的

通过对学生的集中学习，使其掌握基本理论知识和服务技能，为下一步的随岗实习做好心理准备并奠定操作基础。

（2）实验方式

利用自有的实验室、实训基地，与理论教学同步，在理论教学的基础上，随堂进行单项实验，模拟训练，使学生及时消化理解，并掌握相应的实际操作技能，增强动手能力。

（3）实验内容及要求

内容包括摆台服务、作床服务、酒店接待服务、酒店企业形象设计、酒店企业文化设计、酒店预订等。课程实验教学中要求学生对操作程序，各个步骤的要点以及理由进行说明，以增强学生记忆和加深其掌握知识的程度，使其明白做什么、怎样做、为什么做、实训教师可根据学生的说明进行操作，使学生从教师的模拟操作中检查自己对全部程序和各个步骤理解与掌握的正确与否，发现问题及时纠正。师生换位，如此反复训练，会给学生留下深刻印象，提高实训效率。

3. 酒店随岗实习

酒店随岗实习是指学生在随岗作业过程中进行操作技能的学习，对所学专业知识业务进行实际演练，加深理解所学内容，初步培养学生的理解能力和服务技能，学会如何去做的技能教学过程。是学生实习的第三个环节，使学生进入实际角色，是对酒店的初步认识进行深化的过程。这一过程对学生的综合素质教育有着重要作用。

（1）实习目的

通过实习，使学生了解酒店业的组织结构，基本业务及经营管理的基本方法和技巧。让学生基本掌握各岗位的职责、程序、操作方法，并尝试用所学知识分析和解决一些实际问题，初步学会酒店的基本服务技能。

（2）实习方式

组织学生以非职业身份在实际工作岗位中进入角色，学习完成所在服务岗位的日常工作，从而掌握业务技术的一种培训方式。

随岗实习为学生提供了实际环境和场景，实习过程就是学生在酒店或旅行社工作的过程，是一种实战训练。虽然在此阶段学生还未成为酒店的正式职工，但所承担的工作任务、经历的事件、遇到的问题与员工完全相同，可使学生真正体验到其未来工作的环境和性质，为毕业就业打好思想与技能基础，为从事酒店管理准备基本条件。

（3）实习内容及要求

内容包括各酒店组织机构的设置，各岗位的岗位职责、操作程序、操作方法和要求。实习期间学生应遵守实习纪律，遵守所在实习单位的规章制度。实习结束后，要求每位学生写一篇实习报告，对实习进行总结，是学生实习成果的升华，是创新思想实践的报告，也是实习考核的重点之一。

（4）实习考评

根据酒店企业管理者素质要求和本阶段随岗实习的特点，对学生实习结束后的成绩考核包括：实习单位鉴定（30%）、实习报告质量（30%）、岗位操作（40%）三部分组成。

4. 顶岗实习

顶岗实习是指学生到酒店跟班见习或上岗参与酒店管理工作，接触酒店管理的业务实际，培养和锻炼学生动手操作能力和管理能力的教学过程。在酒店管理课程结束后，把学生全部分派到各实习单位，进行顶岗实习，全面训练，引导学生发现问题，提出问题并解决问题。顶岗实习中遇到的人与事比在学校复杂，能使学生接触和经历许多事情，面临许多考验，如顶岗工作中的压力、自己的努力得不到别人认可时的困顿、人际关系的复杂、对未来择业的茫然等。因此，顶岗实习不仅能学习旅游专业知识和技能，还能学习到社会知识，是对学校素质教育和共性教育的极好补充，可以有针对性地解决学生成长中的个性问题，对学生社会实践能力的提高能起到极大的促进作用。

（1）实习目的

顶岗实习是学生实践教学的最后一个阶段，通过安排学生深入星级酒店的管理岗位，进行较为全面的锻炼，使学生初步具备酒店企业业务管理能力，为其职业发展奠定良好基础。

（2）实习方式

实习方式可分为两种：

1）管理岗位跟班见习。即不实际参与酒店管理，只是跟随管理岗位见习，以看、听为主，辅助做一些文案资料的分析处理工作，以便了解管理者的工作性质和内容，学习其管理方法。

2）顶岗实习。在酒店服务岗位上岗，进行一线服务的实习，表现好的可直接提到管理岗工作，培养锻炼其吃苦耐劳精神和高度的责任感。这种实习对学生的锻炼是全面的，将使其终身受益。

（3）实习内容及要求

1）了解并掌握酒店管理业务的主要内容及基本程序，树立职业兴趣和敬业精神，培养锻炼管理者应具备的基本素质。

2）熟悉实习部门的业务流程和管理内容，掌握常规的，程序化的管理方法并学会运用。

3）学会独立处理酒店管理中的一般性、常见性问题，培养锻炼并提高应变能力及处理突发事件的能力。

4）培养锻炼创新能力，将理论知识与实践紧密结合，能从管理实践中总结提高。

5）熟练掌握酒店一线服务技能。包括：总台迎宾、预订、接待、咨询、结账业务；客房做房业务；餐饮服务业务；康乐服务业务；商场部服务业务；消防硬件管理及事故应变方法等。

通过顶岗实习，要求学生熟悉旅游企业经营管理的全过程，掌握旅游企业管理的方法和技巧并学会初步运用，从而达到对学生的培养目的。实习结束后，要求每名学生写一篇酒店管理方面的论文。要求：结合自己的兴趣和掌握的资料，自拟论文题目；论文要论点突出、论据充分并紧扣论题；论文中要有自己独立的观点和见解；论文中要有所在实习单位的资料；字数不少于6000字。

（4）实习考评

根据旅游企业管理者素质要求和管理实习岗位的特点，顶岗实习考核项目确定为三类，即实习单位鉴定（30%）、业务技能（30%）和论文（40%）。同时，根据实习深入程度和效果，确定是否需要进行辅助形式的考核。如可考虑在提交论文和实习单位鉴定之后，采用答辩、口试或其他形式，做进一步的补充考察，并将考察结果按一定比例计入实习总成绩。

参考文献

蔡万坤. 2004. 新编现代饭店管理学. 广州：广东旅游出版社.

董观志. 2004. 现代饭店经营管理. 广州：中山大学出版社.

海萌辉，郭琰. 2003. 现代饭店管理. 郑州：郑州大学出版社.

黄浏英. 2002. 现代饭店营销管理艺术. 广州：广东旅游出版社.

黄文波. 2004. 餐饮管理. 天津：南开大学出版社.

黄震方. 2000. 旅游饭店管理. 北京：中国林业出版社.

蒋丁新. 2002. 饭店管理. 北京：高等教育出版社.

蒋丁新. 2002. 饭店管理概论. 大连：东北财经大学出版社.

黎洁，肖忠东. 2000. 饭店管理概论. 天津：南开大学出版社.

李树民. 2002. 现代饭店管理概论. 西安：西北大学出版社.

刘纯 .2004. 饭店督导原理与务实. 北京：科学出版社.

刘哲. 2003. 康乐服务与管理. 北京：旅游教育出版社.

陆诤岚. 2001. 绿色饭店. 沈阳：辽宁科学技术出版社.

饶勇. 2000. 现代饭店营销创新 500 例. 广州：广东旅游出版社.

任杰. 2003. 现代饭店规范管理大全. 北京：蓝天出版社.

王林，谭白英. 2004. 饭店管理实务. 武汉：武汉大学出版社.

王怡然，沈超、钱幼森. 2001. 现代饭店营销策划书与案例. 沈阳：辽宁科学技术出版社.

吴军卫. 2003. 饭店前厅管理. 北京：旅游教育出版社.

吴军卫. 2000. 前厅疑难案例解析. 北京：旅游教育出版社.

吴中祥，等. 2001. 饭店人力资源管理. 上海：复旦大学出版社.

徐栖玲. 2003. 饭店服务案例心理解析. 广州：广东旅游出版社.

许凌志，李华丽. 2004. 饭店服务员培训与管理. 广州：广东经济出版社.

严金明，徐文苑. 2004. 旅游与饭店管理案例. 北京：清华大学出版社，北京交通大学出版社.

张德等. 2003. 人力资源管理. 北京：发展出版社.

张宗道. 1999. 现代饭店文化与饭店管理. 广州：广东旅游出版社.

赵涛. 2003. 饭店经营管理. 北京：北京工业大学出版社.

赵星铁. 2003. 新编饭店管理. 上海：立信会计出版社.

郑向敏. 2004. 现代饭店管理. 北京：机械工业出版社.

支海成. 2003. 客房部运行与管理. 北京：旅游教育出版社.

朱承强. 2003. 现代饭店管理. 北京：高等教育出版社.